कवि

जो विकास है मनुष्य का

(अरुण कमल की सौ कविताओं पर एकाग्र)

कवि

जो विकास है मनुष्य का

(अरुण कमल की सौ कविताओं पर एकाग्र)

ए. अरविन्दाक्षन

वाणी प्रकाशन

सजिल्द प्रथम संस्करण : 2023

वाणी प्रकाशन

4695, 21-ए, दरियागंज, नयी दिल्ली 110 002

फ़ोन : +91 11 23273167 फ़ैक्स : +91 11 23275710

शाखाएँ

अशोक राजपथ, पटना 800 004, बिहार

कॉफ़ी हाउस कैम्पस, महात्मा गांधी मार्ग, इलाहाबाद 211 001, उत्तर प्रदेश

महात्मा गांधी अन्तरराष्ट्रीय हिन्दी विश्वविद्यालय, वर्धा 442 001, महाराष्ट्र

36/ए, शेक्सपीयर सरणी, रानी बिरला गर्ल्स कॉलेज के पास, कोलकाता 700 017, प. बंगाल

www.vaniprakashan.com
marketing@vaniprakashan.in
sales@vaniprakashan.in

Kavi Jo Vikas Hai Manushya Ka
by A. Arvindakshan

ISBN : 978-93-5518-898-4
Criticism

इस पुस्तक में संकलित सभी कविताएँ कवि की अनुमति से संगृहीत की गयी हैं।

मूल्य : ₹ 550

सिटी प्रेस, दिल्ली-110 095 में मुद्रित

वाणी प्रकाशन का लोगो मक़बूल फ़िदा हुसेन की कूची से

नरेन्द्र सक्सेना

विश्वनाथ प्रसाद तिवारी

लीलाधर जगूड़ी

राजेश जोशी

ज्ञानेन्द्रपति

विजय कुमार

लीलाधर मंडलोई

अनामिका

मदन कश्यप

को

अपार स्नेह सहित

अनुक्रम

भूमिका

समकालीन कविता पर मैं एक लेख तैयार कर रहा था। समकालीन कवियों के कई संकलन मेरे सामने बिखरे पड़े थे और यथासन्दर्भ मैं संकलनों से कविताएँ उद्धृत करके अपने लेख को पूरा करने में मग्न था। एक विशेष सन्दर्भ में मुझे अरुण कमल की कविता 'जनगणना' उद्धृत करनी थी। छोटी-सी कविता है। लेख में उद्धृत करने के पहले मैंने कविता को फिर एक बार पढ़ा। मेरा मन कर रहा था कि एक बार फिर पढ़ूँ। दुबारा पढ़ लिया। कुछ देर तक मैं कविता में लीन हो गया। मैं उस व्यक्ति को देख रहा था जिसे कविता के कथ्य के अनुसार जनगणना में स्थान नहीं मिला था। जनगणना के बाहर का एक मनुष्य! सामान्य और निरीह। फिर भी वह मुस्कुरा रहा है— 'मिथ ऑफ़ सिसिफस' के सिसिफस की तरह। जीवन के तमाम विरोधाभासों के बीच अपने कर्म की निरर्थकता पर हँसने की क्षमता रखने वाला सिसिफस या फिर केरल की एक लोककथा का एक पागल कथापात्र है— 'नाराणत्तु प्रान्तन' जो पहाड़ के ऊपर तक एक बड़े से पत्थर को ले जाता है। फिर उसे नीचे की ओर गिरा देता है। उस दृश्य को देखकर नाराणत्तु प्रान्तन ज़ोर से हँसने लगता है। मिथक-कथाओं एवं लोक-कथाओं में प्राप्त मसखरा-सा लगता पात्र ही अरुण कमल की कविता में मुझे दिखाई देने लगा। जीवन में अपनी अनुपस्थिति के संकट से वह विक्षुब्ध नहीं है जबकि वह तालियाँ बजा-बजाकर हँस रहा है। उस हँसोड़ पात्र ने मेरे हृदय में स्थान ग्रहण कर लिया। मेरे भीतर उसकी हँसी गूँज रही थी।

अचानक मेरे मन में यह ख़याल आया कि अरुण कमल की कई कविताओं को नज़दीक से क्यों न देखा जाये? कितनी कविताएँ? क्या कविताओं की संख्या निश्चित करना ज़रूरी है? चलो, सौ कविताओं का चयन किया जाये। जिस दिन मेरे मन में यह ख़याल आया उस दिन तीस कविताओं का चयन मैंने किया। दूसरे और तीसरे दिन यह क्रम चलता रहा। चौथे दिन तक एक सौ कविताओं का चयन मैंने किया। अब बात लिखने की है। एक-एक कविता पर कितनी सामग्री होनी

चाहिए। दो-दो या तीन-तीन पृष्ठ। अब लिखने की बारी है। मेरा काम इस तरह शुरू हो गया।

अरुण कमल की कविताओं की प्रमेय-समग्रता 'जनगणना' कविता की तरह मेरा पीछा कर रही थी। हमारे समय और अरुण कमल के कविता-समय के बीच संघर्ष की स्थिति का मैं अनुभव कर पा रहा था। यह संघर्ष अनिवार्य भी था। मेरी निजी समस्या यह थी कि इस संघर्ष को कहाँ तक मैं अपने आस्वादन में समेट पाऊँगा।

मेरी दृष्टि में अरुण कमल की कविताओं की प्रमेय-सम्भावनाओं में सर्वाधिक मुखर स्थिति करुणा की अजस्र धारा से सम्बन्धित है। करुणा की स्रोतस्विनी उनके यहाँ कभी सूखती नज़र नहीं आ रही है। वह सदानीरा है उनकी कविताओं में। इसे उनकी कविता का आत्मविस्तार भी कहा जा सकता है। करुणा-प्रवाह की इस एक विशेष कविता-दृष्टि के आधार पर वे हिन्दी की सीमा के बाहर भी अपने सान्निध्य से हमें अभिभूत कर रहे हैं क्योंकि वे महात्मा बुद्ध की अपार करुणा के संवाहक़ के रूप में अपनी उपस्थिति दर्ज कर रहे हैं। उनकी कविताओं की दूसरी प्रमुख प्रवृत्ति अन्त्यज-संवेदना से सम्बन्धित है जिसकी परिकल्पना और कार्यान्वयन महात्मा गाँधी जी के माध्यम से सम्भव हुआ था। यह प्रवृत्ति उनकी कविता की बृहत्तर मानवीय संसक्ति को नयी भंगिमा प्रदान करती है। इस संवेदना को उन्होंने कहीं भी महिमामंडित नहीं किया है क्योंकि उसे महिमाओं से वलयित करने का तात्पर्य है कि उसे यथार्थ से अलग करना। चूँकि यथार्थ का आभ्यन्तर अरुण कमल की कविताओं का प्रमुख केन्द्र है तो फिर उससे वे कैसे विचलित हो सकते हैं?

निरालम्ब एवं हताश लोगों पर अरुण कमल ने कई कविताएँ लिखी हैं। इन कविताओं को निर्बल के गीत कहें तो अत्युक्ति नहीं होगी। निर्बल लोगों का जीवन हमारे समाज का बहुत बड़ा यथार्थ है। हमारी समकालीनता इसी यथार्थ की है जिसे अरुण कमल निरन्तर शब्द देते रहते हैं। "मुझे तो देखना था बस आँख का गोला/और मैं इतना अधिक सब कुछ क्यों देख रहा हूँ/देव!" यही उनकी कविता का 'देखना' है। यही उनकी कविता-दृष्टि है।

कवि अपनी प्रत्येक कविता में अपना एक आविष्कार प्रस्तुत करते हैं। इस कारण से उनकी कविताओं में हम जीवन का एक समग्र आविष्कार का अनुभव भी कर पाते हैं। अरुण कमल का समग्र आविष्कार उनके लोक से संपृक्त है। लोक ही उनकी कविता है और कविता ही उनका लोक है। यह सही है कि समकालीन कविता

में लोक की अनन्यता सर्वत्र दर्शित होती है। अरुण कमल लोक की अनन्यता को अपनी आत्मा में जीते नज़र आ रहे हैं। वस्तुतः लोक के साथ उनकी आत्मा का जो तादात्म्य है वही उनकी सौन्दर्य-दृष्टि का निदर्श भी है। अरुण कमल सौन्दर्य के पक्षधर कवि हैं अर्थात् जीवन के पक्षधर कवि हैं। जीवन का आभ्यन्तर, यथार्थ का अन्तर्विरोध, लोक का विस्तार और सौन्दर्य की अनन्यता का आनुपातिक मिश्रण हम उनकी रचनात्मकता में अनुभव कर पाते हैं।

इस पुस्तक-लेखन के दौरान मुझे लगा कि अरुण कमल एक 'टोटल पोयट' हैं। यह 'टोटालिटी' उनकी निजी विशेषता भी है। उनकी यह पंक्ति सार्थक ही है — 'कवि जो विकास है मनुष्य का'। ऐसे एक 'टोटल पोयट' पर इस तरह की एक पुस्तक मैं तैयार कर सका, यह मेरे लिए आह्लादकारी विषय है।

बहुत से मित्रों ने मुझे अरुण कमल की कविताएँ उपलब्ध करायीं और स्वयं अरुण कमल ने भी मेल से सामग्री भेज दी थी। सबको मेरा असीम स्नेह।

यह पुस्तक अब हिन्दी के पाठक-समाज की है। कविता का यह भाष्य शतक मैं उन्हें सौंपता हूँ।

ए. अरविंदाक्षन

17-02-2023 पालक्काड, केरल

कवि जो विकास है मनुष्य का

कवि प्रायः एक विस्तृत दुनिया को आत्मसात कर अपने कविता-कर्म में लग जाता है। उसमें सिर्फ़ मनुष्य ही नहीं है बल्कि मनुष्येतर प्राणि-जगत भी है। अलावा इसके समस्त प्रकृति है, आकाश, समुद्र, हवा, सूर्य, चन्द्र, तारे, मिट्टी, ऋतुएँ, उर्वरता, ऊसरता, मरुथल, प्रलय और सुखाड़ आदि भी हैं। इन सबसे कवि का ऊष्मल रिश्ता है। इसलिए सब कहीं से वह सबकी आवाज़ सुनता है। यह कवि के आत्मविकास को सूचित करता है। इसलिए कवि को साधारण मनुष्य के विकास के रूप में देखा जाना चाहिए। वह मनुष्यता का पक्षधर है, दुख को सबसे पहले सुनने वाला है, वह मनुष्य की चारुता का शिल्पी है। कुल मिलाकर सामान्य मनुष्य से कुछ ज़्यादा ही संवेदनशील व्यक्ति है कवि। उसे सबकी तरफ़ से बोलने की इजाज़त है क्योंकि वह कवि है। **'किसकी ओर से'** अरुण कमल की ऐसी एक कविता है जिसमें कवि की संलग्नता को विस्तार से प्रतिपादित किया गया है। सिर्फ़ दृश्यगत होने वाले जीवन-जगत ही नहीं अपितु जो अब नहीं है उनके बारे में भी उसे बताना है। अर्थात् कवि की संलग्नता उसके आत्मविस्तार का, उसकी परिष्कृत मानसिकता का, सघन संवेदनशीलता का प्रतिफलन है :

उन असंख्य जीवों वनस्पतियों पर्वतों नदियों नक्षत्र तारे,
उन सबकी ओर से जो इस पृथ्वी पर नहीं हैं
पर जो कभी थे या होंगे।

यह संलग्नता कल्पना केन्द्रित नहीं है, यथार्थ केन्द्रित है। उसके लिए चाहिए मनुष्यता पर आस्था और निष्ठा जो संकीर्णता से मुक्त हो। तभी वह यथार्थ सहज रूप से कवि के लिए सुलभ हो जाता है।

परन्तु कवि को सदैव एक समस्या का सामना करना पड़ता है। जितना वह अपने को खोलता जाता है कि उसके समक्ष संकुचित होते जाते वातावरण का यथार्थ भी प्रत्यक्षीकृत होता है। यह यथार्थ अत्यन्त कठोर है—वह सभी महाद्वीपों एवं

उपमहाद्वीपों से कवि को अलग करके उसे अपने भूखण्ड तक सीमित कर देता है। उसके बाद भूखण्ड से काटकर उसे अपने देश तक सीमित कर देता है। यह सिलसिला चलता रहता है:

तो क्या मैं सभी महाद्वीपों द्वीपों समुद्रों की ओर से बोल सकता हूँ?
नहीं, केवल एशिया की ओर से।
तो मैं पाकिस्तान, चीन, म्यानमार, नेपाल की ओर से बोल सकता हूँ।
नहीं, तुम केवल भारत के नागरिक हों, आबंटित
अखण्ड भारत का नागरिक अखण्ड भारत की ओर से?
नहीं, तुम्हें केवल बिहार आबंटित है।
...जिसकी देह अभी-अभी काट दी गयी दो हिस्सो में?
ख़ैर इतना भी कम नहीं कम से-कम से छह करोड़ लोगों की ओर से....?
नहीं, छह करोड़ नहीं, केवल अपने धर्मवालों की बात करो।
तो क्या मैं अपने दोस्त इम्तू को छोड़कर बोलूँगा?
नहीं, केवल अपनी जाति, नहीं उपजाति, की ओर से और केवल पुरुषों
की ओर से जो धन में न तुमसे ऊपर हो न नीचे और
यह तो तुम जानते ही हो तुम सबसे दरिद्र हो सबसे कमज़ोर
महज़ एक कवि मनुष्यता का फटा हुआ दूध—
इसलिए तुम्हें चेतावनी दी जाती है कि तुम किसी की ओर से
नहीं बोलोगे, अपनी ओर से भी नहीं
उसके लिए राष्ट्र की संसद काफ़ी है।

धूमिल ने अपनी एक कविता में हमारी घोर समस्याओं के प्रति चुप्पी साधने की बात पर व्यंग्य किया था और यहाँ अरुण कमल की कविता 'किसकी ओर से' में संसद को ज़िम्मेदारी लेते हुए दिखाया गया है। दिलचस्प बात यह है कि धूमिल की कविता की संसद और अरुण कमल की संसद में ज़्यादा फ़र्क़ नहीं है। उसके बीच कोई फ़ासला भी नहीं है।

अरुण कमल की कविता कवि की बृहद् संलग्नता को, बृहद् समाज की सूक्ष्मतम संवेदना को, समाज को परिष्कृत करने की कवि की नीति-चेतना को काट देने वाली वर्चस्ववादी ताक़त की तस्वीर प्रस्तुत करती है। यह दरअसल नीति-चेतना का समाज से निष्कासन है। उसको पूरी तरह से तिरोभवित करने की यह साज़िश है। इसलिए एक कवि अन्ततः इस प्रदूषित वातावरण में न अपने देश,

न अपने राज्य, न अपने छोटे-से प्रदेश, न अपनी जाति, न अपनी उपजाति की ओर से बोल सकता है। उस अदृश्य ताक़त की नज़र में कवि एक दरिद्र और सबसे कमज़ोर व्यक्ति है। वह 'महज़ मनुष्यता का फटा हुआ दूध' है। अतः वह ताक़त उसे चेताती है कि उसे किसी की ओर से बोलने की इजाज़त नहीं है। अपनी ओर से भी नहीं क्योंकि उसके लिए संसद पर्याप्त है।

लोकतान्त्रिक व्यवस्था में भी नागरिक बोध को रेड्यूस करने की ताक़तें सक्रिय हैं। ऐसी स्थिति में नागरिक कठपुतला-सा बन जाता है। व्यवस्था चाहती है कि नागरिक मतदाता ही रहे। समस्त दुनिया की समस्याओं पर विचार-मन्थन करने की ज़रूरत नहीं। अपने विवेक का वह परिचय न दे सके। विचारों की कमी से युक्त नागरिक ही व्यवस्था चाहता है। अरुण कमल ने अपनी इस कविता में विवेकवान नागरिक की शब्द-शक्ति छीनने वाली व्यवस्था की तस्वीर प्रस्तुत की है।

यह कविता संवादात्मकता के अन्त की तरफ़ इशारा कर रही है। हर कोई सार्थक कविता मैत्री का संवाद लेकर आती है और वह अपने संवाद से बृहत्तर समाज से संवादात्मकता को बनाये रखती है। यह इस समाज के विकास के लिए, उसके हर सदस्य के विकास के लिए आवश्यक है। अरुण कमल की इस कविता में संवादात्मकता पर रोक लगाने के रूपक भरे पड़े हैं। इसे राजनीतिक षड्यन्त्र भी कहा जा सकता है, इसे सांस्कृतिक मूल्य-विघटन भी कहा जा सकता है। या सामाजिकी के विनष्ट होने की सुदूर सम्भावनाओं से सम्बन्धित घोर भूस्खलन भी माना जा सकता है। कविता की अन्तिम पंक्ति में— "उसके लिए राष्ट्र की संसद काफ़ी है"— वर्चस्व की ताक़त का स्वर यहाँ बुलन्द है। यह मनुष्यता का स्वर नहीं; वर्चस्वी सत्ता का मनुष्य विरोधी स्वर है।

एक भारतीय नागरिक के कुछ सार्थक प्रश्न

अरुण कमल की कविताएँ एक ज़िन्दादिल कवि की सघन अभिव्यक्तियाँ हैं। उनके कवि व्यक्तित्व की कई विशेषताएँ हैं। प्रथमतः वे प्रतिरोधी संवेदना के कवि हैं। अमानवीयता की अपसंस्कृति के प्रचुर प्रचार के इस कठिन समय में कवि को प्रतिरोध दर्ज करना पड़ता है। लेकिन यह कोई यान्त्रिक कार्य नहीं है। जो कवि अपने समय के प्रति पूरी तरह से सचेत हैं वे ही प्रतिरोध की इस्पाती दीवार खड़ा कर सकते हैं। अरुण कमल अपनी कविता में कई तरह के प्रश्न करते दिखाई देते हैं और उनके प्रश्न मामूली भी नहीं हैं। दिगन्तों तक प्रतिध्वनित होने वाले उनके प्रश्न हमारे झूठ के साथ हैं, जो सच होने का दावा करते हैं, पर वे सच नहीं हैं। अर्थात् झूठ से ही वे प्रश्न कर रहे हैं और झूठ को वे प्रतिरोधित करते हैं।

'माननीय के नाम सन्देश' शीर्षक उनकी कविता कठोर प्रतिरोध उपस्थित कर रही है। कविता के शीर्षक में 'माननीय' व्यक्ति का न नाम है न पदनाम है। लेकिन यह माननीय कौन हैं, इनका पता चल ही जाता है। कविता का प्रश्नकर्ता 'माननीय' से 'ऐतिहासिक प्राचीर' में खड़े होकर प्रश्न करता है। इससे पूरा दृश्य स्पष्ट हो जाता है कि 'माननीय' कौन है। भारतीय नागरिक 'माननीय' के सम्बोधन सुनने के लिए बाध्य हैं। कोई संवाद नहीं बल्कि एकांगी भाषण। उसके बदले अरुण कमल अपने नागरिक को खड़ा करते हैं और भारत का यह नागरिक 'माननीय' से प्रश्न करता है:

माननीय
आज इस ऐतिहासिक प्राचीर से
मैं, भारत का एक नागरिक
स्वाधीनता दिवस की पूर्ववेला में
आपको सम्बोधित कर रहा हूँ
और आपसे पाँच प्रश्न करता हूँ—

देश के सन्दर्भ में 'माननीय' उच्चतम पदाधिकारी हैं। बावजूद इसके लोकतान्त्रिक व्यवस्था में वह भी जवाबदेही के लिए बाध्य हैं। वह प्रश्नों से कतराकर मुँह मोड़ नहीं सकता है। इस व्यवस्था में नागरिक मात्र मतदाता नहीं है। उसके भी हक़ हैं। वह कोई भी प्रश्न कर सकता है। यद्यपि हमारी व्यवस्था में 'माननीय' सर्वोच्च स्थान पर आसीन समझा जाता है फिर भी। पुराने ज़माने के राजा-महाराजाओं से ज़्यादा वैभवशाली जीवन बिताने के कारण साधारण नागरिक उसके समक्ष अपने को अकिंचन और मामूली समझता है। यह वैभव के सामने आम आदमी का झुक जाना है।

परन्तु अरुण कमल की कविता का नागरिक अकिंचन नहीं है। वह सुदृढ़ व्यक्तित्व-सम्पन्न व्यक्ति का प्रतीक है। वह वैभव के सामने झुकता नहीं है। झूठ को वह पहचान लेता है। वह बस पाँच प्रश्न ही 'माननीय' से करना चाहता है। हमारे लिए उसके प्रश्न कठोर शिला की तरह लगते हैं।

पहला प्रश्न है : आपका ख़र्चा कौन चलाता है? यह मामूली प्रश्न नहीं है। राजसी ठाट-बाट के साथ रहने वाले 'माननीय' का ख़र्चा मामूली नहीं होता है। यह ख़र्चा कौन उठाता है? ख़र्चा भारतीय नागरिक ही उठाता है। 'माननीय' से पूछे गये प्रश्न का एक उपप्रश्न भी है— क्या आप इतना ख़र्चा करने के हक़दार हैं? जब भारतीय नागरिकों का जीवन कठिन स्थितियों से गुज़र रहा है तो आप इतना ख़र्चा कर सकते हैं? एक और उप-प्रश्न है— 'आपको इतना ख़र्चा करने का अधिकार किसने दिया?

दूसरा प्रश्न है : कौन-सी शक्ति है आपके पास? **तीसरा प्रश्न** भी दूसरे प्रश्न के साथ पूछने योग्य है—यह शक्ति आपको कहाँ से आती है? सत्तासीन होते ही माननीय के इर्द-गिर्द ऐसी कई ताक़तें जुड़ जाती हैं। वह वर्चस्व का केन्द्र बन जाता है। यह धन की शक्ति भी है। प्रश्न है कि कौन-सी शक्ति है आपके पास? क्या यह सचमुच आपने अर्जित की है या आपके पद ने। स्वतः यह शक्ति क्या आपके पास आती है? ऐसा नहीं हो सकता। वर्चस्व के बल पर ही आप यह शक्ति-दुर्ग बना पा रहे हैं।

चौथा प्रश्न है : आप यह शक्ति किसके हित में प्रयोग करते हैं? उत्तर भी उसी में शामिल है- बलवानों के लिए; निर्बलों के लिए नहीं है। सत्ता का यही स्वभाव है।

पाँचवाँ प्रश्न है : आपकी अन्तिम इच्छा क्या है? दरअसल ऐसा प्रश्न उस व्यक्ति से आख़िरी बार पूछा जाता है जो फ़ाँसी के तख़्त पर खड़ा है।

माननीय से भी यही प्रश्न है कि आख़िर आप क्या चाहते हैं। अर्थात् आप माननीय पद के लायक नहीं हैं। आपको फ़ाँसी की सज़ा ही मिलनी चाहिए क्योंकि आपने अपनी शक्ति और ताक़त का यथानुरूप उपयोग नहीं किया। आपने नागरिकों के साथ जो अत्याचार किये हैं वे आपको मृत्यु दण्ड ही दे सकते हैं।

चट्टान की तरह का यह प्रश्न पूछने का अधिकारी अन्ततः नागरिक ही है; मात्र नागरिक। अरुण कमल ने कविता में ऐसे नागरिक का सृजन किया है जो यह प्रश्न बिना किसी हिचक के साथ पूछता है—आपकी अन्तिम इच्छा क्या है? यह प्रश्न कविता को इतना ध्वनिक्षम बनाता है कि हमारी सत्तासीन राजनीति की हड्डियाँ चरमराते लगती हैं। लोकतन्त्र को हाशिये पर रखते हुए उसके नाम पर सामन्तवादी सत्ता का परिचय देना भले उसके लिए सही हो लेकिन लोकतन्त्र के लिए सही नहीं है। वह एक बहुत बड़ा झूठ है जिसको बर्दाश्त करना लोकतन्त्र के लिए मुश्किल है। अक्सर होता यही है कि हमारा समाज एक स्मृतिविहीन समाज है जिसके नागरिक स्मृतिभ्रंश के शिकार हैं। अरुण कमल का नागरिक स्मृतिभ्रंश का शिकार नहीं है। उसके सम्मुख पूरा दृश्यपट है जिसका वह गवाह है इसलिए वह स्वतन्त्रता की पूर्व सन्ध्या के दिन को चुनता है। स्वतन्त्रता-दिवस पर माननीय का भाषण होगा। विकास के दावों से भरा भाषण। पर क्या वह सच है? नहीं। इसलिए माननीय के भाषण के उच्चरित होने के पहले नागरिक प्रश्न कर रहा है। स्वतन्त्र देश का स्वतन्त्र आदमी किसी से भी प्रश्न कर सकता है। इस अर्थ में ही अरुण कमल की कविता का नागरिक प्रश्न कर रहा है। यह वस्तुतः स्वतन्त्रता की सही घोषणा है।

अपने वतन से वंचित लोगों की दास्तान

जिस गति से समाज विकास प्राप्त करता जा रहा है उसी अनुपात में या उससे ज़्यादा यहाँ ग़रीबों की संख्या बढ़ती जा रही है। असमानता का यह ग्राफ़ हमें डरा रहा है। अपने ही प्रदेश के लोगों द्वारा प्रताड़ित होने से लोग पलायन कर रहे हैं— *ये यात्री कौन हैं? कहाँ जा रहे हैं ये लोग?*

कहाँ जा रहे हैं इतने पाँव—
बेंगलूरु से मुम्बई बागडोगरा
दिल्ली अनन्तनाग अबूझमाड़ दरभंगा से
अपने ही घर अपनी ही रसोई से—
ये किस देश किस वतन के लोग हैं?
कहाँ है इनका राष्ट्र इनकी भूमि?

ऊपर की ये पंक्तियाँ अरुण कमल की **'किस वतन के लोग'** कविता की हैं। पेट की ख़ातिर, अपने लोगों की ख़ातिर और अपने टूटे-फूटे सपनों की ख़ातिर पलायन करने वाले लोगों का वर्णन कवि ने इस कविता के पहले खण्ड में— 'कहाँ' में किया है।

हम अपने देश के सम्बन्ध में, उसके इतिहास में सम्बन्ध में, देश की गुलामी के बारे में, स्वतन्त्रता-संग्राम के बारे में तथा स्वतन्त्रता-प्राप्ति के बारे में काफ़ी कुछ जानते हैं। यह सही भी है और उसका महत्त्व भी है। परन्तु एक बात हम भूल जाते हैं— जिनके लिए ये सारी महती बातें पचनीय नहीं हैं उनको हम किस देश के वासी के रूप में देखते हैं? जिनके पास न ज़मीन, न ढंग का काम, काम भी किया जाये तो ढंग की मजूरी नहीं, न घर न छत ऐसे लोगों के लिए देश प्रेम, राष्ट्रगीत, राष्ट्रीयता का क्या महत्त्व है? क्यों वे अपनी आज़ादी की लड़ाई से अनजान हैं। शहीदों की कहानी से अपरिचित क्यों हैं? राष्ट्रीयता के तमाम रूपकों से वे वंचित क्यों हैं? कुल मिलाकर अपने वतन से वे वंचित हैं। वतन का क्या महत्त्व है उनके लिए जिनका अपना प्रदेश भी अपना नहीं है। अपनी मिट्टी अपनी नहीं है।

इसलिए वे एक स्थान से दूसरे स्थान पलायन कर जाते हैं। पलायन उनका यथार्थ है। पुराने ज़माने में भी लोग इस तरह पलायित होते थे। शासकों के, ठेकेदारों के माध्यम से मज़दूर बनकर दूसरे देशों में मज़दूर होकर लोग गये हैं। मज़दूर ही रहे हमारे देश के अन्दर जीविका हेतु पलायन कर रहे लोगों की अवस्था से प्रभावित होकर अरुण कमल लिखते हैं:

हम जो चाहते थे सारी दुनिया को घर बनाना
आज अपना चूल्हा उठाये
भाग रहे यहाँ से वहाँ—
कहाँ हो मेरी माँ मातृभूमि?

मातृभूमि को लेकर बड़ी-बड़ी बातें उनके लिए ठीक हैं जो ठीक से अपना पेट भरता है। वही सपना भी देख सकता है। देश को लेकर काव्यात्मक कल्पनाओं में विचरण कर सकता है। जिनका अपना छोटा-सा इलाक़ा भी नहीं, जहाँ उसके लिए कोई घर नहीं है और न कोई अस्तित्व वह भला क्या सपना देख सकता है? उनकी मातृभूमि कहाँ है। विस्थापन जिनका बहुत बड़ा यथार्थ है उनकी कोई मातृभूमि नहीं होती है। अरुण कमल 'माँ' को सम्बोधित कर रहे हैं क्योंकि माँ के साथ ही मातृभूमि का सम्बन्ध है। पर ये लोग? उनकी माँ? उनकी मातृभूमि?

कविता का दूसरा खण्ड 'लोकपाल' शीर्षक से है, जिसमें उन तमाम मामूली लोगों की प्रशंसा की गयी है जो आस्थावान हैं। कवि उस रिक्शेवाले को सलाम देते हैं जिसने छूटे हुए थैले को वापस कर दिया था। कूड़ा बीनते बच्चे को सलाम करना चाहते हैं जो बम फटने के पहले देख लिया था। उस मिस्त्री मज़दूर की दाद दी जा रही है जो अधिक दिये गये पैसे को वापस करता है। उस बाई को वे नमन करते हैं जिसने नीचे गिरी अँगूठी वापस की थी। उन दो सौ जवानों को सलाम करते हैं जिन्होंने सड़क के मैनहोल को पत्थर से ढँक लिया था। कवि का कथन है— 'ये ही मेरे लोकपाल हैं'। प्रथम खण्ड के वतन से वंचितों की दर्दनाक दास्तान के पश्चात छोटे-छोटे लोगों के उस आचरण को व्यक्त किया गया है जिसमें वे छोटे नहीं रहते। 'वे मेरे नगपति के भव्य भाल हैं।'

तीसरा खण्ड 'न्याय' शीर्षक से है। उसमें जन्म-जन्म की बदहाली से दुगुनी-तिगुनी बदहाली की ओर सरकते जाने वाले लोगों का वर्णन है। अगले जन्म में सब कुछ मिलने की उम्मीद उनके लिए मात्र उम्मीद बनकर रह जाती है। दुखद बात यह है कि ये ग़रीब लोग उम्मीद भी नहीं कर पाते। उनकी हालत है:

किन्तु मैं तो कई जन्मों से अगले जन्म की
राह देख रहा हूँ देव
कई जन्मों से इतना ही कंगाल
बूढ़े बाप बीमार बच्चों के साथ
और हर बार तुमने यही कहा अगले जन्म में

इसके विपरीत अमीर लोग और ज़्यादा अमीर और सुविधाभोगी बनते जा रहे हैं। इस सामाजिक विरोधाभास की ओर इशारा करना ही अरुण कमल का लक्ष्य है क्योंकि यह एक भीषण स्थिति है। कई जन्मों से कंगाल रहने की त्रासदी इस भीषण स्थिति की ओर का संकेत है। अरुण कमल स्थितियों का विस्तृत वर्णन प्रस्तुत नहीं कर रहे हैं। जब उनका एक संकेत एक इतिहास है जिसमें तंगहाली, दरिद्रता, रोगग्रस्तता और अगाध दुखों के अध्याय समाहित हैं।

चौथा खण्ड 'उधर' शीर्षक से है जिसमें मन्दिरों के सामने बैठे भिखारियों और बाद में दिन-ब-दिन ग़रीबी की ओर बढ़ते लोगों का वर्णन है। उनके जीवन के बारे में कवि का कथन है:

अचानक कल अगर कोई रोक ले पगार
अचानक कल छूट जाये काम
एक नट के ढीला पड़ते
उलट जायेगी यह तेज़ रफ़्तार गाड़ी

तुलसीदास ने दरिद्रता को सबसे बड़ा दुख कहा था। वह एक बड़ा सच है। उन्होंने अपने युग के सच के बारे में बताया था। अरुण कमल अपने समय के सच को प्रस्तुत कर रहे हैं। पाँच-छह सौ वर्षों के अन्तराल के बाद भी 'दरिद्र लोगों के जीवन में कोई फ़र्क़ नहीं' आया है। फिर बदलाव कहाँ आया है? हज़ारों और लाखों करोड़ों रुपये क ग़बन करके विदेश गये हुए लोग अब क़िस्से कहानियों के पात्र हैं। करोड़ों रुपयों का ख़र्च करके हम मूर्तियाँ बनाने के पक्ष में हैं। हम यह नहीं सोचते कि करोड़ों रुपयों का ख़र्च करके बनाई उस महाकाय मूर्ति के सामने एक ग़रीब व्यक्ति क्या सोचता होगा?

विरोधाभासों का यह समूहगान हम निरन्तर सुन रहे हैं। प्रतिकृत भी हम होते हैं। लेकिन हमारी संस्कृति, जो विरोधाभासों का बहुत बड़ा संकुल है, में इसका कोई प्रभाव नहीं पड़ता है। आज के जटिल समय में यह जड़ता ही यथार्थ है। अरुण कमल की प्रतिपक्षधर्मी दृष्टि लगातार इस जड़ता के विरुद्ध संघर्ष करती है।

आज भी सबसे बड़ी इच्छा है भरपेट अन्न की

बुनियादी इच्छाएँ सहज हुआ करती हैं। हवेली नहीं बल्कि एक मामूली घर की इच्छा सहज इच्छा की श्रेणी में आती है। भारी-भरकम धन राशि न सही, ज़रूरी चीज़ें जैसे चावल, दाल आदि ख़रीदने के पैसे होने की इच्छा भी जायज़ है। पहनने के लिए ज़रूरी कपड़े अपने पास होने की इच्छा भी सहज है। जीवन जहाँ साधारण गति से चलता है वहाँ इस तरह की इच्छाएँ अपनी सीमाओं में आबद्ध होकर रहती हैं। इतने पर भी अपनी कल्पनाओं में ये इच्छाएँ सीमाओं को लाँघ जाती हैं। इस स्थिति को स्वार्थ की श्रेणी में रखा नहीं जा सकता। कभी-कभी मनुष्य के मन में अपने यथार्थ से परे अनगिनत इच्छाएँ अंकुरित होती हैं। परन्तु जीवन का यथार्थ इन इच्छाओं को आत्मसात नहीं कर पाता है।

अरुण कमल की कविता **'पृथ्वी किसलिए घूमती रही'** सामान्य जीवन की इच्छाओं को व्यक्त करती है। हर कहीं अभावों के कटघरे, हर कहीं इस्पाती सीमाएँ और हर कहीं बन्द दरवाज़ों का अँधेरा। बहुसंख्यकों का जीवन इसी माहौल में पलता है। बावजूद इसके वे उम्मीद करते हैं अच्छी चीज़ों की, अच्छे जीवन की और अच्छे खान-पान की। कभी भी न मिलने के कठोर यथार्थ से टकराकर भले ही ये उम्मीदें बिखर जायें फिर भी उम्मीदें पंख पसारकर उड़ने लगती हैं। अरुण कमल लिखते हैं:

जिन्हें कभी जीवन में मिला नहीं
सुख से भोजन दो जून
वे औरतें गाती हैं छप्पन व्यंजनों के गीत!
जिनके बच्चों ने खल्ली भी छुई नहीं
वे माताएँ गाती हैं पढ़े-लिखे पंडित दामादों के गीत!
और जिन्होंने आज तक आँख भी खोली नहीं
वे गा रहे हैं सूर्य के महिमा-गान।

कभी न प्राप्त होने वाली चीज़ों, कभी न प्राप्त होने वाली अवस्थाओं और कभी न प्राप्त होने वाली क़िस्मतों के बारे में मामूली जीवन जीने वाली माताएँ अपनी सन्तानों के लिए, अपने परिवार के लिए क्यों उम्मीद कर रही हैं? वास्तव में वे स्वप्न ही देख रही हैं जिनका सम्बन्ध जीवन यथार्थ से नहीं है। ये माताएँ किससे माँग रही हैं सोने की थाली में छप्पन व्यंजन? वे किससे माँग रही हैं अपनी बेटियों के लिए पढ़े-लिखे दामाद? और वे किससे माँग रही हैं जीवन की ज्योति?

उनकी इन हरकतों पर प्रश्न चिह्न लगाना आसान है। सच यह है कि वे अपनी इन उम्मीदों की पूर्ति के लिए चोरी नहीं कर रही हैं, किसी को लूट नहीं रही हैं। अपने सीमित जीवन के कटघरों में मुजरिम की तरह खड़ी रहक़र ईश्वर से माँग रही हैं सुखद जीवन की कामनाएँ। उनकी भक्ति वास्तव में धर्म से परिचालित नहीं है। उनकी भक्ति मनुष्यता से परिचालित है। जब वे उम्मीद के पंखों में यात्रा करती हैं तो वे किसी की स्वतन्त्रता पर आँच आने नहीं देती हैं। उनकी भक्ति और इच्छाओं की यात्राएँ अपने आत्म तक सीमित हैं। वे इच्छाएँ भर रह जाती हैं और उनके स्वप्न हवा महल की तरह खड़े तो रहते हैं; पर पता नहीं वह कब चूर-चूर होकर बिखर जायेगा।

सूर्य और पृथ्वी का रूपक प्रस्तुत करके अभावों से भरे जीवन को सूर्य के चारों ओर घूमती पृथ्वी के रूप में अरुण कमल देख रहे हैं। कब से यह पृथ्वी इस तरह सूर्य के चारों ओर घूम रही है?

फिर भी जब चैन नहीं
तो सिर्फ़ पाँच फेरों से सुनेगा सूर्य कब
इतनी प्रार्थनाएँ

कल्पना की दुनिया से कवि इन लोगों को उतर आने को कहते हैं जहाँ उनका कठोर यथार्थ है। कोई सूर्य देव नहीं, कोई ईश्वर नहीं बल्कि उनकी आत्मा ही सबसे बड़ा ईश्वर है जिसकी शक्ति असीमित है:

कोई देवी-देव नहीं, कोई सूर्य देव नहीं
तुम्हीं से पूरी होंगी सारी इच्छाएँ
यहीं इसी धरती पर मिलते हैं
छप्पन व्यंजन
पढ़े-लिखे बेटे-दामाद
और सुख भरा जीवन

कविता में ये पंक्तियाँ उपदेश की तरह आयी नहीं हैं। यथार्थ का स्वरूप हमेशा कठोर होता है। उससे हमें भिड़ना ही पड़ता है। उस जीवन से जुड़े सवालों के लिए जवाब न सूर्य देव से मिला सकता है और न अन्य देवी-देवों से। इसी धरती पर मनुष्य की इच्छाओं की पूर्ति हो सकती है। यदि छप्पन व्यंजन की कामना है तो वह भी इसी धरती पर पूरी होगी। अन्य सुविधाएँ इसी धरती के इसी जीवन से हमें मिलेंगी।

अरुण कमल की यह कविता अपनी अन्तरंगता में अभावग्रस्तता की चरम सीमा को ही व्यक्त कर रही है। यद्यपि उन्होंने यह कहा कि इच्छाओं की पूर्ति इसी धरती में पूरी होगी फिर भी वास्तविकता यह है कि ये इच्छाएँ हमेशा इच्छाएँ ही रह जाती हैं। उनकी यह पंक्ति सबसे भीषण है— 'आज भी सबसे बड़ी इच्छा है भरपेट अन्न की'— इसकी ध्वनियाँ क्षितिज को भी पार करके जाती हैं क्योंकि यह एक विकराल सच है। अल्पसंख्यक धनी लोगों के जीवन के आधार पर हम न यथार्थ का विश्लेषण कर सकते हैं और न किसी ठोस नतीजे पर पहुँच सकते हैं। बहुसंख्यकों के सामने अन्न रूपी ईश्वर अवतरित ही नहीं हो रहा है। वह दृष्टिगत नहीं हो रहा है इसलिए हज़ारों वर्षों के बाद भी अतृप्त हैं इच्छाएँ। जैसे पृथ्वी घूम रही है सूर्य के चारों ओर उसी तरह इच्छाओं की पूर्ति के लिए लोग घूम रहे हैं। एक असमाप्त जीवनचर्या, एक अनन्तिम कामना और एक चाक्रिक प्रक्रिया जीवन की जिसका चलते रहना ही दीख रहा है। लक्ष्य या फलागम सदैव अदृश्य है। अरुण कमल जीवन यथार्थ की कटुता को इस कविता के माध्यम से व्यंजित कर रहे हैं।

ले चलेंगे सबको प्रकाश की ओर

अपनी कविता सम्बन्धी एक टिप्पणी में अरुण कमल ने व्यवसायीकृत संस्कृति से अलग रहने वाली कविता-संस्कृति के बारे में लिखा है— "पूँजीवाद जिन कुछ क्षेत्रों का व्यवसायीकरण नहीं कर पाया उनमें कविता भी है, बल्कि आरम्भ से ही कविता एक प्रतिरोध-शक्ति की तरह खड़ी रही क्योंकि उसने पूँजीवाद के अमानवीय चेहरे की बीभत्सता को उजागर किया और इस तरह स्वभावतः उन लोगों के साथ खड़ी पायी गयी जो पूँजीवाद की क़ब्र खोद रहे थे। पूँजीवाद के पण्यीकरण और भोग का सर्वाधिक प्रतिरोध कविता ने किया और आज भी कविता का कोई उपभोग सम्भव नहीं।" (गोलमेज़ , पृ. 196) सबसे अधिक प्रदूषित वातावरण में भी अपने को सुरक्षित रखने वाली कविता के प्रति अरुण कमल की यह आस्था वास्तव में मनुष्य के प्रति प्रकटित आस्था है। कविता में, यदि हम गम्भीरतापूर्वक देखें तो, नायकत्व का आभास मिलता है। सामान्य नायकत्व से यह भिन्न है। यहाँ पर नैतिकता का चरम उत्कर्ष ही हम कविता में अनुभव करते हैं। परन्तु वह सतही आदर्श के रूप में आरोपित भी नहीं है। कविता की नैतिकता कवि की दूरदर्शिता को प्रतिफलित करती है क्योंकि प्रथमतः वह मनुष्यधर्मी है, द्वितीयतः वह समावेशी है, तृतीयतः वह रूढ़ियों के विपक्ष में खड़े होने की पक्षधरता की अभिव्यक्ति है। भविष्य को रचने की अपार क्षमता रखने के कारण ही कविता के प्रति पाठक का आकर्षण बढ़ता रहता है। कविता का सामान्य वाचन भी, जिसमें कविता के प्रति एक विशेष उन्मुखता निहित रहती है, मानवीय होने का अहसास हमें प्रदान करता है। वह हमारी सौन्दर्य दृष्टि भी है जिसके अभाव में जीवन यथार्थ में बाहरी, सतही एवं प्रयोजनवादी दृष्टि का विकास सम्भव दीखता है, आज के कठिन समय में कविता अपनी प्रतिपक्षधर्मी दृष्टि प्रतिफलित ही नहीं कर रही है बल्कि कार्यान्वित भी कर रही है।

'हमारे युग का नायक' अरुण कमल की कविता है जिसके बहाने वे अपनी गहन आस्था व्यक्त कर रहे हैं। इस कविता में उन्होंने ऐसे एक नायक की परिकल्पना

की है और उनकी आस्था गहराती दीख रही है क्योंकि यह समानता का स्वप्नदर्शी ऋषि-मिथक का प्रतीक बनकर कविता में छाया हुआ है। यह एक उम्मीद है जो कि एक कवि-मन वाला व्यक्ति ही अनुभव कर सकता है। इस कारण से ही कवि को स्वप्नद्रष्टा बताया गया है।

अरुण कमल की मनुष्यधर्मी आस्था इस कविता में ज्वलित दिखाई देती है और साधारण-सा दिखता स्वतन्त्रता का नायक, कवि के अनुसार, हमें प्रकाश की ओर ले जायेंगे। घोर तम में से प्रकाश की ओर ले चलने की परिकल्पना वास्तव में उम्मीद जगाती है। उस परिकल्पना के केन्द्र में सीधा-सा एक नायक है जो न लौहपुरुष है और न कूटनीतिज्ञ। वह आदर्श का प्रतिरूप है। इस तरह की एक अभूतपूर्व परिकल्पना के प्रसार के बावजूद कविता में आदर्श का बोझ उद्भासित नहीं होता है—

ख़त्म हो जायेंगे राजकाज के तरीक़े पुराने
स्वतन्त्रता समानता की राह में
नहीं है दरकार कोई दाँव-पेंच न ही कोई तिकड़म
चाहिए नहीं कोई लौहपुरुष न कूटनीतिज्ञ
जो सबसे नेक हैं सबसे दयालु जो ठगे जाने की हद तक सरल
वे ही आयेंगे आगे
और ले चलेंगे सबको प्रकाश की ओर

ऊपर की उद्धृत पंक्तियों में एक ऐसी भी पंक्ति है जिस पर ध्यान देना आवश्यक है— 'जो सबसे नेक हैं सबसे दयालु जो ठगे जाने की हद तक सरल'। कवि द्वारा परिकल्पित नायक का यह सीधापन और उसकी सरलता एवं नेकी हमारी उम्मीद है जो आदर्श के स्थापत्य पर खड़ी नहीं है बल्कि हमारी यथार्थ दृष्टि पर खड़ी है। ऐसा एक सरल व्यक्ति आसानी से ठगा जा सकता है; फिर भी उसकी सरलता ही सराहनीय है। उसमें मानवीयता की सदानीरा की उपस्थिति है।

अरुण कमल की यह कविता यथार्थ और आस्था की टकराहट से अनजान नहीं है। वह टकराहट अनिवार्य भी है। मनुष्य विरोधी ताक़तों का रहना हमारा यथार्थ है। पर उससे भी शक्तिशाली यथार्थ है जो आदमी की पवित्रता का है। जो जाग्रत हैं और दूसरों के लिए बेचैन हैं और निद्राहीन हैं। उनका यथार्थ कल्पना मात्र नहीं है बल्कि वह ठोस है:

ख़त्म हो जायेंगे एक दिन मूर्खों का राज
पकवानों का भोग छकता महन्त
हथगोलों बारूद का ढेर गिनता सन्त
और माफिया गिरोहों के डॉन
नष्ट हो जायेंगे एक दिन
तब, जिसकी आत्मा सबसे पवित्र है
तब, जो जगे हैं, रात भर बेचैन ओस से भरे
वे ही आयेंगे आगे
और ले चलेंगे सबको प्रकाश की ओर

कवि की आस्था इतनी गहरी है कि वह उन्हें बता रही है कि 'ख़त्म नहीं होंगे आदिम आदर्श'। कविता ने आस्था के आदर्श को जन्म दिया है। प्रकृति के साहचर्य से कठिन परिस्थितियों में जीते हुए, करुणा से पवित्रता का पाठ मनुष्य ने सीखा है। प्रयोजनवादिता के सामने घुटने टेकने वाली आस्था नहीं है यह। इसलिए अनन्तिम स्वतन्त्रता की कामना की आग अपने भीतर सुरक्षित रखते हुए मनुष्य ने अपनी यात्रा शुरू की थी। समानता का स्वप्न टूट सकता है, पर ख़त्म नहीं हो सकता। उसे झूठ घोषित करने की शक्ति सब कहीं विद्यमान रह सकती है, पर वह बहुत बड़ा सच है। इस कारण से कवि उम्मीद की नींव पर अपना पैर स्थिर रखते हुए कह पा रहे हैं:

तब, खड़े होंगे करोड़ों-करोड़ों एक साथ
और चलेंगे सबको प्रकाश की ओर

यह मनुष्य की समरगाथा है, मनुष्यधर्मी आशाओं और आकांक्षाओं की समरगाथा है जो कभी मद्धिम नहीं पड़ सकती है। दरअसल कविता यही उम्मीद सदैव हममें जगाती रहती है। कविता की इस उत्कर्ष-अवस्था में रह जाती है करुणा और मैत्री।

एक लतर भी अपनी स्वतन्त्रता घोषित करती है

अक्सर हम मनुष्य की स्वतन्त्रता की बात करते हैं और उसे जन्मसिद्ध अधिकार के रूप में घोषित करते हैं। विचार करने की क्षमता और बौद्धिक कार्य-कलाप में भाग लेने की ताक़त के कारण स्वतन्त्रता की बहस मनुष्य के बीच चलती रहती है। पर यह भी सच है कि मनुष्य ही नहीं, मनुष्येतर प्राणी भी स्वतन्त्रता चाहता है। वल्लत्तोल ने लिखा था कांचन से बने पिंजड़े में रहने पर भी पक्षी के लिए वह बन्धन ही है। उसे खुले आकाश में, पेड़ों की टहनियों में, झाड़ियों में या मैदान में जो स्वतन्त्रता मिलती वह पिंजड़े में नहीं मिल सकती। कुमारन आशान ने अस्वतन्त्रता को मृत्यु से भयानक कहा। सभी भाषाओं में ऐसी कविताएँ मिलती हैं जिनमें स्वतन्त्रता की प्रत्यक्ष या परोक्ष घोषणा मिलती हैं।

प्रकृति की हर वस्तु में स्वतन्त्रता की इच्छा जाग्रत अवस्था में मिलती है क्योंकि तभी वह जीवित रह सकती है। अरुण कमल ने अपनी कविता **'ज़िद्दी लतर'** में स्वतन्त्र-चेतना की गतिशीलता को व्यक्त किया है। अरुण कमल केदारनाथ सिंह की तरह लघुता के शिल्पी हैं। इसमें उनकी सौन्दर्य दृष्टि भी मिलती है। एक मामूली व्यक्ति, मामूली घटना, कोई स्निग्ध स्मृति, प्रकृति का एक लघु परिदृश्य, पिछड़ी स्थितियों का कोई परिच्छेद, दरिद्रता की दीनता आदि उनकी कविता में लघु जीवन का एक बहुत बड़ा मानचित्र तैयार करने हैं। इतनी सूक्ष्मता के साथ वे इन लघु प्रसंगों को कवितात्मक ढंग से शब्दबद्ध करते हैं कि सौन्दर्य का अनुपम चित्रपट भी तैयार होता है।

'ज़िद्दी लतर' एक लतर की स्वतन्त्रता की इच्छा की अभिव्यक्ति है। उसको कवि कुछ इस तरह से व्यक्त कर रहे हैं:

लतर भी कि मानती ही न थी
मैंने कई बार उसका रुख बदला
एक बार दागा बाँधकर खूँटी से टाँगा

फिर परदे की डोर पर चढ़ा दिया
कुछ देर तक तो उँगलियों से ठेलकर बाहर भी रखा
लेकिन लतर थी कि मानती ही नहीं थी
एक झटके से कमरे के अन्दर

स्वतन्त्रता कामना भर नहीं है। वह इच्छा का कर्म में परिवर्तन है यानी उसे गतिशील कर्मठता भी हम कह सकते हैं। उसमें आगे बढ़ने, अपने इच्छित प्रदेश में व्यापने और विकसित होने की अदम्य इच्छा होती है। इसी कर्मठ इच्छा को कविता में सौन्दर्य दृष्टि के रूप में अवतरित किया गया है। वह सौन्दर्य से क्यों अभिमंडित है? इसलिए कि वह जड़ अवस्था को तिरस्कृत करता है। इस प्रवृत्ति को अरुण कमल एक लतर की अनिवार्य वृत्ति में देखते हैं।

उसे ज़िद्दी लतर कहा गया है। वह ज़िद्दी है और उसकी ज़िद नियन्त्रण में आती नहीं है। वह अपनी स्वेच्छा से गति सुनिश्चित करती है। यह मस्ती का उदाहरण नहीं है। यह स्वातन्त्र्येच्छा का उदाहरण है। लतर की इस स्वातन्त्र्येच्छा को मनुष्य की स्वातन्त्र्येच्छा के साथ उपमित करके देखें तो ज़िद के कई आयाम निकल आ सकते हैं। अपने अन्दर जब मनुष्य स्वतन्त्रता की आग को ज्वलित रखता है तो वह एक ज़िद है। फ़र्क़ इतना ही है कि वह एक मूल्यवान ज़िद है। उस ज़िद के कारण ही स्वतन्त्रता के संघर्ष में मनुष्य भाग लेता है और वह यह नहीं देखता कि इसमें ख़तरा कितना है। मृत्यु भी सम्भव है; यह भी एक ज़िद है। जिस तरह मनुष्य अपने समाज एवं सहजीवियों के लिए ज़िद कर बैठता है, उसी प्रकार हर जैविक वस्तु में ज़िद देखने को मिलती है। जैविक वस्तु ही विकसित हो सकती है और उसका विकास ही उसकी स्वतन्त्रता है। उसे कोई रोक नहीं सकता, बाधा पहुँचा नहीं सकता। अपनी निर्णीत गति के अनुरूप वह विकसित होती रहती है। यहाँ पर ज़िद को अनिवार्य सक्रियता के रूप में दर्ज किया गया है। यह जीवन की संलग्नता को परिभाषित करती कविता-प्रवृत्ति है। राजेश जोशी की एक कविता है, 'अँधेरे के बारे में कुछ वाक्य' जिसमें इसी ज़िद को वे अपने ढंग से प्रस्तुत करते हैं:

अँधेरे से जब बहुत सारे लोग डर जाते थे
और उसे अपनी नियति मान लेते थे
कुछ ज़िद्दी लोग हमेशा बचे रहते थे समाज में
जो कहते थे कि अँधेरे समय में अँधेरे के बारे में गाना ही
रोशनी के बारे में गाना है।

इस दृष्टि को नैसर्गिक मानने की प्रवृत्ति भी राजेश जोशी में मिलती है। अरुण कमल में यह प्रवृत्ति प्रखर है जो उनकी 'ज़िद्दी लतर' को गतिमयता प्रदान करती है।

आगे कविता में विपरीत अवस्था में लतर की गति को सक्रिय दिखाया गया है। ज़ोरदार बारिश हो रही है। खिड़कियाँ बन्द नहीं की जा सकतीं। कवि का 'मनी प्लांट' (लतर) आगे बढ़ना चाहता है। अरुण कमल ने उस पूरे प्रसंग को प्रेम से प्रस्तुत किया है और उनका प्रेम उस लतर के लिए प्रकटित है:

और बारिश बहुत तेज़
बिल्कुल बिछावन और तकिये तक
मारती झटास
लेकिन खिड़की बन्द हो तो कैसे
आदमी हो तो कोई कहे भी
आप मनी प्लांट की उस ज़िद्दी लतर को क्या कहिएगा
जिसकी कोंपल अभी खुल ही रही हो।

आदमी हो तो कुछ न कुछ कहा जा सकता है। इस लतर से क्या कहा जाये? वह बढ़ना चाहती है चाहे बाहर बारिश हो या तेज़ हवा। स्वातन्त्र्येच्छा और तज्जन्य कर्मठता को अरुण कमल ने लतर के रूपक के माध्यम से, लघुता को विराट सौन्दर्य-प्रतीति प्रदान करके प्रस्तुत किया है। यह कविता स्वतन्त्रता एवं कर्मठता की घोषणा करती है। इस कविता में लघुता को भी प्राथमिकता दी गयी है। लघुता, चाहे वह किसी वस्तु की हो या किसी मनुष्य की हों, सामान्य या त्याज्य नहीं है। आकार की लघुता, आचरण में दर्शित लघुता (सरलता) उसके 'स्व' भाव को व्यंजित करती है। इसका 'स्व' ही मुख्य है और वही स्वतन्त्रता का मूल स्रोत है। अरुण कमल की कविता, ज़िद्दी लतर, स्वतन्त्रता, कर्मठता, लघुता और इन तीनों से उभरते सौन्दर्य को प्रतिपादित करती है।

जीवन का योगफल

अन्ततः जीवन के सारसत्य का संकेत अपनी कविता **'योगफल'** में अरुण कमल देना चाहते हैं। उनके सामने जीवन के कई रूप हैं। उन तमाम रूपों में प्रवेश करके वे जानना चाहते हैं कि जीवन का अर्थ क्या है? बाहर से पता नहीं चलता कि प्रत्येक वस्तु में, प्रत्येक जीवित प्राणी में और प्रत्येक अवस्था के कितने रूप हैं। पता तब चल सकता है कि जब हम हर वस्तु के अन्तर्जगत में घुसकर देखें कि ऐसा क्या है और क्यों है?

कभी कभी मैं ताड़ का वो पेड़ होना चाहता हूँ
तब तो जानूँगा क्या मतलब इतनी दूर फल लटकाने का—

इतना लम्बा पेड़ और उसके फल हैं पेड़ के उच्चाग्र पर। उसको तोड़ना आसान नहीं है। पर वह एक पेड़ है जिसका रूप अन्य पेड़ों की तरह नहीं है। यह प्रकृति की एक अवस्था है। उसके बारे में जानने के लिए ताड़ के पेड़ के ऊपर चढ़कर ही मालूम करना होगा। हर वस्तु के जीवांश तक जाने पर पता चलता है कि ऐसा क्यों है? उस अवस्था या रूप का इस जगत में अपना एक जैविक इतिहास है। कई प्रकार के इतिहासों का इतिहास हमारे समक्ष वस्तुओं और रूपाकारों की तरह उपस्थित है। जगत का यह एक महाइतिहास है। इस इतिहास को जानने के लिए कवि एक यात्रा करना चाहते हैं:

कभी कभी इच्छा होती है कि
व्याघ्र या मार्जार बनूँ
कभी भुजंग कभी वक
कभी उल्लू यानी उलूक—
सारे पशु-पक्षियों वनस्पति में भटकता फिरूँ
वन वन जल थल नभ
चौरासी लाख योनियों में

और अन्त में शव—
क्या सोच रहा होगा वह शव इस वक़्त जब रात
के डेढ़ बज रहे हैं और सब सो रहे हैं शव-गृह में

जीवन से मुक्ति के बारे में बताया गया है कि कई जन्मों के बाद— चौरासी लाख योनियों से होकर जन्म लेने के बाद— मुक्ति मिलती है। उस पारम्परिक धारणा का सहारा लेकर अरुण कमल जीवन-जगत को जानने की इच्छा प्रकट करते हैं— 'सारे पशु पक्षियों वनस्पति में भटकता फिरूँ' कहकर जन्तु जगत की वास्तविकता की तह तक वे जा रहे हैं। कभी व्याघ्र की योनि से जन्म लेकर कभी भुजंग की योनि से जन्म लेकर जीवन वैविध्य के सच को जानना चाहते हैं। वन-वन जल-थल-नभ से होकर उनकी यात्रा चलती रहती है। यह जीवन की लम्बी यात्रा है जिसके अन्त में मृत्यु का सामना करना पड़ता है। शव भी जीवन की एक अवस्था है; इसलिए कवि का कहना है कि 'क्या सोच रहा होगा वह शव इस वक़्त' यानी रात के डेढ़ बजे। मुर्दाघर में पड़ा हुआ शव है जो धीरे-धीरे सड़ ही सकता है। पर वह जीवन की गम्भीर अवस्था है। पशु-पक्षियों की योनियों में भटकते समय जो अनुभव रहा होगा उसके भिन्न और एक़दम अलग अनुभव शव शरीर का होता है। अब यात्रा ख़त्म हो चुकी है। बिना हिले-डुले शरीर पड़ा हुआ है। उस शव शरीर के साथ एक दीर्घ जीवन का इतिहास भी जुड़ा हुआ है। फ्रेंज़ काफ्का की कहानी 'मेटामोरफोसिस' में उसका पात्र जब तिलचट्टा बन जाता है तो वह दो अनुभवों के बारे में सोचता है। जब वह मनुष्य था और अब वह तिलचट्टा है। उसी तरह मनुष्य से भिन्न जन्तु-जानवरों के जीवन से होकर उस जीवन के अन्तरंग सच से होकर यात्रा करने के बाद अन्तिम घड़ी में— यह भी वास्तव में अन्तिम नहीं है— शव बनकर नये अनुभवों से गुज़रने को वह बाध्य होता है। अलग-अलग अनुभवों से गुज़रने का मतलब है अलग-अलग सच्चाइयों से गुज़रना, चाहे वह अमीबा के जीवांशों से होकर गुज़रना हो या भिन्न-भिन्न वनस्पतियों से होकर हो। फूलदार पौधों से होते हुए गुज़रना अनुभव का एक नया धरातल है। उसके बाद कैक्टस के पौधे के अनुभव में शामिल होना एक़दम भिन्न अनुभव है। इस तरह कवि अनुभवों के महाकाल में तथा अनुभवों के विराट् परिदृश्य में रहते हैं। इस समस्या को वे कुछ इस प्रकार व्यक्त करते हैं—

लेकिन इस सब के लिए कितना बदलना पड़ेगा मुझे
कितना अपनापा कितना दुलार इन क्षुद्रतम जीवों
इस सृष्टि सम्पूर्ण ब्रह्मांड से

अनुभवों का यह प्रसार कहाँ से शुरू करके कहाँ जाकर ख़त्म होगा। इस तरह मूल सच के पीछे भागते-भागते, सच का अन्वेषण करते-करते, अनुभवों की तह की खोज में लगे रहक़र अन्त में क्या हासिल हो सकता है? कवि अपनी इस समस्या को भी प्रकट करते हैं:

और तब कितना होगा मेरा कुल योगाफल बाबा गोरखनाथ
जब अन्न को भी भूख लगेगी पानी को प्यास
तब मेरा योगफल कितना होगा बाबा गोरखनाथ?

जीवन यथार्थ की एक भीषण अवस्था का उल्लेख करके अरुण कमल अपनी कविता को समापित करते हैं कि अन्न को भी भूख लगेगी और पानी को प्यास लगेगी। यह यथार्थ का अन्तिम पायदान है। तब उनका प्रश्न यह है कि 'मेरा योगफल कितना होगा। तोड़-फोड़ के बाद अन्त में क्या हासिल होगा? तमाम खोजों के अन्त में ऊसरता का अनुभव हो सकता है। धूल-धूसरित मरुथलीय यथार्थ का आभास हमें वलयित कर सकता है। ऐसी एक भीषण अवस्था में जीवन का कुल योगफल कितना होगा। इस प्रश्न की अवस्थिति भी अपने-आप में प्रश्नात्मक है क्योंकि जीवन यथार्थ अनेक प्रकाश-वर्षों से दूर टिमटिमाते नक्षत्र की तरह स्थित है।

तेज़ रफ़्तार वाली गाड़ियों के बीच सरकती कुछ पैसेंजर गाड़ियाँ

रमेश बक्षी के उपन्यास 'अठारह सूरज के पौधे' पर आधारित अवतार कृष्ण कौल की फ़िल्म '27 डाऊन' (उपन्यास भी बाद में इसी नाम से प्रकाशित हुआ) का बाहरी परिदृश्य मुम्बई के सबेर्बन रेलवे के दादर, चर्च गेट, कल्याण आदि स्टेशन, गाड़ियों की कभी न रुकने वाली यात्राएँ, लोगों की खचाखच भीड़, धक्का-मुक्की, कहीं न कहीं पहुँचने की सबकी जल्दबाज़ी आदि भरपूर मात्रा में फ़िल्मी भाष्य के सहारे रचित हैं। यह मुम्बई का एक मुख्य परिदृश्य है जिसमें उपन्यास की कथा चलती है। वस्तुतः यह जीवन-परिदृश्य है।

ये पैसेंजर गाड़ियाँ दरअसल भारतीय जीवन के परिच्छेद को बख़ूबी प्रस्तुत करती हैं। इनमें यात्रा करने वाले साधारण तबके के लोग होते हैं। कई प्रकार की कठिनाइयों से, समस्याओं से, अधूरी ज़िन्दगी से जूझते हुए जीने वालों का ख़ाका तैयार करना मुश्किल है। फिर भी वह दृश्य अपने आप में कथात्मक है। बृहद् कथासरितासागर की तरह कई प्रकार के तनावों से घिरा हुआ यह कथात्मक जीवन एक अनन्तिम यात्रा है। विकास होते रहते हैं, सुविधाएँ बढ़ती जा रही हैं, विदेशी पूँजी का निवेश हो रहा है, देश की तरक़्क़ी के आँकड़े उछाल दिये जा रहे हैं, सुविधाभोगी लोगों की चमक बढ़ रही है, सत्ता का वर्चस्व सब कहीं दृष्टिगोचर हो रहा है। इसके दूसरे ध्रुव पर ऐसे लोग हैं जो थके-हारे एवं हताश हैं। क्या इन दोनों ध्रुवों को आमने-सामने रखकर देखते समय कोई विरोधाभास दिखाई नहीं दे रहा है? यह विरोधाभास एक बड़ा यथार्थ है। हमारी सामाजिकी अक्सर इस यथार्थ को अनदेखा करती है; कहीं कुछ भी अंकित नहीं करती है। जीवन-यथार्थ का, जो हमारा ज्वलन्त प्रश्न है, इस तरह तिरोभवित हो जाना हमारी अविकसित सभ्यता को ही सूचित करता है। जो यथार्थ प्रश्नात्मक है उसे यथावत् छोड़ देना प्रश्नों को गुरुतर ही बनाता है। उसके प्रति अवहेलना भरी दृष्टि रखना भी हमारे असभ्य होने

का संकेत है। उस यथार्थ को बदलना ही, कम-से-कम उसके प्रति सचेत रहना और उस यथार्थ में निमग्न होना भी नागरिकबोध की सकारात्मकता को सूचित करता है।

अरुण कमल की कविता **'डेली पैसेंजर'** एक कामगर औरत की, काम से निपटने के बाद गाड़ी में वापसी यात्रा की प्रस्तुति है। यह कविता शत प्रतिशत यथार्थ पर केन्द्रित है। फोटोग्रैफिक तरीक़े से अरुण कमल ने इसे प्रस्तुत किया है। दिन भर काम करने के बाद घर लौटती यह औरत इतनी थकी हुई है कि गाड़ी में जगह न होने से वह खड़ी रहती है। इसकी फोटोग्रैफिकता सीधी सी है:

एक धुँधले-से स्टेशन पर वह हमारे डिब्बे में चढ़ी
और भीड़ में खड़ी रही कुछ देर सीकड़ पकड़े
पाँव बदलती
फिर मेरी ओर देखा
और मैंने पाँव सीट से नीचे कर लिए
और नीचे उतार लिया झोला
उसने कुछ कहा तो नहीं था

वह आ गयी
और मेरी बग़ल में बैठ गयी
धीरे से पीठ तख़्ते से टिकाई
और लम्बी साँस ली
....
....
लगता है बहुत थकी थी
वह कामगर औरत
काम से वापस लौट रही थी
एक डेली पैसेंजर।

कविता पूरी तरह से उस कामगर औरत पर फोकस कर रही है। इसलिए कविता की रचना-रीति विवरणात्मक है; फोटोग्रैफिक विवरणात्मकता की रीति को अपनाने के कारण कविता में कुछ मौन थल (साइलेंट स्पेसेस) भी संकेतित हैं। परोक्ष रूप से सहयात्री की तरफ़ से उसे थोड़ी-सी मदद मिलती है; कम-से-कम सौहार्द्र भाव का यह प्रतिफलन है। इसलिए वह आकर उस सहयात्री के बग़ल में

बैठ जाती है। वह लम्बी साँस लेकर तख़्ते से टिकाकर बैठती है और वह ऊँघने लगती है 'सहसा मेरे कन्धे से/लग गया/उस युवती का माथा।' यह थकावट का ही विवरण नहीं बल्कि स्नेहार्द्रता के प्रतिफलन का विवरण है। यह सही है कि थकावट उसे प्रेरित करती है। अपने सहयात्री के कन्धे पर माथा टिकाकर बिना किसी हिचक से वह ऊँघने लगती है। इस विवरण में उसकी निस्संकोचकता विशेष रूप से ध्यान देने योग्य है। सहयात्री भी उसकी इस निस्संकोचकता का स्वागत करता है। दिन भर की कड़ी मेहनत, जीवन की अभावग्रस्तता, उसकी मजबूरियाँ, विश्राम रहित श्रम, साँझ को हड़बड़ाकर डेली पैसेंजर में लौटना— ये उसके नियमित कार्य होंगे। कहीं से भी उसे स्नेह या आर्द्रता का अनुभव नहीं मिला होगा। आज की वापसी— यात्रा में एक सहयात्री से उसे परोक्ष आर्द्रता मिलती है। अपने जीवन में, जिसमें सुखाड़ ही सुखाड़ है, संयोग से उसे आर्द्रता का स्पर्श मिलता है। स्नेह की सदानीरा में वह डूब जाती है। सहयात्री के मनोभाव में भी उसके प्रति अपार स्नेह है जिसे कवि ने इन शब्दों से व्यक्त किया है 'लगता है बहुत थकी है', यह पंक्ति विवरण नहीं बल्कि अनुभव की अभिव्यक्ति है। 'वह कामगर औरत, काम से वापस घर लौट रही थी', विवरण-सा प्रतीत होने के बावजूद यह पंक्ति सहयात्री के आर्द्र मनोभाव को व्यक्त कर रही है। वह स्वयं यह अनुभव कर रहा है कि उसे स्नेह के अवलम्ब की आवश्यकता है।

फोटोग्रैफिक विवरणों के बीचोंबीच मौन थलों की सहायता से यह कविता, जो पूरी तरह से यथार्थ पर केन्द्रित है, मानवीय अन्तरंगता के संस्पर्श से तीव्रानुभव की अभिव्यक्ति हो जाती है। दो यात्रियों के बीच के मौन सह-अस्तित्व की अनूठी पहचान इसे यथार्थ के साधारण धरातल से ऊपर उठाती है। कठोर यथार्थ के बीच स्फुरित इसकी व्यंजना अरुण कमल की कविता की सबसे बड़ी ख़ूबी है।

हमारे जीवन यथार्थ की द्रुत गतिशीलताएँ हैं। समानान्तर ढंग से जीवन यथार्थ की धीमी गति की सामान्य-सी चलायमानता भी है। अरुण कमल की कविता में, किसी न किसी मात्रा में विद्यमान करुणा की धारा के कारण, धीमी गति की सामान्य-सी चलायमानता मुख्य हो उठती है। उस परिदृश्य में वे इस थकी व हताश कामगर औरत को उपस्थित करते हैं। उनके लिए यह परिदृश्य सर्वाधिक मुख्य है क्योंकि इसी में जीवन का यथार्थ अपनी सही स्थिति में उपलब्ध है।

इक्कीसवीं शताब्दी में अपने ही घर में हम किरायेदार हैं

विकास की घोषणाओं से हमारे देश का वातावरण भर गया है। अगर यह सच होता तो हमारा देश सबसे अधिक विकसित देश हुआ होता। पर हालत उल्टी है। ऐसे में इन घोषणाओं और अख़बारों में दिये जाने वाले इश्तहारों का क्या मूल्य है? देश की आर्थिक स्थिति का सही आँकड़ा कोई नहीं दे रहा है। जिन्हें देना है वे एक अपरिचित भाषा में उलटबासियाँ अवतरित कर रहे हैं। हमारे देश का प्रत्येक नागरिक क़र्ज़दार है। सरकारी संस्थाएँ निजी संस्थाओं में परिवर्तित हो रही हैं। इसमें सत्ता का स्वार्थ ही प्रकट है। निजी संस्थाएँ तय करती हैं कि देश को किस दिशा में बढ़ना है और उसकी गति क्या होनी चाहिए।

अरुण कमल की कविता **'इक्कीसवीं शताब्दी की ओर'** विकास में निहित अविकास को तथा गतिशीलता में निहित अवरुद्धता को दर्शा रही है। कई वर्ष पहले हम विदेशी शासन से मुक्त हुए थे। अब विदेशी सत्ताओं का हमारे देश में वर्चस्व बढ़ता जा रहा है। एक तरह से स्वतन्त्रता और गुलामी की परिभाषाएँ आज पूरी तरह से बदल गयी हैं। परोक्ष गुलामी को स्वतन्त्रता मानने की मूर्खता आज स्वीकृत है। स्वतन्त्रता के मूल्यों को नीलाम कर देने की साज़िशें चल रही हैं। अरुण कमल की यह कविता इन विकराल स्थितियों को प्रस्तुत कर रही है:

चढ़ा है नीलाम पर देश
एक-एक चौखट किवाड़ पालना चढ़ा है नीलाम पर
आ रहे हैं डाक बोलने अमरीकी फ्रांसीसी इतालवी अंग्रेज़ व्यापारी
घर का फूटा हुआ दिन भी वे लादेंगे जहाज़ पर
आ रही है क़ब्र की मिट्टी झाड़ती ईस्ट इंडिया कम्पनी
डेलहाउसी के घोड़ों की टाप है रोड, पर टाप कनपट्टी पर
और मरा चेहरा फूटा हुआ ढेला कम्प्यूटर का दाना
अपने ही घर में किरायेदार हम
जा रहे हैं इक्कीसवीं शताब्दी की ओर

बाज़ार के स्वैराचार का संकेत ही यह कविता दे रही है। पुराने ज़माने में हथियारबन्द सिपाहियों और तोपों के सहारे अलग-अलग देशों पर कब्ज़ा करने का तरीक़ा अब नहीं है। आज बाज़ार सबसे बड़ा हथियार है। वह कहीं भी अपना पैर जमा सकता है और अपने अधिकार का विस्तार कर सकता है। एक बड़े देश की गति को भी बाज़ार नियन्त्रित कर सकता है। एक तरह से यह बाज़ार अलग-अलग देशों में शैडो सरकार बनकर अपना काम चलाता है। नवउपनिवेश का यह नया स्वरूप है। नवउपनिवेशवाद की सुविधा यह है कि ताक़तवर देश अपने देश में बैठे-बैठे दूसरे देशों पर अपना अधिकार फैला सकता है। वास्तव में एक शैडो सरकार ही हम पर हुक्कुम चला रही है। हम जो भी देख रहे हैं वह एक विराट् प्रदर्शिनी है। उसकी चमक-दमक बाहरी है। तय करता है ताक़तवर देश और उनके बाशिन्दे बनी हैं यहाँ की ताक़तवर निजी संस्थाएँ। इक्कीसवीं सदी उनके लिए है जबकि बीसवीं और इक्कीसवीं सदी में फ़र्क़ न कर सकने वालों के लिए शरणार्थियों के कैम्प बसाये गये हैं। उन्हें वहीं जाकर बसेरा करना है।

कविता में असंख्य निहत्थे लोगों के जर्जरित जीवन का वर्णन करके अरुण कमल उन्हें आह्वान दे रहे हैं कि जिस इक्कीसवीं शताब्दी को ताक़तवर लोगों ने अपने कब्ज़े में ले लिया है उनसे इस शताब्दी को अपने हाथ में ले लेना है। जो अजर-अमर हैं, वे कहते हैं कि, यह उठ खड़े होने का समय है। सूर्य का आठवाँ घोड़ा बनकर बिल्कुल पास ही खड़ी इक्कीसवीं सदी की ओर चलना है:

हाँ, हम चलेंगे
नील पद्म शंख महाशंख शताब्दियाँ पार करते
बच्चों को कन्धे पर बिठायें सारी पृथ्वी समूचे ब्रह्मांड में टहलेंगे।
हम चलेंगे उधर
जिधर सृष्टि का पहला पानी अभी तक इन्तज़ार कर रहा है छाले पड़े पाँवों का
और कुछ लोग इधर ही रह जायेंगे
यहीं बीसवीं शताब्दी के आख़िरी अड्डे पर
किसी बस के इन्तज़ार में
और हम खोलेंगे अँधेरे का ताला।

अधिकार के शिखर पर बैठकर, सुविधाओं का उपयोग करते हुए बाक़ी लोगों को कुचलने वाले नयी संस्कृति के वाहकों से भी भिड़ा जा सकता है। कवि यहाँ

प्रखर इच्छाशक्ति पर ज़ोर दे रहे हैं— 'हम चलेंगे उधर/जिधर सृष्टि का पहला पानी अभी तक इन्तज़ार कर रहा है/छाले पड़े पाँवों का।' यह एक प्रस्थान है और इस प्रस्थान के लिए सभी को तैयार रहना है। बीसवीं शताब्दी का जो घना अँधेरा है उस अँधेरे के ताले को तोड़ने के लिए भी कुछ लोग रह सकते हैं इस ओर। अँधेरे को खोल देने के बाद फिर इक्कीसवीं शताब्दी की ओर आसानी से जाया जा सकता है। हर शताब्दी संघर्षमना लोगों का इन्तज़ार करती है। समय के इस रुख को पहचानना समकालीन जीवन को पहचानना है, यानी इक्कीसवीं शताब्दी को पहचानना है। तभी हम किराये के घर से मुक्त होकर अपनी छत के नीचे आराम से रह पायेंगे।

समकालीन कविता में नवउपनिवेशवाद और बाज़ारवाद सम्बन्धी कई रूपक मिलते हैं। यह स्वाभाविक है क्योंकि एक पूरी शताब्दी परोक्ष अधीनस्थता के बोझ तले दब रही है। वस्तुतः अरुण कमल की यह कविता प्रतिरोध की अभिव्यक्ति है। इस एक पहचान के अभाव में हमारे जीने का अर्थ नष्ट हो सकता है। अरुण कमल इस कविता में समय की तमाम जटिलताओं को व्यंजित भी कर रहे हैं।

लोक का विस्तार

अरुण कमल की कविताओं में लोक के प्रति अनुरक्ति सर्वत्र मिलती है। यह सही है कि वे यथार्थ की विडम्बनाओं पर, जीवन के सुख-दुख पर, निर्बलों पर, अपराधियों पर, जीवन में कारुणिकता की सार्थकता पर, हाशियाकृत लोगों पर कविताएँ लिखते हैं। इन विषयों के अलावा आसपास के जीवन को भी यानी अपने लोक को भी समांतरतः वे आत्मीय भाव से व्यंजित करते हैं। प्रश्न यह उठ सकता है कि अरुण कमल के लिए लोक क्या है? लोक उनके लिए सही जीवन-सान्निध्य है। लोक के जीवांशों तक जाते हुए वे उसके सौन्दर्य को ही नहीं बल्कि उसके आत्मांशों को अभिव्यक्त करते हैं। उनकी बहुतेरी कविताएँ लोक से जन्मी हैं। एक विशेष प्रकार का खुलापन ऐसी कविताओं में तब देखा जा सकता है। यह खुलापन कविता के सौन्दर्य की पारदर्शिता से सम्बन्धित या अनदेखे रह गये जीवन के परिपार्श्वों से सम्बन्धित है। इससे उनकी कविता में एक नयी रुचिरता आ जाती है।

अमरफल उनकी ऐसी एक कविता है जिसमें उच्छिष्ट बने हुए फलों को वे प्राप्त करना चाहते हैं। ये जन्तु-जीवियों से काटे गये हैं, उनके खाये हुए हैं, उनके चाटे गये हैं। पर उन काटे गये, खाये हुए और चाटे गये फलों के विशिष्ट स्वाद की स्मृतियाँ कविता को एक नया स्वाद प्रदान कर रही हैं। इसी नये स्वाद में ही कविता का लोक विस्तृत होता जाता है। इसमें एक भरा-पूरा संसार है और वह समावेशी है। समावेशिता लोक की विस्तृति को चिह्नित करती है। कविता की इस समावेशिता में जन्तु-जीवियों की चहल-पहल है और फलों का नया स्वाद है जिससे जुड़ने की इच्छा फल खाने की इच्छा तक सीमित नहीं है। वह इच्छा मनुष्यता की सम्बद्धता की इच्छा है जिसके अभाव में जीवन का कोई अर्थ नहीं बचता है। कविता की यह मूल्यदृष्टि है जो बाहरी नहीं है। इच्छाएँ कविता में यों प्रकट की गयी हैं:

तोते का जुठाया अमरूद दो मुझे
जिसके भीतर की लालिमा फूटती हो बाहर

गिलहरी के दाँतों के दागवाला जामुन दो काला
अन्धकार के रस से भरा हुआ
पककर अपने ही उल्लास से फटता
एक फल दो शरीफ़े का
और रस के तेज़ वेग से जिस ईख के
फटे हों पोर
और चौड़े थन वाली गाय का दूध
जिसके चलने भर से
छीमियों से झरता हो दूध

ये सभी लोक के कुछ घटक हैं, कुछ चित्र हैं जिन्हें हृदय से आत्मसात करने पर ही प्राप्त किया जा सकता है। सामान्य निरीक्षक होने से उनको न आत्मसात किया जा सकता है न उनका आस्वादन किया जा सकता है। अरुण कमल ने उन सबको पूरी तरह से आत्मसात किया है। एक-एक के अन्तर्गजत में प्रवेश करने की उनकी अद्‌भुत क्षमता है और उसके लिए प्रयुक्त भाषा में भी लोक की विस्तृति और उसके प्रति अपनी अनुरक्ति को वे व्यंजित कर सके हैं।

कवि अपनी साधारणता में असाधारण बन जाते हैं। पारदर्शिता जब जीवन-मूल्य बन जाती है तो कवि व्यक्तित्व की असाधारणता की तरफ़ यात्रा शुरू होती है। यह एक कवि की संवेदना की विस्तार-यात्रा है। कवि की जीवन-सापेक्ष दृष्टि की गहराई है जो उन्हें असाधारण बनाती है। असाधारणता कविता की लक्षित दृष्टि में प्रकट होती है, पर बाक़ी सब साधारण ही रहते हैं। अरुण कमल के रचना व्यक्तित्व की साधारणता और उनकी कविता की असाधारणता एक-दूसरे से अलग नहीं है। इसे उनके रचना-व्यक्तित्व का परिपाक कहा जा सकता है। यह उनकी कविता की अपार उर्वरता भी है।

अपनी साधारणता में वे अपनी यह इच्छा ज़ाहिर करते हैं:
मुझे छप्पन व्यंजन नहीं
बस एक फल दो
सूर्य का लाल फल
अन्धकार का काला फल

असल में वे तोते का जुठाया अमरूद और गिलहरी का जुठाया जामुन ही चाहते हैं। लेकिन दोनों जूठे फलों के लिए उन्होंने ऐसे विशेषण शब्दों का प्रयोग

किया है जो उनकी कविता के असाधारणत्व को व्यक्त करने में सक्षम हैं। ये दोनों विशेषण वस्तुओं को अभौमता की ओर ले चलते हैं।

इसलिए वे लिख पाते हैं— 'सूर्य का लाल फल' और 'अन्धकार का काला फल' इन दोनों पंक्तियों में आस्वादनीयता का चरम उत्कर्ष अनुभव किया जा सकता है। सूर्य के उस लाल फल को तथा अन्धकार के काले फल को वे काटना चाहते हैं— यह साधारणता की तराई की तरफ़ आ जाना है। तुरन्त वे लिखते हैं— 'अमर हो जाऊँ वही अमरफल' पुनः कविता में असाधारणता का एक और गवाक्ष खुलता है। जुठाए गये फलों के माध्यम से लोक की यात्रा करके उन्हीं जुठाए फलों को अमरफल में परिणत करके जीवन-सम्बद्धता का एक विराट मंच वे तैयार करते हैं।

ऋतु परिवर्तनों के प्रभाव पर भी कवि अपनी दृष्टि व्यक्त करते हैं। वे जानते हैं कि जिन-जिन को उन्हें अगले ऋतु के लिए सहेजकर रखना है ताकि वह अमरफल हो जाये। यह अमरता भी लोक जीवन की सदिच्छा है जिसका अपना मूल्य है।

अरुण कमल की यह कविता लोक यथार्थ को लोक फैंटसी में प्रस्तुत करके लोक सौन्दर्य को उसकी सम्भावनाओं सहित व्यंजित करने का सृजनात्मक प्रयास है।

कविता की पारिस्थितिकी संवेदना

कविता पारिस्थितिकी से ऊर्जा ग्रहण करती है। कारण स्पष्ट है कि पारिस्थितिकी संवेदना अन्ततः जीवन-संवेदना ही है। जीवन-सम्बद्धता के कई रूपक कविता में संरचित होते हैं और उनमें से एक है पारिस्थितिकी। वास्तव में पारिस्थितिकी एक गहन जीवन बोध है। जल के साथ, ज़मीन के साथ, जंगल के साथ, आसमान के साथ, प्रकृति के साथ हमारा जीवन जुड़ा है और इस जुड़ाव को संवेदना के स्तर पर आत्मसात करते समय कविता गहन होती जाती है। अरुण कमल की **'गंगा को प्यार'** शीर्षक कविता पारिस्थितिकी अवबोध की गम्भीर अभिव्यक्ति है। कवि ने गंगा को पारम्परिक अर्थ में नहीं लिया है; लेकिन गंगा के महत्त्व को कम करके देखने का कार्य भी किया नहीं है। 'ओ विराट् गंगा', 'ओ माँ के दूध में बसी हुई गंगा' जैसी पंक्तियों के माध्यम से गंगा को पूरा महत्त्व प्रदान किया गया है। परन्तु गंगा को मनुष्यता के साथ, संस्कृति के साथ जोड़कर देखने का कार्य उन्होंने किया है— 'तुम्हीं रही प्रवाहित आदि मानव से'। अतः कहा जा सकता है कि गंगा को धार्मिक आस्था से न जोड़कर पारिस्थितिकी के साथ उसको आत्मसात किया गया है।

आनुषंगिक ढंग से अरुण कमल की एक अन्य कविता का उल्लेख आवश्यक प्रतीत होता है। कविता का शीर्षक है 'जीवधारा'। 'जीव रस में डूब गयी धरती' कहकर धरती की अनगिनत भाव-भंगिमाओं को कवि उसमें व्यंजित कर रहे हैं:

बज रही है धरती
हज़ारों तारों वाले वाद्य-सी बज रही है धरती
चारों ओर पता नहीं कितने जीव-जन्तु
बोल रहे हैं कभी मन्द्र कभी शान्त

धरती को गतिशील एवं उर्वर बनाये रखने में इन ध्वनियों की भूमिका है। इसलिए वे लिख रहे हैं:

धरती बहुत सन्तुष्ट बहुत निश्चिन्त है आज
दूध भरे थन की तरह भारी और गरम

ध्वनियो से घिरी हुई धरती जिस प्रकार जीवराग को व्यंजित करती है उसी प्रकार वह एक जीवन्त इकाई के रूप में हमारे सामने प्रकट होती है और उसकी ध्वनियाँ हमारे लिए भी संवेदित होती हैं।

'गंगा को प्यार' भी 'जीव धारा' की तरह आरम्भ में अपनी दृश्य विपुलता में पारिस्थितिकी दृष्टि को तेजोदीप्त करती दिखती है। अरुण कमल ने कविता के आरम्भ में गंगा की स्वच्छन्दता का ऐसा वर्णन प्रस्तुत किया है कि हम आकर्षित हुए बग़ैर नहीं रह सकते। उस दृश्य में गंगा की अविरल धारा का सौन्दर्य तथा पारदर्शी पारिस्थितिकी का अहसास भी हमें मिलता है।

आगे की पंक्तियों में गंगा के प्रदूषित होने की भीषण समस्या को प्रस्तुत किया गया है। गंगा का प्रवाह हम चाहते हैं कि हमारी आस्था की तरह पवित्र और निर्मल हो। वही विषलिप्त हो जाये तो सारी आस्था टूटती है। पारिस्थितिकी आस्था का टूटना जीवन मूल्यों का विघटन है—

असम्भव
असम्भव है सोचना
जिनकी मिट्टी गंगा-पानी से गुन्धी है
उनके लिए असम्भव है सोचना एक दिन
गंगा के ऊपर उड़ता हुआ पक्षी
विष की धाह से झुलस जायेगा
नहीं रहेगी फिर गंगा
वे रख आये हैं गंगा के द्वार पर विषपात्र!

नदियों को प्रदूषित करने की प्रवृत्ति आज कोई नयी बात नहीं है। उनके लिए गंगा हों, यमुना हो या कावेरी कोई फ़र्क़ नहीं पड़ता है। इस प्रदूषण से मात्र गंगा का जल ही प्रदूषित नहीं होता है, उसके आसपास के जन्तु-जगत ही झुलसकर मर जाते हैं। उससे एक महती आस्था भी गुमसुम हो जाती है। कवि ने आस्था को यथार्थ के स्तर पर स्वीकार किया है। इसलिए पारिस्थितिकी यथार्थ उसमें सघन होता है। इसलिए प्रदूषण को वे गंगा तक सीमित करके देखते नहीं बल्कि पूरी पृथ्वी के सन्दर्भ में देखते हैं।

गंगा को अरुण कमल ने इस कविता में जीवधारा के रूप में देखा है, अनुभव किया है। वह उनके लिए मात्र एक जल-प्रवाह नहीं। वह जीवनदायिनी है। समस्त प्रकृति को, पारिस्थितिकी को प्राण प्रदान करने वाला जल सान्निध्य है। इसलिए भावुक होकर ही सही वे लिखते हैं:

ओ विराट गंगा
ओ माँ के दूध में बसी हुई गंगा
तुम्हारे ही किनारे शुरू हुआ
पहला स्नान भी यहीं
तुम्हीं रहीं प्रवाहित आदि मानव से
आज तक

अरुण कमल ने गंगा को जीवन के साथ पूरी तरह से जोड़ दिया है। जीवन के सुख-दुख के साथ भी उसे जोड़ा है। इसलिए विराट् विशेषण गंगा के लिए अननुकूल नहीं है। सभी नदियों के साथ हमारा ऐसा ही रिश्ता है। गंगा उनमें सबसे अधिक महत्त्व रखती है।

इस कविता में गंगा को अरुण कमल ने आदमियत से, महत्त्वपूर्ण मूल्यों से, धरती से, मातृभूमि से हमारी तमाम सदाशयताओं के साथ जोड़कर देखा है। इस कारण से ही यह पारिस्थितिकी कविता की बानगी में उतर आयी है:

आज मैंने जाना
जो आदमी को प्यार नहीं करते
उनकी कोई गंगा नहीं
कोई मातृभूमि नहीं
कोई अपना तारा नहीं।

प्रेम का विस्तार भी पारिस्थितिकी का अभिन्न घटक है। जो आदमी अपने सहजीवी से अनुरक्ति नहीं रखता उसके लिए क्या गंगा क्या यमुना!

अरुण कमल की यह कविता पारिस्थितिकी का सशक्त रूपक है। वे लिखते हैं जो आदमी को प्यार नहीं करते तो उनका इस धरती पर कुछ भी नहीं है। गंगा को प्यार करने का मतलब प्रकृति प्रेम या धार्मिक आस्था को प्रतिफलित करना भर नहीं है। गंगा जीवनदायिनी है तो उसके प्रति हमारे अटूट प्रेम का सम्बन्ध जीवन-सम्बद्धता को दर्शाता है। यह जीवन की अर्थवत्ता की खोज और जीवन की चारुता की खोज भी है।

तुम किसकी माँ हो मेरी मातृभूमि

अपने देश को, अपनी धरती को माँ के रूप में देखना एक विराट् परिकल्पना है। मिट्टी उसका एक सशक्त रूपक है; जल भी रूपक है तथा उसकी हरियाली भी रूपक है। माँ उर्वरता से जुड़ती है और उसके कई रूपक पर्याय भी हैं। इस विराट् परिकल्पना के तहत कई प्रकार की भिन्नताएँ मिटती हैं। उस दौरान उसका सौन्दर्य हमें आकर्षित करता है। हमें अनुभव होने लगता है कि हम उसकी विशाल गोदी में आसीन हैं। अरुण कमल की कविता **'मातृभूमि'** में भारत की धरती के सौन्दर्य को भिन्न-भिन्न कोणों से प्रस्तुत किया गया है। उसका वैविध्य हमारे सामने प्रकट होता है:

धान के पौधों ने तुम्हें इतना ढँक दिया है कि मुझे रास्ता नहीं सूझता
और मेले में खोए बच्चे-सा दौड़ता हूँ, तुम्हारी ओर
जैसे वह समुद्र दौड़ता आ रहा है छाती के सारे बटन खोले हहाता
और उठती है शंखध्वनि कन्दराओं के अन्धकार को हिलोड़ती
वे बकरियाँ जो पहली बूँद गिरते ही भागी और छिप गयीं पेड़ की ओट में
सिन्धु घाटी का वह साँड़ चौड़े पट्टे वाला जो भींगे जा रहा है
पूरी सड़क छेंके

जैसी इस देश की विशालता है, विविधता है, बहुरंगी दृश्य समृद्धि है सबको समेटकर अरुण कमल ने अपनी धरती के प्रति, मातृभूमि के प्रति अपना उद्गार व्यक्त किया है। देश और काल की सीमाएँ यहाँ मिट गई हैं। सिन्धु घाटी के उस साँड़ को भी इस दृश्य विविधता से शामिल किया गया है। प्रकारान्तर से कविता संस्कृति की तह तक यात्रा कर रही है।

हमारे दैनन्दिन जीवन के कुछ दृश्यों को अरुण कमल ने इसके लिए चयनित किया है। तो लगता है कि पहलेवाले भावुक दृश्य उतने भावुक इसलिए नहीं हैं कि उसे सौन्दर्य के आधार पर आत्मसात किया गया है और उसके आगे यथार्थ

का ऐसा एक स्तर कविता में अवतरित होता है जिसमें धरती का एक ठोस रूप ही हमें प्राप्त होता है:

वे मज़दूर जो सोख रहे हैं बारिश मिट्टी के ढेले की तरह
घर के आँगन में वो नवोढ़ा भीगती नाचती
और काले पंखों के नीचे कौओं के सफ़ेद रोएँ तक भीगते
और इलायची के छोटे-छोटे दाने इतने प्यार से गुत्थमगुत्था
ये सब तुम्हीं तो हो

इन पंक्तियों में आये दृश्य हमारे आसपास के हैं और उन सब में कवि धरती की पुनर्नवता महसूस कर रहे हैं। ये यथार्थ से वलयित दृश्य हैं और उसका सौन्दर्य कुछ अलग सा प्रतीत होता है।

कविता के अगले पायदान पर अरुण कमल ने खुरदरे यथार्थ को प्रस्तुत किया है। धरती के सौन्दर्य को आत्मलीन भाव से कवि ने रख दिया है। लेकिन सौन्दर्य के साथ-साथ कुछ ऐसे दृश्य हैं जिनमें सौन्दर्य नहीं के बराबर है। वह भूख का दृश्य है। इसको एक कवि या कविता अनदेखा नहीं कर सकती। वह एक ठोस यथार्थ है। इन विपरीत दृश्यों के माध्यम से यथार्थ का घनत्व बढ़ता रहता है। इस प्रकरण में दारुणता भी उद्‌भासित होती है:

कई दिनों से भूखा-प्यासा तुम्हें ही तो ढूँढ़ रहा था चारों तरफ़
आज जब भीख में मुट्ठी भर अनाज भी दुर्लभ है
तब चारों तरफ़ क्यों इतनी भाप फैल रही है गरम रोटी की
लगता है मेरी माँ आ रही है नक्काशीदार रुमाल से ढंकी तश्तरी में
ख़ुबानियों अखरोट मखाने और काजू भर
लगता है मेरी माँ आ रही है हाथ में गरम दूध का गिलास लिए

भूखे-प्यासे बच्चों की उपस्थिति है एक तरफ़ तो दूसरी तरफ़ विशिष्ट भोज्य पदार्थों को लेकर आने वाली माँ की उपस्थिति है।

अब 'मातृभूमि' शीर्षक कविता कठोर यथार्थ के धरातल पर झुलसते जीवन का अनावरण कर रही है। जिन भूखे बच्चों का उल्लेख कविता में हुआ है वे भारतमाता की विशाल गोदी के कहीं के भी हो सकते हैं। पर एक सच सब के सामने है जिसका लगातार सामना वे कर रहे हैं। पर हैं ये इस माँ की सन्तान।

ये बच्चे कालाहांडी के
ये आन्ध्र के किसानों के बच्चे ये पलामू के पट्टन तरौदा पेटिया के

ये यतीम ये अनाथ ये बँधुआ
इनके माथे पर हाथ फेर दो माँ
इनके भीगे केश सँवार दो अपने श्यामल हाथों से—
तुम किसकी माँ हो मेरी मातृभूमि

इस माँ को, इस मातृभूमि को अब कहना है कि वह किसकी माँ है? क्योंकि उनके सामने अनगिनत बच्चे खड़े हैं— कालाहांडी के, पलामू के और ये यतीम हैं, ये बँधुआ हैं। अगर माँ इन को नज़रन्दाज करेंगी तो उसका सौन्दर्य, उसकी विरासत तथा उसकी परम्परा व संस्कृति का कोई महत्त्व नहीं है। 'मातृभूमि' कविता हमारे यथार्थ को यथावत् ढंग से प्रस्तुत करने की सृजनात्मक कोशिश है। इस कविता की सबसे बड़ी विशिष्टता इसमें प्रवाहित दो धाराएँ हैं— एक सौन्दर्य की और दूसरी करुणा की। सौन्दर्य की धारा की तुलना में करुणा की धारा इसमें तेज़ है।

जिनके मुँह में कौर मांस का उनको मगही पान

विरोधाभासों के विराट् समय में हम जी रहे हैं। उसकी त्रासदी यही है कि हमारे जटिल समय में इस दुस्थिति को स्वीकृति भी मिली है। यही ख़तरनाक स्थिति है। जिन-जिन अमानवीयताओं का विरोध किया जाना चाहिए उनका हर्ष के साथ स्वागत होना ख़तरे से ख़ाली नहीं है। इसे ही हम भयावह कहना चाहते हैं। यह भयावहता हमारी संस्कृति के अन्तस्थल में लम्बे समय से उपस्थित है। हमारी उन्मुखताओं में इसी की भंगिमा विविध रूपों में प्रकट होती रहती है। हमारी भाषा में इसकी बहुविध छवियाँ मिलती हैं। अतीत की स्वर्णाभ महत् गाथाओं के अतिप्रचलित क़िस्सों के बावजूद हमारा भूतकाल और हमारा वर्तमान उतना स्वर्णाभ नहीं है जितना हम दावा करते हैं। सत्ता के वर्चस्व के सामने घुटने टेकने की प्रवृत्ति, अपराध के प्रति आँखें मूँदने की हमारी पाशवीयता, धनोपार्जन के लिए कोई भी रास्ता अपनाने की तिकड़मबाज़ी, हत्याओं को आत्महत्या में बदलकर दिखाने की कपटता, धूर्तता के नेपथ्य की सक्रियता, हत्याओं की लम्बी परम्परा आदि हमारे सामने यों ही दृश्यवत् हो जाते हैं। इस कारण से ही अरुण कमल को अपनी कविता **'उत्सव'** में लिखना पड़ा है— "जिनके मुँह में कौर मांस का उनको मगही पान"। हत्यारों एवं अपराधियों की संस्कृति विकसित होती जा रही है। हमारे राजनीतिक दृश्यपथ पर इसके लिए कई-कई उदाहरण आसानी से मिल जाते हैं। राजनीति ही क्यों, जीवन यथार्थ के अन्यान्य क्षेत्रों में भी इन्हीं दृश्यों की निरन्तरता है। जब अरुण कमल सम्भवतः व्यंग्य भरे शब्दों में कहते हैं, "देखो हत्यारों को मिलता है राजपाट-सम्मान" तो यथार्थ की क्रूर अवस्था का पर्दाफ़ाश होता ही है। इस पंक्ति में निराशा या मायूसी नहीं है बल्कि व्यंग्य के आघात से युक्त यह पंक्ति कवि की घोषणा है जिसको हम अनसुना नहीं कर पा रहे हैं।

कविता, अरुण कमल के लिए आत्मदाह के लिए उद्यत आदमी का महोच्चार है। इसलिए उनमें हम एक खुलापन देखते हैं और उनकी वह मासूमियत भी दिखाई

पड़ती है जिसमें उस बच्चे की नादानी एक मूल्य दृष्टि का परिचायक बन जाती है— 'राजा नंगा क्यों है?' कहने की हिम्मत यहाँ कवि भी दिखा रहे हैं। हमारे समय की यह नंगी नाच उनसे सही न जा रही है:

प्राइवेट बन्दूक़ों में अब है सरकारी गोली
गली-गली फगुआ गाती है हत्यारों की टोली
देखो घेरा बाँध खड़े हैं ज़मींदार के गुण्डे
उनके कन्धे हाथ धरे नेता बनिया मुँहमुंडे
गाँव-गाँव दौड़ाते घोड़ा उड़ा रहे हैं धूर
नक्सल कह कह काटे जाते संग्रामी मज़दूर
दिन दुपहर चलती हैं गोली रात नहीं पर धावा
धधक रहा है प्रान्त समूचा ज्यों कुम्हार का आँवा
हत्या-हत्या केवल हत्या-हत्या का राज
अघा गये जो मांस चबाते फेंक रहे हैं गाज

हत्याओं से भरे इस दृश्य को ही अरुण कमल ने उत्सव नाम से अभिहित किया है। हमारी यह नकारात्मक उत्सवधर्मिता सब कहीं छायी हुई है। यही लोकतन्त्र को झुठाने का महोत्सव है। कई कवियों ने इसका ज़िक्र अपनी-अपनी रचनाओं में अपने-अपने ढंग से किया है क्योंकि यह कवि का दायित्व है।

मलयालम की समकालीन कविता के प्रबुद्ध कवि ए. अय्यप्पन की पंक्ति इस प्रकार है— 'किसी न किसी को बकरा बनना ही था तो क्यों न मैं अपना गला आगे कर दूँ' इसमें साहस से अधिक नैतिकता का बोध प्रचण्ड है। यही कवि का नैतिक बोध है। अरुण कमल की कविता 'उत्सव' उनके नैतिक बोध की खुली अभिव्यक्ति है। मनुष्य को पण्य वस्तु के रूप में बदलते की हमारी अनैतिकता को, गाँव-गाँव के मज़दूरों को नक्सली कहकर उन्हें काट देने की प्रवृत्ति को भी उन्होंने सामने रखा है जिसमें से पुरानी गुलामी-प्रथा की बदबू ही तो आ रही है। साधारण जीवन यथार्थ के स्तर पर हमें गुण्डे और हत्यारे ही मिलते हैं। उन गुण्डों और हत्यारों की आबादी अरुण कमल की कविता में सीमित नहीं है। वैश्वीकरण के इस दौर में आदिवासियों के जल, जंगल और ज़मीन को हड़पकर उन्हें विस्थापित करना क्या हत्यारों की हरकत से कम है? अद्यतन प्रौद्योगिकियों की खूबियों से युक्त हथियारों के बल पर दूसरे देशों पर कब्ज़ा करने का साम्राज्यवादी देशों का अधिकार-मोह हत्यारों से कम है? बहुराष्ट्रीय कम्पनियों का व्यापना और साधारण

स्तर पर व्यापार करने वाले मामूली व्यापारियों को दृश्य से हटाना गुण्डागर्दी से क्या कम है? धर्म की तथा नस्ल की आड़ में निरन्तर हत्या करने वाले को हम कौन-सा नाम दे पायेंगे? ये सब हमारे समय के स्वीकृत तथ्य हैं। इन पर बहस ख़ूब चलती है। प्रतिरोध कैसे खड़ा किया जाये— इस पर गम्भीर बहस नहीं चलती है। यहीं पर अरुण कमल की नैतिक दृष्टि की सार्थकता मूल्यवान सिद्ध होती है। मनुष्य के मांस को खाने वालों को मगही पान दिया जाता है, उन्हें सम्मानित किया जाता है। 'उत्सव' कविता में अरुण कमल की प्रतिरोधी उन्मुखता इतनी सूक्ष्म है जो मुखर हुए बिना ही व्यंजित होती है।

प्रतिरोध को पूरी तीव्रता के साथ व्यंजित करने के बावजूद इस कविता में अरुण कमल की करुणार्द्रता की धारा प्रवाहमान दीखती है। समाज में कई प्रकार की विसंगतियाँ देखने को मिलती हैं। पर उसके भोक्ता कौन हैं? वही मनुष्य जो स्वतन्त्रता के अभिलाषी हैं। उसको कुचल दिया जाता है। या फिर उसका क़त्ल किया जाता है। इस नीचता को प्रतिरोधित करने के पश्चात अरुण कमल अपनी करुणा के प्रवाह को तीव्र गति प्रदान करना चाहते हैं।

अलक्षित जीवन की त्रासदियाँ

साहित्य में, विशेषकर नाटक में त्रासदी की अपनी सैद्धान्तिकी है। यवन नाटकों से इसकी चर्चा शुरू होती है। सोफोक्लीस की त्रासदियाँ गम्भीर चर्चा का विषय रही हैं। फिर शताब्दियों के पश्चात अंग्रेज़ी के चर्चित नाटककार शेक्सपियर के नाटकों पर भी इसी तरह त्रासदी-चर्चाएँ होती रही हैं। भारतीय नाटकों की सैद्धान्तिकी में त्रासदियों की चर्चा नहीं के बराबर है। पश्चिम में त्रासदी को ही गम्भीर नाटक माना गया जबकि भारत में ऐसा नहीं है। यद्यपि संस्कृत में भास का नाटक 'कर्णभारम' जैसे नाटक त्रासदी के अन्तर्गत परिगणनीय है फिर भी त्रासदी यहाँ पर चर्चा के केन्द्र में नहीं रही।

आधुनिक युग में नाटक में ही नहीं बल्कि दूसरी विधाओं में त्रासद प्रसंगों से युक्त कई रचनाएँ हमें मिली हैं। प्रेमचन्द के 'निर्मला' और 'गोदान' जैसे उपन्यास त्रासदी के अन्तर्गत विचारणीय हैं। लेकिन यहाँ पर यह सूचित करना अनिवार्य है कि पश्चिम की त्रासदियों के प्रतिमान हमारी आधुनिक रचनाओं के लिए संगत प्रतीत नहीं होते हैं। आधुनिक रचनाएँ सामाजिक जीवन के दुखद प्रसंगों से विकसित होती दिखाई देती हैं। उनको अनुप्रेरित करने वाली कई-कई स्थितियाँ हैं, यथा शोषण, आर्थिक समस्याएँ, सामन्तवादी संस्कृति, जातिवाद, धार्मिक रूढ़ियाँ आदि-आदि। इन समस्याओं से घिरी कोई रचना अपनी दुखान्तता के कारण यदि हम त्रासदी के अन्तर्गत परिगणित करते हैं तो वे पश्चिमी त्रासदियों के अनुकूल नहीं हो सकते। हमारी कुछ कहानियाँ त्रासदी के उदाहरण हो सकती हैं— कमलेश्वर की 'राजा निरबंसिया', निर्मल वर्मा की 'परिन्दे', मोहन राकेश की 'मलबे का मालिक', संजीव की 'अपराध' आदि। उसी प्रकार आधुनिक कविता की बहुत सारी रचनाएँ, उदाहरण के लिए धर्मवीर भारती का काव्यनाटक 'अन्धा युग', लम्बी कविता 'कनुप्रिया' आदि।

जहाँ तक समकालीन कविता की बात है त्रासदी वास्तव में एक विचारणीय विषय नहीं है। लेकिन हमारे सामने इस दौर की कई कविताएँ त्रासद जीवन की

अभिव्यक्तियाँ हैं। यहाँ पर इतना कहना पर्याप्त होगा कि समकालीन कविता के लिए स्वीकृत एवं व्यंजित जीवन-प्रसंग त्रासद हैं। जैसे ऊपर सूचित किया गया है कि इसके सामाजिक कारण ही मुख्य हैं। यद्यपि अभी तक समकालीन कविता में व्यंजित गम्भीर त्रासदियों पर विचार-विमर्श नहीं हुआ है, फिर भी यह सूचित करना आवश्यक है कि समकालीन कविता-परिदृश्य त्रासद जीवन की भरपूर व्यंजकता से युक्त है। अतः ये हमारे समय की त्रासदियाँ हैं।

समकालीन कविता में यह भी ध्यानार्ह बात है कि प्रत्येक कवि की बहुतेरी कविताएँ दुख केन्द्रित हैं। झुलसते जीवन के बहुविध दुख कविताओं की प्रमेय-सम्भावनाओं के रूप में प्रकट हुए हैं। समकालीन कवियों ने निजी दुख को कविता का प्रमेय नहीं बनाया है। उनके यहाँ दुख एक व्यापक विषय है जिसको उत्तरोत्तर विकसित करके, बहुआयामी बनाकर प्रस्तुत किया गया है। अरुण कमल की भी ऐसी बहुतेरी कविताएँ उपलब्ध हैं। यह कहा जा सकता है कि समकालीनता का एक सशक्त पक्ष जीवन के दुखातिरेक से सम्बन्धित है। हमारे समाज में संख्यातीत तबके ऐसे हैं जिनका जीवन अलक्षित रह जाता है। अलक्षित जीवन की त्रासदियाँ गहरी होती हैं। यहाँ पर अनिवार्य रूप से यह सूचित करना विवेकशीलता ही होगी कि आर्थिक अभाव, ग़रीबी से उत्पन्न दुख, विस्थापन की समस्याओं से उत्पन्न दुख त्रासदी के बाहर के विषय नहीं हैं। श्रीलंका के कवि बैसिल फेरनांडो ने, जो अंग्रेज़ी में कविता लिखते हैं, श्रीलंका की अशान्ति के समय में कई लोगों के लापता होने को लेकर कविताएँ लिखी हैं। उस अशान्त वातावरण में एक व्यक्ति का या कई व्यक्तियों का लापता होना स्वाभाविक बात मानी जाती थी। फ़ौजी क़ानून के अन्तर्गत वह मामूली बात है। लेकिन एक व्यक्ति के सन्दर्भ में, एक परिवार के सन्दर्भ में, एक लघु समाज के सन्दर्भ में लोगों का लापता होना असहज और अस्वीकार्य तथ्य है। उसका दुख भोगने वाले लोग ही समझ सकते हैं। फ़ौजी विवरण के आँकड़ों में दुख व्यक्त नहीं होता है। ऐसे हादसे त्रासदी भी नहीं हैं। राष्ट्रतन्त्र, समाज तन्त्र, शोषण तन्त्र, धार्मिक तन्त्र आदि की गिरफ़्त में रहनेवाले लोग किस तरह अपने जीवन को आगे बढ़ाते हैं, यह अननुमेय हैं। उनकी दुख-गाथाओं को ही त्रासदी कहते हैं। यहाँ नियति का खेल उतना मुख्य नहीं है जितना निर्मित नियति का खेल। आर्थिक अराजकता या आर्थिक तंगी क्या नियति के खेल हैं? वह सृजित खेल है।

अरुण कमल की कविता है **'दरजिन'** जिसमें एक विधवा स्त्री की ज़िन्दगी की आर्थिक तंगी तथा उसकी मज़बूरियों की कथा को प्रमुखता दी गयी है। उस दरजिन

युवती के शौहर का इन्तकाल ही चुका है। उसके दो बच्चे हैं। उसे बस कपड़े सीने का काम आता है जो उसने शौक़िया शुरू किया था। अब उसके लिए वही गुज़ारे का पायदान है। वह कई घरों में घूम-घाम कर काम की तलाश करती है और अपने फटे हुए जीवन को सी लेना चाहती है। भारतीय समाज में अब भी जो स्त्री विधवा है उसे कई प्रकार की परेशानियों का सामना करना पड़ता है। अपने पैरों पर खड़े होने के लिए संघर्ष करती स्त्री का जीवन कविता में दर्ज हुआ है। वह अलग-अलग घरों की मालिकिनों के सामने जाकर अपनी हुनर का ब्यौरा प्रस्तुत करती है, काम का अनुरोध करती है, अपनी दुख-कथा बताती है और परोक्षतः अपनी अस्मिता का परिचय भी देती है। जीवन में निरन्तर संघर्ष करने की मज़बूरी ही तो आज के सन्दर्भ में सबसे अधिक गहन, गम्भीर त्रासदी है। अरुण कमल लिखते हैं:

अब तो यही काम हो गया है
शौक़िया शुरू किया या और अब तो
यही रोज़ी-रोटी है
शौहर से जुदा हुए दो बरस हो गये हैं
बस दो छोटे बच्चे हैं ख़ुदा की देन से
और आप लोगों की दुआ है

तो बीबी जी बोलिए कब आवें
जिस वक़्त हुकुम कीजिए
सिलाई? बाहर से आधे पर तो
सीती हूँ बीबी जी, छुपाना क्या है
यह नहीं कि उनसे कम आप से ज़्यादा
....
....

एक बेबस, ग़रीब दरजिन स्त्री की तंगी की यह हालत त्रासदी नहीं तो और क्या है? अपनी अस्मिता को बचाये व बनाये रखने की दृष्टि में उसकी त्रासदी व्यंजित होती है। कठोर सामाजिकता के धुँध के अधीन चरमराने वाले, ख़ासकर स्त्री का जीवन त्रासदी का उपपाठ ही हमें प्रदान करता है।

हमारी परम्परा का विलुप्त हो जाना आकस्मिक नहीं

हमें अपनी परम्परा से विरासत के रूप में कई मूल्यवान धरोहर प्राप्त हुए हैं। ये कई निर्मितियाँ हो सकती हैं, कई मूल्यवान भावनाएँ हो सकती हैं; कई ग्रन्थ, कई परिवर्तनगामी स्थितियाँ, कई ऐतिहासिक घटनाएँ, कई मनुष्योन्मुखी कामनाएँ और न जाने क्या-क्या...। इन सबने हमारे जीवन को दिशा देने में सहायता पहुँचाई है और हम उन्हीं के बदौलत आज हैं। एक समय तक इन सबका मूल्य था और उन्हें पूरी गरिमा के साथ आत्मसात करने की दृष्टि भी थी। समय फिर बदलने लगा। बदलाव स्वाभाविक है और अनिवार्य भी। लेकिन इस अनिवार्य परिवर्तन का यह मतलब नहीं कि हम अपनी परम्परा से विलगित हो जायें। अपनी विरासत को हमेशा के लिए भूल जाएँ। इसके मूल में धन केन्द्रित यान्त्रिक दृष्टि ही मुख्य है जिसमें मनुष्य मशीन के पुर्जे की तरह है। यह वैश्वीकरण का नतीजा है। मुनाफ़ा और मुनाफ़ा, धन और धन तथा पूँजी-ही-पूँजी—यही एक कृत्रिम मन्त्र हमारे माहौल को प्रदूषित करता जा रहा है। ऐसे में परम्परा का क्या मूल्य हो सकता है? यदि हमारी पारम्परिक कलाएँ, जिनसे कोई मुनाफ़ा बनाया नहीं जा सकता है, जल्दी ही विलुप्त हो जाती हैं और उनका विलुप्त हो जाना एक़दम आकस्मिक नहीं है। सबको हम प्रदर्शनकारी अन्दाज़ में देखने के आदी हो गये हैं। अंग्रेज़ी का एक शब्द निरन्तर प्रयुक्त होता है—'शोकेसिंग'—सबको प्रदर्शन की वस्तु के रूप में हम पेश करना चाहते हैं। इन सबसे हमारी अभिरुचियाँ बदल रही हैं, मानसिकता कलुषित होती जा रही है। बाह्याडम्बर की पोपुलर संस्कृति हावी होती जा रही है। आत्महीन संस्कृति का ही बोलबाला है।

अज्ञेय की कविता 'बावरा अहेरी' इस ओर संकेत करती है; मुक्तिबोध की कविता उसे व्यापक राजनीतिक अर्थ प्रदान करके प्रस्तुत होती है। केदारनाथ सिंह ने गंगा से ज़्यादा भागड़नाला को क्यों महत्त्व दिया है? आत्मरहित संस्कृति का विरोध सार्थक रचना का स्वभाव है और उसके 'स्व' का भाव भी है। फणीश्वरनाथ

रेणु की एक चर्चित कहानी है 'रसप्रिया'। उसमें पंचकौड़ी नामक एक मिरदंगिया है जो परिवर्तित समय में अपने को असार्थक अनुभव करता है। उक्त कहानी का एक अंश इस प्रकार है— "अरे! पंचकौड़ी का भी एक ज़माना था।— दुनिया बहुत तेज़ी से बदल रही है.... आज सुबह शोभा मिसिर के छोटे लड़के ने साफ़-साफ़ कह दिया— तुम जी रहे हो या थेथरई कर रहे हो मिरदंगिया?" (रसप्रिया)

भारतीय साहित्य की मौखिक परम्परा समृद्ध रही है। उसके कई रूप हमारे सामने मौजूद हैं। श्रेष्ठतम कवियों की रचना-प्रस्तुतियाँ भी मौखिक ही रही हैं। पीढ़ियों से यह परम्परा जीवन्त रही। सामान्य साहित्यिक-कला-प्रस्तुतियाँ भी मौखिक रूप में हमें विरासत में मिली हैं। उनमें से एक है कथा-वाचन-प्रस्तुति। इसके अलग-अलग स्थानीय रूप हैं। पूरे भारत में ऐसी प्रस्तुतियाँ मिलती हैं। ये अधिकाधिक धार्मिक हुआ करती हैं। इसकी अपनी विवेक-सम्पन्नता भी है क्योंकि ये मानवीय मूल्यों पर आधारित हैं। समाज को सही गति देने में इन प्रस्तुतियों ने महत्त्वपूर्ण भूमिका निभाई है। अतः इन प्रस्तुतियों के प्रस्तोता कलाकार और श्रोता-समूह दोनों ने मिलकर इस विरासत को आगे बढ़ाया। महादेवी वर्मा ने अपने 'स्मृति की रेखाएँ' नामक रेखाचित्र संकलन में ऐसे एक कथावाचक (ठकुरी बाबा) का चित्र प्रस्तुत किया है। उनके कीर्तन-आलापन में निहित आस्था की चरम-सीमा का अद्‌भुत वर्णन महादेवी ने किया है।

ऐसे ही एक कलाकार पर आधारित अरुण कमल की कविता है **'कथावाचक'**। लेकिन आज समय बदल गया है और कथावाचक की प्रस्तुति के प्रति श्रोताओं का आकर्षण कम हो गया है। इसका कारण, जैसे ऊपर संकेतित किया गया है, बाहरी नहीं है बल्कि आन्तरिक है। वह आकस्मिक भी नहीं है। एक समय तक ऐसी कला-प्रस्तुतियों के प्रति निष्ठा या आस्था प्रतिफलित होती थी तो उसके पीछे समाज की मूल्य निष्ठा और मूल्यगत आस्था ही प्रमुख थी। वह समाज अब नहीं रहा है। उसके स्थान पर ऐसा समाज विकसित हो रहा है जिसमें न कोई आस्था है न निष्ठा। जब समाज पूरी तरह से धन केन्द्रित हो जाता है तो उसका विवेक विलुप्त हो जाता है। उसकी सौन्दर्य-चेतना नष्ट हो जाती है। इस मूल्य-विघटित अवस्था को एक हताश कथावाचक के जीवन के सन्दर्भ को केन्द्र में रखकर अरुण कमल ने **'कथावाचक'** शीर्षक कविता लिखी है। बदली हुई परिस्थितियों से वह हू-ब-हू परिचित हैं:

हारमोनियम लिए घूमता देस-देस मैं
कहीं अभी तक जम न सका हूँ
नहीं रही पहले जैसी उत्सुकता मन में
भक्तों के भी
बदला समय भाव भी बदले
एक जून भोजन भी भारी
भक्तों के घर

उपरोक्त उद्धृत पंक्तियों में से एक पंक्ति बहुत ही अहम है—'बदला समय भाव भी बदले' यही सचाई है। समय के भावों के बदलने के बारे में अरुण कमल ने ज़ोर दिया है। हमारी उन्मुखताएँ अब बदल चुकी हैं, इसलिए कथावाचक अपने स्वत्व को दर्ज नहीं कर पा रहा है। उसकी विफलता वास्तव में एक कलाकार की विफलता नहीं है बल्कि कलाकारिता के प्रति समाज की विमुखता है। अचानक इस विमुखता ने जन्म नहीं लिया है। आधुनिकीकरण ने समाज के बाहरी रूप को पर्याप्त मात्रा में बदला है; साथ ही साथ उसने समाज के अन्तर्मन को खोखला भी कर दिया है। ईसा का कथन है कि पड़ोसी को अपने जन की तरह प्रेम करो। लेकिन अब पड़ोसी सबसे बड़ा दुश्मन है। आज हम पड़ोसी को ईर्ष्यालू ठहराने के लिए हिचक महसूस नहीं कर रहे हैं। मन की इस शून्यता ने मनुष्य मात्र को ज़िन्दा मुर्दे की तरह जड़ बनाया है। यदि किसी के प्रति प्रलोभन है तो मुनाफ़े के प्रति। कथावाचक आज प्रलोभनीय नहीं रहा, यानी मूल्य दृष्टि अनावश्यक घोषित होती जा रही है। ऐसे में कथावाचक का जीवन त्रासदी की ओर बढ़ता जा रहा है।

कविता के अन्त में इस बदलाव को कथावाचक के सन्दर्भ के अनुकूल परिवर्तित करके अरुण कमल उस कलाकार के त्रासद अन्त की ओर इशारा करते हैं। वास्तव में यह कलाकार का दारुण अन्त भी है और मूल्याधारित विवेक का अन्त भी है। इस शून्यता ने आज के माहौल को अपने कब्ज़े में कर लिया है और जीवन का अर्थ अनर्थ में बदल गया है:

उत्तर कांड समाप्त
अचानक होगा कहीं
किसी अज्ञात गाँव में
कभी अचानक स्वर अटकेगा कथा सुनाते

कहीं बीच में टूटेगी जीवन चौपाई
अर्थ शेष ही रह जायेगा।

जीवन में सौन्दर्य का समावेश आज युटोपिया मात्र है। सौन्दर्य के प्रतिमान बदले नहीं हैं बल्कि सौन्दर्य का विनाश हुआ है। इसलिए सौन्दर्य के विनाश से उत्पन्न विकराल वीरानगी आज सब कहीं व्याप्त है। अरुण कमल की यह कविता बहुमूल्य मौखिक परम्परा को जीवन्त रखनेवाले ग्रामीण कलाकार के दारुण अन्त के बहाने मूल्य सापेक्ष जीवन-दृष्टि में व्यापी हुई महाशून्यता की तरह संकेत कर रही है।

अभी भी ज़िन्दगी ढूँढ़ती है धुरी

निम्न-मध्यवर्ग की ज़िन्दगी की अनेकानेक परेशानियाँ होती हैं। रोज़मर्रा जीवन का यह अहम पक्ष है जो हमारे साथ छाया की तरह रहता है। जहाँ भी जाये, वह पीछा नहीं छोड़ता है। ऐसा भी कहा जा सकता है कि वह हमें 'होंड' करता रहता है। जीवन के इस अहम पक्ष पर कई प्रकार की रचनाएँ हमारी भाषाओं में मिलती हैं। जीवन-यथार्थ ही इन रचनाओं में अंकित होता दिखाई देता है। इनमें अभाव, ग़रीबी, तंग हाल आदि सहज रूप से वर्णित होते हैं। वर्णन की विवरणात्मकता के पार ऐसी रचनाओं में दुख की अगाधता भी दर्शित होती है। यह सबसे बड़ी अगाधता है जीवन की। ग़रीबी को तुलसी ने सबसे बड़ा दुख कहा है जिसकी अगाधता का सही अन्दाज़ लगाना मुश्किल है।

'मुक्ति' अरुण कमल की कविता है जिसमें उपरोक्त सूचित दुख की अगाधता का सूक्ष्म परामर्श मिलता है। यह कविता एक रिटयर्ड स्कूल मास्टर की ज़िन्दगी पर केन्द्रित कविता है। उस स्कूल मास्टर की ज़िन्दगी निरन्तर अपनी धुरी ढूँढ़ती रहती है, पर वह अपनी धुरी नहीं ढूँढ़ पाती है। केन्द्र से हटकर परिधि में भटकती ज़िन्दगी हमेशा ही परिधि में ही रह जाती है। वह अपने को सँभाल नहीं पाती। भटकना मानो उसकी नियति है। अरुण कमल की यह कविता भारतीय निम्न-मध्य वर्ग की नियति पर केन्द्रित रचना है और वह दुख की अगाधता को दर्शाती है। हमारे समाज में ऐसी ज़िन्दगी जीने वाले लोग ही ज़्यादा हैं। इसलिए उनकी नियति हमारी भी नियति है यानी हमारे समाज की नियति है। इसलिए उसकी पसरती यथार्थता से हम टकराते ही हैं:

क्या किया मैंने इस जीवन में
सयानी लड़कियाँ, बच्चे, कच्ची गृहस्थी
अभी भी ज़िन्दगी ढूँढ़ती है धुरी
अभी भी ज़िन्दगी ढूँढ़ती है मुक्ति

कहाँ अवकाश, कहाँ समाप्ति
अभी ही तो शुरू हुई ज़िन्दगी
अभी ही तो चरखे में डाली है पूनी।

जीवन की यह भटकन हमारा सबसे बड़ा यथार्थ है। निराला की कविता 'सरोज स्मृति' पर लिखते हुए अरुण कमल ने सूचित किया है कि अक्सर छायावादी कविता और कवि के बीच में एक शून्यता ही मिलती है जबकि निराला की कविता में उनकी कविता और कवि के बीच में जीवन का लबालब भरा अनुभव हमें प्राप्त होता है। कविता और कवि के बीच की यह जन-निबिड़ता मात्र निर्जीव भीड़ से सम्बन्धित नहीं है। उसमें दुख ही दुख भरा है और उसके कई-कई प्रकार भी मिल जाते हैं। इसलिए छायावादी कविता में निराला अपने अनूठे व्यक्तित्व के साथ खड़े मिल जाते हैं। उन्हीं की निरन्तरता में समकालीन कविता में भी वैसा ही भाव-धरातल हमें प्राप्त होता है। इनमें दुख का महिमा-मंडन नहीं बल्कि दुख की गहराई से जुड़ा समाज अपने यथार्थ के साथ अवतरित मिलता है।

अरुण कमल की कविता 'मुक्ति' सेवानिवृत्त स्कूल मास्टर के जीवन की एक दुखद घटना पर आधारित है। पिता अपने बेटे को पढ़ाते-पढ़ाते मारते हैं। यह घटना घट चुकी है। बेटा रोता नहीं है, पर बाप की आँखें गीली हो जाती हैं और उनका पूरा शरीर नम हो जाता है। बाप उक्त हादसे के आधार पर अपने को खोजता दिखाई देता है:

अब जब उतरी है बाढ़
देखता हूँ अपने ही अन्दर दुर्गन्ध और
पाँक से
भरी हुई गलियाँ
टूटे मकान, ढही भित्तियाँ
देखता हूँ अपना ही विनाश।

कविता का यह पूरा विन्यास आत्मविश्लेषण से सम्बन्धित है। अपने इस आत्मविश्लेषण में अपनी हीनताओं और सीमाओं से गुज़रकर वह बाप अपना ही विनाश देखता है। उस व्यक्तित्व-विनाश की वजह से कई प्रकार की वास्तविकताओं में से एक वास्तविकता जो अपने बेटे की है उसकी तरफ़ वे ध्यान नहीं दे पा रहे हैं, अपना बेटा क्या ठीक से पढ़ता है? उसकी कैसी तबियत है? वह आख़िर कैसा है? फिर जब देखा कि उनका बेटा ज़्यादा कुछ पढ़ाई के बारे में जानता नहीं—

तब...
सोचो मैं कितना दुखी था
हृदय ने बाँटे ये धमनियों में जो रक्त
आज
वे ही रक्त घोंटते थे हृदय।

परेशानियों और कई अभावों से घिरा हुआ व्यक्ति— यहाँ बाप— अपने बेटे की मामूली पढ़ाई को देखता है तो दुखी होता है और अनियन्त्रित होकर बेटे को मारता भी है। मारना था, सो किया उस बाप ने। उसके बाद बिना रोए बैठे बेटे को देखकर वह इतना बिखर जाता है कि उसे आर-पार दिखाई नहीं देता है। दुख का प्रवाह तीव्रतर होता है और वह प्रवाह उसे बहाये ले चलता है। पर कुछ विराम लेने के बाद वह बाप फिर सोचता है कि क्या मेरा ही दोष था? सेवा निवृत्ति के बाद भी परेशानियों के अम्बार से वे मुक्त नहीं होते हैं। भटकना उनकी नियति बनी है। कोई किनारा उनके सामने नहीं है। जीवन का तरंगवाही प्रवाह जिसमें डूबते-उतरते रहना ही उस नियति का प्रतिफल है। दुख की अनन्तिम धारा में कहीं भी धुरी को पकड़ न पाने से वह बाप भटकता रहता है। अपने बेटे की, जिसके हाल-चाल तक पूछने के लिए समय न निकालने वाले बाप का दुख कविता की अन्तिम दो पंक्तियों में उभर आता है:

क्यों उठ गये ये हाथ
आज क्यों उठे मेरे हाथ

इन दो पंक्तियों में से पहली पंक्ति में अपने व्यवहार का निर्लिप्त वर्णन है तो दूसरी पंक्ति में अपनी भूमिका— 'आज क्यों उठे मेरे हाथ'— की अर्थशून्यता का संकेत है।

यह कविता भारतीय समाज के निम्न-मध्य वर्गीय जीवन की दुख-गाथा को व्यक्त करती है। परेशानी से उमड़ती अतिरंजनाएँ और फिर उन अतिरंजनाओं के शिकार हुए अपने जनों के प्रति उमड़ती तप्त भावनाएँ कविता में सिर्फ़ वर्णित नहीं हैं। गम्भीर वाचन के दौरान यह कविता दुख के अगाध गर्त में हमें डाल देती है। कवि का अनुभव, कविता का अनुभव मिलकर जीवन का अधूरापन हमारे लिए प्रत्यक्षीकृत होता है।

झूठ का दस्तावेज़

चुनावी राजनीति का लक्ष्य अधिकार की प्राप्ति है। अधिकार प्राप्त करने के लिए राजनीति की बोली-बानी अपने को अत्यधिक उदार दिखाती है। पर अपने आचरण में वह उदार नहीं होती। उसमें से सबसे अधिक मात्रा में कोई तत्त्व नष्ट होता है तो वह समाज के प्रति उसका सेवाभाव है। अधिकार को सुरक्षित रखने के लिए राजनीति अपना विकल्प ढूँढ़ ही लेती है जिसमें मनुष्यों का जीवन उसके लिए मामूली-सी चीज़ बन जाती है। अन्ततः वह मनुष्य विरोधी दृष्टि अपनाती है जो अपनी स्वार्थ-रक्षा हेतु है। यह सही है कि मतदाता के रूप में लोग एक न एक राजनीतिक पक्ष के लिए मतदान देते हैं। अलग-अलग राजनीतिक दलों के बीच चुनाव जीतने के तन्त्र गढ़ लिए जाते हैं। एक दल जीतता है जिसकी जय बोलने के लिए लाखों की तादाद में लोग तैयार रहते हैं। पराजित दल के साथ भी लोग होते हैं। चुनाव का यह नाटक चलता रहता है। सरकारें बनती हैं। उनकी सभी नीतियाँ मनुष्यधर्मी होती नहीं हैं। ऐसे में उन नीतियों का विरोध होता है। इस दौरान कभी-कभी आम जनता को जान भी गँवानी पड़ती है। इस समय अधिकार पर आसीन सरकार सिर्फ़ अपने आचरण के पक्ष में ही बोलती रहती है न कि मरे हुए के प्रति दुख जताती है।

अरुण कमल की कविता **'डायरी : मार्च 78'** इसी सन्दर्भ में विचारणीय होती है। इस कविता के अन्तर्गत तीन डायरियाँ हैं जो सरकार की हैं। उसकी भाषा में झूठ प्रकट होता है क्योंकि वह सरकार के पक्ष में निर्मित है। पहली डायरी का शीर्षक है 'जाल' जो कविता के प्रमेय के सन्दर्भ में ही नहीं अन्यथा भी बहुलार्थी शब्द है। सीधी-सी भाषा में रचित यह कविता इस एक बहुलार्थी शब्द के प्रयोग मात्र से यथार्थ की घोर विडम्बना के रूप में प्रस्तुत होती है।

'जाल' शीर्षक से जो कविता है वह सरकार के आदेश पर पुलिस द्वारा गोली चलाने से लोगों की मृत्यु जो हुई उसी पर केन्द्रित है। डायरी में, यह पुलिस की

डायरी हो सकती है और सरकार की डायरी हो सकती है और इस डायरी की प्रस्तुति में जाल शब्द प्रयुक्त नहीं है:

सरकारी रिपोर्ट थी...
गोली चलने से सिर्फ़ एक मौत,
वो भी हॉस्पिटल में
तीन दिन के बाद
पाँच हज़ार मुआवज़ा
भूल-चूक लेनी-देनी माफ़!

मृत्यु को इस तरह से देखा जाता है और मृत व्यक्ति के क़रीबी लोगों को बहुत जल्दी मुआवज़ा का प्रलोभन देकर चुप किया जाता है। 'भूल चूक लेनी देनी माफ़!' अब कोई संवाद, चर्चा की ज़रूरत नहीं। मौत का अध्याय ख़त्म होता है। यद्यपि इस प्रस्तुति में कहीं जाल शब्द चिन्हित भले न हो फिर भी वास्तव में यही जाल है। इस जाल के अन्तर्नाटक दृश्यवत् नहीं फिर भी नाटक की प्रतीति होती ही है। यही सरकार द्वारा बिछाया गया जाल है। इस जाल में नरहत्या पाँच हज़ार रुपये के अन्दर छिप जाती है।

आगे की पंक्तियों में जाल शब्द आया है जो मछुआरे के प्रकरण में है:

कल रात मछुआरों ने डाला था जाल—
आज मछली नहीं, निकली तीन लाशें।

यहाँ जाल प्रत्यक्षदर्शी है। गवाह के रूप में जाल उपस्थित है। सच का बयान करता यह जाल अपनी गवाही के बल पर लम्बी यात्रा नहीं कर सकता है। वह एक घटना है जो ख़बर बन सकती है। इससे भी ज़बर्दस्त ख़बर जब आती है तो यह ख़बर विलीन हो जाती है।

दूसरी कविता का शीर्षक है 'हाथ'। यह लोगों पर गोली चलने से सम्बन्धित है। गोली चलने को लेकर सरकारी बयान इस प्रकार है:

कारख़ाने में गोली चली, उसमें
ट्रेड यूनियन का हाथ है
मारे गये मुसहर, उसमें भी
किसान सभाओं का हाथ है

गोली चली, कोई न कोई मर गया या फिर कई मर गये। उसका दायित्व सरकार नहीं लेती है। आसानी से सरकार हत्यारे को ढूँढ़ निकालती है और उस समस्या का हल भी निकालती है।

इस कविता के अन्त की दो पंक्तियों में अरुण कमल विनत नागरिक की भूमिका में अपने की प्रस्तुत करके इस पूरे नाटक के अन्तर्विरोध पर प्रकाश डालते हैं।

हुज़ूर ने ठीक फ़रमाया
इस दुनिया के पीछे भी ईश्वर का हाथ है!

यथार्थ की पूरी जटिलता को इन पंक्तियों के माध्यम से वे व्यंजित कर सके हैं।

तीसरी कविता 'रावण के माथे' शीर्षक से है। इसमें आपस में टकराते लोगों के बारे में बताया गया है। एक माथा है जो दूसरे माथे से टकराता है। मतैक्य का अभाव सब कहीं विद्यमान है। लोगों के भिड़ने को लेकर जो समस्याएँ उत्पन्न होती हैं उन्हीं पर प्रकाश डाला गया है:

जरा भी चली हवा कि माथा
माथे से टकराया
लड़ा-झगड़ा
एक ही घड़ पर आँखें मटकाता

परोक्षतः इन पंक्तियों में राजनीतिक मुठभेड़ की तरफ़ संकेत मिलता है। पूर्वग्रहों के कारण ऐसी टकराहट अनिवार्य हो जाती है। संवाद की अनुपस्थिति इसका एक कारण है। नैतिक आदर्श का अभाव दूसरा कारण है। इन दोनों अभावों के कारण मानवीयता का भाव कहीं भी उभरकर नहीं आ पा रहा है। इस टकराहट को देखते-देखते रावण के दसों माथे स्वयं आश्चर्यचकित हैं कि वहाँ एक नहीं दस-दस माथे हैं। एक माथा और दूसरे माथे के बीच ज़रा-सी हवा के चलने से भिड़ने की स्थिति है तो इन दस-दस माथों का क्या हो सकता है। पुनः अरुण कमल ने कविता के अन्त में विद्रूपता का सहारा लेकर यथार्थ की स्थितियों की गहराई तक जाने का कार्य किया है।

लक्ष्य जब एक नहीं अनेक हो

महाभारत-कथा में द्रौपदी-स्वयंवर एक मुख्य प्रसंग है। उसी प्रसंग को अरुण कमल ने अपनी कविता **'पुतली में संसार'** के लिए स्वीकार किया है। एक खम्भे के ऊपर घूमती मछली की आँख को लक्ष्य करके धनुर्धरों को शर का सन्धान करना है। लेकिन सीधे नहीं; नीचे रखे तेल के कुंड़ में मछली की छाया को देखकर यह करना है। महाभारत कथा में इस शर-सन्धान में अर्जुन सफल होता है और द्रौपदी स्वयंवर सम्पन्न होता है।

कविता में अर्जुन के सामने यही समस्या है कि वह चाहता है मछली की पुतली को लक्ष्य करके शर-सन्धान करे, लेकिन वह सिर्फ़ मछली की पुतली ही नहीं देखता है बल्कि बहुत सारी चीज़ें देखता है। महाभारत के अर्जुन के सामने यह समस्या नहीं थी। वह लक्ष्य पर केन्द्रित था, इसलिए वह पुतली को ही देखता था। एककेन्द्री लक्ष्य स्थान पर वह अपना पूरा ध्यान केन्द्रित करता है। कविता का अर्जुन पुतली के अलावा भी बहुत कुछ को देखता है। इसलिए वह कहता है:

और मैं देखता हूँ, तो मुझे केवल पुतली नहीं
पूरी आँख दिख रही है गुरुदेव
और मछली और वह खम्भा
और आकाश और आप और ये जन धनुर्धर
और मैं तो केवल नीचे ताक रहा हूँ तेल के कुंड में
फिर भी पूरा आकाश घूमता लग रहा है
और मुझे मछली की पुतली में घूमती
एक और छवि दिख रही है देव
किसकी छवि है यह
मछली किसे देख रही है
और कोई मुझे उसके भीतर से देख रहा है।

स्पष्ट है कि कविता के अर्जुन का लक्ष्य बँट चुका है। वह एककेन्द्री नहीं रह गया है। वह संघर्षभरित हो जाता है। उसे पुतली में एक और छवि दिखाई दे रही है। परन्तु वह तय नहीं कर पा रहा है यह छवि किसकी है? मछली के भीतर से कोई उसे देख रहा है।

उसे लगता है कि उसकी पुतली में अनगिनत छायाएँ घूम रही हैं। बहुत सारी बरौनियाँ और तदनुकूल छायाएँ। कविता का अर्जुन अपने नियन्त्रण के बाहर आ रहा है। शर-सन्धान अब असम्भव हो चुका है:

मैं सारे मन्त्र भूल रहा हूँ
सारी सिद्धि निष्काम हो रही है
ढीली पड़ रही हैं उँगलियाँ
पसीने से मुट्ठी का कसाव कम
मेरे पाँव हिल रहे हैं
कंठ सूख रहा है—

महाभारत के अर्जुन के सामने एक ही लक्ष्य था और उस लक्ष्यबिन्दू पर स्वयंवर की सफलता एवं द्रौपदी की प्राप्ति थी। तन-मन से वह एकाग्र हो जाता है। कविता के अर्जुन के सामने ये दोनों नहीं हैं। एक तरह से यहाँ अर्जुन लक्ष्यहीन है। लक्ष्यहीन होने से ही वह पुतली से अलग हो जाता है। पूरी तरह से वह विकेन्द्रित हो जाता है।

कविता के अर्जुन की एकाग्रता लक्ष्यभेदी न होकर समष्टि भेदी हो जाती है। एक को नहीं वह अनेक को देखता है। यहाँ पर कविता का अर्जुन सफलता की नयी परिभाषा प्रस्तुत कर रहा है। कौन-सा अर्जुन सफल रहा?— अपनी एकाग्र-साधना में लीन होकर लक्ष्य को प्राप्त करने वाला या लक्ष्य सन्धान में पराजित होकर पुतली के अलावा बहुत कुछ को देखने वाला? दरअसल इसका लक्ष्य एक बिन्दु से, एक व्यक्ति से, एक नयी मित्रता से सम्बन्धित नहीं है। वह बहुलता का सन्धान कर रहा है; बहुत कुछ को वह देखता है। उसका कथन है:

मुझे तो देखना था बस आँख का गोला
और मैं इतना अधिक सब कुछ क्यों देख रहा हूँ देव!

एक धनुर्धर व्यक्ति (सार्थक व्यक्ति) के सन्दर्भ में बहुत कुछ को अपने दृष्टि पथ में, अपने मनोमण्डल में समेटना प्रीतिपद और सही है क्योंकि वह अपने सीमित अहं से मुक्त हो जाता है। यह एक तरह से उसका आत्मविस्तार है। अरुण कमल ने

अपनी इस कविता में, यदि हम ध्यान से देखें तो, अर्जुन नाम का प्रयोग नहीं किया है। कथा-प्रसंग के आधार पर अर्जुन के पात्रत्व को कविता में हम महसूस कर पा रहे हैं। कविता में जिसे असफल दिखाया गया है उसके लिए भी अर्जुन नाम का प्रयोग नहीं हुआ है। कविता की परतों में से एक सार्थक-व्यक्ति उभरता दिखाई देता है। वह अर्जुन की तरह है। लेकिन वह मात्र एक पुतली पर केन्द्रित नहीं है। वह पुतली के माध्यम से पूरे संसार को देख पा रहा है; न जाने क्या-क्या...? 'पुतली में संसार' कविता आत्मकेन्द्रित व्यक्ति की अभिव्यक्ति न होकर आत्मविस्तार के पक्षधर सार्थक-व्यक्ति की समावेशी अभिव्यक्ति है।

मुक्ति-पर्व

साधारण से साधारण लोगों पर अरुण कमल ने डेढ़ सारी कविताएँ लिखी हैं। ऐसी कविताओं में उनकी मेहनत, निरीहता, ग़रीबी, दुख, अवसाद, निराशा आदि मुख्य विषय हैं। भारत जैसे देश में करोड़ों लोगों के जीवन की दुस्थितियाँ तमाम विकासवादी परिवर्तनों के बावजूद हमारे सामने मूर्त होकर उभरती हैं। भले ही हम चन्द्रयान या मंगलयान की बात करें, कई नयी-नयी वैज्ञानिक उपलब्धियों की बात करें फिर भी हमारे सामने कचरा बीनते बच्चों, अशिक्षा और आर्थिक तंगी की दुस्थिति में आगे न बढ़ पाने वाले लोगों के अवसाद के दृश्य सुलभ हैं। कृषि क्षेत्र के तमाम विकासों के बावजूद किसानों की कठिनाइयों की कथाएँ ख़त्म नहीं हो रही हैं। आज भी हम उन्हीं समस्याओं से जूझ रहे हैं। सत्ताधारी वर्ग उन समस्याओं के लिए हल ढूँढ़ने के बजाय उस पर कई प्रकार के रंग चढ़ाते रहते हैं। इस बीच में मेहनतकश वर्ग के लोगों का जीवन अपनी सीमित परिधि में सिकुड़ता ही रहता है।

अरुण कमल हमारी उपर्युक्त सामाजिकी को ही प्रायः विषय बनाते हैं। उन लोगों के प्रति कवि के मन में जो सदाशयता है वह इतनी गहन है कि उनका कोई भी शब्द वायवीय प्रतीत नहीं हो रहा है। अपनी कविताओं की शर्तों से वे कभी समझौता नहीं करते चाहे विषय कोई भी हो। एक तरफ़ उनकी कविता की सघनता को वे सुरक्षित रखते हैं, उससे होकर अपने पाठकों को बहुत दूर तक ले चलने का कार्य करते हैं और दूसरी तरफ़ मेहनतकश लोगों के कठिन जीवन की बहुआयामिता को बारीकी से प्रस्तुत करते हैं। इनके बीच अरुण कमल अपनी प्रतिबद्धता भी अमुखर रूप से व्यक्त करते हैं। कर्मठता के प्रति उनका यह रागात्मक सम्बन्ध है जिसको वे कई रंगों के साथ, कई नयी-नयी बानगियों के साथ भी प्रस्तुत करते हैं। इस कारण सौन्दर्य का एक नया मिसाल हमें प्राप्त होता है जो सौन्दर्य के स्वीकृत मानदंडों का तिरस्कार कर रहा है। वस्तुतः अरुण कमल का लक्ष्य नया सौन्दर्यशास्त्र रचना नहीं है। वे मात्र अलक्षित जीवन के मर्म को, उस जीवन की व्यथा-कथाओं

को प्रस्तुत कर रहे हैं। उनकी प्रस्तुति में जीवन का एक नया बिम्ब उभरता है जो अक्सर अनदेखा किया गया जीवन-बिम्ब होता है। कवि की दृष्टि जीवन के इस अनछुए पक्षों पर टिकती है। उस पर वे ध्यानरत होते हैं। उस ध्यानावस्था में वे एक रागात्मक बिम्ब सृजित करते हैं जिसका अलग सौन्दर्य है। यह सौन्दर्य के लिए सृजित सौन्दर्यदर्शन नहीं है बल्कि जीवन के केन्द्र में तपपूत कवि की वह सौन्दर्य दृष्टि है जिसको ख़ारिज करना कठिन है।

'स्नान पर्व' शीर्षक कविता में किसी के नहाने का दृश्य अवतरित है। उक्त 'स्नान' को अरुण कमल ने 'स्नान पर्व' कहा है। कविता की आरम्भिक पंक्ति में वे यह स्पष्ट नहीं कर रहे हैं कि स्नान करने वाला कौन है?— 'कोई नहा रहा है'। लेकिन आगे की पंक्तियों में हमें पता चलता है कि वह किसी खदान में काम करने वाला मज़दूर है। वह अपने शरीर के मैल को अलग कर रहा है:

वह नदी की काली मिट्टी से
पीठ की मैल को फोड़ता है
वह अपने बढ़े नाख़ूनों से
खोद-खोदकर
नदी के अंग से
मिट्टी उठाता है मुट्ठी में
और मल-मलकर
नहाता है
छपछपाकर पानी में
डूब-डूब कर

यह दृश्य स्नान का है। स्नान करने के बहाने वह नदी के जल में छपछपाकर तथा डूब-डूब कर नहा रहा है। नदी की तह से मिट्टी उठाता है और उससे मल-मलकर वह नहा रहा है। उसका मामूली-सा मक़सद इतना है कि शरीर के अंग-प्रत्यंग में, नाख़ूनों में, काँख में चिपके काले मैल को धो डाले। उसके व्यवहार से स्पष्ट होता ही है कि वह खदान-मज़दूर है। कोयले का कालापन उसके शरीर में चिपका है। वह नदी के जल से अपने कालेपन को दूर करना चाहता है। यहाँ पर कविता एक नयी भंगिमा के साथ प्रस्तुत होती है—

चाहता है रोक ले
अपने शरीर में बाँध ले

पानी की धार
वह हाथ फेंकता है
शरीर सोंटता है
धोता है अपना रक्त
जी भरकर इस खुले जल में
वह नहाता है।

यहाँ कविता में अवतरित 'स्नान' स्नान पर्व में बदल जाता है। मैल को अलग करना आवश्यक है। साथ ही साथ वह रक्त को भी धो रहा है। स्पष्ट है मैल मात्र शरीर का ही नहीं है, वह भीतर का भी है। यह अधीनस्थता का मैल है। इसलिए हाथ फेंकते हुए, शरीर सोंटते हुए वह अपने रक्त को धो डालता है। यहाँ कविता की पंक्ति है— जी भर कर उस खुले जल में वह नहाता है। अपने रक्त में समाहित मैल को दूर कर सकने के कारण वह ख़ुश है— जी भर कर खुले जल में जो कि उसकी अधीनस्थता की मुक्ति को व्यंजित कर रहा है। इस कारण से आगे की पंक्तियों में अरुण कमल अधीनस्थता के इतिहास की तरफ़ भी संकेत कर रहे हैं—

हर बार हर डुबकी पर
उठ-उठ कर आता है
नया-नया जल
कैसा स्वाद है इस जल में
कितने संसारों की मिट्टियों की गन्ध
है यहाँ

कइयों का स्नान पर्व यहाँ सम्भव हो पाया है। लेकिन कितने इस स्नान पर्व के माध्यम से साफ़ और मुक्त हो सके कहना कठिन है। अब की बार जो नहा रहा है वह साफ़ हो रहा है और मुक्त भी हो रहा है। उसका नहाना साधारण-सा कार्य नहीं रहा। वह अपने को पूरी तरह से नदी के कज्जल जल में फेफड़ों को खींचता है अरुण कमल लिखते हैं— "खींचता है ज़मीन से सटी धार वह जड़" उसके स्नानपर्व की इस प्रक्रिया से गुज़रने के कारण वह मुक्त होता है। उस दृश्य से अभिभूत होकर कवि उसके शरीर के बाहरी रूप में कठिन प्रयत्न के निशान देखते हैं—

उसकी सँखली पीठ
बीच में रीढ़ की हड्डी

किसी रस्सी-सी
बाँधती है उसका शरीर
हवाओं से जल से जीवन से
वह हिलकर झुककर
दर्द से फटकर
मज़बूत करती है जीवन से नाता
वह बढ़ता है
नदी के बीच में वह
बढ़ता जाता है
और जल में
गुम हो जाता है।

उसका रूप, उसके भाव, उसके व्यवहार—तीनों एक बिन्दु पर आकर टिकते हैं। आंशिक रूप से नहीं बल्कि पूरी तरह से वह जल में निमग्न हो जाता है। उसकी जल समाधि जब समाप्त होगी तब वह मुक्त हो गया होगा। वस्तुतः यह कविता एक मज़दूर की मुक्ति का पर्व है जिसे उसके स्नान पर्व के रूप में प्रस्तुत किया गया है।

मृत्यु का मज़ाक़

सम्भवतः 'कफ़न' कहानी में मृत्यु का मज़ाक़ उठाया गया है। एक स्त्री प्रसव-पीड़ा से तड़प रही है। उसका मर्द और ससुर चोरी करके लाये गये आलू भुनाकर खाने में व्यस्त हैं। कहानी में ये दोनों दृश्य एक साथ प्रस्तुत हैं। बाप (घीसू) अपने बेटे (माधो) से कहता है कि जाकर देख लो। बेटा कहता है कि उसे डर लग रहा है और मन ही मन सोचता है कि इस बहाने बाप ज़्यादा आलू खा जायेगा। तब भी माधो की औरत की कराह सुनाई दे रही है। न कोई इलाज और न कोई दवाई। सुबह तक वह औरत मर जाती है। दुबारा प्रेमचन्द ने मृत्यु का मज़ाक़ उठाया है और अपने पात्रों के नाटकीय अन्दाज़ से दोनों को छाती पीट-पीट कर रोते हुए वे दिखाते हैं। जब हृदय में उस स्त्री की मृत्यु को लेकर रंज मात्र भी दुख नहीं है और दुख का अभिनय करना मृत्यु का मज़ाक़ नहीं है तो और क्या है? कफ़न ख़रीदने के लिए मिले पैसे से दोनों भरपेट पीते हैं और खेत में कहीं बेहोश होकर गिरते हैं और मस्त होकर सोते हैं। मृत्यु के प्रति इससे ज़्यादा मज़ाक़ कैसे प्रकट किया जा सकता है? मृत्यु को मामूली घटना के रूप में प्रेमचन्द ने क्यों दिखाया है? ग़रीबी से त्रस्त लोगों के सामने उनकी रोटी की समस्या सबसे ज़्यादा भीषण है न कि रिश्तों की ऊष्मलता। ग़रीबी की चरम सीमा में रिश्ते निर्मूल्य हो जाते हैं, और मृत्यु भी।

अरुण कमल की कविता **'क्रिया'** अन्त्येष्टि पर केन्द्रित कविता है। क्रिया-करम का दृश्य कविता में मिलता है। अलग-अलग लोगों के अलग-अलग आचरणों के माध्यम से कवि ने मृत्यु-प्रसंग को इतना मामूली दिखाया है कि क्रिया-करम आदि मात्र रूढ़ि-प्रदर्शन है। न वहाँ गहन दुख है न पीड़ा। मृत्यु हो चुकी है। अब श्मशान में तीन शव बचे हैं और यह अन्तिम शव है। उस व्यक्ति के प्रति, जो मृत हो चुका है, किसी के मन में आदर नहीं है, भले ही उसके पुत्र को रोते हुए भी सूचित किया गया है। मृत्यु के साथ एक व्यक्ति हमारे बीच से शून्य पैदा करके बिदा ले चुका होता है। वह, जैसे भी हों, दुखकारी है। मृत्यु द्वारा उत्पन्न किया गया शून्य ही दुख

को गहन बनाता है। यहाँ पर अरुण कमल की कविता— 'क्रिया'— में मृत्यु बस एक घटना है। उसके प्रति ज़रूरी नहीं कि सभी एक जैसी प्रतिक्रिया व्यक्त करें। चूँकि कविता क्रिया-करम पर केन्द्रित है और कवि उसमें निहित सतहीपन को ही दर्शा रहे हैं। सभी चाहते हैं कि जल्द से जल्द यह रस्म पूरा हो जाये और जल्दी से वापस जाया जा सके। कविता इस प्रकार है:

घाट पर तीन शव जल रहे थे। यह अन्तिम था।
पुत्र रो रहा था और लोग भी।
साथ-साथ लोग हँसी-मज़ाक़ भी कर रहे थे।
डोम ने अग्निदान के वक़्त हुज्जत की तो किसी
ने शव के पियक्कड़ स्वभाव का वास्ता दिया।
सालों ने बहनोइयों से मज़ाक़ किये।
पंडित ने खैनी ठोंकी। लम्बी पीक मारी।
सबने मिलकर अन्तिम क्रिया की।
तप्त भूमि पर कानी उँगली से राम नाम लिखा।
गंगा जल माथे पर छींटा। घर चले।

इतने आवेगहीन ढंग से मृत्यु का वर्णन करना मुश्किल है। इस मुश्किल कार्य को सरल बनाने के उद्देश्य से अरुण कमल ने कविता में से कवितात्मकता को अलग करके उसे एक विवरण के रूप में प्रस्तुत किया है। इस विवरण में न कोई भावुकता है और न कोई आस्था। अलबर्ट कामू का उपन्यास 'आउटसाइडर' इसी तरह शुरू होता है। प्रस्तोता पात्र की माँ की मृत्यु हो चुकी है। उसकी ख़बर आ चुकी है। फिर भी उसे ठीक से याद नहीं कि माँ की मृत्यु कब हुई थी। उपन्यास के प्रारम्भिक वाक्यों की आस्थाहीनता और आवेगहीनता इस विवरणात्मक कविता से भी मिलती है जिससे यहाँ मृत्यु एक अनावश्यक घटना सिद्ध हो जाती है। जब मृत्यु हो चुकी है तो दिखाने के लिए कुछ न कुछ करना पड़ता है। इस प्रदर्शनकारिता के बीच तीन तत्त्व लावारिस सिद्ध होते हैं— एक, वह मृत व्यक्ति का जीवन, दो, उसका मुर्दा शरीर, तीन, मृत्यु की अनावश्यकता। ये तीनों इतने निर्मूल और मूल्यहीन सिद्ध हो जाते हैं जिनका निरीक्षक की तरह कवि ने प्रस्तुत किया है और उनकी भाषा उक्त घटना की दृश्यात्मकता पर केन्द्रित तो है पर उसमें रिश्तों के मूल्यों का कोई जल-स्पर्श नहीं है। रिश्ते जहाँ ऊष्मल होते हैं वहाँ उसकी अन्तरंगता में हम जल-स्पर्श का अनुभव कर पाते हैं। कविता के दृश्य-विधान से पता चलता

है कि मृतात्मा के रिश्तेदारों के लिए यह मृत्यु और तत्पश्चात का यह क्रिया-करम एक अनुष्ठान मात्र है।

अरुण कमल ने ऐसी एक कविता क्यों लिखी? सम्भवतः वे आज के जटिल समय में मूल्यों का जो विघटन हो रहा है जिसके माध्यम से वे सिद्ध करना चाहते हैं कि उस विघटित स्थिति में मनुष्य ही सबसे अधिक मूल्यहीन हो गया है। आज के समय में जीवित अवस्था में भी आम आदमी का कोई मूल्य नहीं रह गया है। उसके मूल्य तब साबित होते हैं जब वह उच्च पदों पर आसीन हों, अपार सम्पत्ति का मालिक हों, भले ही वह अपराधी हो पर वह धनी हों, राजनीति का मन-मस्तिष्क बनकर जीवन बिताये। ऐसे में मृत्यु असाधारण सिद्ध हो जाती है। लोग बाग शोक प्रस्ताव पारित करते हैं। उसकी अन्तिम यात्रा में कई लोग भाग लेते हैं। वहाँ मृत्यु का, भले ही उत्सवधर्मी बनाने की बात बलवती क्यों न हों, मज़ाक़ नहीं किया जाता है। हमारे दर्जनों मज़दूर लोग रेल की पटरियों में रौंदे जाकर मर मिटे, लेकिन किसी ने आँसू नहीं बहाया। कोई आवेग नहीं था। कोई दुख नहीं था। मरणोपरान्त कोई संगोष्ठी नहीं चली थी। यह विरोधाभास हमारे साधारण जीवन का मुख्य पक्ष है।

इस कविता में मृत्यु का जो मज़ाक़ किया गया है वह वास्तव में जीवन का भी मज़ाक़ है। यदि कई लोग अभावग्रस्तता में जी रहे हैं और उनके लिए साधन जुटाने का काम कोई नहीं कर रहा है तो वह उनके जीवन का मज़ाक़ नहीं है तो और क्या है? पूँजीवादी संस्कृति में उसके ठेकेदार अक्सर यही चाहते हैं कि ग़रीबी बनी रहे। उस पर बहस हों, पर ग़रीबी न मिटे। ग़रीबों के प्रति यही मज़ाक़ हमारे समय में चल रहा है। विस्थापितों का भी इसी तरह मज़ाक़ किया जाता है। अतः अरुण कमल की कविता मृत्यु का मज़ाक़ ही नहीं उससे सौ गुना दारुण जीवन के मज़ाक़ से सम्बन्धित है।

जारी है जीवन की यात्रा अनवरत

मंगलेश डबराल ने अकीरा कुरोसावा की एक फ़िल्म का ज़िक्र करते हुए लिखा है— "जापान के फ़िल्मकार अकीरा कुरोसावा ने जीवन के अन्तिम दिनों में एक फ़िल्म 'ड्रीम्स' बनाई थी जिसमें एक प्रसंग वॉन गॉग की श्रद्धांजलि था। वॉन गॉग की एक प्रदर्शिनी में घूमते युवा कुरोसावा अचानक उनकी एक पेंटिंग के स्थिर जल में एक कंकड़ फेंकते हैं जिससे वह पूरा दृश्य सजीव हो उठता है, कुरोसावा उस दृश्य में प्रवेश करते हैं और फिर वॉन गॉग के कला-संसार की एक रोमांचक यात्रा शुरू होती है जिसके अन्त में वे खेतों पर उड़ते कौवों की प्रसिद्ध पेंटिंग में दिखते हरे रंग के रास्ते से गैलरी में वापस आ जाते हैं।" (कवि का अकेलापन— पृ. 144)

अरुण कमल की कविता **'उर्वर प्रदेश'** पढ़ते समय अकीरा कुरोसावा की फ़िल्म का स्मरण हो आना स्वाभाविक है। वॉन गॉग के चित्र के स्थिर दीखते जल में कंकड़ फेंककर कुरोसावा उसे सजीव बना लेते हैं और उसमें प्रवेश करते हैं। वस्तुतः यह उस चित्रकार के उर्वर प्रदेश से होकर फ़िल्मकार की यात्रा का ब्यौरा है। 'उर्वर प्रदेश' कविता में अपने घर लौटे कवि उसकी स्थिरता (गतिरोध) को देखते हैं-

दो दिन के बाद आज लौटा हूँ वापस
अजीब गन्ध है घर में
किताबों, कपड़ों और निर्जन हवा की फेंटी हुई गन्ध
पड़ी है चारों ओर धूल की एक परत
और जकड़ा है जग में बासी जल
जीवन की कितनी यात्राएँ करता रहा यह निर्जन मकान मेरे साथ
तट की तरह स्थिर, पर गतियों से भरा
सहता जल का समस्त कोलाहल—
सूख गये हैं नीम के दातौन
और पोटली में बँधे हुए बूँटों ने फेंके हैं अंकुर
निर्जन घर में जीवन की जड़ों को पोसते रहे हैं ये अंकुर

कवि के साथ लगातार यात्रा करने वाले अपने मकान का ज़िक्र वे करते ही हैं — 'जीवन की कितनी यात्राएँ करता रहा यह निर्जन मकान मेरे साथ'। लौटने के बाद कवि सीलन की बू का ही अनुभव कर पाते हैं। धूल पर धूल जमी हुई रहती है। यह स्वाभाविक ही है। अवरुद्धता का अनुभव ही वे करते हैं। यह जीवन-यात्रा का एक अनुभव-परिदृश्य है; सबकुछ बासी-बासी, स्थिर और अजीब गन्ध से युक्त निर्जन मकान की तरह। गतिहीनता का, चलायमानता के अभाव का, मौन की सघनता का वातावरण कविता के उपर्युक्त विवरणों से प्राप्त होता है। निर्मल वर्मा की कहानी 'मायादर्पण' के आधार पर कुमार साहनी ने उसी नाम पर जो फ़िल्म बनाई है जिसमें मौन की सघनता का भीषण अनुभव मिलता है जहाँ तरन नामक युवती अपने पिता के साथ परिवर्तनहीन जीवन बिता रही है। यहाँ अरुण कमल की कविता स्थिरता को जीवन के अविभाज्य घटक के रूप में स्वीकार कर रहे हैं। लेकिन इस कविता की विशेषता यही है कि इसमें चलायमानता का दृश्य भी चिह्नित है। जिस तरह चलायमानता का अभाव (स्थिरता) जीवन का घटक है उसी प्रकार उसका दूसरा घटक है गतियों से उसका भर जाना।

खोलता हूँ खिड़की
और चारों ओर से दौड़ती है हवा
मानो इसी इन्तज़ार में खड़ी थी पल्लों से सट के
पूरे घर को जल-भरी तसली-सा हिलाती
मुझसे बाहर मुझसे अनजान
जारी है जीवन की यात्रा अनवरत
बदल रहा है संसार

यह जो दृश्य अरुण कमल ने प्रस्तुत किया है वह इतना गतिशील है कि वह जीवन का एक पक्ष है। जीवन की अनवरत यात्रा में बन्द हो जाते, संवादहीन होते जाते, निस्पन्द पड़े रहते दृश्यों का सामना अनिवार्य है; उसी प्रकार गतिशील जीवन की चहल-पहल, हवा की उन्मुक्तता आदि भी जीवन के प्रमुख पक्ष हैं। ऐसे में कवि अनुभव कर रहे हैं:

फैला है सामने निर्जन प्रान्त का उर्वर प्रदेश
सामने है पोखर अपनी छाती पर
जलकुम्भियों का घना संसार भरे।

निर्जनता के गतिरोध को कवि ने मन से स्वीकार किया ही है। अपनी हर यात्रा में अपना मकान उनका साथ देता है। पर वह वहीं का वहीं रहता ही है। इसलिए गतिरोध के अवशेष मिलते ही हैं। यह जीवन का एक यथार्थ है जो अर्थहीन नहीं है। इसे कवि स्वीकार करते हैं। इसलिए गतिरोध या अवरुद्धता के पश्चात का दृश्य भी उन्हें स्पृहणीय लगता है क्योंकि वह अतीव आकर्षक है।

उर्वरता और ऊसरता एक-दूसरे के विपरीत ही प्रतीत होते हैं और वह सही भी है। पर ये दोनों एक-दूसरे के पूरक हैं। ऊसरता है तो उर्वरता आकर्षक लगती है। जीवन की अनवरत यात्रा के ये पड़ाव हमारे सम्मुख आते ही हैं। इन विपरीत संकेतों से युक्त कविता-परिदृश्य अरुण कमल की कविता में ख़ूब मिलते हैं।

सौन्दर्य का पारदर्शी अनुभव

सौन्दर्य पर गम्भीरतापूर्वक विचार करने वाले हज़ारीप्रसाद द्विवेदी उसके तीन सूत्र निर्धारित करते हैं। पहला है सौन्दर्य का मानववादी धारणा— उन्होंने लिखा कि "सौन्दर्य की सृष्टि करने के कारण ही मनुष्य मनुष्य है", सौन्दर्य का दूसरा सूत्र है, "बन्धन के विरुद्ध विद्रोह" और तीसरा सूत्र है, "सौन्दर्य एक सर्जना है— मनुष्य की सिसृक्षा का परिणाम" (दूसरी परम्परा की खोज— नामवर सिंह) ये तीनों सूत्र एक-दूसरे से सम्बन्धित भी हैं, लेकिन स्वतन्त्र भी हैं। यह तो निश्चित है कि हज़ारीप्रसाद द्विवेदी ने सौन्दर्य को (उनके अनुसार लालित्य योजना) अधिकाधिक पारदर्शी अनुभव में परिणत कर दिया है।

अरुण कमल की कविता है **'सौन्दर्य'** जिसमें ख़ूब लम्बे पेड़ों का दृश्य अवतरित है। कविता का यह दृश्य उसकी दृश्यता तक सीमित न रहक़र एक अनुभव में बदलता दिखाई देता है। अक्सर यह रचना-रीति फ़िल्मों में ज़्यादा देखने को मिलती है। जी. अरविंदन केरल के प्रसिद्ध फ़िल्मकार रहे हैं। उनकी एक फ़िल्म है 'कांचनसीता' जिसमें रामायण के सीता-त्याग का प्रसंग केन्द्र में है। अरविंदन की फ़िल्मों में संवाद बहुत कम होते हैं। दृश्यों की दृश्यात्मकता और उनके बहुलार्थी सन्दर्भों को अतिसूक्ष्म फोटोग्रैफिक दक्षता से वे उन्हें संवेद्य बनाते हैं। 'कांचनसीता' में सीता का परित्याग हो चुका है। उसके बाद राम का आत्मसंघर्ष उन्हें दिखाना था। राम के साथ उर्मिला है। सीता के बदले कांचनसीता को रखने के निर्णय पर उर्मिला प्रश्न करती है। लेकिन उसके संवाद भी उतने मुखर नहीं हैं। संघर्ष की उत्तुंगता निर्देशक को दिखानी थी। एकाध संवादों के पश्चात जी. अरविंदन ने प्रकृति का विपुल उपयोग फ़िल्म में किया है। लम्बे समय तक प्रकृति के अलग-अलग रूप हमें दिखाई देते हैं। ख़ासकर पेड़ों का झुलसना उक्त दृश्य को विशेष अर्थ प्रदान करता है। यह तूफ़ानी दृश्य अपनी दृश्यात्मकता की विपुलता के कारण आत्मसंघर्ष का भाष्य रचता प्रतीत होता है। अरुण कमल की कविता 'सौन्दर्य' में उसी तरह

का दृश्य विन्यसित है। वास्तव में यह एक मामूली दृश्य है। लेकिन उसे जिस तरह से अरुण कमल ने प्रस्तुत किया है, उसके विन्यास-क्रम में एक विराट् अनुभव संवेद्य होता प्रतीत होता है। कविता की पंक्तियाँ इस प्रकार हैं:

सड़क के दोनों तरफ़
ख़ूब लम्बे पेड़
ऊपर उठकर मिलते हुए
ललाट से सटाते ललाट
छान रहे हैं सूर्य-किरण

दृश्य की सामान्यता के बीचों-बीच ऐसी दो पंक्तियाँ अरुण कमल ने लिखी हैं— 'ललाट से सटाते ललाट/छान रहे हैं सूर्य किरण'। इन पंक्तियों में भी सामान्यता उद्भासित हो सकती है जो पेड़ों के सन्दर्भ में, विशेषकर लम्बे पेड़ों के सन्दर्भ में, यथार्थ परिकल्पना के समीप ही है। शाखाओं की किरण-खोज पेड़ों की जैविकता का ही पक्ष है। बावजूद इसके 'ललाट से सटाते ललाट' वाली पंक्ति दृश्यता की सामान्यता का अतिक्रमण करती हैं। इसमें स्वयमेव विराटता की भंगिमा आ जाती है। कविता की यह प्रारम्भिक सूचना विशेष रूप से उल्लेख्य हो जाती है क्योंकि उसकी विराटता की बाहरी भंगिमा ही विचारणीय नहीं होती है बल्कि वह उन वृक्षों की धीरोद्धता का प्रमाण प्रतीत होती है। एक जैविक दृश्य भाव-गुम्फित दृश्यविराटता में परिवर्तित होता है।

आँधी या बारिश के आने पर पूरा प्रदेश ख़ाली हो जाता है— "देखते-देखते सूनी पड़ जायेगी यह राह" कहकर आँधी के अन्धाधुन्ध परिदृश्य को प्रस्तुत किया गया है। कविता में यह विवरण भी सामान्य दृश्य सम्बन्धी है। लेकिन आगे जब पुनः पेड़ों का सन्दर्भ आता है तो अरुण कमल उस दृश्य को विराटता प्रदान करते हैं:

पछाड़ खा रहे हैं अन्धड़ में पेड़
ललाट से ललाट टकराते
मथ रहे हैं बादलों से भरा आकाश
गरजता है गगन
और बिजलियों को देह में सोखने को उद्यत
गरजते हैं धरती की ओर से
ये वृक्ष

ठहरेगा कौन इस राह पर आज
देखेगा कौन इन संघर्षरत वृक्षों का
दुर्धर्ष संघर्ष?

कविता के इन पदबन्धों में वृक्षों के संघर्ष से सम्बन्धित स्पष्ट सूचनाएँ सन्निविष्ट हैं जो स्वीकृत दृश्य के अनुकूल ही हैं। परन्तु उस संघर्ष को भी अरुण कमल ने अभौमता के साथ प्रस्तुत किया है— बादलों से भरे आकाश को मथने वाले वृक्ष और बिजलियों को देह में सोखने को उद्यत वृक्ष तथा धरती की ओर से गरजते वृक्ष। ये तीनों कार्य वृक्ष के दुर्धर्ष संघर्ष के प्रमाण हैं। वृक्षों के अनन्तिम संघर्ष में कवि सौन्दर्य का सन्निवेश करते हैं। कई तरह से वृक्ष आँधी और बारिश का सामना कर रहे हैं। ये वृक्ष धरती की ओर से गरज रहे हैं। इस कविता में आकाश और धरती के रूपकों के माध्यम संघर्ष को नयी अर्थवत्ता देने का प्रयास भी कवि ने किया है। वृक्ष धरती की ओर से गरज रहे हैं; ऊपरी ताक़तों के सम्मुख अपनी विराटता लिए ये वृक्ष संघर्ष को नया रूप प्रदान कर रहे हैं। वृक्षों की इस संघर्षशीलता में सौन्दर्य की अनन्यता भी उन्हें मिलती है। आँधी और बारिश की वजह उस प्रदेश में कोई राहगीर तक नहीं रह गया है। सब ख़ाली-ख़ाली सा है। इसलिए कवि प्रश्न करते हैं— "ठहरेगा कौन इस राह पर आज/देखेगा कौन इन संघर्षरत वृक्षों का दुर्धर्ष संघर्ष" सम्भवतः कोई नहीं देख पायेगा। इसी अनुभव सिद्ध दृष्टि के बल पर वे यही बताना चाहते हैं कि भले ही कोई न देखे पर वास्तविक संघर्ष ज़ारी ही रहेगा। संघर्ष दिखाने के लिए नहीं बल्कि अपने स्वत्व को प्रमाणित करने के लिए हैं। अतः वृक्षों के दुर्धर्ष संघर्ष में वे सौन्दर्य भी देखते हैं।

आरम्भ में सौन्दर्य के तीन सूत्रों के बारे में सूचित हैं— सौन्दर्य की मानवीय अवधारणा, बन्धन के विरुद्ध विद्रोह और सर्जनात्मकता। कविता में वृक्षों के आत्मनिर्भर संघर्ष में ये तीनों तत्त्व समाहित हैं, प्रत्येक वास्तविक संघर्ष का मानवीय पक्ष और अधीनता से मुक्ति तथा उसमें निहित सर्जनात्मकता का उपपाठ इतिहास के पृष्ठों से हमें मिलता है। संघर्ष सौन्दर्य का निदान बनता है। वह गतिरोध के बदले गतिशीलता का परिचय देता है। वृक्षों की गतिशीलता जो कविता का उपपाठ बनकर आती है वह सौन्दर्य की एक नयी मीमांसा भी प्रस्तुत कर रही है।

आत्मविस्तार की शब्द-परिणति है कविता

कविता ने सदैव आत्मविस्तार को प्रमुखता दी है क्योंकि आत्मविस्तार की शब्द-परिणति है कविता। सभी कलानुभवों में यह बात महसूस की जा सकती है। आत्मविस्तार के तत्त्व के अभाव में कला न सम्प्रेषित हो जाती है और न अभिव्यक्ति की सार्थकता दर्ज कर पाती है। पिकासो की प्रसिद्ध चित्र-रचना 'गुएर्निका' इसलिए हमें आकर्षक लगती है कि उसके भीतर मानवीयता के लिए आत्मविस्तार के 'स्पेस' मिल जाते हैं। आत्मविस्तार दरअसल स्वतन्त्रता की बृहत्तर परिकल्पना से जन्म लेता है। देश और काल की सीमाओं में उसे बन्द नहीं किया जा सकता। वह देशातीत और कालातीत है।

समकालीन कविता व्यक्ति की मुक्ति को मुक्ति नहीं मानती है। सबकी समवेत मुक्ति को वह मुक्ति मानती है। कविता में निहित आत्मविस्तार के भाव के कारण ही कविता इस भाव-संपृक्ति को सहेजती है। जब हमारा समय आत्मसंकोच का मानक प्रतीक बन जाता है तो कविता अपने इस मानवीय विकल्प के साथ प्रस्तुत होती है। समय इस कदर निरंकुश होता जा रहा है और सहजीवन का मूल्य पूरी तरह से तिरोहित हो रहा है तो कविता अपना विकल्प प्रस्तुत करती है— मानवीयता का, सहजीवन का, मनुष्येतर स्वत्वों का, उर्वरता का, समत्व का, स्वतन्त्रता का, मुक्ति का और यथार्थ के बृहत्तर विकल्प को प्रस्तुत करती है। मात्र इसी में कविता की आस्था है; निष्ठा है।

कविता भी एक सामाजिक उत्पाद्य है। इसलिए वह सामाजिकी के साथ जुड़ी रहती है। यह जुड़ाव बाहरी नहीं होता जैसे अन्य उत्पाद्यों के साथ होता है। कविता हमारी सामाजिकी की आन्तरिकता से उत्पन्न होती है। वह अपनी निजता को जिस अनुपात में सुरक्षित रखती है, उसी अनुपात में समावेशिता के अनुपात को भी सुरक्षित रखती है। कविता की निजता उसकी आत्मा है और उसकी समस्त समावेशिता कविता की आवयविकता का विस्तार है। आवयविकता के जुड़ाव को कविता

की आत्मा प्रक्षेपित करती है या यों भी कहा जा सकता है कि कविता आत्मा की आवयविकता के साथ सहयात्रा करती है। इन दोनों के बीच रेखा खींचना कठिन है।

अरुण कमल की कविता आत्मा की निजता को प्रश्रय देती है और साथ ही उसकी समावेशी प्रवृत्तियों को भी प्रमुखता देती है। यह उनकी कविता पढ़ने के उपरान्त हम कह पाते हैं कि यह अरुण कमल की कविता है। सभी सार्थक कवियों और उनकी कविताओं के बारे में यह बात कही जा सकती है। अरुण कमल अपनी आत्मा की निजता को सब कुछ में अनुभव करते हैं। इसलिए स्वयमेव उनकी कविताओं में आत्मविस्तार की तरंगवाही लयात्मकता मुखर हो उठती है।

'धार' शीर्षक कविता अरुण कमल की चर्चित कविताओं में से एक है। धार उनकी आत्मा की निजता के अनुभवजन्य आत्मविस्तार का प्रतीक है। इस कविता में बृहत्तर समावेशी दृष्टि का प्रसार अनुभव किया जा सकता है। अतः कविता में आद्यंत खुलापन नज़र आ रहा है; सबको अपनाने की दृष्टि दिखाई दे रही है। समावेशिता का खुलापन अरुण कमल की आस्था का अहम पक्ष है।

'धार' कविता में अपनत्व के निर्माण में भूमिका अदा करने वाले समस्त पक्षों का ब्यौरा है। यह समावेशिता का एक प्रतीक विन्यास है:

कौन बचा है जिसके आगे
इन हाथों को नहीं पसारा

भिक्षांदेहि वाली मुद्रा को अरुण कमल ने कविता के आरम्भ में स्वीकार किया है। इस खुली मुद्रा में आत्मसंकोच का भाव किंचित मात्रा में भी नहीं है। अहं का विलोप ही हम देख पाते हैं। आत्मा की अनन्यता का धनी ही इस तरह हाथ पसार सकता है। समस्त पुरुषार्थों से मुक्त मन भिक्षा माँग रहा है। यह अपने आप में आत्मविस्तार का भाव है। इसलिए आगे कवि स्वीकार करते हैं कि कौन-कौन, किस-किस से भिक्षा (उधार) मिली है:

यह अनाज जो बदल रक्त में
टहल रहा है तन के कोने-कोने
यह कमीज़ जो ढाल बनी है
बारिश सरदी लू में
सब उधार का, माँगा-चाहा
सब क़र्ज़े का
यह शरीर भी उनका बन्धक

एक की सार्थकता अनेकता की स्वीकृति में है; नहीं तो एक का धीरे-धीरे विनाश ही सम्भव है। यहाँ पर एक ने अनेकता को पूरी तरह से स्वीकार किया है। उसका एक-एक अंश अनेकता की देन है— 'यह शरीर ही उनका बन्धक'। (भिक्षा) माँगते हुए, (दान) चाहते हुए इस एक ने अपना स्वत्व बनाया है। अरुण कमल अपने स्वत्व को परत्व के माध्यम से विकसित करना चाहते हैं। आस्था की तरह यह भाव कविता में व्याप्त है, विकसित है और एक गन्धवाही सच की तरह फैल रहा है।

कवि इस सच को स्वीकार कर रहे हैं कि उनका जीवन अपने से विकसित कोई ऐसी इकाई नहीं है बल्कि उनकी समावेशिता की संकुल इकाई है:

अपना क्या है इस जीवन में
सब तो लिया उधार

उधार का अपना महत्त्व है; वह भिक्षा है। इसमें देने वाले का भी महत्त्व है, वह दाता है। खुले मन से देने वाला दाता भी समावेशी स्वभाव का ही आचरण करता है। दाता के खुले दान को स्वीकार करने के उपरान्त कवि मात्र यही बताता है कि उसका कुछ भी नहीं है:

सारा लोहा उन लोगों का
अपनी केवल धार

समावेशिता की बहुविध स्वीकृतियों के पश्चात अरुण कमल शान्ति मुद्रा में कहते हैं कि सारा का सारा लोहा पराये लोगों का है। उनसे स्वीकार करने के पश्चात वे पराये नहीं रहते। वे अपने हो जाते हैं। 'एकं सत्' की तरह व्यापक जीवनानुभूति का संगुफन इन पंक्तियों में उपलब्ध है। परन्तु कवि अपनी निजता को भी घोषित करते हैं— 'अपनी केवल धार'। लोहा और धार का अभिन्न सम्बन्ध है। लोहे के बिना धार आख़िर कहाँ चढ़ाई जा सकती है? धार के अभाव में लोहे का कोई उपयोग नहीं होता है। पारस्परिकता यह सहभाव समावेशिता को तथा विशिष्ट निजता को समान ढंग से देखता है— सारा लोहा उन लोगों का/अपनी केवल धार—दरअसल ये पंक्तियाँ अरुण कमल की कविता में सदैव एक सूत्र वाक्य की तरह उपस्थित रहती हैं।

भाषा के तहखाने से गूँजती आवाज़ें

साहित्य को, विशेष रूप से कविता को यदि हम अपनी आत्मा के निकट ले आये तो ऐसी प्रतीति हमें मिलती है कि भाषा में ऐसे अनेकानेक तहखाने हैं जहाँ से कई प्रकार की आवाज़ें आ रही हैं। उन्हें अलग करके देखना आसान नहीं है। उसका घनत्व अपनी परिपूर्णता में है, विच्छिन्नता में नहीं है। वह एक ध्वनि-समूह है। दर्शन में जब हम 'एकं सत्' कहते हैं तो उसका अर्थ सामान्य नहीं होता है। उसके कई अर्थ हैं। उन्हें हम उसकी परिपूर्णता में अनुभव करते हैं। कविता के आस्वादन में भी यह मुख्य है।

कविता अपनी परिपूर्णता में सृजनात्मक तरीक़े से जीने की स्वतन्त्रता को शब्द प्रदान करती है। यही कविता का मानवाधिकार है। इस अर्थ में कविता आदमियत का स्रोतस्थल है तथा उसका आविष्कार भी। इस आविष्कार-क्षमता के कारण कविता अपने भीतर एक संवाद को सुरक्षित रखती है। भाषा के लिए यह कविता की देन है। कविता की यह आन्तरिक संवादात्मकता उसकी जीवनीशक्ति को ही द्योतित नहीं कर रही है बल्कि पठनीयता को भी जीवनीशक्ति प्रदान करती है। यह कविता की लोकतान्त्रिकता भी है।

अरुण कमल की लोकतान्त्रिकता की संवादात्मकता उनके कई प्रकार के निजी अनुभवों से तो स्वरूपित है। लेकिन उसकी विशेषता यही है कि वह निजी अनुभवों की सीमाओं को पार कर जाती है। यह एक पारदर्शी अनुभव है। वे निजी तौर पर अनुभव करते हैं और यथावत् हमें दे देते हैं। उनके निजी अनुभवों के क्षणों में वे हल्के प्रतीत होते हैं और वे ही अनुभव हमारे पास पहुँचते-पहुँचते इतने भारी हो जाते हैं कि उनको वहन कर पाना कठिन होता है। पारदर्शी अनुभवों की यही ख़ासियत है। भोक्ता वास्तव में अपने लिए नहीं बल्कि सबके लिए अनुभव कर रहा है। चूँकि अनुभव करना एक निजी प्रक्रिया है इसलिए वह बाह्यतः हल्का प्रतीत होता है। जबकि अनुभवों की पारदर्शिता में समूहगान की तरह का समवेत

स्वर सदैव गुम्फित रहता है। एक से दस में, दस से सौ में, सौ से हज़ार और लाख-लाख, करोड़ लोगों के समवेत स्वर उसमें गुम्फित होने लगते हैं। स्वर वीचियों के तीव्रतर प्रवाह की तरह वह प्रसारित होते जाते हैं। विषयान्तर न सही कि मंगलेश डबराल ने रघुवीर सहाय पर लिखते हुए पोलैंड के कवि तादेऊस रूज़ेविच को उद्धृत करके अपना विचार रखा है (कवि का अकेलापन— पृ. 26) तादेऊस रूज़ेविच की 'पुनर्शिक्षा' शीर्षक कविता की पंक्तियाँ इस प्रकार हैं:

कवि एक ही भाषा में
बात करता है
बच्चे से
घुसपैठिए से
धर्मगुरु से
राजनीतिक से
पुलिसवाले से
बच्चा मुस्कुराता है
घुसपैठिए को लगता है
उसका माखौल बना रहा है
राजनीतिक अपमानित अनुभव करता है
धर्मगुरु को ख़तरा महसूस होता है
पुलिसवाला
कमर कसने लगता है
शर्मिन्दा कवि
क्षमा माँगता है
और अपनी ग़लती
दुहराता है।

मंगलेश डबराल रघुवीर सहाय की कविता में सत्ता के प्रति जो अमुखर प्रतिरोध है उसको अंकित कर रहे हैं जिसे वे पोलैंड के कवि की रचना से उपमित भी करते हैं। इस प्रसंग को अरुण कमल की कविता के साथ इस तरह जोड़ा जा सकता है कि कवि एक ही भाषा में/बात करता है, यानी कवि का एक निजी अनुभव कई लोगों तक बार-बार अनेकानेक अर्थ छवियों के साथ पहुँच जाता है। अनुभव का

यह प्रसार अरुण कमल की कविता की विशेषता है। इस प्रसार में सम्पूर्णता के सौन्दर्य का प्रतिपादन भी वे करते हैं।

अरुण कमल की कविता **'जाना है'** अनुभव की पारम्यता को व्यंजित करने वाली कविता है। यह कविता अपने सहज आख्यान में उस विस्तार तक को समेटने की दक्षता भी दिखाती है।

पहले भी देखा था यह फल
सूँघा था
चखा था बहुत बार
बचपन से ही

यही वह सरल आख्यान है जिसमें एक सामान्य-सा अनुभव अपनी सामान्यता में व्यंजित हुआ है। कवि की स्मृतियों में, ख़ासकर बचपन की स्मृतियों में एक फल के स्वाद की उपस्थिति है। उनकी कई स्मृतियों में से एक स्मृति। कवि ने उसे अपने निजी अनुभव से जोड़ना चाहा और इसलिए वह व्यापक प्रतीत नहीं होता है। उसमें उनकी निजता है जो प्रसारित नहीं होती है। वह अपने समय दैर्घ्य में सीमित रहती प्रतीत होती है। 'जाना है' कविता की आगे की पंक्तियाँ निजता की चौहद्दियों को पार कर जाती है। कविता की, इस प्रकरण में, एक पंक्ति है, "पर आज पहली बार जब देखा है"— वस्तुतः यह नये अनुभव-परिदृश्यों के संकेतों से युक्त है।

पर आज पहली बार जब देखा है
डाल पर पकते इस फल को
तभी जाना है रंग-स्वाद-गन्ध
इस छोटे-से फल के
धरती-आकाश तक फैले सम्बन्ध

इस नये अनुभव-परिदृश्य में निजी अनुभव ग़ायब होता है और एक समावेशी एवं बृहत्तर अनुभव उसके साथ जुड़ जाता है। फल के रंग, स्वाद और गन्ध अपनी सामान्यता में सिमट नहीं गया है। इस छोटे-से फल के विस्तृत अनुभव को अरुण कमल ने अपने मित कथन के माध्यम से— धरती-आकाश तक फैले सम्बन्ध' — व्यक्त किया है। स्मृतियों के परिदृश्य से अपने समय-परिदृश्य की दूरी इसमें प्रकट होती है। इसमें निहित या आकलित अनुभव खंडों का समाहार भी हम देख पाते हैं। फल के लिए प्रयुक्त विशेषण शब्द भी मुख्य है— 'छोटे-से फल'। स्मृतियों में यह सचमुच छोटा फल ही था। सिर्फ़ बचपन की स्मृतियाँ उसमें वलयित हैं। लेकिन अब

आकार में छोटा होते हुए भी अब की वर्तमानता में उसके अनुभव इतने व्यापक हो गये हैं कि उसको भाषा की सामान्यता में परिभाषित करना मुश्किल है।

अरुण कमल की कविता-भाषा निपट साधारण है। लेकिन उसकी अर्थ भंगिमाएँ असाधारण हैं। एक ही शब्द में कई-कई अर्थ-संकेतों को वे भर देते हैं। एक तरह से उनकी कविता-भाषा एकालाप से संवाद तक की यात्रा को द्योतित करती है। 'जाना है' कविता जीवन की अन्तर्धाराओं के कई रूपों को समेटती है।

शब्द का कवितात्मक स्पर्श

कवितात्मक स्पर्श के बिना कोई भी शब्द स्थायी और ऊर्जावान नहीं हो सकता। यानी शब्द का स्थायित्व उसके कवितात्मक होने को लेकर है। कवितात्मकता शब्द की बाहरी लयात्मकता में नहीं, कवितात्मकता शब्द की आत्मा की अभिव्यक्ति है। यही उसकी निजता है। कविता की यही निजता अक्सर कुछ सवाल उठाती है—कविता क्या है? कविता किस के लिए है? भाषा और संस्कृति में कविता किस तरह की वृद्धियाँ ला देती है। पहले सवाल का सम्बन्ध उसकी चारुता से है। दूसरे का सम्बन्ध उसकी स्वीकृति से तथा उसके प्रसार से भी। उसकी जन-निबिड़ता से। तीसरे सवाल का सम्बन्ध उसके सांस्कृतिक हस्तक्षेप से है। वास्तव में कविता स्वयं एक सांस्कृतिक हस्तक्षेप है। इस तरह कविता एक साथ कई दिशाओं की तरफ़ संचरण करती है और अपनी कवितात्मकता को गुम्फित करती है।

कवितात्मकता शब्द के स्वत्वबोध से भी सम्बन्धित है। स्वत्व बोध से समृद्ध कविताएँ अपनी अशान्ति को व्यक्त करती है। यह किस तरह की अशान्ति है? यही कवितात्मकता की अशान्ति है। इस कारण से कविता कहीं ख़त्म नहीं होती है। उसकी अनवरतता सिर्फ़ यात्रा ही जारी नहीं रहती बल्कि जीवन यथार्थ के साथ उसकी संपृक्ति को भी वह व्यक्त करती है। यह एक सरल समीकरण नहीं है। यह एक गम्भीर समीकरण है। शब्दों की कवितात्मकता के माध्यम से एक कविता भाषा का व्यापक संजाल सृजित करती है। उस अवस्था में कवि यह जान लेता है कि वह ऐसे किले के अन्दर है जिसका एक ही दरवाज़ा है जो भाषा से निर्मित है। हर किसी चीज़ को, दरवाज़े में परिवर्तित करके वह बाहर आता है; उसी तरह वह अन्दर प्रवेश भी करता है। कवितात्मकता के कई दरवाज़े इसके पास होते हैं जिसके माध्यम से उसकी आवाजाही निरन्तर बनी रहती है।

अरुण कमल की कविताओं के शब्दों की यह कवितात्मकता उनकी संवेदनात्मक सघनता में सदैव व्यक्त होती है। सम्भवतः अरुण कमल समकालीन कविता में

ऐसे कवि हैं जिनकी विषय-समृद्धि सीमातीत है। विषय-वैविध्य उनके यहाँ बाहरी स्थिति नहीं बल्कि वह जीवन की गहनता को सूचित करती है।

अरुण कमल की एक छोटी सी कविता है **'पूँजी'**। कविता इस प्रकार है:

न पहाड़ों के गीत थे मेरे पास
न घाटियों-दर्शों के,
न सागर-नदियों के गीत थे
न नाविक-मछुआरों के,
मैं तो मैदानों, खेतों का रहनवार
थोड़े से बोल थे बग़ीचे बधारों के।

यह कविता लघुता की चारुता को केन्द्र में रखकर संरचित है। बाह्यतः ऐसा भी प्रतीत हो सकता है कि यह कविता अपनी अकिंचनता का बखान करती है। लेकिन अकिंचनता को हीनता-भाव के रूप में नहीं बल्कि यथार्थ के ठोसमन के रूप में स्वीकृत किया गया है। महामेरु को देखकर उसे 'देखने' तथा 'आस्वादित' होने तक की शिखरता प्राप्त करना एक प्रखर दृष्टि है। महामेरु की अभौमता से न अभिभूत होना और न विचलित होना यथार्थ का ठोसपन है। उसी प्रकार अरुण कमल की कविता अपनी अभौमता के अभाव से विचलित नहीं है। उनके पास न घाटियों के देशों के तथा सागर-नदियों के गीत थे; जीवन के अनन्तिम विस्तार का अभाव है। उनके पास न नाविक एवं मछुआरों के गीत थे; मसलन यात्रा को ठीक से सुनिश्चित करके आगे बढ़ने तथा खोजबीन करने की ख़ास ताक़त उनके पास नहीं है। विशेष कुछ भी नहीं; है तो सामान्य-सा कुछ। इस कारण से अरुण कमल अपने को मैदानों और खेतों का रहनवार कहते हैं। उनके पास बग़ीचे बधारों के थोड़े से बोल ही हैं। यह अपनी लघुता का मामूली-सा परामर्श नहीं है। यह अपनी निजता के प्रति आस्था की सूचना है। अपने में पूर्ण तथा अपनी सभी सौन्दर्यात्मक परिणतियों से युक्त। कविता की यही पंक्ति सभी दृष्टियों से कवितात्मक ऊर्जा से युक्त है— 'मैं तो मैदानों, खेतों का रहनवार/थोड़े से बोल थे बग़ीचे बधारों के'। यह पंक्ति हमें बहुत दूर तक ले चलती है। सही जीवन का यथार्थ धीरे-धीरे कवितात्मक हो जाता है। सबसे मुख्य बात यही है कि इसमें सही संस्कृति की व्यापकता एवं गहराई की तरफ़ की गयी अनथक यात्रा के गीत हमें एक समवेत गीत की सस्वरता की ओर ले चलता है।

यह अरुण कमल की लम्बी कवितात्मक-यात्रा का एक पड़ाव है। ऐसी असंख्य कविताएँ उन्होंने लिखी हैं। उनमें जीवन की कविता भिन्न-भिन्न स्वरों से गुम्फित है। कहीं अवसाद भरे स्वर के साथ कहीं प्रतिरोध की ताक़त के साथ, कहीं गहराते यथार्थ की गहनता के साथ और कभी हाशियाकृत समाज के प्रति व्यक्त आत्मीयता के साथ जीवन की कवितात्मकता को कवि ने व्यक्त किया है।

आत्मीयता अरुण कमल की कविता सबसे बड़ी विशेषता है। किसी भी कविता में वे निरीक्षक भर नहीं हैं। कविता में वे निमग्न दीखते हैं। इसलिए अपनी पूँजी के प्रति वे आसक्त नहीं है, लेकिन अनुरक्त अवश्य हैं। 'पूँजी' कविता के इस 'मैदानों और बग़ीचे बधारों' के रहनवार कवि अपनी आत्मीयता सहजीवन के बीजाक्षरों से व्यक्त करते हैं। जीवन को परिभाषित करने के साथ समावेशी संस्कृति को परिभाषित करने का कार्य भी उन्होंने किया है। उनकी यह संस्कृति-परिभाषा शतशः काव्यात्मक है क्योंकि यह चारुता के रंगों से युक्त है। जीवन की इस अपार पूँजी से ज़्यादा किसी को और क्या चाहिए?

कविता हमेशा दुर्गम की राह चली

पूँजीवादी संस्कृति ने अपनी चमक-दमक को बनाये रखने के लिए आधुनिकीकृत विकास-नीतियों को अपनाया है। इस कारण से जल्दी पता नहीं चलता कि पूँजीवाद ने क्या हमको ग्रस लिया है या नहीं। चमक-दमक का अपना आकर्षण होता है। लेकिन यह जानना भी अत्यन्त आवश्यक है कि किन-किन तरीक़ों से, किस तरह से पूँजीवाद एक लोकतान्त्रिक व्यवस्था पर अपना कब्ज़ा कर रहा है। इसे स्थानिक स्थिति मानकर चलना हानिकारक है। यह एक अन्तरराष्ट्रीय स्थिति है जिसके साथ ताक़तवर देशों और वहाँ के बड़े-बड़े कारोबारी लोगों, बड़ी-बड़ी मल्टीनैशनल कम्पनियों, बड़े-बड़े पूँजी-निवेश की षड्यन्त्रकारी गतिविधियों, अद्यतन प्रौद्योगिकियों में बाज़ार का जमावड़ा है। इस मकड़ीजाल को सुलझाना आसान नहीं है। परन्तु इसका तात्पर्य यह नहीं है कि पूँजीवादी संस्कृति के इस षड्यन्त्रकारी विकास को रोकने का कार्य नहीं हो रहा है। कई देशों में ऐसे अनेक छोटे-छोटे तबके के लोग, समावेशी दृष्टि को साक्षात्कृत करने के लिए कटिबद्ध लघु समाज, इस दुनिया के भविष्य के लिए चिन्तित चिन्तनशील बौद्धिक तथा उनके कार्यकलाप एवं सांस्कृतिक कर्मठता आदि पूँजीवाद के इस विनाशकारी विकास का पर्दाफ़ाश तो करते हैं। उनमें कविता भी है देश-देशान्तर की।

अरुण कमल ने पूँजीवादी संस्कृति की गतिविधियों का विशद विश्लेषण करते हुए कविता की इस अहमियत को प्रस्तुत किया है— "पूँजीवाद जिन कुछ क्षेत्रों का व्यवसायीकरण नहीं कर पाया उनमें कविता भी है, बल्कि आरम्भ से ही कविता एक प्रतिरोध-शक्ति की तरह खड़ी रही क्योंकि उसने पूँजीवाद के अमानवीय चेहरे की बीभत्सता को उजागर किया और इस तरह स्वभावतः उन लोगों के साथ खड़ी पायी गयी जो पूँजीवाद की क़ब्र खोद रहे थे। पूँजीवाद के पण्यीकरण और भोग का सर्वाधिक प्रतिरोध कविता ने किया और आज भी कविता का कोई उपभोग सम्भव नहीं। पूँजीवादी समाज में सबसे कम 'उपयोगी' स्वयं मनुष्य होता है। वह किसी

काम का नहीं रह जाता। इसी तरह तो सबकुछ जो मनुष्य के महत्त्व को सिद्ध एवं स्थापित करता है वह अनुपयोगी निरर्थक और बाहरी हो जाता है और वो सब कुछ जो मनुष्य को बेकार एवं वध्य बनाता है, वह अपरिहार्य बन जाता है। यहाँ तक कि धर्म का स्थान भी धर्म आधारित हिंसा ले लेती है। जो कविता कभी धर्म का स्थान लेना चाहती थी वह धर्म भी अब निरर्थक हो चुका है क्योंकि मानव-प्रेम और ईश्वर की सत्ता की कल्पना भी वास्तविक सत्ता के लिए चुनौती है। इसलिए कविता का भविष्य उसी तरह अनिश्चित है जैसे स्वयं मनुष्य का। दूसरा कारण स्वयं कविता की अवधारणा से सम्बन्धित है। जैसे यह विचार कि ज्यों-ज्यों सभ्यता विकसित होती जायेगी, कवि-कर्म कठिन होता जायेगा तथा ऐसे ही अनेक विचार जो रोमांटिसिज्म के दौर से प्रचलन में है और जड़ जमा चुके हैं, इसके मूल में यह धारणा है कि कविता स्वभावतः सरल, सुन्दर, प्राकृतिक जीवन में बसती है तथा उसे धारण करती है। इसलिए ऐसे समय और समाज में कविता करना सुगम है जहाँ जीवन जटिल नहीं है, ऐसा स्वर्ग जहाँ सर्प न हों। लेकिन कविता का इतिहास बतलाता है कि हर युग की श्रेष्ठतम कविता उस युग की सर्वाधिक संश्लिष्ट एवं घूर्णों भरी जीवन-स्थितियों तथा अन्तर्विरोधों से जूझते हुए रची गयी, चाहे वह रामायण हो या महाभारत या कबीर या तुलसी अथवा निराला या मुक्तिबोध। कविता ने, श्रेष्ठ कविता ने, कभी आसान रास्ता नहीं चुना। वह हमेशा दुर्गम की राह चली" (गोलमेज़, पृ. 190) यहाँ पर सवाल यह हो सकता है कि कविता दुर्गम राह पर चलने के लिए क्यों बाध्य है। इसका सरल-सा जवाब यही है कि श्रेष्ठतम कार्य एक कठोर प्रतिबद्ध दृष्टि की उपज है। कविता इस अर्थ में ही प्रतिबद्ध है। पूँजीवादी संस्कृति के अयाचित विकास को, मानवीयता के ध्वंस को, बहुसंख्यकों की यातनाओं को कविता आँखें मूँदकर सह नहीं सकती है। कविता उसके विरुद्ध खड़ी होती है।

अरुण कमल की एक कविता है **'नये इलाक़े में'**। सीधी-सी प्रतीत होने वाली इस कविता में द्रुतगति से विकसित होने वाले इलाक़े में कवि को अपना घर ढूँढ़ना मुश्किल लगता है। सामान्य-से कुछ चिह्न या संकेत उसके दिल में हैं जिनके सहारे वह अपना घर ढूँढ़ लेता था। लेकिन नये-नये बनाये जा रहे मकानों के बीच अक्सर वह अपना घर भूल जाता है। अब पुराने निशान भी धोखा दे जाते हैं। प्रस्तुत कविता इस तरह एक परेशानी को सामान्य शब्दावली में प्रस्तुत करती है। लेकिन आगे की पंक्तियों में चिह्नित निशान मामूली ही नज़र आते हैं। उस

मामूलियत में एक औसत घर और जीवन भी चिह्नित हैं। यहाँ पर 'नये बसते इलाक़े' का संकेत अयाचित विकास का पर्याय है और उसके बीच भुलभुलैये के बीच अपने को भटकते पाने वाले आदमी को स्थानांकित करके अरुण कमल ने विकास के भुतहे रूप को दिखाया है।

जहाँ भी हों, जैसे भी हो विकास को समग्र विकास के रूप में जब देखा-महसूस नहीं किया जाता है तो उसे समावेशी विकास भी नहीं कहा जा सकता है। कविता में स्थानांकित घर सामान्य निशानों के बीच में है:

खोजता हूँ ताक़ता पीपल का पेड़
खोजता हूँ ढहा हुआ घर
और ज़मीन का ख़ाली टुकड़ा जहाँ से बायें
मुड़ना था मुझे
फिर दो मकान बाद बिना रंग वाले लोहे के फाटक का
घर था इकमंज़िला

यह एक मामूली घर का रूप है जिसके बारे में ख़ास कुछ कहने को नहीं है पर वह है इस तरह के निशानों के बीच जिसे ढूँढ़ा जा सकता है। उस इलाक़े के विकास के कारण ये तमाम निशान और यह घर कभी भी गुम हो सकते हैं या गुम किये जाने के तौर-तरीक़े निर्माणकर्ताओं के पास हैं।

कविता में कहीं भी ध्वंसकारी पूँजीवादी संस्कृति का संकेत नहीं है। परन्तु कविता की यह चेतावनी— "अब यही उपाय कि हर दरवाज़ा खटखटाओ/और पूछो/क्या यही है वह घर?"— विध्वंसकारी संस्कृति की तरफ़ इशारा कर रही है। इस संस्कृति की छाया तले कोई भी लघु समाज, कोई भी लघु संस्कृति, कोई भी मानवीय दृष्टि पनप नहीं सकती है। विकास की यही नयी परिभाषा है। कविता की एक और पंक्ति विशेष ध्यानार्ह लगती है— 'यहाँ स्मृति का भरोसा नहीं' आज के स्मृतिभ्रंश के इस विकराल समय में स्मृति का क्या महत्त्व है? परम्परा और विरासत का क्या महत्त्व है? आज सबसे ज़्यादा उपयोगशून्य शब्द मनुष्य है; उसकी मूल्य दृष्टि है। इसी से तो हज़ारों-लाखों लोगों को कृत्रिम युद्ध के बहाने बलि दे देते हैं। धर्म के नाम पर मनुष्य का क़त्ल किया जाता है। नस्ल के नाम पर उसे दफ़नाया जाता है। इतिहास इसका गवाह है। पूँजीवाद और साम्राज्यवाद की मिलीभगत से मनुष्य मात्र को इतना मामूली बना दिया गया है कि उसका कभी भी, कहीं भी

अन्त सम्भव है। अतः एक और चेतावनी कविता के अन्त में अरुण कमल, जैसे देवदूतों की आवाज़ में, दे रहे हैं:

समय बहुत कम है तुम्हारे पास
आ चला पानी ढहा जा रहा आकाश
शायद पुकार ले कोई पहचाना ऊपर से देखकर।

'नये इलाक़े में' कविता का पुराना इलाक़ा ध्वंसित हो चुका है। इतने पर भी उसके बारे में बार-बार पूछा जाना चाहिए कि "क्या यही है वह घर?" कविता की कर्मठता के साथ अरुण कमल इस सवाल को जोड़ते हैं। उनके अनुसार कविता के स्व भाव में कठिन रास्तों से होकर चलने की आदत है। वह पूछेगी, रास्ता ढूँढ़ेगी। दुर्गम राह कविता के लिए अपरिचित नहीं है।

सच बनाम झूठ

'सत्यमेव जयते'— यह एक उच्च आदर्श है। हमारे नैतिक बोध ने इस आदर्श को मान्यता प्रदान की है। सभी सत्य की जीत चाहते हैं और असत्य की हार भी। यह भी हमारी उच्च नैतिकता का निदर्श है। परन्तु हमारे व्यावहारिक परिदृश्य में इन मूल्यों का उतना महत्त्व नहीं है जितना वांछित है। समाज में यह अन्तर्विरोध सदैव रहा है और आज भी है। इसलिए सच का आदर्श पराजित होता है और झूठ का नकाब बलिष्ठ होता जाता है। इसका कारण स्पष्ट है— हमारी सामाजिक संरचना कई प्रकार से अस्त-व्यस्त है। अधिकार के विकेन्द्रीकरण पर हम बल देते हैं; लेकिन अधिकार की केन्द्रीयता बढ़ती जा रही है। उसके प्रति सम्मोहक़ प्रलोभन भी दृढ़ होता जाता है। दलगत राजनीति अपने तन-बल और धन-बल का प्रयोग करती रहती है। अधिकार प्राप्त करने के लिए वह कुछ भी कर सकती है। प्रकट रूप से पूँजीवाद भले ही हमें दृश्यवत् नहीं होता है; मगर पूँजीवाद का बोलबाला है जिसकी एक मूलभूत प्रवृत्ति है अराजकता को प्रोत्साहित करते रहना। कुल मिलाकर कई प्रकार की गड़बड़ियाँ सर्वत्र देखने को मिलती हैं। हमारा नागरिक बोध उतना जाग्रत नहीं है जितना आवश्यक है। इसका अर्थ यह नहीं है कि हम सुप्तावस्था में है। यथार्थ यही है कि सचेत नागरिक बोध के अभाव में झूठ का माहौल प्रोन्नति करता जाता है।

अरुण कमल की कविता **'सबूत'** इसी तथ्य को सामने ला रही है।

'सबूत' शीर्षक कविता घटना केन्द्रित है। घटना इतनी-सी है कि एक घर को लूट लिया जाता है। डकैतों ने सारा माल ले लिया और वे बेफ़िक्र होकर घूम रहे हैं। घर के लोगों को मालूम है कि वे कौन हैं और उन लोगों ने क्या किया। सारी घटनाएँ सामने हैं; पर कोई सबूत नहीं है:

वे बहुत ख़ुश हैं
हँस रहे हैं बात-बात पर

दिन-ब-दिन जवान हो रहे हैं लूट का माल तो उनके भी हाथ लगा
पर उनके हाथ पर एक बूँद ख़ून नहीं

ऐसी घटनाएँ जुल्म की कोटि में आती ही नहीं हैं क्योंकि कोई सबूत नहीं है। लूट के बाद वे इतने ख़ुश हैं कि बात-बात पर वे हँसते हैं। ये ताक़तें बलिष्ठ होती जा रही हैं। पर उनके हाथ में ख़ून के निशान नहीं हैं।

जहाँ तक घरवालों का सम्बन्ध है उन्हें तो सब पता है। पूरा दृश्य उन लोगों ने देख लिया। वह दृश्य इस प्रकार है—

......कौन लोग दरवाज़ा तोड़कर
देखी बन्दूक़ लिए घर में घुसे
मर्दों को खाट से बाँधा
औरतों की इज़्ज़त उतारी
नाक की नथ उतारी
कंगन उतारने में ज़ोर पड़ा तो छप् से छाँट दी हथेली—
उन्होंने वो कंगन ख़ुद अपने बहनी को रात में पहनाया
कहीं एक बूँद नहीं

इतना बड़ा हादसा ऐसे ही घटित हुआ। मर्दों को बाँधकर रखते हुए, औरतों की इज़्ज़त लूटते हुए और उनके आभूषणों की चोरी करके चोर चले गये। अरुण कमल इस घटना के वर्णन के बाद सबूत के अभाव की कृत्रिमता को इस पंक्ति के माध्यम से व्यक्त करते हैं जो एक डकैती से सम्बन्धित है। अतः यह पंक्ति— "कहीं एक बूँद नहीं" दूरव्यापी अर्थों से युक्त है। हर रोज़ हमारे यहाँ कई प्रकार की चोरियाँ होती रहती हैं। बड़ी चोरियाँ जिनके सम्बन्ध में कार्रवाइयाँ पुलिस स्टेशन से लेकर अदालत तक चलती रहती हैं। तस्करी को लेकर भी ऐसी कार्यवाइयाँ चलती रहती हैं। कुछ दिनों तक हमें ख़बरें मिलती हैं। इसके बाद लोग भूल जाते हैं। लोगों के भूल जाने के पहले ही अदालत भी उसको बन्द कर देती है। कारण मामूली है, सबूत नहीं हैं। अदालत से बरी होकर जो आते हैं वे निष्कलुष घोषित होते हैं। वे पवित्र माने जाते हैं क्योंकि उनके ख़िलाफ़ कोई सबूत नहीं।

हमारी सामाजिक संरचना में क़ानून की कमी नहीं, पर क़ानून तोड़ने के कई रास्ते हैं। क़ानून तोड़ने के बाद ज़रूरी सबूतों को नष्ट किया जाये तो कोई भी बच सकता है। वकीलों की इतनी बड़ी जमात है कि चोर-डकैतों के लिए वे अदालत में लड़ते हैं। पूरा का पूरा देश एक बहुत बड़ा विषम वृत्त है जिसके विरुद्ध सबूत पेश

करने के लिए कोई नहीं आता है। आख़िर शक उनका किया जाता है जो निर्दोष है क्योंकि ये चुप हैं। शब्दों के अभाव में, साहस के अभाव में, धन के अभाव में, इच्छाशक्ति के अभाव में निर्दोष लोग शक के निशान पर आ जाते हैं। यही हमारे समाज का असली तन्त्र है।

इस तरह के न्यायिक अन्तर्विरोधों पर आधारित कई कविताएँ अरुण कमल ने लिखी हैं और सब में निर्बल मुजरिम बनते हैं और अत्याचारी सबूत के अभाव में निष्कलुष साबित होते हैं। ऐसी कार्यवाइयाँ निरन्तर चलती रहती हैं। मामूली तबका 'सत्यमेव जयते' की रस्सी में लटका हुआ है। अरुण कमल की यह कविता ताक़तवर तबके की शक्ति और सब कहीं उसकी उपस्थिति को दर्ज करती है।

राजनीति की खेमेबाज़ी

दलबन्दी राजनीति की आस्था अपनी खेमेबाज़ी के प्रति सुदृढ़ रहती है। स्वपक्ष और विपक्ष दलबन्दी राजनीति के मुख्य पक्ष हैं। दलबन्दी राजनीति का मुख्य लक्ष्य अधिकार प्राप्त करने के लिए किसी भी दल के साथ गठबन्धन करना होता है। अधिकार से वंचित रहना दलबन्दी राजनीति के लिए असह्य है। इसलिए अधिकार से चिपककर रहने के लिए अपने समीकरण वे बदलते रहते हैं। दलबन्दी राजनीति की सबसे बड़ी कमज़ोरी यही है कि जिन-जिन दलों ने साथ नहीं दिया उन्हें निशाने पर रखना और मौक़ा पाते ही उन्हें ख़त्म करने के काम में लग जाना। इस तरह अधिकार केन्द्रित राजनीति अपनी मानवीय दृष्टि से दूर होती जाती है। यही अधिकार का स्वार्थ है। अपने से बाहर जो भी हैं उन्हें ख़त्म किये जाने के षड्यन्त्र निरन्तर चलते रहते हैं। उनके आचरण में, दृष्टि में, भाषा में दूसरों के प्रति शत्रुता उद्भासित होती रहती है। यह वास्तव में विकसित एवं अनुशासन प्रिय सामाजिक संरचना का लक्ष्य नहीं है।

अरुण कमल की बहुत सारी कविताओं में राजनीति की इस विनाशकारी ताक़त के बारे में ज़िक्र मिलता है। कहीं-कहीं विद्रूप ढंग से, कहीं-कहीं प्रतिरोध व्यक्त करते हुए, कहीं-कहीं अमानवीयता की इस तेज़ रफ़्तार से खिन्न होते हुए उन्होंने राजनीति की दलबन्दी वास्तविकता पर प्रकाश डाला है। स्पष्ट है कि वे मानवीयता के पक्षधर कवि हैं। जहाँ उसका ध्वंस होता दीखता है जिसको प्रतिरोधित करने का कार्य भी वे करते हैं। इस अर्थ में अरुण कमल राजनीतिक दृष्टि-सम्पन्नता के कवि हैं। राजनीति उनके लिए खेमेबाज़ी की राजनीति नहीं है। उसे वे एक दर्शन के रूप में स्वीकार करते हैं। एक उच्च नैतिक आदर्श के तहत वे राजनीतिक दर्शन को आत्मसात करते हैं जिसमें मानवीयता को प्राथमिकता मिलती है। लेकिन हमारी राजनीति की व्यावहारिकता सबसे पहले समाज को कई भागों में बाँट देती है। मतदाताओं को कई खेमों में बाँट देती है। विभाजित करो और अधिकार हासिल करो वाली बात अब भी हमारी राजनीति का मूल मुद्दा है। इसलिए जाति की राजनीति, धर्म की

राजनीति, धन की राजनीति और ताक़त की राजनीति के रूप में वह बँटती जाती है जिसका विरोध अरुण कमल करते हैं। यह विरोध के लिए प्रकटित विरोध नहीं है। मानवीयता के ध्वंसित होने से उत्पन्न खिन्नता की अभिव्यक्ति है।

'एक लोकप्रिय सरकार के सात दिन' अरुण कमल की गहन व्यंग्यात्मक कविता है जिसमें उन्होंने अधिकार की क्रूरता को व्यक्त किया है। वे जिस प्रकार उस क्रूरता को व्यक्त करते हैं वह अप्रत्याशित नहीं है। मानवीय दृष्टि को मूल्य के रूप में लेने वाले के लिए कवि का वर्णन अस्वाभाविक प्रतीत हो सकता है। लेकिन वह हमारा यथार्थ है। जिन-जिन क्रूर हरकतों का वर्णन अरुण कमल ने किया है वह हमारी व्यावहारिकता में स्वीकृत तथ्य है। ऐसी घटनाएँ हमारे समाज में जल्द-से-जल्द ख़बर बन जाती हैं। उन ख़बरों की तह तक जाने का कोई साहस नहीं करता है। इसलिए ऐसी घटनाएँ, बिना किसी परिवर्तन के साथ, घटती रहती हैं:

पहले ही दिन सरकार ने आँगनबाड़ी सेविकाओं पर लाठियाँ भाँजी
दूसरे दिन वृद्धावस्था पेंशन प्रदर्शन पर पानी के फ़व्वारे
तीसरे दिन छँटनीग्रस्त शिक्षामित्रों के धरने पर कुत्ते छोड़े
चौथे दिन उजड़े झोंपड़वासियों पर घोड़े दौड़ाए
पाँचवें दिन बेरोज़गारों के जुलूस को जीपों से रौंदा
छठे दिन मूक-बधिर-नेत्रहीनों पर आँसू गैस के गोले ठोंके
सातवें दिन बालिका हत्या का निरोध करती औरतों पर गोलियाँ दागीं
और सात को मौक़े पर ढेर किया

अपने हक़ की लड़ाई लड़ने वाले निरालम्ब लोगों पर नृशंस अत्याचार करने वाली सरकार की ऐसी हरकतें ख़बर बनने के बाद समाज उसे भूल जाता है और उसकी प्रशंसा करना भी भूलते नहीं है। इसे स्मृति-भ्रंश कहा जाये या अनैतिकता का विकास। यह पूरी प्रक्रिया यान्त्रिकता की आवृत्तिजन्य विरसता के साथ चलती रहती है। इन सबके रहते हम लोकतन्त्र की प्रशंसा में गाथाएँ भी रचते हैं।

अरुण कमल की यह कविता अत्याचार का वर्णन मात्र नहीं कर रही है। यह कविता हमारी सभ्यता के पिछड़ेपन को इतिहास के बृहद् सन्दर्भ में प्रस्तुत कर रही है।

इस कविता में मानवीयता से जुड़े कई पक्षों पर सवालिया निशान पड़ते हैं— स्वतन्त्रता, मानवीय मूल्य, सत्य, संस्कृति, सभ्यता, दया और करुणा आदि पर ये निशान पड़ते हैं। कोई यह नहीं सोचता कि हमारी स्वीकृत संस्कृति ने समय को कैसे धोखे में रखा। अपसंस्कृति का यह बोलबाला आज के यथार्थ के समस्त घटकों पर अनुभव किया जा सकता है।

सच्चाइयों का रसातल

अरुण कमल की कविताओं से गुज़रते समय ऐसा लगता है कि हम सच्चाइयों के रसातल की ओर यात्रा कर रहे हैं। यह विदित बात है कि सच की कई परतें हैं। सामान्य जीवन में हम सच की ऊपरी परत तक की यात्रा ही कर पाते हैं। निचली परत तक हमारी दृष्टि नहीं जा पाती है। अरुण कमल अपनी कविताओं के माध्यम से सच्चाइयों के रसातल तक की यात्रा करते हैं; एक अनवरत यात्रा। उस रसातल से वे इतिहास के अनेक असत्यों, संस्कृति के बिखरावों और सभ्यता की विडम्बनाओं को लेकर आते हैं और यथासन्दर्भ अपनी कविताओं में चिह्नित करते हैं। इसलिए उनकी कविताओं का वर्तमान कई समय-साक्षात्कारों का संकुल बन जाता है। अपनी कविताओं की बनावट और बुनावट में सादगी बरतने के बावजूद अरुण कमल ऐसे कुछ कविता-थल भी सुरक्षित रखते हैं, जो उनकी संवेदना की सघनता से सम्बन्धित हैं, जो हमें गम्भीर वाचन के लिए प्रेरित करते हैं।

'पुराना सवाल' अनुत्तरित सवाल को दुहराने वाली कविता है। यह एक जगे हुए कवि का सवाल है। जब दुनिया सोती है तो कवि जाग्रत रहता है। उसके सामने ऐसे कई दृश्य प्रत्यक्षीकृत होते हैं जिन्हें सामान्य ठहराया नहीं जा सकता है। वे दृश्य मानवीयता के लोप को सूचित करने वाले हैं। उनके प्रति कवि मौन नहीं रह पाता है। उसके अन्तस में कई सवाल उठते रहते हैं। उदाहरण के लिए हमारे इतिहास में शोषण के दृश्यों की भरमार है। दरअसल शोषण एक मामूली घटना नहीं है। मनुष्य का मनुष्य के प्रति यह अत्याचार का इतिहास है। इसमें शोषक मनुष्य इतना खूँख़ार साबित होता है कि वह शोषित के ऊपर मनमाने ढंग से व्यवहार करता हैं। शोषक इसके लिए ऐसी व्यवस्था भी खड़ा करता है कि इन अमानवीय व्यवहारों पर कोई सवालिया निशान लगा नहीं सकता। जिन्हें सवाल करना है वे मौन धारण करते हैं। हमारा इतिहास साक्षी है कि हम सभ्य कहने के अधिकारी नहीं हैं। गुलामों को हमीं ने बनाया अपनी सुविधा के लिए। कृषकों के बनाये धान को ले चलने

का तरीक़ा हमीं ने बनाया अपने स्वार्थ के लिए। स्त्रियों को हमीं ने भोग्या बनाया अपने सुख के लिए। दलितों को हमीं ने बनाया अपने को बड़ा दिखाने के लिए। अधिकार को सबसे ऊँचे स्थान पर प्रतिष्ठित किया अपने वर्चस्व को दृढ़तर बनाने के लिए। काली कोठरियाँ हमीं ने बनायीं अपनी दुश्मनी दिखाने के लिए। शब्दों की ताक़त को हमीं ने बन्द करवाया अपने को सुरक्षित रखने के लिए। इसलिए स्पष्ट है कि हमारे समय में शोषण समाप्त नहीं हआ। सचाइयों के रसातल की यात्रा में अरुण कमल इन्हीं अनुभवों से होकर गुज़रते हैं:

पहले खेत बिके
फिर घर फिर ज़ेवर
फिर बर्तन
और वो सब किया जो ग़रीब और अभागे
तब से करते आ रहे हैं जब से यह दुनिया बनी

निर्दोष एवं निरीह लोगों पर शोषण आसानी से हो सकता है। इसलिए समाज का यह तबका निरन्तर शोषण के बोझ तले दबते जा रहा है। जब उनका सब कुछ लुट जाता है— खेत, घर-बार, ज़ेवर, बर्तन आदि— ये अभागे अपने को बचाने के लिए कुछ न कुछ करते रहते हैं; लेकिन कोई फ़ायदा नहीं है। जब से यह दुनिया बनी है तब से ये घटनाएँ घटती रहती हैं। इसी सन्दर्भ में कवि के अन्तर्मन से यह पुराना सवाल उठता है— 'यह दुनिया ऐसी क्यों है?' विश्वभर में कितने महान लोग हुए जिन्होंने अपने-अपने तरीक़े से कई प्रकार की सामाजिक, राजनीतिक व सांस्कृतिक विषमताओं को दूर करने के प्रयास किये हैं। शुक्र है कि उन्हीं की बदौलत बहुत सारी समस्याएँ दूर भी हो गयी हैं। लेकिन उन समस्याओं को जड़ से उखाड़ फेंकने में वे असमर्थ हुए। इस कारण से समस्याओं की उन्हीं जड़ों से नयी-नयी पौध उग आ रही है। तब दुबारा पूछना पड़ रहा है कि 'यह दुनिया ऐसी क्यों है?' अरुण कमल के इस सवाल में इतना घनत्व है कि इसमें से कई-कई जवाब निकल आ सकते हैं।

कई घरों एवं कई गाँवों के उजड़ने से नगर और महानगर खड़े हो गये। यह मामूली परिवर्तन नहीं है। सामाजिक संरचना का यह उठा-पटक प्रायोजित कार्यक्रम है। इसके कई रूप हैं जिन्में कई षड्यन्त्र भी भरे पड़े हैं। लेकिन 'कोई नहीं बोलता ऐसा हुआ क्यों है?' कितनों के जीवन तबाह हुए, कितने घर उजड़ गये। सुविधाभोगी

जनों की बस्ती इस तरह से बस गयी। समाज का यह विभाजन सहज रूप से सम्भव नहीं हुआ है— यह अपरिवर्तित परिवर्तनशीलता में शोषण का इतिहास सुरक्षित है।

कविता के अन्त में अरुण कमल सकारात्मक ढंग से इस स्थिति के विरुद्ध अपनी प्रतिबद्ध दृष्टि का परिचय देते हैं। कहीं से उन्हें अरुण किरण दिखाई दे रही है जो परिवर्तनकामी शक्तियों की है। वह निम्न वर्ग के एकजुट विद्रोह से जनित अरुण किरण है जिसमें अपरिवर्तित स्थितियों को आमूल-चूल बदलने की ताक़त अवस्थित है। विद्रोह का बुलन्द स्वर हमने बोलिविया में तथा कोलम्बिया से सुना था। यहाँ तक कि नेपाल के बाँकुरों से भी सुना थाः

नहीं मैं हारा नहीं हूँ
मैं भी वो सब करूँगा
हम सब वो सब करेंगे जो हम जैसे लोग तब से
करते आ रहे हैं जब से यह दुनिया बनी
जो अभी-अभी बोलिविया कोलम्बिया ने किया
जो अभी-अभी नेपाल के बाँकुरों ने किया
और मैं बार-बार पूछता रहूँगा वही पुराना सवाल
यह दुनिया ऐसी क्यों है?

यह सही है कि विद्रोह कई जगह हुए। अत्याचार और शोषण को रोकने का कार्य किया गया। लेकिन अरुण कमल अपनी लम्बी कविता-यात्रा के दौरान यह महसूस कर चुके हैं कि पूरी तरह से दुनिया शोषण मुक्त नहीं है। शोषण का एक अध्याय समाप्त होता है तो एक नया अध्याय शुरू होता है। इसलिए अपने सवाल को कविता के अन्त में पूछने के लिए वे बाध्य हो जाते हैं कि "यह दुनिया ऐसी क्यों है?"

अपने हृदय के अन्तस्थल में इस सवाल को ज्वलित व सुरक्षित रखने के कारण यह जाग्रत कवि आगे भी सकारात्मक रवैया अपनाकर शोषण के विरुद्ध स्वर बुलन्द कर सकते हैं। वे शोषण-मुक्त समाज के पक्षधर कवि हैं।

दुख की मुखरता

दुख में तड़पता आदमी संयमित नहीं रह सकता। वह संयम के बाहर आ जाता है। दरिद्रता हमें दुख दे सकती है जो वर्णनातीत है। नज़दीकी लोगों का बिछुड़ना हमें असन्तुलित कर सकता है। उस फ़ासले को सहन नहीं किया जा सकता। दुख एक शालीन अवस्था नहीं है। इसलिए दुख की अवस्था में कोई भी शालीन नहीं रह सकता। दुख हमें मुखर कर ही देता है। दुख बाढ़ की तरह है जो हमें अपने सामने ही अनाथ बना देता है। जीवन की यह एक भीषण स्थिति है और हम अपनी भाषा को भी नियन्त्रित नहीं कर सकते। अरुण कमल की कविता **'बोलना'** में दुखी आदमी का वर्णन मिलता है जो इस प्रकार है:

जो आदमी दुख में है
वह बहुत बोलता है
बिना बात के बोलता है
वह कभी चुप लिए बैठ नहीं सकता
ज़रा-सी हवा लगते फेंकता लपट
बकता है लगातार
ईंट के भट्ठे-सा धधकता

इस स्थिति के विपरीत कविता में सुखी आदमी की अवस्था भी वर्णित है। सुखी आदमी मुखर नहीं होता। वह भरा-पूरा है तथा वैभवों से समृद्ध है। वह अपनी भाषा का सोच-समझकर इस्तेमाल करता है। वास्तव में यह अमुखरता उसकी ओढ़ी हुई अवस्था है क्योंकि वाचालता उसके लिए ठीक नहीं है। सुखी आदमी का वर्णन कवि ने यों किया है:

जो सुखी सम्पन्न है
सन्तुष्ट है
वह कम बोलता है

काम की बात बोलता है
जो जितना सुखी है उतना ही कम बोलता है
जो जितना ताक़तवर है उतना ही कम
वह लगभग नहीं बोलता है
हाथ से इशारा करता है
ताक़ता है
और चुप रहता है।

बहुत ही सधे हुए शब्दों से जिस तरह से अरुण कमल ने सुखी-सम्पन्न लोगों का वर्णन किया है वह प्रकटतः सामान्य ही है। उसमें असाधारण कहने योग्य कुछ भी नहीं है। यह स्वाभाविक है कि दौलतमन्द व्यक्ति दूसरों से अपना काम करवाता है। कई-कई लोग उसके अधीन में कार्यरत हैं। हर एक काम के लिए एक या एक से अधिक कार्यरत रहता है। इसलिए जो जितना सुखी है, यानी धनी है, उतना ही वह कम बोलता है। इसके विपरीत जीवन की भारी भरकम गाड़ी को धकेलकर जीने वाला, कई प्रकार के अभावों से ग्रस्त दुखी आदमी स्वयं से भी फुसफुसाता है। कभी-कभी अपने लोगों से भी ऊँची आवाज़ में उसे बोलना पड़ता है। क्योंकि वह दुखी आदमी है। सुखी आदमी को बोलने की नौबत ही नहीं आती। उसका हर काम, हर इच्छा, हर बात, हर इशारा, हर मनोदशा, हर सोच, हर विचार, हर प्रतिक्रिया दूसरे लोग बहुत पहले से ही भाँप लेते हैं और वे यथासमय उनकी पूर्ति करके सुखी आदमी को और सुखी बनाने के चक्कर में रहते हैं। उसे आदेश देने की ज़रूरत नहीं है। आदेश के पहले ही सारी चीज़ें, सारे काम व्यवस्थित होते रहते हैं। इसलिए वह चुप रहता है। वह मुखर नहीं होता।

कविता के ये दो वर्णन दो तरह के जीवन बिताने वाले— दुख में त्रस्त और सुख में आकंठ डूबे— दुखी आदमी और सुखी आदमी से सम्बन्धित हैं। अतः ये दोनों वर्णन साधारण ढंग से प्रस्तुत किये गये हैं। लेकिन कविता की अन्तिम दो पंक्तियाँ सुखी आदमी की अपरिभाषेय अवस्था की ओर संकेत करने वाली हैं। यहाँ पर व्यक्ति नहीं व्यवस्था मुख्य है।

जिसके चलते चल रहा है युद्ध कर रहे हैं लोग
उसने कभी-किसी बन्दूक़ की घोड़ी नहीं दाबी

सामाजिक एवं राजनीतिक व्यवस्था का एक छिपा हुआ रूप है जिसको नियन्त्रित करने वाले लोग कई दृष्टियों से ताक़तवर होते हैं जो धन से, बल से, अन्तरराष्ट्रीय

सम्बन्धों से प्रखर होते हैं। वे तय करते हैं कहाँ क्या होना चाहिए; कहाँ साम्प्रदायिक दंगों का नाटक सृजित किया जाना चाहिए, कहाँ जातीय दंगों का वातावरण खड़ा किया जाना चाहिए, चुनाव में किसको आगे ले चलना है, मीड़िया को कैसे नियन्त्रित करना है आदि-आदि। युद्ध भी उन्हीं के नियन्त्रण में है और क़त्लेआम भी उन्हीं के इशारे से चलते हैं। ये सुखी लोग हैं। इन्हें ज़्यादा बोलने की क्या ज़रूरत है?

अरुण कमल की कविता 'बोलना' एक साधारण विवरण प्रस्तुत करके तुरन्त एक साज़िश भरी दुनिया का द्वार खोल देती है जहाँ असाधारण ढंग से नियन्त्रित, समायोजित कार्यक्रम दिखाई देते हैं जिनकी बागडोर कुछ इने-गिने लोगों के हाथ में है।

यह दुनिया दुख की मुखरता से दूर, दुख से अपरिचित एवं दुख को स्थायित्व देने के लिए कार्यरत है। दुख से त्रस्त होकर पीड़ित लोग जब मुखर होते हैं तो इस नेपथ्य में सबको नज़रअन्दाज़ करते हुए सुख में मग्न एक आबादी है। वे विदेशों में, ख़ूबसूरत स्थानों में जाकर अपनी 'छुट्टियाँ' मनाते हैं। वहाँ रहते समय भी देश को अपने क़ाबू में रखते हैं। कभी-कभी ये अपने प्रचारार्थ प्रचार माध्यमों में 'मास एन्ट्री' करते हैं अपने निजी सुरक्षा बलों के बीच से गुज़रते हुए तुरन्त विलीन होते हैं। अधिक न बोलने, मुखर न होने वाले ये नवउपनिवेशवाद के उत्पाद्य हैं। इसके विपरीत हमारे यथार्थ का एक सही रूप दैनन्दिन जीवन में संघर्ष करने वालों का है। उन्हें मुखर होना ही है। उनका कोई इशारा नहीं होता। उनके इशारे पर कुछ भी नहीं चलता है।

अरुण कमल की कविता 'बोलना' हमारे बीच स्वतन्त्र विहार करनेवाले 'साम्राज्यवाद' का खुलासा कर रही है। यह साम्राज्यवाद का नया रूप है जिसको कोई भी आज साम्राज्यवाद नहीं कहता है। इसे विकास का रूपक मान लिया गया है। विकास के तन्त्र को विकास माना जा रहा है। आज के समय के इस अन्तर्विरोध को ही यह कविता अपनी बानी में 'बोल' रही है।

अधिकार के रूपक

'जय हो जय हो सब की जय हो' (पटने में पुलिस ने बाल-मेला लगाया)— यह अरुण कमल की व्यंग्य कविता है। पुलिस के पास उनके कुत्ते, घोड़े, हथियार आदि होते हैं। ये दिखाने की चीज़ें नहीं हैं। सुरक्षा बल के तौर पर उन्हें इन चीज़ों की ज़रूरत होती है। चोर— डकैतों का सामना करने के लिए, लोगों को सुरक्षा प्रदान करने के लिए कभी-कभी इन सब का उपयोग होता है। जबकि ये प्रदर्शन की वस्तुएँ नहीं हैं।

अरुण कमल की यह कविता पुलिस द्वारा बाल-मेला लगाने से सम्बन्धित है। बालकों को पुलिस की ताक़त और उनकी होशियारी दिखाने के हेतु यह प्रदर्शिनी लगायी गयी है। कविता की शुरुआत नाटकीयता से होती है कि ये बच्चों को आमन्त्रित कर रहे हैं:

आओ बच्चे, बाल दिवस के शुभ अवसर पर
पुलिस तुम्हें दिखलाने आयी खेल तमाशे
देखो बच्चो
देखो, निर्भय निःशंक, पुलिस की करतब देखो
कितनी प्यारी पुलिस तुम्हारी, देखो बच्चो

जब मेला लगाया गया है, वह भी ख़ास कर बच्चों के लिए, तो प्रदर्शिनी में दर्शकों का स्वागत आवश्यक है। इस स्वागत-कथन में भी पुलिस यह कहना नहीं भूलती है कि इसे देखने के लिए आने वाले बच्चों को निर्भय होकर आना— भय का वातावरण है जो पुलिस सृजित करती है, निःशंक होकर आये— पुलिस के प्रति जनता के मन में शंका तो होती है। पुलिस फोर्स ने यही वातावरण समाज में सृजित किया है। इसलिए जान-बूझकर पुलिस अपने लिए एक ऐसा विशेषण शब्द भी जोड़ती है — 'प्यारी पुलिस'— पुलिस कभी भी प्यारी नहीं हुई है।

कविता की आगे की पंक्तियाँ पुलिस की करतब से सम्बन्धित है जिनमें उनकी ताक़त प्रकट की गयी है। यह ताक़त मनुष्योन्मुखी नहीं है। इसलिए स्वागत कथन

की तथाकथित सादगी एकाएक नष्ट हो जाती है और पुलिस का वास्तविक रूप स्पष्ट हो जाता है।

ये देखो जासूसी कुत्ते, दौड़ रहे है किस फुर्ती से,
ग़ज़ब चाल है, आँखें कितनी चमक रही हैं,
हाँफ रहे हैं जीभ निकाले, सूँघ रहे हैं हरी दूब को
हरी दूब पर भी शक इनको
देखो बच्चो

आगे घोड़ों का वर्णन है। उनकी करतब का वर्णन दरअसल महज़ वर्णन नहीं है। वह लोगों का ध्वंस है जिसे पुलिस अपने वैभव के रूप में प्रस्तुत कर रही है।

दौड़े उमड़े चले आ रहे घोड़ों के दल के दल
काले, भूरे चित्तकबरे, साँवले सजे सजीले
हवा सोख लेंगे नथुनों से सारी, ऐसे घोड़े
भीड़ हज़ारों की हो फिर भी एक दौड़ में
मिट्टी के ढेले का फोड़े देखो बच्चो

यह दृश्य इतना ध्वंसकारी है जिसको वैभव पूर्ण ढंग से प्रस्तुत करके बच्चों को जानकारी देने का कार्य नहीं बल्कि उसके आतंक से उन्हें भयभीत कराने का कार्य ही पुलिस कर रही है। कथन की सपाटता के स्थान पर इस कारण से चित्रात्मकता आयी है। तभी उसका ध्वंस प्रकट होता है।

आगे वे अपने हथियार के बारे में बता रहे हैं:
वो देखो बन्दूक़ चमकती भरी धूप में
यह है बन्दूक़ जिसने एक रोज़ में सौ को भूना
बेनट भी क्या पीछे उससे—
उसने भी कितनी देहों को किया है सूना

इस जघन्य कार्य को वे भारतमाता के मान बढ़ाने के लिए किये गये कार्य के रूप में प्रस्तुत कर रहे हैं। लेकिन कविता के अन्त में पुलिस की वास्तविकता की नंगई को अरुण कमल बिना किसी आवरण हिचक के साथ अवतरित कर रहे हैं:

माँ-बहनों की इज़्ज़त लूटी जिन लोगों ने उनकी जय हो
ख़ून बहाया मासूमों का जिन लोगों ने उनकी जय हो
दाँत गड़ाने को जो व्याकुल उन कुत्तों की जय हो जय हो

तमिल भाषा में पुलिस के लिए प्रयुक्त शब्द है 'कावल'। 'कावल' यानी पहरेदारी। पुलिस का काम है पहरेदारी करना लोगों का विशेषकर जो पीड़ित हैं और त्रस्त हैं। लेकिन पहरेदारी के स्थान पर वर्चस्वी लोगों के साथ मिलकर यही पुलिस ऐसी करतब दिखाती है जिसके लिए हमारे दंड विधान में नये-नये दंडों का प्रावधान जोड़ना होगा। चोर चोरी कर सकता है। लेकिन पहरेदारी करने वाली पुलिस यदि चोरी करे, अपनी हद का उल्लंघन करे तो उनका क्या किया जाये? अरुण कमल की कविता की जयजयकार ध्वनि विद्रूपता के उत्कर्ष को दिखाने में सक्षम साबित हुई है।

सूक्ष्मता की तरह स्थूलता भी सच है

सौन्दर्य के दो पहलू हैं; एक, जो अतिसूक्ष्म और दो, स्थूल या खुरदरा। फूलों की सुगन्ध, पक्षियों का कूजन, कोई भी रागालापन, सुबह का आकाश, प्रेम की स्मृतियाँ आदि जिन्हें अतिसूक्ष्म सौन्दर्य से मंडित करके प्रस्तुत किया जा सकता है। इनमें से हमें एक सूक्ष्म सौन्दर्य-प्रतीति मिलती है। लेकिन सौन्दर्य सूक्ष्मता में ही नहीं रहता वह स्थूलता में भी रहता है। अक्सर हमारा यथार्थ खुरदरा होता है। वह सूक्ष्म सौन्दर्य का 'स्पेस' नहीं है। निराला की कविता 'तोड़ती पत्थर' अपनी विद्रोही चेतना के साथ खुरदरेपन में निहित सौन्दर्य को उभारने वाली रचना है। चूँकि उसका सौन्दर्य स्थूल जीवन स्थितियों से उमड़ता दिखाई देता है फिर भी सौन्दर्य-प्रतीति अन्ततः सौन्दर्य-प्रतीति ही है। स्थूल सौन्दर्य कहने से उसके सौन्दर्य बोध में कमी नहीं आती है। निराला की कविता सीधे जीवन से टकराती है। दुख स्मृतियों को उजागर करने वाली शमशेर बहादुर सिंह की कविता 'पीली शाम' सूक्ष्म सौन्दर्य का उदाहरण है। सूक्ष्म एवं स्थूल सौन्दर्य की प्रतीति नागार्जुन की कविता 'अकाल और उसके बाद' हमें दे रही है। इधर समकालीन कविता में मंगलेश डबराल ने अपनी एक कविता (मैं चाहता हूँ) में लिखा— "एक सरल वाक्य बचाना मेरा उद्देश्य है— मसलन यह कि हम इन्सान हैं / मैं चाहता हूँ इस वाक्य की सच्चाई बची रहे।" इसमें भी दोनों प्रकार की सौन्दर्य-प्रतीतियाँ ज़ाहिर होती हैं। उसी प्रकार राजेश जोशी की "बच्चे काम पर जा रहे हैं" कविता खुरदरी स्थिति से उभरती सौन्दर्य चेतना की अभिव्यक्ति है। उसमें स्थूलता है जिसकी तह में एक सूक्ष्मातिसूक्ष्म सौन्दर्य का स्पेस भी हमें मिलता है। इस तरह सौन्दर्य के ये दोनों पक्ष कविताओं में आते रहते हैं। प्राचीन काव्यों से उदाहरण ले लें तो हम कह सकते हैं कि मीरा की कृष्ण-भक्ति सूक्ष्म सौन्दर्य-प्रतीति का उदाहरण है सूरदास की कृष्ण भक्ति स्थूल सौन्दर्य को प्रतिपादित करती है। काव्यों में दोनों का होना सम्भव है।

अरुण कमल ने समकालीन कविता के इस दौर में दोनों प्रकार की कविताएँ— सूक्ष्म एवं स्थूल सौन्दर्य-प्रतीति की— लिखी हैं। अक्सर वे स्थूल से अपनी सौन्दर्य-यात्रा शुरू करते हैं और सूक्ष्मता के निगूढ़ स्पेस में पहुँच जाते हैं। पर ऐसी भी उनकी कविताएँ हैं जो सूक्ष्म सौन्दर्य की प्रतीति प्रदान करने वाली हैं।

अरुण कमल को यदि हम जीवन के खुरदरेपन के सौन्दर्य के कवि कहें तो ग़लत नहीं होगा। उनका कवि-मानस समकालीन जीवन के उथल-पुथल के साथ किसी न किसी मात्रा में झुलसता दिखाई देता है। वहाँ जीवन के खुरदरेपन का सौन्दर्य उनका लक्षित आदर्श नहीं है, फिर भी उसमें से सौन्दर्य का एक पक्ष समान्तरतः उभरता है। वे जीवन-सौन्दर्य के कवि हैं। उनकी छोटी-सी कविता है **'हासिल'** जो इस प्रकार है:

नोक महीन से महीन
करने की ज़िद में इतना
छीलता गया पेंसिल
कि अन्त में हासिल रहा
ठूँठ।

यह जीवन-सौन्दर्य सम्बन्धी एक प्रतीकात्मक कविता है जिसमें एक मामूली कार्य के बहाने सौन्दर्य सम्बन्धी अपनी अवधारणा को अरुण कमल ने प्रस्तुत किया है। इसमें प्रतिपादित कार्य अत्यन्त सरल है। पेंसिल की नोक को महीन से महीन करने की ज़िद में पेंसिल इतना छीलता गया और अन्त में हासिल हुआ उसका बचा हुआ एक टुकड़ा, यानी कि एक ठूँठ। पेंसिल इस कविता में एक खुरदरा यथार्थ है। उसकी नोक को महीन करना उसकी प्रयोगपरकता के लिए आवश्यक है। खुरदरे यथार्थ को सूक्ष्मता की ओर ले जाने की— स्थूल सौन्दर्य को सूक्ष्म सौन्दर्य तक ले जाने की— प्रक्रिया सौन्दर्य-यात्रा की सहज प्रवृत्ति है। लेकिन कवि हमें आगाह करते हैं कि यह ज़िद की तरह न हो। इस की लत-सी जब पड़ जाती है तो खुरदरे रूप को हम भूल जाते हैं और उसका सूक्ष्म रूप ही सामने रहता है, जैसे यहाँ उसे महीन से महीन करने की प्रक्रिया। जीवन का खुरदरा पक्ष वास्तव में उसका सहज पक्ष है। उसका अपना सौन्दर्य है और मूल्य है। उसके इस सौन्दर्य पक्ष को असहज एवं अपर्याप्त मानकर उसे और अधिक सूक्ष्म बनाने की दृष्टि अपने-आप में असहज है। इसका परिणाम खुरदरे पक्ष को तथा उसके सौन्दर्य

को खो देना जैसा है। कविता में इसलिए हम देखते हैं कि छिलते-छिलते पेंसिल अन्त में एक ठूँठ मात्र रह जाता है। खुरदरेपन यानी उसके स्थूल पक्ष का निषेध उसके अस्तित्व का निषेध है जो जीवन का वांछित लक्ष्य नहीं होना चाहिए। स्थूल का सौन्दर्य अप्रमेय है और इसी कारण से उसका सूक्ष्म सौन्दर्य अप्रतिम होता है।

सामान्य-सी प्रतीत होने वाली इस कविता में अरुण कमल जीवन के दोनों पक्षों को— स्थूल एवं सूक्ष्म— स्वीकार कर रहे हैं। यहाँ पर कवि की दृष्टि ही मुख्य है। उनकी दृष्टि समावेशी है। उन्हें 'पेंसिल' भी चाहिए और उसकी 'नोक' महीन भी होनी चाहिए। इसका तात्पर्य यह नहीं है कि 'नोक' को महीन करने की जल्दबाज़ी में 'पेंसिल' के अस्तित्व को ही नष्ट किया जाये। 'पेंसिल' की स्थूलता और 'नोक' की सूक्ष्मता अरुण कमल के लिए स्वीकार्य है।

कहाँ है पृथ्वी पर चीख़?

बुद्ध ने कहा था, "तुम अपने को क्यों नहीं ढूँढ़ते?" यह आत्मशोध सम्बन्धी बात है। प्रश्न यह है कि हम कहाँ तक अपने को ढूँढ़ पाते हैं? अपनी भीतरी आवाज़ को हम कहाँ तक सुन पाते हैं। जीवन सम्बन्धी इस तथ्य को नियति कहें या समस्या। एक बार जो ज़िन्दगी हमें मिल जाती है उसी को जीना भी है और उसी के साथ प्रयोग करना भी है। प्रयोग करने के लिए एक और ज़िन्दगी मिलती नहीं है। इसलिए अपने आत्मशोध की हमारी यात्रा, अर्थात् हमारी जीवन-यात्रा, निश्चित तो नहीं है कि वह पूरी होगी या हम उसे पूरा कर पायेंगे। आत्मशोध का निर्वहण हमारा अधूरा ही होता है। हम बहुत कम देख पाते हैं, बहुत कम सुन पाते हैं:

जैसे
मैं बहुत सारी आवाज़ें नहीं सुन पा रहा हूँ
चींटियों के शक्कर तोड़ने की आवाज़
पंखुड़ी के एक एक कर खुलने की आवाज़
गर्भ में जीवन बूँद गिरने की आवाज़
अपने ही शरीर में कोशिकाएँ टूटने की आवाज़

ऊपर सूचित तमाम बातें अतीव सूक्ष्म हैं जिनको सुनना अत्यन्त कठिन है। वह अनुभव का ऐसा धरातल है जिसमें यदि पूरी तरह से डूबे तो सम्भवतः हम कुछ सुन पायेंगे। चींटियाँ शक्कर तोड़कर ले चलती हैं। चींटियों की इस कर्मकुशलता का अनुभव किया जा सकता है। लेकिन उस आवाज़ को हम सुन नहीं पाते हैं। गर्भ में जीवन-बूँदों का गिरना एक अनन्य अनुभव है। उस अनुभव का धीरे-धीरे विकास हम स्त्री-शरीर में देख पाते हैं। लेकिन वह क्षण और उसकी सम्बद्ध आवाज़ हम सुन नहीं पा रहे हैं। हमारे शरीर की कोशिकाएँ, उसी तरह, टूटती और फिर बनती हैं। टूटते और बनने की आवाज़ हम कहाँ सुन पाते हैं?

यथार्थ के समानान्तर एक और यथार्थ है। प्रथम यथार्थ को हम शीघ्र आत्मसात् कर पाते हैं क्योंकि वह स्थूल है। दूसरा यथार्थ जो है वह अतिसूक्ष्म है जिसके बन

जाने की आवाज़ को सुन पाना माने उसका अनुभव कर पाना कठिन है। पर ये दोनों ठोस हैं। आवाज़ को सुन पाने का मतलब है उसकी वास्तविकता से जुड़ जाना। उस यथार्थ से गुज़रना। अपने भीतर और आसपास के यथार्थ को भी हम सीमित ढंग से ही अनुभव कर पाते हैं।

अपनी कविता **'जैसे'** में उन लोगों की बात अरुण कमल ने रखी है जो अपने जीवन से संघर्ष कर रहे हैं। उनके सामने पृथ्वी का पूरा महाकाल रूप है जिससे भिड़ना मुश्किल है। वे अपनी समस्याओं से निरन्तर भिड़ रहे हैं। यह सामान्य बात नहीं है। मुश्किलों में जीने वालों का जीवन बाहर से और भीतर से त्रस्त है। वे अपनी ही बात सुन पा रहे हैं। ऐसी स्थिति में वे कैसे इस विशालकाय पृथ्वी के अलग-अलग कोनों में घटित घटनाओं से, भयानक हादसों से, मानवीयता के ध्वंस से, नैतिक पतन से परिचित हो सकते हैं? अपने सामने पहाड़ जैसा जीवन खड़ा है। उससे निपटना अपने आप में बड़ी समस्या है। इस बात को अरुण कमल ने यों प्रस्तुत किया है—

इस तेज़ बहुत तेज़ चलती पृथ्वी के अन्धड़ में
जैसे मैं बहुत सारी आवाज़ें सुन नहीं पा रहा हूँ
वैसे ही तो होंगे वे लोग भी
जो सुन नहीं पाते गोली चलने की आवाज़ ताबड़तोड़
और पूछते हैं— कहाँ है पृथ्वी पर चीख़?

इस कविता में जो संकेत है वह उन लोगों की अनभिज्ञता से सम्बन्धित नहीं है। अनभिज्ञता एक बौद्धिक स्थिति है। क्यों वे अनभिज्ञ हैं? यही सवाल मुख्य है। पृथ्वी के विभिन्न कोनों में गोलियों चलती हैं ताबड़तोड़। क्यों? इसका जवाब स्वयं गोली चलाने वाले या गोली लगने वाले लोग बता नहीं पाते हैं। फिर ये लोग, जो अपने अनन्तिम संघर्ष से जूझ रहे हैं, कैसे जान पायेंगे कि गोलियाँ क्यों चली? किसके लिए लोग ऐसा कर रहे हैं? हम, जो अपने को बौद्धिक और संवेदनशील मानते हैं, भी यह बता पाने में असमर्थ हैं। अतः अनभिज्ञता एक सार्वलौकिक अवस्था है। हम सूचनाएँ बारी-बारी से इकट्ठा करके बहस कर सकते हैं। पर क्या हम उसकी सही स्थिति तक पहुँच पाते हैं? इसलिए उन लोगों की समस्या जब तक समाप्त नहीं होती, उनके संघर्ष जब तक ख़त्म नहीं होते तब तक वे न कोई आवाज़ सुन पायेंगे और न यथार्थ से गुज़रकर उसके बारे में अपनी प्रतिक्रिया व्यक्त कर पायेंगे।

पृथ्वी की चीख़ उनकी चीख़ का एक पक्ष ही है। वह अलग नहीं है। इसलिए उसका अलग से सुना जाना कठिन है।

अरुण कमल की 'जैसे' शीर्षक कविता मनुष्य के संघर्ष को ही सूचित करती है। साथ ही साथ वे यह भी सूचित करते हैं कि पृथ्वी पर अनेक प्रकार के अयाचित कार्य होते रहते हैं। तब मनुष्य की चीख़ तो उठती है। इस चीख़ को सुनना चाहिए। पर सुने कैसे? जो लोग अपनी चीख़ के तले दबे पड़े हैं वह पृथ्वी के दूसरे कोने से उठती चीख़ को कैसे सुन पायेंगे? जो स्वयं दलदल में है, वह दूसरे दलदल की गहराई के बारे में कैसे बताएँ? अरुण कमल विषमताओं और कठिनाइयों की व्यापकता को एक साथ समन्वित करके देखने के पक्ष में हैं। इधर की कठिनाई या उधर की कठिनाई जैसी स्थिति कठिनाइयों को अवहेलित करने जैसा है। चीख़ सब की पृथ्वी पर एक ही होती है। कभी बुलन्द कभी मद्धिम चीख़ दुख से या कातरता से उठती है। वह मनुष्य की चीख़ है। इसलिए कविता में दिखाई गयी अनभिज्ञता वास्तव में मनुष्य के घोर संकट को ही प्रस्तुत कर रही है।

अवसाद का घनत्व

यू ट्यूब में एक समाचार देखने को मिला— भारत के कई धनी परिवार के लोग अपने-अपने निजी हवाई जहाज़ से लंदन रवाना हो गये हैं। वे कोरोना की महामारी से घबराए हुए हैं। सुरक्षित जीवन की खोज में वे गये हुए हैं।

पाँच साल पहले एक समाचार पढ़ने को मिला था— उडीसा निवासी है दाना माँझी जो अपनी पत्नी के इलाज के लिए पटना के सरकारी अस्पताल आया था। पर उसकी पत्नी की मृत्यु हो गयी। पैसे नहीं थे दाना के पास। इसलिए अपनी पत्नी के शव-शरीर को ले चलने के लिए एंबुलेंस नहीं मिली। पत्नी के शव-शरीर को चादर से लपेटा और कन्धे पर उठाकर वह चल पड़ा। पीछे-पीछे उसकी बारह साल की बेटी भी थी। बारह किलोमीटर चलने के बाद किसी दयावान ने स्थानीय अधिकारियों की मदद से एंबुलेंस का प्रबन्ध कर दिया।

पिछले साल की बात है जब कोरोना महामारी की पहली तरंग आयी तो अन्यान्य राज्यों में मज़दूरी करने वाले लोग अपने-अपने प्रदेश लौटने लगे। उन्हें न गाड़ी की सुविधा मिली न और कोई साधन। वे रेल की पटरियों के बग़ल से होकर पैदल चलने लगे। रात को वे इतने थक चुके थे कि पटरी के बीचोंबीच सो गये। उनका यही विचार था कि कोई गाड़ी इन दिनों चल नहीं रही है। लेकिन उन्हें क्या पता कि कुछ मालगाड़ियाँ तो चलती ही थीं। किसी एक मालगाड़ी के नीचे कई मज़दूर एक साथ रौंद दिये गये। यह बुरी ख़बर भी हमने पढ़ी थी।

हमारे सीमावर्ती इलाक़ों में तैनात सैनिकों में से कितने सैनिक, सुरक्षाबल के कितने सिपाही हर रोज़ मर रहे हैं। हो सकता है कि रक्षा मन्त्रालय के पास सही आँकड़े हों। पर उनका फूँक दिये जाना एक यथार्थ है; कठोर यथार्थ।

हमारी बहुसंख्यक ख़बरों में ऐसी ख़बरें भी हमें मिलती रहती हैं, ऐसी दुखद घटनाओं को देखने का अवसर भी मिलता है। धनवान लोग चाहे लन्दन में या न्यूजीलैंड में जाकर बस जायें पर हमारे साधारण लोग कहाँ जाकर बस पायेंगे?

बाढ़ के पानी में सब कुछ नष्ट होने के बाद फिर से उसी जगह लौटने वाले ग़रीब लोगों की कहानी हर बार दुहराई जाती है।

अरुण कमल की छोटी-सी कविता है **'हिचक'**। यह उन लोगों पर रचित कविता है जो जीवन की उत्सवधर्मिता से कोसों दूर रह रहे हैं। ये अपने जनों की आत्महत्या के बाद शेष बचे हुए लोग हैं। बहुराष्ट्रीय कम्पनियों द्वारा अपने खेत-खलिहान से खदेड़े गये लोगों के बाक़ी इतिहास को बोझ की तरह उठाकर चलने वाले लोग हैं। दाना माँझी की बिरादरी के ये लोग भले ही जीवन की चमक-दमक से परिचित नहीं फिर भी जीवन के कठोरतम अँधेरे से ख़ूब परिचित हैं। 'हिचक' कविता में कवि की समस्या है कि इन लोगों से कैसी बात की जा सकती है। उनके सामने सद्वचन, उपदेश, मार्ग निर्देश, अनुकरणीय कथाओं और इतिहास के महत्त्वपूर्ण हादसों और स्वतन्त्रता के महत्त्व का बखान कैसे किया जा सकता है? जिस समाज ने जीवन भर बद्दुआएँ ही सुनी हों उनके सामने सद्वचन का क्या मतलब हो सकता है? कई प्रकार की प्रताड़नाओं को सहते-सहते बड़े हुए लोगों को क्या उपदेश दिया जा सकता है? जिनके सामने सभी मार्ग बन्द हो गये हों उन्हें किस तरह का मार्ग निर्देश दिया जाये? जिनका जीवन इतिहास में दर्ज नहीं है उन्हें अनुकरणीय कथाओं का क्या मूल्य हो सकता है? स्वतन्त्र कहे जाने वाले समाज में अस्वतन्त्र जीवन बिताने वालों के लिए स्वतन्त्रता का क्या मूल्य हो सकता है? इसलिए अरुण कमल इस छोटी-सी कविता में अपनी समस्या को इस तरह व्यक्त करते हैं:

जिसने सच-सच कह दी अपनी कहानी
उसे कैसे कहूँ कि इसे सजाकर लिखो।
जिसके पास कुछ नहीं सिवा इस देह के
उसे कैसे कहूँ आज बाज़ार का दिन है।
जो खो चुका है घर-परिवार
उसे कैसे कहूँ पानी उबालकर पियो।

सच्चाई पर केन्द्रित जीवन-कहानी अपनी चारुता के अभाव में भी सच की अभिव्यक्ति होती है। उसे बार-बार सँवारना और सजाना नामुमकिन है। उसकी चारुता उसका यथार्थ है। उसकी भाषा खुरदरी-सी प्रतीत हो सकती है। उसके प्रसंग अप्रीतिकर लग सकते हैं, पर हैं वे प्रीतिकर क्योंकि वह कठोर यथार्थ है।

जिसके पास अपनी देह के अलावा कुछ भी नहीं है उनका बाज़ार से, बाज़ार की चीज़ों से और ख़रीददारी से क्या मतलब? यह जीवन के रणक्षेत्र में हारा हुआ

मनुष्य है। न कोई सह-सैनिक, न कोई हथियार। जीवन रूपी शत्रुदल दल-बल के साथ उसके सामने उपस्थित है। हारा हुआ अक्सर मारा ही जाता है। ज़मीन की धूल के सिवा उसे क्या मिल सकता है?

जिनका घर-परिवार खो चुका है उसे कौन-सा उपदेश दिया जाये, यही कवि की समस्या है। स्वास्थ्य के लिए पानी को उबालकर पीना अच्छा माना जाता है। जब घर-परिवार ही नहीं है तो स्वास्थ्य का क्या अर्थ हो सकता है?

अरुण कमल की यह कविता अपने लघु कलेवर में बहुत सारे सवाल सँभालकर रखी हुई है। कवि के नाते उन्हें सवाल करना ही है। हमारे समय का लौह-हृदय भले ही इन सवालों के सामने निस्पंद रहे फिर भी संवेदनशील समाज, प्रतिकृत होने की शक्ति रखने वाला समाज इन सवालों को अपनी-अपनी भाषा में, अपने-अपने ढंग से पूछता रहेगा। अरुण कमल की कविता कल की ही नहीं है, आज की भी नहीं है। वह आने वाले कल की कविता है। यानी वह भविष्य की कविता है। उसका भाष्य रचा जाना ही है।

अभागा है वह जिसका कोई इन्तज़ार नहीं करता

जब हम जीवन यथार्थ को नज़दीक से देखते हैं तो सबसे पहले गहन दुख से हमारा सामना होता है। यही दुख खीझ में परिवर्तित होता है। फिर एक मायूसी छा जाती है। क्रोध का भाव भी जगता है। यह इसलिए कि एक विकासशील देश का समाज कई दृष्टियों से अविकसित और असभ्य है। ऐसे समाज में रहने वालों को जब हम क़रीब से देखते हैं तो कई तरह के भावों का प्रवाह हमारे अन्दर हम महसूस कर पाते हैं। यह त्वरित आवेगमयता का प्रतिफलन नहीं है। भावों के इस आरोह-अवरोह में, प्रतिक्रियाओं की इस आन्दोलनवत् रफ़्तार में दरअसल मनुष्यता ही आगे रहती है। यदि हम मानवीयता से अपरिचित हैं तो भाव-तीव्रता से हमारा रू-ब-रू नहीं हो सकता। बहुसंख्यक ऐसे ही हैं जो मानवीयता से अपरिचित हैं। सही ही माना गया है कि 'दूसरा नरक' है। लेकिन ईसा मसीह के शब्द अब भी मूल्यवान हैं। पड़ोसी को अपना मानने का दृष्टिकोण कोरा आदर्शवाद नहीं है। वह एक यथार्थ है जिसे एलबर्ट श्वैटसर ने 'जीवन का समर्पण' कहा। यह एलबर्ट श्वैट्सर की कोई अमूर्त अवधारणा नहीं थी। उन्होंने अपने जीवन को पूरी तरह से दूसरों के लिए समर्पित किया था। इस प्रकरण में गाँधीजी की अन्तिम मनुष्य की बात भी गहरी लगती है। वह जो जीवन के अन्तिम छोर पर खड़ा दीखता है, यानी कि हाशियाकृत, उसी को प्रमुखता देने की उनकी दृष्टि अत्यधिक व्यापक है। हमारे यहाँ पैगम्बरों और महान व्यक्तियों की कोई कमी नहीं है। उनके शब्दों की मानवीय ध्वनि-क्षमता के बावजूद हमारे बहुसंख्यक जंगली संस्कृति के प्रचारक सिद्ध हो रहे हैं। वस्तुतः इसे ही सभ्यता का पतन कहा जाता है।

सरकारी संरचनाओं के प्रति अरुण कमल की कविताएँ अनुदार हैं। जो संरचना मनुष्य के प्रति अनुदार है उसके प्रति एक कवि का उदार होना कतई सम्भव नहीं है। **'सरकार और भारत के लोग'** अरुण कमल की ऐसी कविता है जिसमें सरकारी संरचनाएँ इतनी अमानवीय हैं कि उनके प्रति उदार होने का सवाल ही नहीं उठता।

इस तरह का विषय स्वीकार करके अरुण कमल मुखर कविता नहीं लिख रहे हैं। वे इस बहाने अमुखर दुख को, हताशा को तथा अभावों के जीवन को शब्द दे रहे हैं। उन अभागों का न कोई इन्तज़ार करता है न कोई स्तुतिगान करता है।

शुक्र है कि आज गुलामी प्रथा क़ायम नहीं है। मगर गुलाम बनाये रखने और रौंद दिये जाने की हमारी अवचेतन-मानसिकता का अन्त नहीं हुआ। इसलिए सार्वजनिक क्षेत्रों में मानवीयता गुम होती जा रही है। 'सरकार और भारत के लोग' शीर्षक कविता का एक प्रसंग इस प्रकार है:

जैसे सरकारी अस्पताल थे लेकिन वहाँ
रुई पट्टी तक न थी, नर्सें स्वेटर बुनती रहती
डाक्टर कभी कभी सैर पर आते
और बेड के नीचे कुत्ते सोए रहते
केवल लाश-घर पर सरकार का पूरा नियन्त्रण था।

इधर देश भर में व्यापी महामारी से भारत के लोग त्रस्त हैं। लेकिन इस महामारी ने स्वास्थ्य के क्षेत्र की अनेक प्रकार की वास्तविकताओं से हमारा परिचय कराया है जिनके आगे मसखरों की तरह खड़ी सरकार की अभिव्यक्ति-कुशलता से भी हम परिचित हो गये हैं। अरुण कमल ने यह कविता इस महामारी की विपत्ति के वर्षों पहले लिखी है। इसमें उन्होंने जो चित्र पेश किया है उसमें अभावों का जीवन ही वास्तव में उभरता दिखाई देता है। इस जीवन यथार्थ को हमारी संरचना ने स्वीकार भी किया है, यही सबसे बड़ी त्रासदी है।

शिक्षा के क्षेत्र के सरकारी नारे तथा उनके तमाम इश्तहार इतने सुखद हैं कि कोई भी उनके प्रति आकृष्ट हुए बग़ैर नहीं रह सकता। परन्तु वास्तविकता महामेरु की तरह हमारे सामने है जिसको पार कर जाना असम्भव है। इसलिए हमारा निस्संग नागरिक बोध सिर्फ़ देखता रहता है। लोकतन्त्र कही जाने वाली हमारी सामाजिक संरचना में कई प्रकार के बेशरम तन्त्र जीवन्त हैं जिनको ख़त्म करना अनिवार्य होते हुए भी आसान नहीं है। स्कूल का एक चित्र, वृत्तचित्रात्मक तरीक़े से, अरुण कमल ने यों प्रस्तुत किया है:

इसी तरह समझिए कि स्कूल थे लेकिन
कमरों में सूअर घूमते घंटी मन्दिर में बजती
और मास्टर मुर्गियाँ गिनने के काम में लगाये गये थे

और चूँकि एक गिनती होते न होते कुछ और अण्डे फूटते
सो गिनती हर बार शुरू से शुरू होती
इस भाँति ज्ञान सर्वसुलभ था शिक्षा स्वतन्त्र थी हर विद्यार्थी पर क़र्ज़ था

उद्धृत कवितांश की अन्तिम पंक्ति को दुबारा पढ़ें तो शिक्षा को अधिकार मानने की हमारी उदार लोकतान्त्रिक दृष्टि का पर्दाफ़ाश हो जायेगा। हमारे शब्द किन्हीं भूले-बिसरे नीति युग के हैं और हमारी व्यावहारिकता कलियुग की कठोरता है।

वैश्वीकरण ने निजीकरण को बढ़ावा दिया है और निजीकरण का दौर ज़ोरों से बढ़ रहा है। इधर हमने देखा कि कई-कई सरकारी संस्थाएँ, उपक्रम निजीकरण के इस दौर में धनी लोगों को दे दिये गये हैं। यह किस नीति-शास्त्र के तहत सम्भव हो पा रहे हैं, विशेषज्ञ भी कह नहीं पा रहा है। हमारी आबादी के नब्बे प्रतिशत इस तरह की सच्चाइयों से अवगत भी नहीं हैं। इसलिए प्रतिरोध की कोई आवाज़ भी नहीं उठ रही है। एक चित्र अरुण कमल ने इस तरह दिया है:

सरकार बिगड़े ज़मींदार की तरह सारे कल-कारख़ाने चम्मच कटोरी
बेच रही थी और अन्त में उसने बच्चों के दूध की बोतलें भी बेच दीं
तब एक माँ ने कहा— सरकार जी,
ऐसा करें कि संसद भी बेच दें
और आप भी वैसे रहें जैसे हम यानी भारत के लोग
अब सरकार ही क्या करेगी रहक़र?

बिगड़े परिवार के वरिष्ठ सदस्य की तरह या बिगड़े ज़मींदार की तरह एक-एक चीज़ को बेचने वाली सरकार को वास्तव में चाहिए कि वह ख़ुद को ही बेच डालें। कविता की यह मुखरता हमारा एक यथार्थ है। लेकिन उसकी अन्तरंग अमुखरता हमारा सबसे बड़ा दुख और हमारी अनन्तिम त्रासदी है। पर अभागों को कौन सुनता है? अभागों का कौन इन्तज़ार करता है।

सरलता का भावात्मक शोषण

'अतीत के चलचित्र' और 'स्मृति की रेखाएँ' महादेवी वर्मा के रेखाचित्रों के संकलन हैं। इन दोनों संकलनों में ऐसी कई प्रताड़ित युवतियों के जीवन को महादेवी वर्मा ने प्रस्तुत किया है जो कई प्रकार के शोषण के शिकार रही हैं। भारतीय स्त्री-समाज सदैव शोषण का शिकार रहा है और महादेवी वर्मा ने अपने परिचय में आयी कई स्त्रियों के दारुण जीवन को केन्द्र में रखकर शोषण के इतिहास का विश्लेषण प्रस्तुत किया है। शोषण के कई रूप हैं। सबका प्रभाव स्त्री-जीवन पर पड़ता है।

अरुण कमल की कविता **'कल्याणी'** एक सुविधा सम्पन्न घर की नौकरानी की कथा कहती है। वह अपना सरल जीवन उसी घर में लम्बे समय से बिता रही है। वह सरल है; इसलिए कोई भी, किसी भी तरह का मज़ाक़ करने को स्वतन्त्र है। मौक़ा मिलते ही घर की महिलाएँ उसका मज़ाक़ करती हैं। जब भी उस घर में किसी बहु के भाई का आगमन होता है कल्याणी पर मज़ाक़ किया जाता है:

कल्याणी! कल्याणी!
आया है मेरा मँझला भाई
उसी से होगी तेरी शादी कल्याणी।
देख ले लड़का, है न पसन्द?
हँसती है छोटी बहु
और हँसता हुआ भाई रगड़ता है गमछे से पीठ 'हाँ कल्याणी'

इस मज़ाक़ को नज़रन्दाज भी किया जा सकता है और कल्याणी भी अक्सर उसको अनसुना करती है। यह सही है कि कल्याणी ने उस मज़ाक़ को सुना और अनसुना कर दिया क्योंकि उसके सामने ढेर सारे काम पड़े हैं। उन्हें पूरा करना ही उसका फ़र्ज़ है। कवि ने उसके कठिन काम का विवरण भी दिया है—

टप-टप देह से चूता है पानी
कल्याणी बैठी है चूल्हे के पास

भीगी लकड़ी से उठ रहा है गाढ़ा धुआँ
फिर भी इतनी शान्त और स्थिर
जैसे धूल भरे पत्तों के बीच खीरे का पीला फूल
ताक़ता है एकटक आकाश

कविता का यह प्रसंग कल्याणी की कड़ी मेहनत को सूचित करने के लिए कवि ने प्रस्तुत किया है जिसमें कल्याणी के चरित्र की दृढ़ता और उसके शान्त स्वभाव की सूचनाएँ हैं। उसके जीवन के दोनों पक्षों पर भी अरुण कमल ने प्रकाश डाला है। कल्याणी जो रसोई के गाढ़े धुएँ के बीच काम करने के बावजूद, पसीने से तर होने पर भी वह शान्तचित्त है और कवि का कहना है कि— 'जैसे धूल भरे पत्तों के बीच खीरे का पीला फूल तकता एकटक आकाश'। अगर उसका हृदय मलिनता से भरा होता तो खीरे के खिले फूल की तरह वह प्रफुल्लित दिखाई नहीं दे सकती थी। इस प्रसंग के ज़रिये कल्याणी का सीधापन, उसकी सरलता, उसके नेक स्वभाव की ओर पर्याप्त इशारा मिलता है। उसके इसी सीधेपन का मज़ाक़ घर की बहुए करती हैं। जब भी किसी बहु का भाई आता है तो होता यही है कि उसकी शादी की बात होती है और शादी तय होने की बात चलती है। एक सीधी-सी महिला का यह भावात्मक शोषण (इमोशनल एक्सप्लोइटेशन) चलता रहता है। बहुओं के लिए यह हँसी-मज़ाक़ है। भाई लोगों के लिए गुदगुदी। यहाँ पर अरुण कमल की पंक्तियाँ हैं—

मज़ाक़ का रिश्ता जो ठहरा—
बचपन से रह गयी इस घर में कल्याणी
बच्चा खेलाती, खाना बनाती, सोहर गाती, बेना डोलाती

घर के एक-एक काम में कल्याणी की भूमिका है जो वह लगन से करती है। इन हँसी-मज़ाक़ों में डूबी हुई बहुएँ यह बात भूल जाती हैं कि वे एक काठ के टुकड़े से ये मज़ाक़ नहीं कर रही हैं। कल्याणी कोई पत्थर नहीं है; बहुएँ यह विचार करती नहीं हैं कि कल्याणी पर क्या बीत रहा होगा। उन्हें पूरी आज़ादी है कुछ भी कहने की; जब कि कुछ न सुनने की अस्वतन्त्रता कल्याणी की है। न वह अपनी प्रतिक्रिया व्यक्त कर सकती है और यह कह नहीं सकती है कि ऐसा मज़ाक़ किया न करें। वह सिर्फ़ सुनने को मज़बूर है।

इतने पर भी एक बार कल्याणी ने किसी बहु के भाई को देखा। कविता का यह प्रसंग तीव्र भावों से युक्त है। एक क्षण के लिए कल्याणी नौकरानी की भूमिका से

अलग होती है और वह जीवन्त स्त्री बन जाती है जिससे उसके हृदय में शादी का मोह पैदा होता है। यह स्वाभाविक है और इस कारण से कल्याणी ने उसको देखा:

कल्याणी ने लड़के को देखा किनारे से
और तन-मन सिहरी
जैसे आकर खड़ा हुआ बीच दोपहर
कोई बटोही जवान
और वृक्ष की पत्तियाँ सिहरीं
कल्याणी! कल्याणी!
कल्याणी कुछ नहीं बोलती
कल्याणी कुछ नहीं बोलती
क्या सच क्या मज़ाक़
कल्याणी?

एक भोली महिला कुछ क्षणों के लिए जीवित हो उठती है और वह एक स्त्री बन जाती है। वह पूरी तरह से सिहर उठती है कि उसने उस लड़के को देखा। एक क्षण के लिए उसकी उम्मीद बुलन्दियों को छूती है। दूसरे ही क्षण वह कल्याणी बन जाती है जिसका काम घर की देखभाल है। वह उसी में स्वस्थ अनुभव करती है। बीच में बहुओं के बहक़ावे में आकर उसका स्त्री-मन और स्त्री शरीर जग उठता है। इस सत्य से, स्त्री होने के बावजूद बहुएँ, परिचित नहीं हैं। वे इसलिए परिचित नहीं हैं क्योंकि उनके लिए कामगर महिला की भावनाएँ महत्त्व नहीं रखतीं। भावनाएँ सिर्फ़ उनके लिए हैं। घर की कामगर महिला मशीन की तरह काम करने लिए बाध्य है। बीच में, उदारतावश, वे उसका मज़ाक़ करती है ताकि उसका दिल बहला जाये। लेकिन कविता में कल्याणी का दिल विचलित हो जाता है क्योंकि वह मशीन की तरह नहीं बल्कि स्त्री की तरह अपने बारे में तथा अपने जीवन के बारे में सोचती है।

लेकिन कल्याणी में इतनी स्थिरता भी है, चरित्र की दृढ़ता भी है कि वह एक सच को जान लेती है। उसे सन्देह होता है ज़रूर कि उन बीते हुए क्षणों में उसका सामना सत्य से हुआ था या मज़ाक़ से उसका सन्देह दूर नहीं होता है, इसलिए वह चुप रहती है।

अरुण कमल की यह कविता निचले तबके के लोगों पर होने वाले भावात्मक शोषण की ओर संकेत करती है और यहाँ कल्याणी नामक भोली स्त्री के भोलेपन

का शोषण दिखाया गया है। यह शोषण का एक क्रूर नमूना है। इच्छाओं एवं सपनों को जगाने के बाद उन पर पानी फेरने का शोषण सामान्य नहीं होता है। कविता के अन्त में एक पंक्ति की आवृत्ति अरुण कमल ने प्रस्तुत की है— 'कल्याणी कुछ नहीं बोलती/कल्याणी कुछ नहीं बोलती' उसकी चुप्पी शोषण की गहराई को गुम्फित करने के लिए पर्याप्त है। उसका महामौन सारगर्भित भी है।

हाशियाकरण का अनन्तिम तन्त्र

हाशियाकरण की प्रवृत्ति समकालीन दौर में एकाएक उद्‌भूत प्रवृत्ति नहीं है। हमारे समय में यह प्रवृत्ति सदैव रही है। जाति विरोध की मूर्द्धन्यावस्था में निम्न वर्ग का मात्र हाशियाकरण नहीं होता था बल्कि उन्हें पूरी तरह से ख़ारिज करने की प्रवृत्ति भी देखने की मिलती थी जिसका कोई विरोध नहीं कर सकता था। क्या यह प्रवृत्ति या इससे सम्बन्धित मानसिकता का अन्त हुआ है? कतई नहीं। उसकी निर्बाध गति अब भी सक्रिय है। लिंग केन्द्रित हाशियाकरण पुराने ज़माने में ज़ोरदार रहा। उसके नये-नये रूप सामने आ रहे हैं। कई प्रकार से लोग हाशियाकृत ही रहे जिसके पीछे धन, वर्चस्व, सत्ता, धर्म आदि का हाथ सशक्त है। हमारे समाज में ग़रीबी है तो वह स्वनिर्मित है। अभावग्रस्तता के गर्त में पड़कर जब किसान आत्महत्या करते हैं तो उसकी रोकथाम के लिए कोई उचित व्यवस्था हमारी सामाजिक या राजनीतिक परिघटना ढूँढ़ नहीं पा रही है। अतः यह कहना संगत लगता है कि समकालीन दौर में हाशियाकरण के नये रूप, जो पुराने से भी ख़तरनाक हैं, मानवीयता को पूरी तरह से रद्‌द करने की ताक़त के साथ प्रकट हो रहे हैं। ताक़तवर देश अल्प ताक़तवर देशों पर परोक्षतः अपना उपनिवेश अब भी स्थापित करते हैं तथा उन्हें निरन्तर हाशियाकृत करते रहते हैं। हाशियाकरण दरअसल ताक़त का अनन्तिम तन्त्र है। इस तरह हाशियाकरण का बृहद् इतिहास हमारे सामने खुला पड़ा है।

'जनगणना' अरुण कमल की ऐसी एक कविता है जो हाशियाकरण के आदमखोर रूप को हमारे सामने प्रस्तुत करती है। जनगणना के अवसर पर या तो कई नाम ठीक से दर्ज नहीं होते या फिर छूटते हैं। यह एक ख़तरनाक स्थिति है जिसे सामान्य ग़लती के रूप में लिया जाता है। यहाँ पर अरुण कमल ने उस स्थिति को शुरू में सामान्य ढंग से प्रस्तुत किया है:

मैं वो हूँ जिसकी गिनती होने से रह गयी
पूरी आबादी में जो एक कम होगा वो मैं हूँ

परन्तु दूसरे वाचन के अवसर पर ये दो पंक्तियाँ समाज में मनुष्य होने के अधिकार को समाप्त करने का एक अमानवीय उपक्रम ही प्रतीत होता है। सरलीकृत दृष्टि में करोड़ों की आबादी में से एक की गिनती का न रहना कोई बड़ी बात नहीं है। लेकिन उस 'एक' के सन्दर्भ में उसकी गिनती का पूरी आबादी से गुम होना मामूली बात नहीं है। कविता में यह 'एक' अपनी विराटता में उपस्थित है जिसके बारे में अरुण कमल उसके हाँ में हाँ मिलाकर यह कह रहे हैं कि— 'पूरी आबादी में जो एक कम होगा वो मैं हूँ।' अपने थल— काल के साथ उस 'एक' का अपनी अनुपस्थिति दर्ज करना साधारण-सी बात नहीं है जिसका सरलीकरण सम्भव नहीं है। उसकी अनुपस्थिति को विस्तार देते हुए कवि लिखते हैं—

जिसके वास्ते किसी अदहन में डाला नहीं जायेगा चावल
जिसके नाम की रोटी नहीं पकेगी वो मैं हूँ।

उस 'एक' का या उसी तरह के अनेकों 'एक' की अनुपस्थिति से कई घरों की रसोई में अदहन में डाला नहीं जायेगा चावल और उसके नाम की रोटी भी नहीं पकेगी। यही वास्तविकता है जिसमें दुख भरा है। पर उसी वास्तविकता को हमारी संरचना मामूली सिद्ध कर रही है। अरुण कमल वास्तविकता की गहराई की जाँच-पड़ताल कर रहे हैं और उसमें हाशियाकरण के तन्त्र की पहचान कर रहे हैं। इस तरह हमारी जनगणना में गिनती होने से रह जाने वालों का न कोई इतिहास है न कोई विवरण। वे लिखित इतिहास के अलिखित विवरण के हाशिये में रह गये लोग हैं जिनका दुख सिर्फ़ उनका घर महसूस कर सकता है। बाक़ी लोगों के लिए, पूरी संरचना के लिए चंद मिनटों की ख़बर है। ख़बर की अवस्था क्या है? कभी पढ़ी जाती है और कभी अपठित रह जाती है और दोनों अवस्थाओं में ख़बर भुला दी जाती है।

अरुण कमल ने इस कविता के दूसरे पदबंध में तन्त्र की परेशानी की तरफ़ भी रोशनी डाली है और उसमें हम यह अनुभव कर पा रहे हैं कि दुबारा गिनते समय गिनती की ग़लती नज़र आती है और वे हिसाब मिला नहीं पा रहे हैं। जिसका वे हिसाब लगा रहे हैं वह तब तक आँकड़ों में गुम हो गया होगा अतः कवि लिखते हैं—

जब भी उनकी गिनती ग़लत होगी
जब भी वे हिसाब मिला नहीं पायेंगे

मैं हँसूँगा आँकड़ों के पीछे से तालियाँ देता
वो मैं हूँ मैं वो अंक वो शंख महाशंख

यहाँ पर 'एक' अपनी अनुपस्थिति से उत्पन्न भीषणता को गहन विद्रूप दृष्टि से देखता है। इसलिए उसका मानना है कि वह तालियाँ बजा-बजाकर हँस रहा है। तन्त्र की परेशानी उसे ख़ुशियों के शीर्ष तक पहुँचा देती है। अरुण कमल को यहाँ मसखरापन सूझ रहा है। अतः उनका 'वह' आँकड़ों के पीछे बैठकर तालियाँ बजाने को और हँसने को तत्पर है। यह मसखरापन गहन पीड़ा से उत्पन्न है। प्रेमचन्द की कहानी 'कफ़न' में भी इसी प्रकार का मसखरापन मिलता है। वह मृत्यु की अर्थहीनता से उत्पन्न है। अभावग्रस्तता की चरम अवस्था में घीसू और माधो हमें मसखरे प्रतीत हो रहे हैं। परन्तु एक सवाल वह कहानी उठा रही है क्या ये दो जन क्या सचमुच मसखरे हैं? उसी प्रकार अरुण कमल की कविता का 'वह' हँसने की मानसिकता में है जिसको पूरी तरह से हाशियाकृत किया जा चुका है। लेकिन कविता की अन्तिम पंक्ति में 'वह' शंख से महाशंख में बदलता दिखाई दे रहा है। वह एक नहीं अनेक है। उसका एक स्वर नहीं वह स्वर बहुल है। इसलिए उसका हँसना अनेकों के हँसने में तब्दील होता है जो उनके प्रतिरोध का रूपक बनकर प्रकट होता है। 'मैं वो अंक' जो मात्र संख्या नहीं बल्कि 'वो शंख महाशंख' माने स्वर बहुलता का विराट् रूपक है। अरुण कमल की प्रायः बहुसंख्यक कविताओं में इसी रूपक के बहुविध रूप हमें प्राप्त होते हैं।

जीवन जीना ही दुखदायक है

संयोगवश एक बातचीत के दौरान एक मित्र कह रहा था कि किसके जीवन में दुख नहीं है? सब कहीं दुख है। फिर उन्होंने जोड़ दिया कि जीवन जीना ही दुखदायक है। उनका यह कहना कइयों के जीवन के प्रकरण में सही है। उन कईयों में ऐसे लोग ही आते हैं जो अपनी जीविका चलाने के लिए दूर-दराज के इलाक़ों में जाते हैं, घर से दूर रहने की पीड़ा सहते हैं और जहाँ काम करते हैं, वहाँ के अनिश्चित जीवन का सामना भी उन्हें करना पड़ता है। वस्तुतः यह एक ऐसा समाजशास्त्रीय विषय है जिसका अध्ययन अपेक्षित है। हमारी सामाजिकी के उस गम्भीर पक्ष को अरुण कमल ने अपनी **'यात्रा'** शीर्षक कविता का विषय बनाया है। कविता और समाजशास्त्र में अन्तर है। कविता अक्सर एक गम्भीर प्रकरण में निहित मनुष्य की तथा उस मनुष्य की व्यथा-कथा को केन्द्र में लाती है। उस व्यथा-कथा के कई आयाम भी होते हैं। अरुण कमल की 'यात्रा' भी बहुआयामी कविता है।

कविता में यह स्पष्ट किया गया है कि एक मज़दूर, जो जालंधर का है, वापस काम पर जा रहा है:

कलकत्ते के कारख़ाने में बहाल
जालन्धर का एक मज़दूर
जा रहा है वापस फिर काम पर

प्रस्तावनुमा उपर्युक्त पंक्तियाँ एक बात सीधी ही कह देती हैं। सामान्य ढंग से सोचे यानी मज़दूर के सन्दर्भ में सोचे तो यह सकारात्मक तथ्य है। कलकत्ता पहुँचकर यह मज़दूर काम में लग सकता है। लेकिन इसके अलावा भी कविता का एक पक्ष है जिसे हम कविता-पक्ष कह सकते हैं।

कलकत्ते के कारख़ाने की अनिश्चित स्थिति जहाँ मज़दूरों को अनिश्चित जीवन बिताने की नियति को झेलना पड़ता है। काम नहीं है की घोषणा के आने पर पंजाब वापस आना और जब दुबारा बुलावा आता है तो फिर कलकत्ता

रवाना होना पड़ता है। इस यात्रा का कोई अन्त नहीं है। यह जीवन की यात्रा है। जिसको जीवन जीना ही दुखप्रद है उसको अपनी जीवन-यात्राएँ भी दुखद साबित होती हैं क्योंकि यहाँ जीवन का लक्ष्य पूरी तरह से अलक्षित है। वह क्षितिज की तरह है कि जितना उसके नज़दीक महसूस करो उतना वह दूर हो जाता है। इस कविता में अरुण कमल ने अलक्षित जीवन बिताने के लिए मजबूर पंजाब के मज़दूरों का वर्णन किया है। यहाँ पर यह भी जोड़ देना आवश्यक है कि ऐसे लोगों के लिए पंजाब और कलकत्ता दो प्रतीकात्मक स्थान नाम मात्र है। कलकत्ता के स्थान पर कोई और नाम लिख दो कोई फ़र्क़ नहीं पड़ता है। बस उन्हें फ़र्क़ पड़ता है कि उन्हें अपना स्थान छोड़ना पड़ रहा है:

छूट गया है मुल्क बहुत दूर
बस तलवों में बाक़ी है
थोड़ी-सी धूल पंजाब की

यही व्यथा इस कविता को व्यापक मानवीय व्यथा में परिणत कर देती है। इसको बहुआयामी भी कहा जा सकता है। क्यों? इसलिए यह बहुआयामी है कि एक सामान्य-सा परिवार कटी पतंग की तरह आसमान पर डाँवाडोल होने लगता है। उनके सपने भी बिखरने लगते हैं। इसलिए उस पूरे परिवार की व्यथा कम होने की जगह बढ़ती रहती है।

आगे अरुण कमल ने दो पंक्तियाँ लिखी हैं जो विशेष रूप से ध्यानार्ह है—
दौड़ती जाती है पंजाब मेल
पश्चिम से पूरब, पश्चिम से पूरब

रेल गाड़ी की यात्रा की अनवरत निरन्तरता को सूचित करने के लिए सम्भवतः कवि ने ये पंक्तियाँ लिखी हैं। ये सिर्फ़ रेल की यात्रा को सूचित करने वाली पंक्तियाँ नहीं बल्कि अपनी-अपनी व्यथा से आमग्न लोगों की यात्रा को सूचित करती हैं। अलक्षित जीवन की निरन्तरता इसमें व्यंजित है।

कविता में आगे निहाल सिंह से सवाल पूछे जाते हैं। पंजाब के बारे में और वहाँ की समृद्धि के बारे में बातें हो रही हैं। यदि ऐसा हो तो ये मज़दूर क्यों जा रहे हैं कलकत्ता?

पंजाब तो बहुत ख़ुशहाल है, निहाल सिंह
सुनते हैं लोग वहाँ दूध और मट्‌ठे से तर हैं, निहाल सिंह?

फिर तुम क्यों जाते हो पश्चिम बंगाल
बोलो, निहाल सिंह?

सवाल तो जायज़ है। परन्तु अपनी ज़मीन से कटकर जाने वाले इस तरह के मज़दूरों की कथा कुछ अलग है। उनकी परिस्थितियाँ भिन्न हैं। उनके लिए दूध और मट्ठा सुलभ नहीं हैं। उसकी सुलभता ऐसे मज़दूरों के लिए एक मिथक है। इसलिए वे चाहते हैं कि अपनी मिट्टी से बन्धकर रहें। पर यह जब नामुमकिन है तो उन्हें अपनी मिट्टी से अलग होकर अपरिचित मिट्टी में जड़ें ज़माने की मजबूरी का सामना करना पड़ता है। उनकी गाड़ियाँ पश्चिम से पूरब की ओर भागती रहती हैं। इसलिए निहाल सिंह को जाना ही पड़ता है। अभावग्रस्तता के अन्तरंग में जाकर अरुण कमल उस अवस्था को नज़दीक से देखते हैं और हमें अनुभव कराते हैं—

कौन नहीं चाहता जहाँ जिस ज़मीन उगे
मिट्टी बन जाये वहीं
पर दोमट नहीं, तपता हुआ रेत ही घर
तरबूज का,
जहाँ निभे ज़िन्दगी वही घर वही गाँव

इन मुश्किल हालातों में कोमल भावनाओं के लिए कोई स्थान नहीं है। जहाँ जाकर गुज़ारा करना होता है वहाँ की मिट्टी को मिट्टी मानकर रहने की स्थिति ग़रीबों की मज़बूरी है। जूट के कारख़ानों में या इस्पात के कारख़ानों में काम करने के लिए जाने वाले मज़दूर अपनी मिट्टी से अपरिचित नहीं हैं। परन्तु उस से ज़्यादा अपनी व्यथाओं से परिचित हैं। जीना ही उनके लिए दुख है।

अरुण कमल की यह कविता कोमल भावनाओं एवं विराट् भावनाओं को अपनी जगह छोड़कर ज़िन्दगी की क़रीबी भावनाओं को समेटती नज़र आ रही है। सवाल यही है कि इन भावनाओं का महत्त्व और उनका यशोगान किसके लिए महत्त्वपूर्ण है?— 'जहाँ निभे ज़िन्दगी वही घर वही गाँव' की स्थिति में जीने वाले लोग देशराग और मिट्टी के सुरीले गीतों का आलापन नहीं कर सकते। वे अपने जीवन के आलापन में ही अधिक मग्न रहते हैं। अपना लक्ष्यस्थान भी (कविता में कलकत्ता) उनके लिए सुविधाओं से युक्त स्थान नहीं है। वह एक अस्थायी लक्ष्य स्थान है। उनकी छँटनी, बेदख़ली और तनख़्वाह की कटौती आदि वहाँ कभी भी सम्भव है। पर मनुष्य का स्वभाव है कि वह कहीं-न-कहीं अपनी जड़ें ज़माना चाहता है। कविता का फोकस उसी बिन्दु पर ज़्यादा है।

अरुण कमल की यह कविता ग़रीबी से उत्पन्न दुख और एक कठोर समाजशास्त्रीय समस्या के बीच की आवाजाही में लगी है। जब हम विकास की बात करते हैं तो इस कविता की सघनता की तरफ़ भी एक बार ध्यान देना उचित होगा। विकास कभी भी विकास सापेक्ष स्थिति नहीं है वह मनुष्य सापेक्ष स्थिति है। जब इस सत्य को अनदेखा किया जाता है तो मजबूर लोगों की अलक्षित यात्राएँ शुरू होती हैं।

मृत्यु का साक्षात्कार

कविता का यथार्थ जीवन-यथार्थ से भिन्न होता है। कविता अक्सर यथार्थ को अपने ढंग से पुनःसृजित करती है। लेकिन यह बात भी गौर करने की है जीवन-यथार्थ भी पुनःसृजित यथार्थ की तरह दृश्यवत् होता है। यह दुर्लभ ही सही, ऐसा होते देख सकते हैं। कविता-यथार्थ सामान्य दृश्यों के रूप में क्रमबद्ध होकर अवतरित होता नहीं है। उसमें अप्रत्याशित घटनाओं, दृश्यों, सच को झुठलाती झूठी घट नाओं, स्वप्न सदृश्य हादसों, अजीब तरह से पेश आने वाले लोगों, अव्यावहारिक से लगने वाले आचरणों, एकाएक प्रकट होते दृश्यबन्धों तथा आवाज़ों की निर्बाध गतियों, जन्तु-जानवरों की अजीब हरकतों की भरमार होती है; कुल मिलाकर एक घोर प्रतीक-दृश्यता नज़र आती है। इस प्रतीक-दृश्यता के साक्षात्कार के हेतु कवि फैंटसी का, नयी बिम्ब-रीतियों का सहारा लेता है। नये-नये शब्दों के माध्यम से कविता के अन्तरंग को इस तरह अधिकाधिक संवेदनक्षम बनाने की कोशिश जारी रहती है। सवाल यह उठता है कि कविता-यथार्थ क्यों यथार्थ के क्रम को तोड़ता है? इसका सरल-सा उत्तर यही है कि हम जिसे जीवन यथार्थ की क्रमबद्धता कहते हैं वह असल में क्रमबद्ध नहीं है। यथार्थ की क्रमबद्धता असल में क्रमबद्ध नहीं है। वह एक प्रतीति मात्र है। इसलिए प्रतीत होती क्रमबद्धता को कवि तोड़ देता है जिस के माध्यम से कठोर यथार्थ का अनावरण हो सके।

अरुण कमल की कविता **'एक दिन'** कई अनहोनी घटनाओं को प्रस्तुत करके भयानक दृश्यता को हमारे सामने रखती है। कवि के सामने ऐसी भयानक दृश्यताओं की क़तार है जिससे जीवन-यथार्थ का पूरा क्रम तुड़ा-मुड़ा सा लग रहा है। अधिकतर दृश्य मृत्यु से सम्बन्धित हैं। मृत्यु के साक्षात्कार की यह अनवरतता जीवन-यथार्थ की क्रमहीनता को ही नहीं बल्कि एक सड़ी-गली जीवन-स्थितियों से हमारा परिचय कराती है। मृत्यु यहाँ जीवन के अर्थ को पूरी तरह से झुठलाती है। इस कविता में मृत्यु जीवन के सातत्य के रूप में चिह्नित नहीं है।

अरुण कमल की कविता शव शरीरों और श्मशान घाट का वर्णन प्रस्तुत कर रही है। बीभत्स रस अपनी कविता के माध्यम से उद्भासित कराना भी उनका लक्ष्य है। एक अन्य कविता— 'भार' में अरुण कमल की एक पंक्ति है— 'जो जीवित हैं उनसे अधिक हैं वे जो मृत हैं / जीवन से कहीं अधिक है मृत्यु का भार हम पर जो जीवित हैं'। मृतकों की संख्या कवि के अनुसार अधिक है क्योंकि जीवित रहते समय भी कई मृत्यु की गिरफ़्त में आ जाते हैं जिन्हें ज़िन्दा मुर्द कहना ठीक होगा।

'एक दिन' में अरुण कमल ने मृतकों— उनके शव शरीरों का — ब्यौरा प्रस्तुत किया है। यह ब्यौरा दरअसल मृतकों के दृश्य से सम्बन्धित ही हैं। ये दृश्य यथार्थ के अनुकूल ही हैं जो हम श्मशान घाट में देखते हैं:

आज क्या हुआ कि घने कुहासे में मेरे पाँव
एक बूढ़ी औरत की लाश में फँस गये
आज मैंने एक बाप को
मरा हुआ बच्चा बिना कफ़न के गंगा में फेंकते देखा
देखा दो लोग एक बाँस की फट्टी में बाँधे
टाँगे चले जा रहे हैं एक कुचला हुआ शव
दिन में कई-कई बार लाश को ढोने वाली गाड़ियाँ देखीं

कविता में लाशों की क़तार का दृश्य ही हमें देखने को मिलता है। उसके बाद मरे हुए हाथी को देखना और निरन्तर जलते मांस की गन्ध का अनुभव करना आदि दिखाया गया है। यह एक यथार्थ है। लेकिन कविता में कहीं भी मृत्यु को, मृतकों के दृश्य से शोक-सन्तप्त ढंग से कवि ने प्रस्तुत नहीं किया है। जब-जब, जहाँ-जहाँ वे लाश को देखते हैं, उनके पैर जब लाश से टकराते हैं, मांस के जलने की गन्ध का अनुभव करते हैं तब भी उसे दुख से वलयित करके प्रस्तुत नहीं किया गया है।

कविता के दूसरे-तीसरे वाचन के अवसर पर हमारे हृदय में एक सवाल यह उठता है कि इतने सारी लाशों के बीच के यथार्थ को, उससे उद्भासित बीभत्स रस के द्योतित करके कवि आख़िर क्या बताना चाहते हैं। यह ज़रूरी नहीं है कि हर कविता में कवि को कुछ कहना चाहिए। इस कविता की दृश्यावलियों में मृत्यु का साक्षात्कार देखने को मिलता है। हमारा जीवन-यथार्थ लाशों की तरह, कभी सड़क पर दूसरों के पैर से टकराने हेतु पड़ा है या उन शवों को बिना किसी अनुष्ठान के नदी में फेंक दिये जाने के लिए बाध्य है। हमारे आसपास की यह संकोचहीनता मात्र

मृत्यु के प्रति नहीं बल्कि हमारी वास्तविकता के प्रति भी है। मूल्यों की गिरावट अपनी शीर्ष अवस्था पर है। उन मूल्यों के प्रति हमारी सलूक इतनी शर्मनाक है कि कुछ कहा नहीं जा सकता। इस अयाचित अवस्था को लाशों की सड़ी-गड़ी स्थिति से संयोजित करके कवि ने प्रस्तुत किया है। आस्था के अभाव के कारण, औदात्य के अवसान के कारण, रागों की समाप्ति के कारण मनुष्य के प्रति, चाहे वह जीवित हो या मृत, हम इतने निकृष्ट हो जाते हैं जिसका विवरण अरुण कमल ने मृतकों के माध्यम से प्रस्तुत किया है। ऐसे दृश्यों को देखते-देखते, टकराते-टकराते कवि को लगता है कि 'एक ही दिन में कितनी उम्र बढ़ गयी है।' यह अयाचित वृद्धावस्था का आगमन शरीर का उतना नहीं बल्कि हमारी संवेदना के निष्क्रमण से सम्बन्धित है।

सम्बन्ध की अपरिभाषित परिभाषाएँ

'सम्बन्ध' शीर्षक कविता अरुण कमल की एक अद्‌भुत रचना है। उनकी अन्य कविताओं से भिन्न है यह कविता। इसकी तीव्रानुभूति इतनी गहरी है, इतनी असीम है, इतनी महान एवं अत्यन्त मानवीय संवेगों से ओतप्रोत है। अरुण कमल ने इस कविता में एक ऐसे अनछुए प्रसंग को प्रस्तुत किया है जो हमारी कविता में विरल ही कहा जा सकता है। सामान्य दृष्टि से देखें तो इसमें कोई असामान्यता नहीं है। कविता की गहराई में जाकर उसकी संवेदनशीलता को देखें तो वह असामान्य है।

कविता में हम एक माँ को, जिसने अभी-अभी एक बच्चे को जन्म दिया है, देखते हैं— 'तुम्हारी देह से छूटा हुआ पहला बच्चा, रो रहा था तुम्हारी देह के किनारे।' समस्या यह है कि उस माँ के स्तन से दूध छूट नहीं रहा था। यह हाल न माँ के लिए ठीक है और न बच्चे के लिए। उसके पास खड़ी सारी औरतें, जिनमें उसकी माँ है, दादी माँ है और टोले की तमाम स्त्रियाँ हैं। सभी इस बात को लेकर दुखी हैं।

एक माँ के स्तन में दूध का अटक जाना स्वास्थ्य की दृष्टि से हानिकारक है और नवजात शिशु के लिए माँ का दूध न मिलना, उसके पेट का ख़ाली रहना और भी ख़तरनाक है, इस नाज़ुक हाल से उस माँ को तथा नवजात बच्चे बचाने के लिए उसे बुलाया जाता है। कविता का मुख्य प्रमेय यही है:

मुझे बुलाया गया
सब हट गयी एक-एक कर
और माँ ने कहा, तुम इसका थन मुँह में लेकर खींचो
और माँ भी बाहर हो गयी
खड़ा रहा मैं जैसे हत्या लगी हो

यह एक अप्रत्याशित अनुरोध था। एक तरफ़ वह माँ है जिसका बच्चा बिना दूध मिले तड़प रहा है; दूसरी तरफ़ माँ का बेहाल हो जाना सहा नहीं जा रहा है; तीसरी तरफ़ अपनी माँ का अनुरोध है या आदेश! उसे लगा कि सामने पड़ी

युवा माँ के थन से दूध खींच लेना है। यह काम साधारण-सा प्रतीत होते हुए भी असाधारण ही कहा जायेगा।

अरुण कमल ने इस दृश्य को नाटकीय ढंग से प्रस्तुत किया है जिसमें संघर्ष को केन्द्र स्थान प्रदान किया गया है। यह 'वह' कौन है? देवर? वह अपने अन्तर्मन के संघर्ष को झेलते हुए खड़ा है। वह देख रहा है प्रसवानन्तर पड़ी उस माँ को जिसके निकट उसका बेटा है।

वह स्त्री भी संघर्ष से जूझ रही है। माँ बन गयी है वह। अपना नन्हा-सा शिशु स्तन-दूध न मिलने से रोए जा रहा है। पर स्तन से दूध न निकल रहा है। शारीरिक एवं मानसिक संघर्ष से जूझती वह माँ संकोच को एक तरफ़ रखते हुए अपने 'देवर' को कार्य निर्वहण हेतु निमन्त्रित कर रही है:

तुमने हुक खोले
और गाय की बड़ी-बड़ी आँखों से मुझे देखा
मैं काँप गया
दोनों स्तन इतने कठोर
और बच्चा रो रहा था एक ओर

ऊपर की ये पंक्तियाँ कविता की सर्वश्रेष्ठ पंक्तियाँ हैं। उस माँ की भाव-भंगिमा को पूरी तरह से अरुण कमल ने एक पंक्ति में बाँध दिया है— 'गाय की बड़ी-बड़ी आँखों से मुझे देखा'— जब एक गाय बछड़ा देने के उपरान्त उसको चाटते हुए साफ़ करती है और वह बछड़ा उसके थनों को मुँह में डालने की कोशिश करता है और वह दृश्य इतना भव्य इसलिए है कि वह वात्सल्य का वैभवपूर्ण दृश्य है। उन बड़ी-बड़ी आँखों में वात्सल्य झलकता है। उसी तरह यहाँ जो माँ पड़ी है, जिसने अपनी चोली को खोल दिया है और उसके दोनों स्तन खुले पड़े हैं और वह अपने 'देवर' को निमन्त्रित कर रही है। उसके बाद कवि ने एक पंक्ति लिखी है— 'मैं काँप गया'। उसके काँपने की वजह क्या है? संकोच तो सहज ही कहा जायेगा। लेकिन वह माँ जब वात्सल्य के साथ देखती है तो उसका काँपना असहज ही लगता है; क्योंकि उसके मन में वात्सल्य की स्वीकृति है और एक स्त्री के शरीर के प्रति आकर्षण भी। उसके मानसिक संघर्ष को भली-भाँति दिखाने के लिए आगे अरुण कमल ने लिखा:

नहीं कह सकता वह सुख था या शोक
मैं तुम्हारा देवर, तुम्हारा पति या पुत्र
मैंने कंठ में रोक लिया था वह दूध

तीन व्यक्तित्वों का वह एक समाहार बन जाता है। वह देवर है जो अपने बड़े भाई की पत्नी के स्तन से दूध पी रहा है। वह उसका पति, कुछ देर के लिए ही सही, बन जाता है जो प्रेम और कामुकता के मिले-जुले भाव के साथ स्तनों को बारी-बारी से मुँह में करके पी रहा है और एक पुत्र है जो अभी-अभी जन्मा है जो अपनी वत्सला माँ के स्तनों से दूध पीने की असफल चेष्टा कर रहा है। ये तीनों भाव एक साथ उसकी आत्मा में प्रवेश करते हैं। सम्भवतः इस कारण से अरुण कमल ने लिखा— 'नहीं कह सकता वह सुख था या शोक' उस स्तन-पान में सुख का भी अनुभव है और दुख भी होता है। सुख स्त्री-शरीर के आस्वाद से जुड़ा है और दुख (शोक) इसलिए कि उसे यह अप्रत्याशित कार्यनिर्वहण हेतु यह करना पड़ रहा है। देवर और पति के बीच वह खड़ा है। स्त्री-शरीर से, उसके स्तनों से दूध पीना वात्सल्य प्रेम और कामुकता के चरम शीर्ष का अनुभव करना भी है। जहाँ तक उस माँ का प्रसंग है उसमें वात्सल्य का भाव अधिक प्रकाशित है। यद्यपि कविता उसके शारीरिक सुख के सम्बन्ध में मौन है फिर भी उसने भी उस सुख का अनुभव किया होगा। परोक्ष ढंग से।

कविता के अन्त में सालों बीतने के बाद का दृश्य है कि वह छोटा-सा बच्चा भी अब बड़ा हो गया है और माँ उम्र के हिसाब से ढल गयी-सी लगती है। पर जिसने उस माँ का दूध पिया था उस स्त्री का स्तन-पान किया वह उस विशिष्ट सम्बन्ध को परिभाषित नहीं कर पा रहा है:

यह कैसा सम्बन्ध है
मैं तुम्हारा देवर, पति, तुम्हारा पुत्र
तुम्हारा?

'मैं तुम्हारा कौन हूँ' यह सवाल सम्बन्ध के विशिष्ट धरातल पर इस कविता में शेष रह जाता है।

राजनीति का घमण्ड

राजनीतिक विषयों पर आधारित हमारी कविताएँ व्यंग्य का भरपूर उपयोग करती हैं। कारण स्पष्ट है। इन कविताओं में जीवन विरोधी स्थितियाँ कई रूपों में अंकित होती जाती हैं। अधिकार की राजनीति का स्वभाव ऐसा ही होता है। उसमें यथार्थ के झुलसे हुए सन्दर्भ सरलीकृत होते हैं। इस सरलीकरण का प्रतिरोध भी ऐसी कविताएँ पेश करती हैं। उसके लिए व्यंग्य सबसे अच्छा औज़ार है।

अरुण कमल की एक कविता है, **'वित्त मन्त्री के साथ नाश्ते की मेज़ पर अरुण कमल'**। कविता में कवि स्वयं उपस्थित है। वे वित्त मन्त्री के साथ नाश्ता कर रहे हैं। इस प्रकरण की कोई असहजता नहीं है। असहजता इस बात में है कि वित्त मन्त्री के भोजन की मेज़ तरह-तरह की चीज़ों से सजी हुई है कि "इतनी भरी कि मेरी भूख ही मर गयी"; यह दृश्य भी असहज नहीं है। मन्त्री महोदय का बंगला है। वहाँ कोई भी चीज़ मामूली नहीं है। अरुण कमल, जो कवि है, मन्त्री के यहाँ नाश्ते के लिए आमन्त्रित है। मन्त्री की भी इच्छा है कि आमन्त्रित अतिथि का, जो अपनी भाषा के यशस्वी कवि हैं, विशेष रूप से सत्कार किया जाये। सत्कार मन्त्री के ठाट-बाट के अनुकूल हों, यह वह चाहता है। इस कारण से मन्त्री की मेज़ भरी हुई है कि देखते ही भूख मिट जाती है। इन सहज दृश्यों के साथ अरुण कमल ने ऐसी कुछ पंक्तियों को जोड़ा है जिनका इस वैभव पूर्ण दृश्य के साथ कोई सम्बन्ध नहीं है:

अभी अभी दिवालिया हुए थे बैंक
करोड़ों-करोड़ों बेरोज़गार मधेपुरा बाढ़ में दिल्ली में दहशत
सड़कें भिखमंगों से पटीं चारों ओर एक हूक

इन पंक्तियों के माध्यम से सहज दृश्यों से मानो हम छलाँग लगाते हुए अप्रत्याशित दृश्यों के केन्द्र में पहुँच जाते हैं जहाँ भोजन नहीं वहाँ दहशत ही दहशत है। जीवन तबाही का उदाहरण बनकर सामने आ रहा है जिससे मुँह मोड़ना असम्भव है। दृश्यों के बीच के विरोधाभासों को दिखाकर अरुण कमल एक भीषण यथार्थ हमारे

सामने प्रस्तुत करते हैं। तदुपरान्त वे एक ऐसी पंक्ति लिखते हैं जिसमें व्यंग्य की गहनता उद्भासित मिलती है। दहशत के दृश्यों के अवतरण के तुरन्त बाद अपनी सुरक्षित अवस्था का संकेत यहाँ ध्यानार्ह है। समस्याओं से एवं विषमताओं से घिरा हुआ समाज निरन्तर अतल में जाता नज़र आता है और ऐसी भीषण स्थिति को नज़रअन्दाज़ करते हुए अपने को कवचित रखने की संस्कृति हर पल हम अनुभव कर पाते हैं।

मेरा सौभाग्य था जो मैं वित्त मन्त्री के साथ था उस सुबह
नाश्ते की मेज़ पर

कविता का यह व्यंग्य-प्रसंग त्रासद प्रसंग के रूप में आया है। इसका कारण यह है कि व्यंग्य के प्रसार की पृष्ठभूमि में त्रासदी की भी भूमिका है। कविता का यथार्थ त्रासदी पर केन्द्रित है। उसको अनदेखा करके या उसे सरलीकृत करके पेश करते समय उसमें से व्यंग्य का प्रक्षेपण होता है। यहाँ पर एक हल्का-फुल्का व्यंग्य प्रस्तुत करना कवि का उद्देश्य नहीं है। इस कविता के द्वारा प्रक्षेपित व्यंग्य इतना गहन है और वह बहुआयामी भी है।

कविता के अन्त में भी अरुण कमल ने राजनीतिज्ञों की मूर्खता को भी व्यक्त किया है। नाश्ते के बाद बिदा होने वाले अतिथि-कवि को वित्त मन्त्री ने उपहार भी दिया था—

चलते समय उन्होंने उपहार दिया— एक छुरी एक काँटा
मेड इन अमेरिका और लाड़ से कन्धा थपथपा
राष्ट्रभाषा में कहा— टेक केयर यंग मैन! टेक केयर!

उपहार स्वरूप दी गयी चीज़ें हैं 'एक छुरी एक काँटा'। ऊपर से वे 'मेड इन अमेरिका' हैं। 'राष्ट्रभाषा' में उनका कथन— 'टेक केयर यंग मैन' आदि व्यंग्य को गहन बनाने में सक्षम हैं।

जब एक देश कई प्रकार की विषमताओं से घिरा हुआ है, देश की आर्थिक स्थिति पतन के गर्त में औंधे मुँह पड़ी है, बेरोज़गारी की बाढ़ सर्वत्र है और भिखमंगों की भीड़ लगी हुई है तभी वित्त मन्त्री चर्चित कवि को मेहमान के रूप में नाश्ते पर निमन्त्रित कर रहा है। इस तथ्य के दो यथार्थ हैं— एक, विषमताओं से अनजान होकर जीवन बिताने वाले सत्तासीन लोग। उन्हें चाहिए बस यश। दो, इसी तरह तमाम परिस्थितियों से बेख़बर रहक़र अपने को सुरक्षित स्थान में पहुँचा देने वाले

बौद्धिक लोगों का बहुरूपियापन। अरुण कमल दोनों का पर्दाफ़ाश करते हैं। इस कार्य को नाटकीय कौशल के साथ उन्होंने प्रस्तुत किया है जिसमें से उनका व्यंग्य का प्रवाह अबाधित होकर प्रकट होता है। लेकिन इस बात पर भी हमें ध्यान देना है, जो सर्वाधिक मुख्य है, एक व्यंग्यात्मक कविता प्रस्तुत करना कवि का उद्देश्य नहीं है बल्कि उनका उद्देश्य है हमारे जीवन यथार्थ के खोखलापन को उसकी नंगई में प्रस्तुत करना है। इस अर्थ में अरुण कमल की कविता बहुलार्थी संवेदनाओं से मुक्त है।

प्रोमिथ्यु गाथा को हम अपने अन्दर पुनः जगा क्यों नहीं पा रहे हैं

स्वर्ग से प्रोमिथ्यु अग्नि लाया था जिसके कारण उसे मृत्यु दण्ड भोगना पड़ा था। बन्दी बनाकर उसे चट्टान के ऊपर बाँध दिया गया ताकि चील उसके शरीर को नोच-नोच कर खा सके। इतने पर भी प्रोमिथ्यु ने स्यूस से समझौता नहीं किया। यह एक व्यक्ति का साहस भर नहीं है। इस सहनशक्ति में एक संस्कृति-दृष्टि है। दूसरों के भले लिए किये गये कर्म सकारात्मक ही होते हैं। व्यक्ति जब अपने अहं से मुक्त होकर समष्टि के लिए सर्मपित होता है तो उसके कर्म को मूल्यवान समझा जाता है। संस्कृति की यह सकारात्मक निरन्तरता सर्वत्र देखने को मिलती नहीं है। अमानवीयता के बीज ही अधिकाधिक अंकुरित होते रहते हैं। ऐसे में मनुष्य की प्रतिरोधी शक्ति प्रतिकृत होती नहीं है। प्रतिरोधी ताक़त के अभाव में व्यक्ति का विनाश ही नहीं होता है बल्कि सामाजिकी का ध्वंस भी होता है। एक जड़ संस्कृति विकसित होती है। प्रतिरोध वस्तुतः विरोध प्रकट करना नहीं है, अपितु सच का, नेकी का और मूल्य का पक्षधर होना है। के.जी. शंकर पिल्लै (मलयालम के प्रसिद्ध कवि) अपनी एक कविता में प्रतिकृत होने के बारे में लिखते हैं कि कुत्ता भौंकते हुए अपनी बात व्यक्त करता है। उसका भौंकना उसकी प्रतिक्रिया है। कुत्ता हमें यह सूचित कर रहा है कि वह चोर है, वह चंदा माँगने आया है, वह डाकिया है। शंकर पिल्लै कविता में यह भी सूचित करते हैं कि भौंके बिना एक कुत्ता तक बने बग़ैर जीने का कोई मतलब नहीं है। प्रतिकृत होने की हमारी ताक़त को जब हम सही दिशा में विकसित कर रहे हैं तो हम अपने अन्दर प्रोमिथ्यु-गाथा के आलापन को ही ध्वनित कर रहे होते हैं। यह अपने 'स्व' का अन्वेषण है जिसके माध्यम से यह बृहत्तर परिवेश का भी अन्वेषण है। इस तरह हम संस्कृति को सकारात्मक एवं मूल्य सापेक्ष बनाने के गम्भीर कर्म के पक्षधर हो जाते हैं। इसके विपरीत हमारा प्रतिकृत न होना, सही समय पर भाषा का इस्तेमाल न करना मनुष्य होने के दायित्व

से कतराना है। यह दायित्वहीनता व्यक्ति तक सीमित न होकर हमारे समय दैर्घ्य को भी बाधित करती है जिसे हम निरंकुश संस्कृति कहते हैं।

अरुण कमल की छोटी-सी कविता है, **'थूक'**। यह कविता अपनी आकार लघुता के बावजूद हमारे समय की गम्भीर स्थिति को व्यक्त करती है। प्रतिकृत होने की हमारी सकारात्मक क्षमता को, जिससे बहुत कुछ को सही रास्ते पर लाया जा सकता है। जब हम आरोपित सज्जनता के नाम पर मौन को महत्त्व देते हैं तो उसका दुष्परिणाम बहुत दूरगामी होता है। पूरी संस्कृति को वह मौन से प्रदूषित कर देता है। अरुण कमल की 'थूक' की प्रमेय-सम्भावना इसी बात को केन्द्र में रख रही है:

जब वह गुण्डा प्राचार्य मान बहादुर सिंह को
उनके कक्ष से खींच घसीटे जा रहा था
तब हज़ारों विद्यार्थी जमा थे चारों तरफ़
और वह गुण्डा अकेला था और मान बहादुर अकेले

यह एक ख़ौफ़नाक दृश्य था। गुण्डा अपनी शारीरिक बलिष्ठता का उपयोग करके जो नीच काम कर रहा था तो उसके गवाह एक नहीं बल्कि हज़ारों छात्र थे। इस नीच हरकत में गुण्डा भी अकेला था, उसके साथ कोई दूसरा नहीं था। प्राचार्य मान बहादुर सिंह भी अकेले थे। लेकिन गुण्डे की शारीरिक बलिष्ठता की तुलना में प्राचार्य की ताक़त कम ही होगी। इसलिए गुण्डा प्राचार्य को घसीटते हुए जा रहा था। उस भीषण दृश्य के चश्मदीद गवाह कई थे। किसी ने टोका नहीं, रोका नहीं; किसी ने कोई हस्तक्षेप नहीं किया। उस भीड़ का मौन निरंकुश संस्कृति को सूचित कर रहा था।

उक्त घटना का विवरण देते हुए यह सूचित किया गया है कि यदि सब लोग अपनी मामूली प्रतिक्रिया व्यक्त करते तो ऐसा घिनौना काम घटित नहीं हो सकता था। अरुण कमल ने उस प्रसंग को प्रतीकात्मक ढंग से व्यक्त किया है। उसमें एक ख़ास क़िस्म की नाटकीयता है। सही के लिए प्रदर्शित अप्रत्याशित प्रतिक्रिया भी है। सब मिलकर उस गुण्डे को रोकने का प्रयास मामूली ही प्रतीत हो सकता है। परन्तु कवि ने उसे सब लोगों के थूकने से जोड़कर, उसमें व्यक्त घोर प्रतिक्रिया के माध्यम से एक सार्थक मानवीय कर्म को प्रोत्साहित करने का कर्म किया है।

गुण्डे से भिड़ने से जो दृश्य बन सकता है वह साधारण ही हो सकता है। उसे असाधारण और आवेग त्वरित करके दिखाने के लिए कवि ने यह नाटकीय मुद्रा अपनायी है:

कॉमरेड सुधीर ने घटना बताते हुए कहा था
अगर सब लोग केवल थूक देते एक साथ
तो गुण्डा वहीं डूब जाता

प्रत्यक्षतः थूकना अच्छा प्रतीत नहीं होता है। लेकिन कविता के इस प्रसंग में थूकना इतना ज़रूरी और महत्त्वपूर्ण था जिससे एक गुण्डे को आसानी से रोका जा सकता था। प्रतिकृत होने में जो ताक़त है, जो मूल्य है उसका उपयोग करना ही मनुष्य की सबसे बड़ी प्राथमिकता होनी चाहिए।

अतः कविता के अन्त में ऐसी दो पंक्तियाँ अरुण कमल ने जोड़ दी हैं जिनमें 'थूक' का एक बहुलार्थी सन्दर्भ विवृत होता है:

यही तो कहते रहे कवि मान बहादुर जीवन भर
पर कितना कम थूक है अब इस देश के कंठ में

अरुण कमल यहाँ पर भीड़ की अकर्मण्यता पर प्रकाश नहीं डालते हैं बल्कि 'देश के कंठ में थूक की कमी' की तरफ़ संकेत करके निरंकुश संस्कृति की अपरिवर्तनीयता के बारे में तथा भाषाहीन भीड़ के बारे में अफ़सोस जता रहे हैं। इस घटना को घटना विशेष तक सीमित न करके अरुण कमल ने उसे देश के व्यापक सन्दर्भ से जोड़ दिया है। '...कितना कम थूक है अब इस देश के कंठ में' कविता की एक मामूली पंक्ति नहीं है। देश की अकर्मण्यता को, निरंकुशता को, संस्कृतिविहीनता को, प्रतिक्रियाविहीनता को तथा कुल मिलाकर अमानवीयता को दर्शाने में अरुण कमल की यह पंक्ति अत्यधिक सार्थक सिद्ध हुई है।

जीवनेच्छा की अभिव्यक्ति

कविता जीवनेच्छा की अभिव्यक्ति है। भले ही कविता निराशा, हताशा, अवसाद, मायूसी और तमाम प्रकार की तड़प को अभिव्यक्ति देती रहती है फिर भी अपनी अन्तिम शब्द-साधना में जीवन के प्रति प्रेम को ही व्यंजित करना चाहती है। इस अर्थ में कविता जीवन की सहचरी है। आज के जटिल समय में हमें ऐसा प्रतीत हो सकता है कि कविता की कोई ज़रूरत नहीं है और उसके आस्वादक बहुत कम हैं। लेकिन यदि हम गम्भीरतापूर्वक विचार करें तो मालूम होगा कि कविता के बिना जीवन अधूरा है।

कविता यथार्थ केन्द्रित स्वप्न-कामना है। हमारी महती उपलब्धियाँ अनेकानेक स्वप्न-कामनाओं की अभिव्यक्तियाँ हैं। जो स्वप्न देख सके, जीवन को रंग भरकर देख सके, चारुता के साथ जो जीवन को आत्मसात कर सके उन्हीं लोगों के माध्यम से जीवन गतिशील हुआ है। उसे स्वप्न-साक्षात्कार भी कह सकते हैं। कवि के सामने विपरीत परिस्थितियाँ उठ खड़ी हो सकती हैं। उनका सामना कवि को करना ही पड़ता है। यदि वह जीवन-कामना से शून्य है तो वह शब्द-सन्धान नहीं कर सकता। कवि का एक-एक शब्द उसकी साधना है जो वर्तमान को रूप देता है और भविष्य को रचता है। इस प्रकरण में भवानीप्रसाद मिश्र की ये पंक्तियाँ हमें बहुत दूर ले चलती हैं जिनमें भविष्य को रचने की साधना सन्निविष्ट है— "कुछ लिख के सो, / कुछ पढ़ के सो / तू जिस जगह जागा सवेरे, / उस जगह से बढ़ के सो।" कविता का एक-एक शब्द भविष्य से जुड़ा रहता है। वर्तमान के कठोर धरातल पर वह पैर टिकाता है, अंगद की तरह, तभी तो वह भविष्य को रच पाता है।

'धियो योन प्रचोदयात्' मात्र एक पारम्परिक ऋचा का अंग नहीं है। बुद्ध ने भी कहा था कि अपने अन्दर झाँककर क्यों नहीं देखते? कवि भी यही कहता है कि शब्दों के माध्यम से कई प्रकार की जागृतियों का साक्षात्कार ही कविता का लक्षित आदर्श है। यह आदर्श किसी न किसी रूप में कविता को भविष्य की ओर बढ़ाता है।

यह विदित बात है कि मुक्तिबोध की कविता हमेशा हमारे जटिल यथार्थ से जूझती रही है। संघर्ष उनकी कविता का मूल मन्त्र है; इसलिए वे भविष्य के कवि के रूप में अपने समय को पार करते हुए दिखाई देते हैं। उनकी एक असंकलित कविता है 'इन्तज़ार' जिसमें मुक्तिबोध अपनी कामना (इच्छा) व्यक्त करते हैं:

हम उस दिन का
करते हैं इन्तज़ार
जब हिमालय का शिखर मज़दूर के
डाकिये के, किसान के बेटों के
चरणों को चूमेगा
हमारे चपरासी के बेटी के
चेहरे को
सूरज की, चाँदनी की, कमल की उपमाएँ दी जायेंगी!!
जब आज के ग़रीब से ग़रीब का पुत्र भी
गगन में सूर्य-मुख-मण्डल-सा दमककर
पृथ्वी को प्रकाश देगा
समाज को विकास देगा
जब मेहतर का पुत्र भी
आधुनिक वेदों को पढ़ेगा और
और व्याख्याकार सायण-सा होगा श्रद्धेय वह

....

....

सामाजिक-सांस्कृतिक समता सम्बन्धी इच्छा ही मुक्तिबोध व्यक्त कर रहे हैं। जो आज तक शीर्ष स्थान तक नहीं आ पाये उन्हें वे इन वांछित स्थानों पर देखना चाहते हैं। समता एवं समावेशी सन्दर्भ में मुक्तिबोध की यह इच्छा निपट काल्पनिक नहीं है। इस इच्छा को सांस्कृतिक आन्दोलन के तहत देखना उचित लगता है। यह आमूल-चूल परिवर्तन को लाने वाला आन्दोलन है जो इस देश में अभी तक घटित नहीं हुआ। मुक्तिबोध उसी की कामना करते हैं।

अरुण कमल की कविता **'इच्छा'** इसी तरह कवि की इच्छाओं की अभिव्यक्ति है। मुक्तिबोध की तुलना में अरुण कमल की इच्छाओं में सौन्दर्य की पूर्णता भी है।

इसलिए ऐसा प्रतीत हो सकता है कि इसमें जीवन यथार्थ का संस्पर्श कम है। परन्तु यह सौन्दर्य सम्बन्धी पूर्णता की इच्छा जीवन यथार्थ की अभिव्यक्ति से भिन्न नहीं है।

अरुण कमल की कविता सौन्दर्य का अन्वेषण कर रही है, यानी जीवन की पूर्णता पर ज़ोर दे रही है। इसका यह भरा-पूरा अहसास यथार्थ को किसी भी अर्थ में ख़ारिज नहीं कर रहा है:

मैं जब उठूँ तो भादों हो
पूरा चन्द्रमा उगा हो ताड़ के फल-सा
गंगा भरी हो धरती के बराबर
खेत धान से धधाए
और हवा में तीज-त्योहार की गमक
इतना भरा हो संसार
कि जब मैं उठूँ तो चींटी भर जगह भी
ख़ाली न हो।

यही कवि की पूर्णता की इच्छा है। यह इसलिए काल्पनिक नहीं है क्योंकि प्रत्येक कविता में इस इच्छापूर्ति के लिए बढ़ाये गये पैरों के पदचिह्न हम अनुभव कर पाते हैं। कवि एवं कविता की यह पूर्णता की इच्छा जीवन को सही अर्थ प्रदान करती है। अरुण कमल ने अपनी इस छोटी-सी कविता में दरअसल जीवन सौन्दर्य को परिभाषित करने का कार्य किया है और उनका जीवन-सौन्दर्य जीवन-यथार्थ से अलग नहीं है। जीवन यथार्थ के प्रत्यक्ष रूपकों के अभाव के बावजूद यह कविता इसलिए सार्थक है क्योंकि जीवन यथार्थ की पूर्ति के पश्चात ही हम जीवन के रोए-रेशे में सौन्दर्य का अनुभव कर सकते हैं। जीवन यथार्थ यदि हमारे लिए दुखप्रद है, त्रासद है तो हम ऐसी कल्पना नहीं करते। जीवन यथार्थ ने हमें भरा-पूरा बना दिया है। हम पूर्णकाम हो गये हैं। इसलिए हम चाहते हैं कि सब कहीं जीवन की चहल-पहल हों, संगीत से भरा हो और नादमय हो। यह कविता इच्छापूर्ति की कविता नहीं बल्कि इच्छा की पूर्ण अभिव्यक्ति की कविता है।

रात के रूपक

रात के रूपक के कई आयाम कविताओं में आते हैं। रात का अँधेरा, रात की अस्पष्टता, रात की भयावहता, रात की अनहोनी घटनाएँ, रात की अप्रत्याशित आवाज़ें और रात के भयभीत करते रूप-प्रतिरूप कविता में विषयानुकूल चिह्नित होते हैं। जीवन यथार्थ की विडम्बनाओं एवं विसंगतियों पर रचित कविताओं में रात का घनत्व बिम्बित होता है। भारतीय भाषाओं में इस विषय पर केन्द्रित अनगिनत कविताएँ मिलती हैं।

अरुण कमल की कविता **'घोषणा'** राजनीतिक गतिविधियों को विद्रूप दृष्टि से देखने वाली कविता है। मुख्य रूप से राजनीतिक गतिविधियों में पारदर्शिता का जो अभाव है उसी को कविता केन्द्र में ला रही है। ऐसे विषयों पर आधारित कविताएँ लिखते समय अरुण कमल की भाषा अपनी महीन बुनावट के साथ सामने आती है। पर यह उनकी भाषा की विशेषता ही नहीं है बल्कि भाषा और प्रमेय के द्वन्द्व से उत्पन्न विद्रूप दृष्टि की गहराई का परिचायक है। वे विवरण देते हुए आगे बढ़ रहे हैं, उनकी इन मामूली-सी प्रतीत होने वाली विवरणात्मक प्रस्तुतियों में, अनेकविध रूपकों में कविता की इच्छित संवेदना आकार ग्रहण करती है। पहली जो प्रस्तावना है वह विवरणात्मक है और पूरे घनत्व के साथ व्यंजित एक रूपक भी है:

मैंने ग़ौर से देखा और पाया कि राष्ट्र के प्रधान के जीवन में नींद नहीं

इसी प्रस्तावना की निरन्तरता में वे आगे रात के रूपक के साथ बहुत कुछ को जोड़ रहे हैं। इस जुड़ाव में राजनीति के गुफा-गेह का परिचय हमें मिलने लगता है। अरुण कमल की प्रत्येक पंक्ति इतनी मामूली है और उस मामूलियत में पूरा का पूरा ख़ौफ़ छिपा हुआ है:

मन्त्रिमण्डल की बैठक हमेशा देर रात
हर ज़रूरी फ़ैसला आधी रात के बाद
फ़ौज की तैनाती का हुक्म ढाई बजे रात

विरोधियों की नज़रबन्दी का आदेश पौने तीन
चीनी पर टैक्स बढ़ाने का फ़ैसला मध्य रात्रि के इर्द-गिर्द
विदेशी यात्रा की उड़ान राज़ दो बजे
विदेशी मेहमान का विमानपत्तन पर स्वागत तीन बजे
हत्यारों की मन्त्रणा किसी भी क्षण
जीवन में नींद नहीं

सीधी-सी बात है कि महत्त्वपूर्ण घटनाएँ रात को घटित होती हैं, शायद यह सुविधाजनक है। इसके साथ एक सीधा-सा सवाल भी उठाया जा सकता है कि रात को ही क्यों? दिन के उजाले में क्या ये सम्भव नहीं हैं? इसी से कविता में आये रात के रूपक बहुत अर्थ-व्यंजनाओं सहित प्रकट होते हैं। सत्ता की कोई भी घटना दिन के उजाले से घटित होती नहीं है। अरुण कमल सम्भवतः यही बताना चाहते हैं कि खुलेपन के अभाव में अपरिभाषेय स्थितियाँ उत्पन्न होती हैं और अपरिभाषेयता सत्ता के गूढ़ तन्त्र का सुलभ तरीक़ा भी है।

कविता में आगे राजा (सत्ता के प्रतिनिधि) के चक्कर काटने का दृश्य है। ऐसी भी कथा चलती है कि जो सुशासक राजा हैं वह भेष बदलकर रात को चक्कर काटता रहता है और उनकी बोली-बानी से, उनके आचरण से सत्ता की नीतियों पर पड़ने वाले अंकुश का अन्दाज़ लिया जाता है और वह आवश्यक परिवर्तन करते हैं। लेकिन इस कविता में जो राजा रात को चक्कर काटता है और लोगों को मुसीबत में फँसाने का कार्य करता है। यहाँ भी अरुण कमल ने 'जीवन में नींद नहीं' वाली पंक्ति को दुहराया है। नींद को ख़राब करके चक्कर काटने वाले राजा का मक्सद परेशानी पैदा करना ही है। इसलिए यह राजा चोर उचक्कों से कम नहीं है:

राजा चुपके से काटता है चक्कर रात में
नये-नये भेस में अलग-अलग घात में
जो सोए उनके माथे से तकिया खींचता
फेंकता खलिहान में लुकाठी
मसोमात के खेत से मूली उखाड़ता
खोलता बदरू की पाठी
गुद्दा गटक फेंकता आँगनों में आँठी
जीवन में नींद नहीं

सत्ता का यह नाटकीय विन्यास चलता रहता है जिसका विरोध कहीं भी नहीं होता है। विरोध के अभाव में कविता की यह पंक्ति— 'जीवन में नींद नहीं' महिमामंडित हो जाती है। लेकिन सच यह है कि इस आवृत्ति से ही कवि अपनी बात कह पाते हैं। उस बात को अधिक विद्रूप बनाने के लिए एक भारतीय नागरिक की घोषणा को, जो दरअसल सत्ता के आचरण और सत्ता के नाटकीय कौशल का शत-प्रतिशत प्रतिरोध है, व्यक्त कर रहे हैं। रात के रूपक के सामने यह घोषणा एक पारदर्शी प्रतिरोध बनकर आयी है।

सो, मैं भारत का एक नागरिक, एतद् द्वारा घोषणा करता हूँ कि
नींद
मुझे राष्ट्र के सर्वोच्च पद से ज़्यादा प्यारी है।

यहाँ पर रात को अच्छी तरह सोने की बात संकेतित है, नींद की सुखद कामना सूचित है जिससे रात के रूपकों में निहित अस्पष्टताएँ अस्पृहणीय घोषित हो जाती हैं। अच्छी नींद में डूबना राष्ट्र के सर्वोच्च पद से भी मूल्यवान बताया गया है। यह एक नागरिक की घोषणा है। उसमें सीधापन है, नेकी है और मनुष्य की सहजता भी है। दिन के उजाले की तरह यह घोषणा हमें सुनाई देती हैं। लेकिन सत्ता की पूरी व्यवस्था रात के अँधेरे में कार्यान्वित होती है। अरुण कमल इसी अँधेरे पर अंकुश लगा रहे हैं और रात अनेकानेक रूपकों के माध्यम से उसकी भयावहता का सही परिचय भी दे रही है। बावजूद इसके वे अपना विकल्प भी प्रस्तुत कर रहे हैं— एक भारतीय नागरिक की घोषणा के माध्यम से। यह घोषणा मनुष्य की है जो सत्ता की समूची अस्पष्टताओं के विरुद्ध बुलन्द है।

कविता शब्दों के अर्थ तक सीमित नहीं हो सकती है

रिल्के ने कहा था कि 'कवि के शब्दों में कई संवत्सरों के अनुभव जुड़ते जाते हैं'। सामान्य जीवन में प्रयुक्त शब्द ही दरअसल कविता में भी प्रयुक्त किये जाते हैं। लेकिन कविता में शब्दों का एक विशेष क्रम देखने को मिलता है जो मात्र उसकी संरचनात्मकता से सम्बद्ध न होकर प्रमेय-सम्भावनाओं में गुम्फित गहन दार्शनिक बोध से भी सम्बद्ध है। अरुण कमल की कविता अपनी सामाजिक मुखरता में भी इस दार्शनिक अन्दाज़ को शब्दबद्ध करती है। उनकी **'उम्मीद'** शीर्षक कविता जीवन की कठिनाइयों को झेलकर उसे आगे बढ़ाने के संघर्ष को दिखाती है—अपनी समग्रता में यह कविता जीवन-संघर्ष की अभिव्यक्ति है। उसके भी आगे यह मनुष्यत्व के प्रति आस्था को व्यक्त करती है। अनास्था की तरफ़ स्वाभाविक ढंग से संचरण करने की प्रवृत्ति के रहते हुए भी आस्था को यह कविता रेखांकित करती है। मनुष्य की तरफ़, जीवन के जल स्पर्श की तरफ़, सृजनात्मकता की निरन्तरता की तरफ़ यह कविता यात्रा कर रही है। इस यात्रा में कविता की दार्शनिकता उभर आती है। कवि की अपनी-सी प्रतीत होने वाली एक पंक्ति— 'आज तक मैं यह समझ नहीं पाया' — इस कविता में हम पढ़ पाते हैं। इस पंक्ति का बहिरंग स्तर कवि की प्रतिक्रिया को व्यंजित करता है; लेकिन उसका अन्तरंग स्तर मनुष्य की अपरिभाषेयता का महोच्चार है। तब यह पंक्ति सन्देह से युक्त होकर प्रकट होती है। ध्वंस को सहने के बाद फिर सृजन की ओर क़दम रखने वाले मनुष्य का संघर्ष-इतिहास अपनी निरन्तरता के कारण अप्रमेयता का परिचय ही देता है। यह अप्रमेयता ही कविता की दार्शनिकता को घनत्व प्रदान करती है।

'उम्मीद' शीर्षक कविता का साधारण वाचन सम्भव है क्योंकि इसमें बाढ़ के पश्चात अपनी जगह की ओर लौट आने वाले तथा तटीय प्रदेश, जो समुद्री तूफ़ान में पोंछता चला गया, की ओर लौटने वालों का ज़िक्र हैं— 'हर साल बाढ़ में पड़ने के बाद भी/लोग दियारा छोड़कर कोई दूसरी जगह क्यों नहीं जाते?' दूसरा दृश्य यह

है, 'समुद्र में आता है तूफ़ान / तटवर्ती सारी बस्तियों को पोंछता वापस लौट जाता है / और दूसरे ही दिन तट पर फिर / बस जाते हैं गाँव।' तीसरा दृश्य है— हर साल पड़ता है मुआर / हरियरी की खोज में चलते हुए गौवों के खुर / धरती की फाँट में फँस-फँस जाते हैं / फिर भी कौन इन्तज़ार में आदमी / बैठा रहता है द्वार पर?' इन तीनों दृश्यों को अरुण कमल ने सामान्य ढंग से प्रस्तुत किया। लेकिन आगे की पंक्तियाँ अपनी सामान्यता के बावजूद असामान्य प्रतीति प्रदान करती हैं—

कल भी आयेगी बाढ़
कल भी आयेगा तूफ़ान
कल भी आयेगा अकाल

यह तीन प्राकृतिक आपदाओं का उल्लेख मात्र नहीं है। इनमें जीवन की अनिश्चितता सन्दर्भित होती है। अनिश्चित अवस्था जीवन की अर्थवत्ता का हरण करती है। उसका वास्तविक परिदृश्य अननुमेय है जिससे उन लोगों को भिड़ना पड़ता है। इन आपदाओं से उत्पन्न आर्थिक तंगी और तज्जन्य मुश्किलें ही मुख्य नहीं हैं। घर की परिकल्पना एकाएक गड्डमड्ड होती है। अपने ही घर के खँडहरों के बीच अपने को अनुभव करना मामूली बात नहीं है। उसको नये सिरे से निर्मित करने के लिए संघर्षबद्ध होना स्वाभाविक कार्य प्रतीत होते हुए उनके सामने डेमोक्लीस की तलवार की ये सवाल टँगे रहते हैं— कल भी आये बाढ़... कल भी आयेगा... तूफ़ान। कविता का यह सामाजिक प्रसंग धीरे-धीरे दार्शनिक प्रसंग में परिणत होता है। जीवन की लक्षित अवस्था के चूर-चूर होने के बाद धुन्ध की तरह छायी हुई अनिश्चित अवस्था का प्रभाव गहरा होता है। जीवन अपनी साधारण गति में आने के लिए तड़पता नज़र आता है। पर वह साधारण गति की पकड़ में आती नहीं है। अपने घर के स्थान पर रेत के विस्तार को देखना और अनुभव करना क्या एक साधारण-सी बात है? यही एक सवाल यह कविता मुख्य रूप से उठाती है। साथ ही साथ कवि का एक सवाल भी मुख्य है जो उनकी सन्देहग्रस्तता का उत्पाद्य है— 'क्यों नहीं चले जाते ये लोग कहीं और?' एक बाहरी व्यक्ति के मन में उठने वाला सवाल अपने ढंग से सहज है। पर भीषण अनुभवों से गुज़रने वालों के लिए यह सहज सवाल नहीं है। उनकी उद्विग्नताओं, अनिश्चितताओं, भटकती रहती मानसिकताओं को शब्दबद्ध करना आसान नहीं है। वे स्वयं भी इन अवस्थाओं के लिए सही शब्द ढूँढ़ नहीं सकते हैं। ऐसे में 'कल भी आयेगी बाढ़', 'कल भी आयेगा

अकाल' जैसी पंक्तियाँ मामूली क़िस्म की नहीं हैं। ये कईयों की उद्विग्नताओं की प्रतिक्रिया है जिसकी गहराई तक जाने के लिए हमें दार्शनिक अन्दाज़ की ज़रूरत है।

कविता के अन्त में अरुण कमल ने एक और दृश्य प्रस्तुत किया है जिसमें जीवन की आवृत्तिजन्य अनिश्चित अवस्था का एक गहन अनुभव गहराता रहता है। वह दृश्य इस प्रकार है:

आज तक मैं समझ नहीं पाया
कि जब वृक्ष पर एक भी पत्ता नहीं होता
झड़ चुके होते हैं सारे पत्ते
तो सूर्य डूबते-डूबते
बहुत दूर से चीत्कार करता
पंख पटकता
लौटता है पक्षियों का एक दल
उसी ठूँठ वृक्ष के घोंसलों में
क्यों? आज तक मैं समझ नहीं पाया

ठूँठ बने वृक्ष की तरफ़ लौटना क्या पक्षियों की मजबूरी है? जिस समुद्री तूफ़ान ने घर के नामोनिशान को मिटा दिया है उसी तट की ओर लौटना क्या मनुष्य की मजबूरी है? अरुण कमल की यह पंक्ति, 'आज तक मैं समझ नहीं पाया' पूरी कविता को मजबूरियों की सीमा में बाँधकर नहीं रखती है।

यह कवि की इच्छा है

कवि कुम्भरनदास को अकबर ने निमन्त्रित किया था। पर वे जाना नहीं चाहते थे। जब लोगों ने ज़ोर दिया, उकसाया और प्रेरित किया तो उनकी बातों का मान रखने के लिए कुम्भनदास अकबर के शाही महल में पहुँचे। पर उनका मन अशान्त था। विपुल वैभव से वे आकर्षित नहीं हुए। उनका मन निरन्तर कहता रहा 'सन्तन को कहा सीकरी सों काम'। यह उनके अशान्त मन की दुख भरी प्रतिक्रिया थी। सन्त व्यक्ति, वह भी एक कवि, सीकरी में क्या कर पायेगा? उनके सन्त मन ने उन्हें कवि बनाया था न कि सीकरी की अपार सम्पत्ति ने। सुविधाएँ किसी को भी कवि नहीं बनाती हैं। प्रत्येक कवि की निजी सम्पत्ति उसकी जीवन-सम्बद्धता है। इसी भाव ने कुम्भनदास को भक्त कवि बनाया था। उसमें वे रम चुके थे। ऐसा एक कवि सीकरी की सुविधाओं में भ्रमित कैसे हो सकता है? कवि ही रहना और अपनी कविता के माध्यम से जन-मन को पुलकित करना तथा जीवन की वास्तविकताओं से अवगत कराना कवि का धर्म है। कवि वास्तव में अपने शब्दों के सहारे एक बृहत्तर संसार से जुड़ता है और अपनी संवेदना का प्रसार करता है। यह कवि की इच्छा है।

अरुण कमल की एक लघु कविता है **'कुछ परिभाषाएँ'** जिसमें आज के यथार्थ को प्रस्तुत किया गया है। परिभाषानुमा पंक्तियों के माध्यम से अरुण कमल यथार्थ को प्रस्तुत कर रहे हैं और तुरन्त ही उनमें निहित अनैतिकता को ख़ारिज भी कर रहे हैं। हमारा यथार्थ इतना प्रदर्शनकारी है कि उसमें वास्तविकता का अंश बहुत कम है। एक अवास्तविक यथार्थ अधिक दिन तक टिक नहीं सकता। इस सांस्कृतिक पतन से अरुण कमल का मन अशान्त है और वे अपनी अशान्ति इन परिभाषाओं के माध्यम से व्यक्त करते हैं। कविता की यह एक संरचनात्मक रीति भी है। प्रश्न यह है कि हमारी अवास्तविकताओं को, जो आजकल अपने प्रचण्ड रूप में हमारे सामने उपस्थित है, कवि ने परिभाषाओं में बाँधकर क्यों प्रस्तुत किया है? सम्भवतः इसका कारण यही है कि परिभाषाएँ, सूक्तियों की तरह, मुहावरों की

तरह अतिशीघ्र एक स्वीकृत स्थिति का अहसास कराती है। हमारे समय की त्रासदी यही है कि जो त्रस्त है, जो झूठ है, जो अनैतिक है और जो अप्रिय है— उन्हीं को स्वीकृति मिल जाती है। कवि के रूप में अरुण कमल इसके विपक्ष में अपनी बोली-बानी व्यक्त कर रहे हैं। उनकी पहली परिभाषा है:

जो जितना ज़्यादा लोगों का जितना ज़्यादा नुक़सान कर सके
वो उतना ही बड़ा है।

प्रदर्शन का उद्योग जब तक हमारे यहाँ सक्रिय रहेगा, सत्ता चलाने वाली सरकार के समानान्तर जब तक एक 'शैडो' सरकार काम करती रहेगी, अपराधियों के चेहरों पर रंग चढ़ाकर जब तक उन्हें महापुरुष घोषित करने की अयाचित संस्कृति बची रहेगी, बड़ा होने की बात जब तक धन के आधार पर प्रतिष्ठित होती रहेगी तब तक यह परिभाषा रहेगी, ज़्यादातर लोगों को नुक़सान पहुँचाने वाले बड़े ही समझे जायेंगे। यह 'बड़ा' जो है, भले ही यह कृत्रिम परिकल्पना है, बड़ा ही बना रहेगा।

उनकी दूसरी परिभाषा है:

छोटा वो है जो किसी का नुक़सान न कर सके

आदमी की नेकी या उसका सीधापन हमारे यहाँ बहस का विषय नहीं है। उसे दोयम दर्जे का माना जाता है क्योंकि हमारी सामाजिकी में उसे छोटा पद ही मिलता है, मामूली, साधारण आदि आदि। यह एक गूढ़ तन्त्र है कि ऐसे लोगों को हाशियाकृत करने का। उनका 'बड़ा' होना प्रदर्शनकारी बड़ों के पक्ष के लिए ख़तरा है। इसलिए जो किसी का नुक़सान नहीं करता उसे 'छोटा' ही रहने देता है।

तीसरी परिभाषा है:

उस हर बात में राजनीति है
जहाँ दो में से एक को चुनना पड़े।

जब तक नैतिक आदर्श हमारा प्रतिमान रहता तब तक ताक़त की राजनीति सक्रिय होती रहती है। राजनीति तय करती है कि किसको चुनना है। नैतिक आदर्श का स्थान स्थगित होता गया और अजकल हमारे बीच से ग़ायब भी है।

चौथी परिभाषा है:

कम-से-कम कपड़े अश्लीलता नहीं
अश्लील है ज़रूरत से ज़्यादा कपड़े।

यह भी प्रदर्शन उद्योग की करामात है कि कम-से-कम कपड़ों में, विशेषकर स्त्री-शरीर को प्रदर्शित करना। उसमें अश्लीलता कोई नहीं देखता। यदि ज़्यादा

कपड़े पहनकर आये तो उसे अश्लील समझने का विरोधाभास सब कहीं स्वीकृत है। इससे ज़्यादा अनैतिक हो ही नहीं सकता। यहाँ पर मात्र स्त्री-शरीर की बात नहीं है। जो अधिक ग़लत काम कर बैठता है वह एक अश्लील संस्कृति की शुरुआत ही करता है। परन्तु उसे अश्लील घोषित करने की दृष्टि हमारे यहाँ स्वीकृत नहीं है।

अरुण कमल की पाँचवीं परिभाषा है:

जब लगे कि सरकार कुछ नहीं कर रही
तब समझो ख़तरा दरवाज़े पर है।

सरकार की अकर्मण्यता मात्र प्रबन्धन-क्षमता की बात नहीं है। इससे स्पष्ट ज़ाहिर होता है कि जन-सम्बद्धता वाली परिकल्पना समाज से मिट रही है। अपनी तरफ़ देखने, अपने सौन्दर्य से मुग्ध होने की आत्ममुग्ध भावना ही बढ़ती है। कवि के अनुसार इसे समाज का पतन मानना संगत प्रतीत होता है।

कविता के अन्त में अरुण कमल ने अपनी तरफ़ से एक परिभाषा जोड़ दी है और वह इस प्रकार है-

सितारा बनने से अच्छा है
गन्दी गली का लैम्प पोस्ट बनना— कवि की इच्छा है

आरम्भ में कुम्भनदास के बहाने कवि की इच्छा की बात संकेतित की जा चुकी है। कवि के मनोजगत से ही कवि की इच्छा का सम्बन्ध है। कुम्भनदास को सीकरी से कुछ लेना-देना नहीं था जिसको उन्होंने तिलांजलि दी। वह उनके अनुसार तुच्छ है और जिसको उन्होंने स्वीकार किया वह अनमोल है। यहाँ कवि अरुण कमल सितारा बनने से बेहतर समझता है कि गन्दी गली का लैम्प पोस्ट बन जाये। कम-से-कम गन्दी गली के कुछ मामूली लोगों को वह रोशनी दे सकता है। सितारा बनकर टिमटिमाने से कोई फ़ायदा नहीं। अरुण कमल धरती के तलछट तक उतर आते हैं और घोषित करते हैं— 'यह कवि की इच्छा है'। यह एक व्यक्ति की इच्छा नहीं बल्कि यह एक सामूहिक़ मानस की इच्छा है। वह सूर्य एवं तमाम सौरयूथों से भी ताक़तवर है।

कई महामारियाँ निर्मित की जाती हैं

एक समय था जब सभी प्रकार के प्राकृतिक प्रकोपों, महामारियों और विनाशकारी माहौल को दैवी शक्तियों के कुपित होने से घटित समझकर आसरा ढूँढ़ने की हमारी आदत सर्वत्र दिखाई देती थी। समाज विकसित होने लगा, विज्ञान और प्रौद्योगिकी के अभूतपूर्व विकास ने हमारे सोचने-समझने की गति को बदल दिया। इसके बावजूद अब भी एक अनाम शक्ति के असर को हमने ख़ारिज नहीं किया है। इस एक आस्था के कारण किसी भी आपदा के मूल तक पहुँचने में हम असमर्थ हो जाते हैं। अब भी हम वैश्विक स्तर पर मारक महामारी से गुज़र रहे हैं और कई लोग इसकी गिरफ़्त में आकर चल बसे भी हैं। इसकी वास्तविकता अब भी रहस्यमय है। कोई भी खुलासा नहीं कर पा रहा है। वाइरस आधारित युद्ध-नीतियाँ आजकल कल्पना मात्र नहीं है। वह सिर्फ़ विज्ञान-कथाओं का विषय भी नहीं है। वह साम्राज्यवादी ताक़तों की गूढ़ नीतियों का ख़ौफ़नाक तन्त्र है। हमारे यहाँ इस कारण अचानक अद्‌भुत होने वाली महामारियाँ निर्मित की जाने वाली होती हैं। यत्र-तत्र इन विषयों पर बहस चलती है; पर कोई ठोस नतीजा निकल नहीं आता है। यह रहस्यमयता साम्राज्यवादी ताक़तों द्वारा सृजित है जिसका कभी अन्त नहीं होता है। विकासशील देश और उनका अर्थतन्त्र इसकी गिरफ़्त में आते हैं।

आज के परिदृश्य में सिर्फ़ महामारियाँ ही मारक नहीं हैं। कई प्रकार के ख़तरे हमारी दैनंदिता में मिलते हैं जो जीवन के अर्थ को अर्थहीनता में बदलते हैं। आशंकाओं से घिरी हुई निरंकुश संस्कृति में हम जी रहे हैं। अधिकार केन्द्रित, धन केन्द्रित सभ्यता में कई प्रकार की 'महामारियाँ' अपनी सांस्कृतिक भीषणता का परिचय देती हैं। अरुण कमल की कविता '**संयोग**' हमारे बीचोंबीच उपस्थित इस भीषणता को सीधी-सी भाषा में व्यक्त करती है। कविता के आरम्भ में सूरत में फैली एक महामारी का उल्लेख है। यह घटित घटना है जिससे भयभीत होकर कई लोग वहाँ से भाग निकले। महामारी से कौन नहीं डरता है? सभी डरते हैं और

इसलिए भागते हैं। यहाँ पर महामारी की घोषणा से उत्पन्न आशंका दृश्यवत् है। परन्तु उसके पश्चात उस दृश्यवत् स्थिति से जान बचाकर भागने वाला हरिनन्दन नामक एक व्यक्ति है जो कई प्रकार के ख़तरों से होकर आगे निकल जाता है। हरिनन्दन की दौड़ को, किंचित मात्रा में ही सही, अरुण कमल ने फैंटसी का रंग चढ़ाकर प्रस्तुत किया है जिससे उसका यथार्थ और गाढ़ा हो जाता है-

उनमें हरिनन्दन भी था
जो रास्ते भर भगवान की कृपा से चकित रहा
कि कैसे छूटते-छूटते उसे यह गाड़ी मिल गयी
और वह गाड़ी एक हज़ार सात सौ छप्पन किलोमीटर
चलने के बाद एक मालगाड़ी से टकराई
और एक बार फिर हरिनन्दन भगवान की असीम कृपा के सम्मुख
नतमस्तक था कि वह बाल-बाल बच गया
और बचकर अपने गाँव के स्टेशन लहलह दुपहरिया में उतरा
और रास्ते के धूप और धूल भरे चौर में
लुटेरों से घिर गया
और अब तीसरी बार वह भगवान की लाख-लाख कृपा पर चकित था
कि लुटेरों ने उसकी सन्दूक तो छीन ली जिसमें कुल सात सौ तेईस
रुपये थे और एक जोड़ी कपड़ा पर लाख रुपये की जान बक़्श दी

मामूली-सी प्रतीत होने वाली घटनाएँ, या जिस मामूलियत से कवि ने उन्हें प्रस्तुत किया है, दरअसल उतनी मामूली नहीं है। सामान्य जीवन में ये घटनाएँ अत्यन्त मुख्य हैं क्योंकि उसके लिए बाधक बनी हुई ये घटनाएँ उसे लक्ष्य तक पहुँचने नहीं देती हैं। अतिसाधारण करार देने के लिए कवि ने हर दुर्घटना से बचने वाले हरिनन्दन की उस भावना को भी व्यक्त किया है कि वह हर बार भगवान की कृपा के सम्मुख नतमस्तक होता है। निर्मित दुर्घटनाओं के सामने साधारण-सा जीवन पूरी तरह से अलक्षित होने के कारण ईश्वर की ही शरण लेता है। इस कविता में महामारी का ज़िक्र जो शुरू में हुआ है वह अत्यधिक गम्भीर है जिससे भयभीत होकर लोग अपने-अपने घर भागते रहे। लेकिन उनकी जीवन-यात्रा का प्रत्येक पड़ाव ख़तरे से ख़ाली नहीं है। सामान्य जीवन को दुर्घटना के गर्त में धकेल देने योग्य कई विपत्तियाँ क़तार में खड़ी मिलती हैं और उनसे टकराते हुए औसत जीवन

आगे बढ़ता है। इन सबसे बचकर निकलना सामान्य बात नहीं है। उसे संयोग कहा जा सकता है। कविता में संयोग मात्र शीर्षक के लिए प्रयुक्त नहीं बल्कि संयोग से सामान्य जीवन (कविता में हरिनन्दन का जीवन) बचता जाता है। अगर यह संयोग उसमें नहीं है तो वह कब का ध्वंस का शिकार हो सकता था। हर संयोग के साथ कवि ने भगवान की अपार कृपा को जोड़ा है। अपने यथार्थ परिदृश्य में अनेक ख़तरों की ढेर है जबकि संयोग से वह ख़तरों से बचता है जो संयोग है और वह भगवान की कृपा है। परन्तु सदैव सामान्य जीवन को 'संयोग' का सुअवसर मिलता नहीं है क्योंकि वह ख़तरों का पिटारा है। इसीलिए कविता के अन्त में हरिनन्दन की हत्या को अतीव साधारण ढंग से दिखाया गया है जो कतई साधारण नहीं है:

> और यही सोचते-सोचते वह कच्चे घर के आँगन में
> झोलंग खाट पर पड़ा तारे ताक़ता सो गया
> और उसी रात एक गोतिया ने पुश्तैनी दुश्मनी में मौक़ा पा
> उसका काम तमाम कर दिया

इस घटना को भी अरुण कमल ने निस्संग भाव से व्यक्त किया है क्योंकि मामूली जीवन में सुयोग का संयोग सदैव मिलता नहीं है। उसे भगवान की कृपा सदैव प्राप्त होती नहीं है। संयोग से हरिनन्दन की हत्या की गयी। वजह सिर्फ़ पुश्तैनी दुश्मनी थी। ख़तरों की अम्बर में यह एक कारण मात्र है। उसका संयोग ही ऐसा है कि वह आसानी से मृत्यु के चंगुल में फँस गया।

कविता का अन्त सूरत की महामारी को महामारी न होने की घोषणा से होता है। जिस महामारी से भयभीत होकर लोग भाग निकले थे, ठोकरें खाकर अलक्षित हो गये थे वह महामारी दरअसल महामारी नहीं थी। इस घोषणा से एक बहुत बड़ी महामारी रद्द हो जाती है। निर्मित महामारियों की सुविधा यही है। लेकिन उससे बच निकलने वालों के सामने जीवन की कई महामारियाँ ऐसी हैं जिन्हें कभी भी कोई भी रद्द नहीं कर सकता है और इसलिए मामूली जीवन यदि संयोग न हो तो उस गति से फिसलकर गिर पड़ता है और मर जाता है। कविता में हरिनन्दन की मृत्यु का दृश्य और सूरत की महामारी का महामारी न घोषित होने की सूचना आमने-सामने है। निर्मित महामारियाँ एक तरफ़ और दूसरी तरफ़ सामान्य जीवन की विकल्पहीनता जो महामारी से चार गुना मारक है।

सामान्य यथार्थ बनाम कठोर यथार्थ

जीवन यथार्थ के कई पक्ष कविता में विषय बन जाते हैं, जो स्वाभाविक है। परन्तु इसका तात्पर्य यह नहीं कि वही कविता के लिए मुख्य है। जीवन यथार्थ जिस तरह कभी हमारे लिए परिभाषेय होता है और कभी अपरिभाषेय होता है, कभी वह जो तिलस्म खड़ा करता है या कभी वह विस्मय से भर उठता है उसी तरह कविता में इन नानाविध स्थितियों का रिसकर आना और कई सूक्ष्मतम यथार्थ बहुल रस्तों से होकर उसका अग्रसर होना दिखाई देता है। कविता कभी-कभी जीवन यथार्थ के समानान्तर चलती दिखाई देती है और यह भी सम्भव है कि एकाएक जीवन यथार्थ से मुठभेड़ करते हुए कविता अपनी राह बना लेती है। अतः यथार्थवादी शब्द आज की कविता के लिए अर्थवान नहीं है। आज की कविता जीवन यथार्थ का अपनिर्माण करती है और सम्भवतः यह उसकी अनिवार्यता भी है।

अरुण कमल के कविता-संसार में जीवन-यथार्थ के कई पक्ष मिलते हैं। परन्तु वे यथास्थिति के स्थूल दायरे में सिमटकर रह नहीं जाते हैं। अधिकतर कविताओं में उन्होंने यथास्थिति का तिरस्कार किया है। इस प्रसंग में सवाल यही है कि कवि को यथास्थिति का तिरस्कार क्यों करना पड़ता है? कारण स्पष्ट है कि कोई भी दृश्य उसकी दृश्यता तक सीमित नहीं है। कोई भी घटना उसकी घटित अवस्था तक सीमित होकर ख़त्म नहीं होती है। कोई भी स्मृति एक साधारण स्मृति तक सिमट नहीं पाती है। दृश्य की दृश्यता को, घटना की घटित अवस्था को तथा स्मृति की साधारणता का तिरस्कार कविता की इच्छित दृष्टि की व्यंजना के लिए अनिवार्य है। कवि अपनी कविताओं में मानवीय संकट को उपस्थित करना चाहता है। कविता ही नहीं बल्कि सभी कलाएँ यही करती हैं। अरुण कमल अपनी कविताओं में यथास्थिति का तिरस्कार विस्फोटक ढंग से करते नहीं हैं। उनकी सामान्यता जिस तरह असमान्यता का संश्लेष करती दिखाई देती है उसी प्रकार यथास्थिति का तिरस्कार भी अरुण कमल सामान्यता और असमान्यता की लुका-छिपी के बीच साध्य कर

देते हैं। उनके यहाँ न भीषण तिलस्म का 'पंडोरा बॉक्स' है और न मिथकीय या प्रतीकात्मक चट्टानों की उत्तुंगता है। जीवन यथार्थ के समतल के वे पक्षधर हैं और उसी तरह उनका यथार्थ-अपनिर्माण भी समतलीय ही है। लेकिन अपने सधे शब्दों का प्रयोग करके यथार्थ के एक घातक पक्ष की ओर वे हमें ले चलते हैं। उनकी कविता-भाषा की जो सादगी है वह धीरे-धीरे हमारी यथास्थितियों में निहित क्रूरता की तरफ़, कभी अमानवीयता की तरफ़ संचरण करती है, जहाँ यह अपनिर्माण सम्भव हो पाता है। यह उनके लिए इसलिए अनिवार्य है कि वे आर्द्रता की खोज कर रहे हैं जिसके लिए उन्हें सुखाड़ का तिरस्कार करना पड़ता है।

अरुण कमल की एक छोटी-सी कविता है **'होटल'**। इस कविता में दो दृश्य हैं। एक है, होटल में परोस दी जाने वाली चीज़ों का ब्यौरा— एक सामान्य दृश्य। चीज़ों की आवृत्ति की सूचना इस दृश्य में है। पर अन्त में एक स्मृति को कवि ने जोड़ दिया है जो तरल भावनाओं से ओतप्रोत है।

सब कुछ यही रहता।
ऐसी ही थाली
ऐसी ही कटोरी, ऐसा ही गिलास
ऐसी ही रोटी और ऐसा ही पानी,
बस थाली के एक तरफ़
माँ ने रख दी होती एक सुडौल हरी मिर्च और थोड़ा-सा नमक।

होटल में से जो चीज़ें मिलती हैं वह एक जैसी ही होती हैं। उनकी दृश्यता में, रुचि में, रंग में तथा आकार में भी विरसता का आभास मिलता है। यह जीवन यथार्थ का एक मामूली-सा पक्ष है। उस विरसता को कवि ने एक संकेत के माध्यम से तिरस्कृत किया। थाली के एक तरफ़ जब माँ, घर पर, हरी मिर्च और नमक रख देती है तो चीज़ों का जायक़ा एक़दम बदल जाता है। विरसता मिट जाती है, रुचि-संसार बदल जाता है और एक नयी रुचि-अनुभूति प्राप्त होती है। विरसता को स्मृति की रुचिरता से अपनिर्मित करके उसे आह्लादकारी यथार्थ में कवि ने परिणत किया है।

कविता में एक दूसरा भी दृश्य है और वह होटल का है। होटल का यथार्थ ही कविता में मुख्य है जिसको कवि ने इस तरह प्रस्तुत किया है:

जैसे ही कौर उठाया
हाथ रुक गया।

सामने किवाड़ से लगकर
रो रहा था वह लड़का
जिसने मेरे सामने रखी थी थाली।

वह खाना शुरू करने ही वाला था। उसने उस लड़के, जिसने उसके लिए थाली परोस दी थी, को किवाड़ से लगकर रोते हुए देखा। कविता का समतल यथार्थ एकाएक ऊबड़-खाबड़ हो जाता है। अभी-अभी जिसने थाली परोसी थी, वह रो रहा है। वह क्यों रो रहा है? कारण क्या है? कविता में कोई संकेत नहीं है। उसके कई कारण हो सकते हैं जिनको स्पष्ट करना कवि का मक़सद नहीं है। खाने की चीज़ों की रुचि में जो विरसता है उससे जो ऊब होती है, वर्णन करके कविता ने माँ के द्वारा रख दिये हरी मिर्च और नमक के माध्यम से विरसता को दूर किया है। पर यह कोई बड़ी समस्या नहीं है। इसमें उस व्यक्ति का दुख है जो अपने घर से अलग दूर रह रहा है तथा होटल का खाना नियमित ढंग से ले रहा है। लेकिन होटल के उसी वातावरण में जीवन के और भी पक्ष हैं। उनमें से एक है वह लड़का जो खाने की चीज़ों को परोस रहा है। उसका अचानक रोना वास्तविक यथार्थ की गहराई को सूचित कर रहा है। शेखर जोशी की 'दाज्यू' शीर्षक कहानी का इस प्रसंग में स्मरण करना आवश्यक है जिसमें इसी तरह होटल में कड़ी मेहनत करने वाले एक लड़के को प्रस्तुत किया गया है। उस पहाड़ी बालक की व्यथा की गहराई का वर्णन शेखर जोशी ने सूक्ष्मता से किया है। इस कविता में लड़के का यथार्थ, उसकी व्यथा, उसका जीवन बिल्कुल संकेतित नहीं है। उसको रोता दिखाई दिया गया है। एक अव्याख्येय स्थिति उत्पन्न होती है और खाने की विरसता से उत्पन्न अवसाद विलीन होता है। रह जाती है उस कामगर लड़के की रोने की आवाज़। उसको कैसे विश्लेषित करें उसकी व्याख्या कैसे करें? यहाँ बस यही अवसाद शेष रह जाता है। उनके सामने न रोज़ मिलने वाली चीज़ों का रंग-रूप है और उनकी विरसता। उनके सामने स्मृति से उपजा वह दृश्य भी नहीं है जिसमें माँ हरी मिर्च एवं नमक रख रही है। वह लड़का जो किवाड़ से सटकर खड़ा है। बस उसकी रुआँसी सुनाई पड़ती है।

एक सामान्य यथार्थ के भीतर अवस्थित कठोर यथार्थ को, उसकी बहुआयामिता को प्रस्तुत करना कवि की इच्छित दृष्टि है।

देश हमारा घर है

एक महती सामूहिक़ आकांक्षा से देश की परिकल्पना सम्भव हो पाती है। वह वैविध्य का एक बड़ा-सा संकुल है। वैविध्य ही जीवन है। जिस किसी परिदृश्य को देखें विविधता पायी जाती है। अतः देश के यथार्थ को यदि सुरक्षित रखना है तो विविधता को भी सुरक्षित रखना है। यह एक बड़ी परिकल्पना है। इसे ही हम देश की समावेशी परिकल्पना कहते हैं। जब हम इसे स्वीकार करते हैं तो हम वैविध्य को सर्वात्मना स्वीकार कर रहे होते हैं।

'देश' शीर्षक से अरुण कमल की कविता घर से शुरू होती है और देश में समाप्त होती है। घर वास्तव में देश का लघुतम प्रारूप है। इसलिए उन्होंने कविता के आरम्भ में लिखाः

जब कभी देश के बारे में सोचता हूँ तो
अपने घर के बारे में सोचने लगता हूँ

घर भी, जैसे देश है, एक महती सामूहिक़ आकांक्षा से परिकल्पित है। उस घर के सदस्य ही नहीं हैं बल्कि उसका पूरा आसपास घर में समाहित है। आकार में कई घर छोटे हो सकते हैं; परन्तु उसका आसपास छोटा नहीं होता है। यह उसका बाह्य विस्तार है और आन्तरिक भी। इसलिए वह घर है। सुविधाओं को दृष्टि से कई घरों की कई प्रकार की समस्याएँ हो सकती हैं। लेकिन सभी घर हैं क्योंकि उसके अन्दर लोग जी रहे हैं और उनके साथ-साथ कई और सदस्य भी। यदि घर के आँगन में तुलसी का बिरवा है तो वह भी एक सदस्य है। यदि कोई कुत्ता है तो वह भी है। इस तरह घर अपने आन्तरिक एवं बाह्य विस्तार के साथ देश का प्रारूप लिए उपस्थित रहता हैः

जैसा मेरा घर है तो यहाँ जो भी है सबको
एक सा भोजन चाहिए और पानी और बिस्तर
चूहे को भी जो भीतर बिल में है कुछ चाहिए

बिल्ली का भी हक़ बनता है रसोई में
और कौओं को भी हाथ की रोटी का आसरा है
गौरैयों को भी खुद्दी दाना
ऐन खाते वक़्त कुत्ता आ जाता है
पूँछ डुलाता

हम जिसे घर कहते हैं वह जितना हमारा अपना है उतना ही मक्खियों, मच्छरों और चींटियों का भी है। हम उन सबको बेदख़ल करना चाहते हैं और थक जाते हैं और तब हम देखते हैं कि 'चावल में भी बास है कीटों का'। यह घर है, यह जीवन है और इसी से एक देश बनता है।

अरुण कमल की यह कविता पूरी तरह से आत्ममुग्ध भावों का तिरस्कार करती है क्योंकि वे आत्मविस्तार के पक्षधर कवि हैं। इसलिए वे हर किसी को अपने घर में प्रवेश देने के पक्ष में हैं। एक अन्य कविता में अपने घर के बाहर के सरसों के खेतों के फूलों के आस्वादन में लगने के बाद वे ऐसा भी अनुभव करते हैं कि उसमें उनका भी हक़ है। कविता का यह भावविस्तार कई प्रकार से वे अपनी कविताओं में व्यंजित करते हैं।

मलयालम के प्रसिद्ध कवि इडश्शेरी गोविंदन नायर की बहुचर्चित कविता है 'भूतनी का गीत' जिसमें एक माँ के इकलौते बेटे को चुराकर ले चलने वाली भूतनी अन्त में उस माँ के वात्सल्य के समक्ष पराजित होती है और बेटे को वापस कर देती है। उस माँ के हृदय में भी भूतनी के प्रति ऐसा ही भाव है क्योंकि भूतनी निस्सन्तान थी और भटक रही थी। उस बच्चे के प्रति भूतनी के मन में जो वात्सल्य जाग उठा था वह माँ के वात्सल्य के समान ही है। जीवन का मोह, आकांक्षाओं की गहराई, स्वप्नों का विस्तार, सभी में समान रूप से विद्यमान है। भावों की इस तरंगवाही प्रवाह को जीवन के बृहत्तर सन्दर्भ में देखना चाहिए। इसलिए अरुण कमल कह पाते हैं:

कोई भी जीवन अकेला इकहरा एकरंगा नहीं होता
एक पेड़ भी महानगर है,
अगर सूर्य का मण्डल है ब्रह्माण्ड में
तो मेरा भी छोटा बहुत छोटा,
इसी तरह देश है एक घर
बहुत से आँगनों का एक घर, कुटुम्ब, एक लोक

यह घर बहुत से आँगनों का एक घर है। इसमें से किसी को हम निष्कासित नहीं कर सकते और कोई भी निष्कासन के योग्य नहीं है। जीवन की यह समावेशी दृष्टि, लघुतम जो है वही सबसे सुन्दर है, समकालीन कविता का मूल भाव है जिसको विषयानुसार अरुण कमल ने अपनी कविता में प्रमुख स्थान दिया है।

इस कविता के और दो पक्ष भी विचारणीय हैं यथा सांस्कृतिक पक्ष और पारिस्थितिकी पक्ष। संस्कृति में बहुत कुछ समाया हुआ है। वह बहुलार्थी शब्द है और बहुआयामी परिकल्पना भी। वैविध्य उसका मूल मन्त्र है। जब हम अपने में सीमित होकर जीवन को देखते हैं तो हमारी सामाजिक एवं सांस्कृतिक दृष्टि दिशाहीन हो जाती है। संस्कृति सबकी स्वीकृति की कामना है।

अरुण कमल की कविताओं में पारिस्थितिकी संवेदना अत्यधिक सघन है। वस्तुतः उसका विस्तार से अध्ययन अपेक्षित है। 'देश' कविता में भी उनकी पारिस्थितिकी उन्मुखता स्फूर्तिदायक है। अपने घर के आन्तरिक एवं बाह्य विस्तार को तथा उसकी चलायमानता को वे सबसे पहले स्वीकार करते हैं। उसी भाव से ओतप्रोत होकर उनका देश बनता है। यहाँ पर उनकी पारिस्थितिकी दृष्टि देश की समावेशी दृष्टि से स्वयमेव घुलमिल जाती है।

स्मृतियों की चाबी से खुलते एलबम

'प्रगतिशील लेखक संघ के एलबम से' अरुण कमल के स्मृति एलबम के दस चित्र हैं, दस दृश्यावतरण हैं। प्रगतिशील लेखक संघ की बैठक के लिए इकट्‌ठे लेखक बन्धुओं के ये एलबम हैं। अपनी स्मृतियों की चाबी से अरुण कमल अपने एलबम को खोल रहे हैं। इस कविता में उनके दस चित्र हैं जो अपनी सहजता, पारस्परिकता, ऊष्मलता और आत्मीयता के कारण दिल को छूने वाले हैं। यहाँ पर हम देख पाते हैं कि सभी रचनाकार पूरी तरह से धरती से जुड़े नज़र आ रहे हैं। सब जीवन को नज़दीक से देख रहे हैं और उसे आत्मसात कर रहे हैं। अरुण कमल के इन स्मृति-चित्रों (एलबम के) में आत्मीयता स्वयं भाषा रचती है और भाषा के भूगोल के अन्दर मनुष्यता के लिए शब्द रचे जा रहे हैं। यह कविता वृत्तचित्रात्मक भी है।

पहला चित्र 'एकता' शीर्षक से है। घटना-स्थल महाराष्ट्र का नासिक है। अन्ना भाऊ साठे के जन्म शताब्दी कार्यक्रम में लेखक इकट्‌ठे हुए हैं। उनके लिए खाना बनाने और परोसने का कार्य काम करने वाली बाइयों ने अपने कन्धे पर ले लिया है। अपने पैसे से वे इनके लिए रोटियाँ बना रही हैं और गरम-गरम रोटियाँ परोस रही हैं। अरुण कमल इस दृश्य को कामगारों और कलाकारों की एकता के रूप में देखते हैं। वास्तव में उनका अभीष्ट यही है कि कामगारों और कलाकारों में कोई अन्तर न हो। कला और साहित्य की प्रगतिशीलता इसी एकता को सर्वप्रमुख मानती है।

दूसरा चित्र प्रथम वाचन के समय मामूली प्रतीत हो सकता है; इसमें भीष्म साहनी कॉलेज के एक हाल में दरी बिछाकर तथा पेटी को तकिया बनाकर लेटने की तैयारी कर रहे हैं। बग़ल में एक और रचनाकार बन्धु है, गुलाम रब्बानी ताबाँ। एक स्नैप शॉट जैसा चित्र। भीष्म जी जैसे लेखक यहाँ पर इतने ज़मीनी लग रहे हैं जो इस चित्र का अहम पक्ष है।

तीसरे में ऐसे रचनाकारों एवं शायरों का संकेत है जो कोई भी 'शुद्ध कवि' नहीं है। बीड़ी बनाने के काम करने वाले, पर शायरी भी करते हैं और प्र.ले सं के

सदस्य भी हैं। अरुण कमल लिखते हैं कि उन्हें हैरत हुई कि ऐसे भी रचनाकार हमारे बीच में हैं। यह चित्र वास्तव में दुर्लभ चित्र की श्रेणी में आता है।

चौथा चित्र एक वसीम पेंटर का है कि वह इतना सरल और आम आदमी का प्रतिरूप है। मज़दूर जैसा जीवन बिताता है वह। सभी कलाकारों को एकजुट होकर देखना चाहते हैं। प्र ले सं की विशेषता यही है कि इस तरह के कलाकार भी उसके सदस्य हैं।

पाँचवाँ चित्र खदान मज़दूरों की हड़ताल के समर्थन में तथा उन पर होने वाले दमन के विरोध में सभा बुलाने के सम्बन्ध में है:

और जमा हुए लगभग डेढ़ सौ लेखक कलाकार
आगे खगेन्द्र जी कन्हैया जी और नवल जी भी छाता लिए
एक ऐसा जुलूस जिसकी अपने लिए कोई माँग न थी
एक ऐसा जुलूस जो अन्तश्चेतना की पुकार था
लेखकों का मज़दूरों के लिए जेठ की धूप में सड़क पर उतरना
जैसे बालकृष्ण भट्‌ट लखनऊ में सन् उन्नीस सौ आठ
तिलक का ज़माना।

रचनाकार, कलाकार की समाज में क्या भूमिका होनी चाहिए, इसका ख़ाका इस जुलूस से स्पष्ट हो जाता है। साहित्य की नयी परिभाषा रचना ही है तथा मानवीयता को सबसे उच्च आदर्श मानने की भूमिका का संकेत इस चित्र में मौजूद है।

छठा चित्र नेतृत्व को लेकर है। यहाँ चुनाव की राजनीति की बात नहीं है। सचमुच नेतृत्व किसको करना है लोकतन्त्र में। नेतृत्व के बारे में जब सवाल पूछा गया तो जवाब मिला कि 'जो सबसे पहले मरेगा' उसी को नेता चुना जाये यानी कि सबसे कमज़ोर आदमी। गाँधीजी की भाषा में अन्तिम आदमी।

सातवाँ चित्र संवादात्मकता के अभाव को लेकर सभा में जो बहस हुई उस पर केन्द्रित है। संवादात्मकता का अन्त माने लोकतन्त्र का अन्त। अर्थात् मानवीयता का अन्त। उस चित्र को अरुण कमल ने इस तरह प्रस्तुत किया है:

आज वो बुला रहे हैं और तुम वही बोल रहे हो जो बोलना
चाहते हो
कल वो बोलेंगे वही बोलो जो हम बोलें
परसों कहेंगे हम जो बोलें वो सुनो

तरसों बुलाना बन्द कर देंगे
और पाँचवाँ दिन देश निकाला

सत्ता श्रेष्ठ साहित्य से डरती है। सत्ता का वर्चस्व और रचनात्मकता पर केन्द्रित यह चित्र अब भी इतना ताज़ा लग रहा है। अतः रचनाकार का संघर्ष कभी ख़त्म नहीं होता है।

आठवाँ चित्र भी सातवाँ चित्र का अनुसरण है जिसमें रचनाकार/कलाकार को कभी भी कोई ठोस स्थान न मिलने के सम्बन्ध में है। इसलिए अरुण कमल दृढ़ स्वर में कहते हैं:

तुम्हारी जगह उन लोगों के पास है साथियो
जिनके लिए कहीं कोई जगह नहीं।

नवाँ चित्र वैसे मित्रों का मिलकर चाय पीने से सम्बन्धित है। लेकिन उसका निहितार्थ दूसरा है। जहाँ लोग एकजुट हो रहे हैं और हत्यारों के बारे में तथा क़त्लेआम के बारे में ऊँची आवाज़ में बोल रहे हैं वह सत्तासीन ताक़त के लिए सुखद नहीं है। अतः रात की तीसरी पहर चाय पीने के लिए इकट्ठे मित्रों को सुबह ख़बर मिलती है कि सरकार ने चाय पर रोक लगा दी है। विह्वलता से भरी इस पंक्ति में सत्ता की वास्तविकता को रेखांकित किया गया है।

दसवाँ चित्र चुनाव में न जीतने की आशंका से सम्बन्धित है। एक बातचीत के रूप में यह चित्र प्रस्तुत किया गया है। हमारे मामूली लोग, ग़रीब, किसान और मज़दूर क्या हमारा साथ नहीं देंगे? ऐसा क्यों होता है? पूँजीवादी संस्कृति में अस्पृहणीय तथा अनपेक्षित तथ्य हमेशा ऊपर आ जाता है। जाति, धर्म और प्रादेशिकता, भाषा आदि-आदि। पूँजीवादी संस्कृति में 'हर आदमी पहले से कम आदमी है'। आदमी को इस तरह 'रेड्यूस' करने की ताक़त उसमें बेशुमार है।

अरुण कमल की यह कविता एक बृहद् एलबम है। यह रचनाकारों की वैचारिकी, आत्मीयता एवं मनुष्यता का इतिहास रचता एलबम है।

अनैतिकता की तरफ़ उठी हुई तर्जनी

पत्रकारिता के कई सकारात्मक पक्ष हैं। परन्तु उसके कुछ नकारात्मक पक्ष भी हमारे सामने आते हैं। उनमें से एक है कि बहुत ही ज़रूरी ख़बर को गुम कर देना। उसके कई कारण हो सकते हैं और अपने बचाव के लिए अख़बार स्पष्टीकरण भी दे सकता है। वास्तविक कारण सत्ता का प्रभाव होता है कि वे जो ख़बर नहीं चाहते, जिसकी दूरदर्शी सम्भावनाएँ हैं, प्रकाशित होती नहीं हैं। वैसे कुछ ख़बरों का प्रकाशित न होना कोई बड़ी बात नहीं है। कुछ पाठक उस ख़बर से वंचित रह गये, यह भी बड़ी बात नहीं है। बड़ी बात यह है कि बड़ी ख़बरों को गुम कर दिये जाना। इसे ताक़त की साज़िश कही जा सकती है। पत्रकारिता जब इस तरह की साज़िशों का साथ देती है तो उसे ही हम पत्रकारिता की नकारात्मक दृष्टि कहते हैं।

एक अन्य नकारात्मकता पत्रकारिता की यह है कि सरलीकरण की प्रवृत्ति को बढ़ावा देना। हल्की-फुल्की ख़बरों को प्रमुखता देते हुए मुख्य ख़बरों को अँधेरे में गुम करना भी नकारात्मक नहीं है तो और क्या है? सरलीकरण पत्रकारिता के सन्दर्भ में मामूली बात नहीं है। वह उसकी अपसंस्कृति को सूचित करती है। हल्की-फुल्की ख़बरें अख़बारों में ज़रूर आ सकती है। लेकिन वह मानवीयता को प्रोन्नत करने लायक ख़बरों को हाशियाकृत करके नहीं होना चाहिए। उस षड्यन्त्र का सम्बन्ध हमारी मानवीयता, लोकतान्त्रिक दृष्टि और नैतिकता से है। अतः सरलीकरण मानवीयता को रद्द करने जैसा दृष्टिकोण है।

अरुण कमल की कविता **'ख़बर'** पत्रकारिता के नकारात्मक पक्ष एवं उसके सरलीकृत पक्ष में निहित लोकतान्त्रिक विरोधी दृष्टि को पर्दाफ़ाश करने वाली रचना है। बहुत सारी ख़बरें कविता में दी गयी हैं जिनका कोई महत्त्व नहीं है। मनोरंजन हो सकता है। भीषण समस्याओं से हमारी नागरिकता को वे अलग कर सकती हैं। हमारी चित्त दशा को रोगग्रस्त बना सकती हैं। कविता में आयी ख़बरें उस तरह की हैं—

अख़बारों में ख़बर थी
कैलिफ़ोर्निया की एक कुतिया ने तेरह बच्चे
एक साथ जने।
अख़बारों में ख़बर थी
युवराज ने कंगालों में कम्बल बाँटे।
अख़बारों में ख़बर थी
विश्व सुन्दरी का वज़न 39 किलो है।
अख़बारों में ख़बर थी
प्याज़ बड़ा गुणकारी होता है
अख़बारों में ख़बर थी
राजनेता ने दाढ़ी मुड़ाई।

इस तरह की ख़बरें हमारे दिमाग़ में प्रवेश नहीं कर जाती हैं। वे हमें न झुलस देती हैं न झकझोरती हैं। दरअसल वे हमारी त्वचा का स्पर्श करके ख़त्म हो जाती हैं। आजकल दृश्य माध्यमों में भी इसी तरह के कार्यक्रम हम देखते हैं। इन्हें मनोरंजन प्रधान कार्यक्रमों की श्रेणी में गिना जाता है। सवाल यही है कि किसका मनोरंजन और कौन-सा मनोरंजन? समाज से कटकर जीने वाले आत्मग्रस्त लोगों का तबका जो है वे इन कार्यक्रमों का आस्वादन कर पाते हैं। अपनी कविता में अरुण कमल ने एक ख़बर ऐसी दी है कि 'विश्व सुन्दरी का वज़न 39 किलो है'। जब यह कविता उन्होंने लिखी होगी तब यह ख़बर ख़बर की तरह आयी और इसके प्रति आकृष्ट लोगों के मन में गुदगुदी पैदा करने में यह ख़बर सहायक रही होगी। आज यह ख़बर वास्तव में ख़बर से ज़्यादा दृश्य माध्यम में विपणन की सबसे मूल्यवान ख़बर है। उस विश्व सुन्दरी के अंग-प्रत्यंगों को, कामुकता जगाने लायक अंगों को अलग-अलग कोणों से दिखाते हुए दृश्य माध्यम दरअसल एक उत्सव ही मनाते हैं। प्रसादन उद्योग इसका साथ देता है कि विश्व सुन्दरी प्रसादन की कौन-कौन वस्तुएँ इस्तेमाल करती है। इसमें एक स्त्री का वस्तूकरण होता है जिसकी तरफ़ किसी का ध्यान नहीं जाता है; स्वयं स्त्री का भी क्योंकि उसे धन में डुबोया जाता है। इन सबके चलते जो हमारे जीवन को झुलसने वाली ख़बर भूमिगत हो जाती है। सत्ता के वर्चस्व और यथार्थ के बीच के संघर्ष से सम्बन्धित ख़बर हमारी प्रयोजनवादी दुनिया के लिए सम्बोध्य विषय नहीं है।

अरुण कमल ने कविता के अन्त में ऐसी ख़बरों का उल्लेख किया है जो ख़बर नहीं बन सकी। क्यों? जवाब किसी के पास नहीं है। लेकिन कविता की पादटिप्पणी में जो बात कवि ने लिखी है वही उसका जवाब है:

एक ख़बर जो कहीं नहीं थी
किश्ता गोंड को फ़ाँसी हो गयी
एक ख़बर जो ख़बर नहीं थी
भूमैया को फ़ाँसी हो गयी।

अरुण कमल की पादटिप्पणी है— किश्ता गोंड और भूमैया आन्ध्र प्रदेश के नक्सलवादी, जिन्हें आपातकाल के दौरान फ़ाँसी दे दी गयी।

कैलिफ़ोर्निया की कुतिया का तेरह बच्चों को जन्म देना हमारे लिए ख़बर है जबकि हमारे और आप लोगों के हक़ के लिए, उन पर होने वाले अत्याचारों से लड़ने वाले, तमाम प्रकार की अपसंस्कृतियों और अनैतिकताओं के विरुद्ध संघर्ष करने वाले हमारे यहाँ देशद्रोहियों की सूची में गिने जाते हैं और उनकी फ़ाँसी आसानी से हो जाती है। न्यायिक व्यवस्था भी उसको लेकर ज़्यादा सतर्क नहीं है। जिस बात को गम्भीरता से लिया जाना चाहिए था उसे अगम्भीर घोषित करके ख़त्म करने की प्रवृत्ति हमारे समाज में सदैव रही है— पुराने समय में भी और आज भी।

वास्तविक संघर्ष हमेशा चलता रहता है, भले ही उस पर अंकुश लगाने की प्रवृत्ति भी रहती है। अरुण कमल की यह कविता इस अनैतिकता की तरफ़ उठी हुई तर्जनी है। वह एक सकारात्यक संकेत है जिसको संवेदनशील समाज पूरी तरह से आत्मसात करता है।

प्रलय ग्रस्त भारत की अवस्था

'प्रलय' शीर्षक अरुण कमल की कविता प्रलय ग्रस्त भारत की अवस्था को पूरी तरह से व्यंजित करती है। आड़ी-तिरछी रेखाओं की तरह इस कविता में अनेक चित्र बिखरे हैं, 'कोलाज' की तरह। इस प्रलय ग्रस्त देश में यहाँ का आम नागरिक अपनी अस्मिता की पहचान के लिए भटक रहा है। एक तरफ़ बियाबान है तो दूसरी तरफ़ थोड़ी-सी रोशनी दिखाई दे रही है। पर वह रोशनी एक वहम है क्योंकि यहाँ युद्ध निरन्तर चल रहा है— 'युद्ध लगातार चल रहा है हर घर हर जीवन में'। युद्ध में कुछ भी सम्भव है। जीत और हार का सवाल नहीं बल्कि क़त्ल का सवाल है। 'पूरा देश वधस्थल की ओर जा रहा है।' यही प्रलयग्रस्त अवस्था है। अपने घर को ढूँढ़ने वाले नागरिक देश की तरह-तरह की प्रलयावस्था में डूबते जाते हैं। एक भयावह प्रलयावस्था को अरुण कमल ने इस प्रकार बिम्बवत् किया है:

एक हत्या वारदात एक ख़बर के बाद
जेलें कम पड़ रही हैं
योजना है कि हर मुहल्ले में एक पक्का जेलखाना हो
आशा है अगले अगस्त तक यह संकल्प अवश्य पूरा होगा
लड़ाइयाँ इतनी होंगी कि हर व्यक्ति एक राष्ट्र होगा
सब अपने अपने तलवे की भूमि पर अडिग
हर व्यक्ति का अपना ध्वज हर जाति का अपना कवि
ख़ून होगा
एक मूली के नाम पर
ख़ून होगा किसी के सामने खाँसने पर
जम्हाई देशद्रोह रोना देशद्रोह
ख़ून होगा एक निवाले पर
डूबेगा देश गंगा के चुल्लू भर

माँ मेरी गंगा
बहुत दोष हैं मुझमें सन्तोष है यही कि
हम तुम्हारे पड़ोस में हैं
यही अपराध है माँ क्षमा करो
कि हमने तुम्हारा स्पर्श किया पैर से

पूँजीवाद अपने ढंग से स्वयं विकसित नहीं हो रहा है बल्कि वह पहले स्वीकृत होता है और फिर कार्यान्वित होता है। फिर सब कहीं विभाजक रेखा खींचता जाता है। वह गुलामों की नयी पीढ़ी भी बना रहा है। वैश्वीकरण ने गुलामी की संस्कृति को इतना पुख़्ता कर दिया है कि वह आज स्वीकृत है। बाह्यतः सब कुछ स्वस्थ पर अन्दर ही अन्दर लावा की तरह उबलता रहता है। इस लावे को रोकना असम्भव है। विभाजन की संस्कृति पूँजीवाद की स्वनिर्मित संस्कृति है। इसको बहुत कम नागरिक पहचान पा रहे हैं। लेकिन जो उसे पहचानता है वह शीघ्रातिशीघ्र देशद्रोही ठहराया जाता है। रोना, खाँसना, ऊँची आवाज़ में बोलना देशद्रोह माना जायेगा। यही आज की प्रलयावस्था का निदर्श है।

कभी आराम नहीं
आराम कभी था भी नहीं
जो था भी वो भी लगता है ख़त्म हो गया
पता नहीं क्यों अचानक इतनी बेचैनी
कहीं भी बैठूँ वो जगह तपने लगती है
इतना अनिश्चय इतना भय
कहीं भी चैन नहीं जैसे तप्त रेत पर चल रहा हूँ
मैं एक क्षण में नहीं सम्पूर्ण काल में जीना चाहता हूँ
भविष्य इस तरह मेरे साथ हो जैसे पीठ पर खेलता बच्चा
अतीत इस तरह मेरे साथ जैसे माथे पर पके बाल
सबसे सुन्दर संसार वो जहाँ भूत का भय नहीं न भविष्य का
आज सोकर कल जगूँ ओस से सिक्त

सम्पूर्ण काल में जीने की इच्छा वास्तव में एक स्वप्निल अवस्था है, न कि यथार्थ। फिर भी उसका सौन्दर्य है। एक भयरहित समय की संकल्पना ही कवि आत्मसात कर रहे हैं। अतः यह मानवीय दृष्टि से वलयित सौन्दर्य दृष्टि है। लेकिन यथार्थ का एक अनपेक्षित पक्ष भी है यहाँ यथार्थ की प्रलयावस्था में भँवरों में डूबते

जा रहे लोगों की चीख़ है। यह प्रलयावस्था द्वारा सृजित निरालम्बता का निदर्श है। पर यह रोना, यह पीड़ा, यह अवसाद ठीक से कहीं भी दर्ज नहीं। उसकी वास्तविकता की पहचान तभी हो सकती है जब हम पूरी तरह से उसमें मग्न होते हैं। मग्न होने के लिए हमारे सच का सुदृढ़ विकल्प आवश्यक है जबकि झूठ की प्रलयावस्था में हम मग्न ही नहीं हो सकते:

1,250,000,000 के देश में अगर 1,25013
गुम भी हों तो क्या फ़र्क़ पड़ता है
फ़र्क़ तब पड़ता है जब तुम उसमें से किसी भी एक के घर
जाते हो
फूटी हाँडी की तरह घर
ग्रहण के दिन की तरह घर
तब लगता है जीवन मतलब एक एक जीवन तन तन तृण तृण
तब लगता है हर शहादत अन्ततः एक मौत होती है
एक उजाड़
भयंकर है वो गह्वर जहाँ कल तक एक वृक्ष था।

ग्रहण के दिन की तरह स्याह पड़े घर की तलाश आख़िर कौन करता है? वह हाशियाकृत होने के लिए अभिशप्त है। वह आज हाशिये में भी नहीं है। उसे ग़ायब कर दिया गया है।

हमारे सामने एक ऐसी वैश्वीकृत दुनिया है जिसमें एक-एक दूसरे को निगलने को तत्पर है। कौन किसको कब निगलेगा, पता नहीं चलता। यह पाशवीयता बढ़ती जा रही है। सब कहीं यह पाशवीयता अपनी ख़ूनी आँखों से देख रही है। इससे जुड़े एक दृश्य को अरुण कमल ने यों प्रस्तुत किया है:

एक चील के मुँह में साँप
साँप के मुँह में मेंढक
मेंढक के मुँह में एक कीट
उड़ी जा रही चील नीले स्वच्छ गगन में
नीचे पानी केवल पानी-पानी-पानी
कहीं नहीं धरती न रेत न हिमालय
प्रलय प्रलय प्रलय।

कविता का यह दृश्य प्रलय ग्रस्त भारत की अवस्था को नहीं बल्कि प्रलय ग्रस्त वैश्विक अवस्था से भी सम्बन्धित है। साम्राज्यवाद के नये दौर ने किन-किन देशों के समुद्रों में पनडुब्बों को खड़ा किया है, कितने देशों के प्रौद्योगिकी केन्द्र किन-किन देशों में स्थापित हैं, अन्दाज़ा लगाना कठिन है। अविकसित देशों को दी जाने वाली मदद के बहाने वहाँ अपने उपनिवेश स्थापित करने की तरकीब कितने देश ढूँढ़ निकाल रहे हैं। प्रलय की यह भयंकर अवस्था भारत को तो डुबो चुकी है और कई देश इस प्रलयावस्था में डूबते जा रहे हैं। सब कहीं पानी पानी बस पानी है।

काल, तुझसे होड़ है मेरी

शमशेर बहादुर सिंह की एक कविता की पंक्तियाँ इस प्रकार हैं:

काल,
तुझसे होड़ है मेरी : अपराजित तू—
तुझमें अपराजित मैं वास करूँ।
इसलिए तेरे हृदय में समा रहा हूँ
सीधे तीर-सा, जो रुका हुआ लगता हो—
कि जैसा ध्रुव नक्षत्र भी न लगे,
एक एक निष्ठ, स्थिर, कालोपरि
भाव, भावोपरि
सुख, आनन्दोपरि
सत्य, सत्योपरि
मैं— तेरे— भी, ओ 'काल' ऊपर!
सौन्दर्य यही तो है, जो तू नहीं है, ओ काल!
जो मैं हूँ—
मैं कि जिसमें सब कुछ है...
क्रान्तियाँ, कम्यून
कम्यूनिस्ट समाज के
नाना कला विज्ञान और दर्शन के
जीवन्त वैभव से समन्वित
व्यक्ति में।
मैं, जो हरेक हूँ
जो, तुझसे, ओ काल, परे हैं।

जीवन्त वैभव से समन्वित व्यक्ति की होड़ काल से चलती रहती है। इसलिए

शमशेर बहादुर सिंह अपनी अपराजेयता की घोषणा करके उस काल में वास भी करना चाहते हैं। उस काल में डूब जाना चाहते हैं, पर सभी प्रकार की स्थितियों से ऊपर उठकर काल से होड़, काल से समा जाना, काल से ऊपर उठना आदि वे एकनिष्ठ भाव में समाहित करना चाहते हैं क्योंकि उसी मैं में 'सब कुछ है'।

अरुण कमल की कविता, **'कविता-2013'**, एक तरह से समय के साथ की उनकी होड़ को व्यंजित करती है। वास्तव में इस कविता का दृश्य-परिदृश्य अत्यन्त व्यापक है। मुक्तिबोधीय कविता की तरह उस बृहद् परिदृश्य में भयावहता की अनिश्चित अवस्था भी गुम्फित है। यह कहना ज़्यादा सही लगता है कि अरुण कमल की इस कविता में व्यवस्था की भीषण अव्यवस्था से उत्पन्न घोर समय व्यतिक्रम का खुलासा हुआ है। यदि यह कविता समय से मुठभेड़ करती है तो वह सही शब्दों से हमारी समकालीनता को परिभाषित भी करती है।

इस कविता के कई दृश्य हैं; लेकिन एक दृश्य दूसरे की निरन्तरता में कविता में आया नहीं है। इसमें सामाजिक विसंगतियों के चटख रंगों से बनाये गये चित्र हैं तो राजनीतिक विडम्बनाओं के काले-काले दृश्य हैं जो अधिकतर अस्पष्ट रहते हैं। क़त्ल किये जाने के लिए अभिशप्त जनता एक तरफ़ है तो क़त्ल के निशानों को स्मृति से पोंछ देने की कला में दक्ष सत्ता दूसरी तरफ़ है। गवाहों को कालापानी की सज़ा दी गयी है या वे देश निकाला हो गये हैं। न्यायिक व्यवस्था की सन्दिग्धता, और विधायिका की साज़िश आदि मिलकर इस पूरी कविता को एक 'कोलाज' में तब्दील कर दिया गया है।

अरुण कमल की यह कविता सर्वाधिक प्रासंगिक और बहुपठनीयता के लिए प्रेरित करने वाली है।

'कविता-2013' की शुरुआत लोगों के सामूहिक़ क़त्ल की सूचना से होती है। यह किस तरह का क़त्ल है? यह समाज के उन अपंगों का क़िस्सा है जिसकी ज़िन्दगी में न रफ़्तार है और न कोई मुकाम। उनके साथ कुछ भी किया जा सकता है। अतः कविता में संकेतित क़त्ल-हत्या— जनता की विराट् आकांक्षाओं की हत्या है जिसका कोई निशान बचा नहीं है। अरुण कमल आकांक्षाओं की हत्या का रूपक खड़ा करके अपनी कविता में अप्रीतिकर राजनीतिक षड्यन्त्रों को नेपथ्य से खुले मंच पर ला रहे हैं। उनके इस पूरे दृश्यविधान को और उसकी द्रुत चलायमानता को देखते हुए एक सवाल मन में उठता है— क्या हम कभी सभ्य हुए हैं? कौटिल्य के अर्थशास्त्र में सत्ता के कुछ कूटतन्त्रों का उल्लेख मिलता है जिनके माध्यम से

राजकोष में जो धन का अभाव है उसकी आपूर्ति कैसे की जा सके। परन्तु हमारे समय में जो कूटतन्त्र हैं वे अधिक महीन बुनावट वाले कूटतन्त्रों में परिणत करने के लिए बनाये गये हैं।

कविता के आरम्भ में एक भीषण दृश्य से हमारा सामना होता है। वह इसलिए भीषण है कि उसे सरलीकृत करके प्रस्तुत किया गया है। हत्याएँ उतनी भीषण नहीं होतीं जितना उनका सरलीकरण। सरलीकरण एक ऐसा नकाब है जिसे पहनकर किसी को भी बेवकूफ़ बनाया जा सकता है:

वे मारे गये
कहीं कोई ख़ून नहीं
वे मारे गये
कहीं कोई चिह्न नहीं
वे मारे गये पर कोई हत्यारा नहीं

कोई चिह्न शेष नहीं रहा और कोई निशान बचा नहीं, तथा कोई गवाह आया ही नहीं। यही वास्तव में भयानक हादसा है; हत्या से भी सौ गुना। उस माहौल को कवि ने इस तरह प्रस्तुत किया है:

वे हवा से आये थे वे हवा बन गये
वे उठे थे जल से जल बन गये
वे बुदबुदे थे मिट्टी के मिट्टी बन गये
उन्हें घरों से खींचा गया खेतों से खदेड़ा गया
उन्हें नींद में मारा गया
एक बस्ती बसी थी उजड़े मज़दूरों से
वो गाँव फिर से उजाड़ा गया
बची रह गईं धुएँ से स्याह ईंटें कुछ पुआल कुछ खूँटे
पर एक बूँद ख़ून नहीं

इस भयानक दृश्य को सरलीकृत करने के लिए कवि ने ऐसी एक बात का ज़िक्र किया है कि अगला पी.एम. कौन होगा, उसके लिए सट्टा लगाना है तो लगा लो। उसके साथ जो पंक्ति आयी है— 'काटेगा कौन गँडासा या कट्टा' यह जो कोलाज अरुण कमल ने खड़ा किया है और वह समय की या हमारी संवेदना की निर्ममता को बख़ूबी सूचित करता है।

न्याय व्यवस्था की नपुंसकता का भी पर्दाफ़ाश कविता में हुआ है। 2013 में बिहार के एक सबसे लोमहर्षक नरसंहार पर उच्च न्यायालय का फ़ैसला आया था कि इस नरसंहार के लिए कोई दोषी नहीं है। इस समीकरण को हमारे समय ने स्वीकार किया। कोई सबूत नहीं, कोई चश्मदीद गवाह नहीं है। कोई दोषी भी नहीं है। पर कई लोगों की हत्या हुई। कैसे? गुलामी प्रथा के चलते ऐसी घटनाएँ घटती ही हैं।

वैश्वीकरण ने साधारण लोगों के जीवन पर ज़्यादा आक्रामक रवैया अपनाया है। अपनी ज़मीन से खदेड़ने का कार्य बहुराष्ट्रीय कम्पनियाँ करती हैं। किसानों के लिए उनकी धरती माता की तरह है। बहुराष्ट्रीय कम्पनियों के लिए सोना या यूरेनियम का ख़ज़ाना है। वहाँ काम करने वालों को ये आसानी से खदेड़ देते हैं—

वे इस तरह उठाते हैं हमें जैसे
कूड़ागाड़ी उठाती है कचरा
और उस गड्ढे में फेंकते हैं जहाँ
बनेगा मुल्क का सबसे बड़ा मॉल

इस कार्रवाई का किसी दल ने विरोध किया तो उस पूरे दल को सफ़ाया करने, मुक़दमा चलने पर गवाहों के न होने तथा उन्हें निर्दोष सिद्ध करने की न्यायिक व्यवस्था हमारे सामने है। ये तमाम ताक़तें एक-दूसरे से बँधी हुई है।

कविता तुरन्त शिफ्ट कर जाती है और स्पार्टकस प्रोमिथ्यु और भगत सिंह को सम्बोधित करती है। मनुष्यता के लिए बलि चढ़ाने वाली ऐसी महान विभूतियाँ ही इस संकट से साधारण लोगों को बचा सकते हैं

कहाँ है स्पार्टकस कहाँ प्रोमिथ्यु
कहाँ लक्ष्मी बाई भगत सिंह कहाँ

ऐसे एक फ़ासीवादी वातावरण में ताक़तवर लोगों के विरुद्ध बोलना ख़तरे से ख़ाली नहीं है, उस स्थिति को अरुण कमल इन पंक्तियों से व्यक्त करते हैं—

कहीं कोई ख़ून नहीं नहीं कहीं कोई निशान नहीं
हत्या तो हुई पर कोई हत्यारा नहीं।

इस नकारात्मक स्थिति को कविता में स्वीकृति नहीं मिल रही है। यही नहीं कविता इस नकारात्मक स्थिति के विरुद्ध क़दम उठाने के लिए सशक्त संकेत भी प्रस्तुत कर रही है—

ऐसे ही ज्वार से उठे गेवारा और कास्ट्रो
हम जीते भी हम हारे भी

जीते कम हारे ज़्यादा
हम हारने से नहीं डरते
डरते हैं चुप बैठने से

जागरूकता और सक्रियता को दिशा देते हुए अरुण कमल का कवि भूमण्डलीकरण का सख़्त प्रतिरोध भी उपस्थित करता है। उन्हें इसके लिए बल मिलता है क्यूबा जैसे देश से जहाँ बहुराष्ट्रीय कम्पनियों का कोई भी विज्ञापन देखने को नहीं मिलता। वहाँ प्रायोजित मानसिकता वाले नहीं बल्कि सही मनुष्य जीते नज़र आ रहे हैं— "धरती आकाश के बीच, जहाँ आदमी बस इस तरह रहता है जैसे अपने घर में"।

तमाम समस्याओं के मूल में कवि पूँजीवाद का ज़हर ही देख रहे हैं, इसलिए उन्हें कहना पड़ा "पूँजीवाद से बड़ा कूड़ा और क्या है माँ—पृथ्वी पर" इस कूड़े ने गोदामों को अन्न से भर दिया पर जन को रखा भूखे। उन्हें इस धरती से पोंछ दिया भी गया।

कठिनाइयों का सामना करते हुए, भूख से बचने के लिए, अपने सहजीवियों की सुरक्षा के लिए, मनुष्य होने की आस्था को बचाये रखने के लिए, स्वतन्त्रता का गीत गाने के लिए कइयों ने जान गँवाई है—उनकी पुकार अब भी हमारे वातावरण में गूँजती है। इसलिए कवि का कहना है:

वे जो मारे गये तुम्हें पुकार रहे हैं
वे हर दरवाज़ा पीट रहे हैं
वे खड़े हैं उस ओर
देखो वे रात में जगमग
जो जीवित हैं वे वंशज हैं मृतकों के।

मृतक वास्तव में अब भी हमारे स्मृति-पथ पर जीवित हैं। हम उन्हीं के वंशज हैं। उन मृतकों में हम प्रोमिथ्यू को, भगत सिंह को या कई अनाथ व्यक्तियों को देख सकते हैं जिनके पदचिह्न हमारी मिट्टी से अब भी ग़ायब नहीं हुए हैं।

कविता इतिहास का सृजनात्मक पुनर्लेखन है। अरुण कमल की कविता फ़ासीवादी इतिहास के प्रतिरोध में लिखी गयी मानवीय इतिहास के पुनर्लेखन की अभिव्यक्ति है।

ग़रीबी रेखा के नीचे

भारत के कई प्रदेशों में अब भी ग़रीबी है। ग़रीबी के कई रूप हैं। एक, अपने घर का न होना, अपनी ज़मीन का न होना, काम करने पर भी ठीक से मजूरी न मिलना, घर में सदस्यों की अधिक संख्या, सबको खिलाने-पिलाने की असमर्थ स्थिति आदि ग़रीबी के कारण हैं। इस कारण से अभी ग़रीबी की रेखा के नीचे जीवन बिताने वालों की संख्या अधिक है।

नागार्जुन की कविता 'अकाल और उसके बाद' ग़रीबी का चित्र प्रस्तुत करती है। घर पर अन्न का न होना मामूली-सी बात नहीं है। खाने के लिए अन्न ही चाहिए न कि उस पर बहस। अन्न के अभाव से उत्पन्न दर्द को ग़रीब ही समझ सकता है न कि उस हालत पर बहस करने के लिए भरपेट खाकर वातानुकूलित कक्ष में बैठे विशेषज्ञ। इन दोनों में आकाश-पाताल का अन्तर है।

'खाने की बात' अरुण कमल की कविता है जिसमें बड़े-बड़े लोगों के खाने की आदत पर प्रकाश डाला गया है। यह विवरण के रूप में नहीं बल्कि खाने की बात पर उनकी प्रतिक्रिया के रूप में व्यक्त है। उनकी यह भी राय है कि 'आदमी भूख से नहीं खाने से मरता है।' उनका यह भी मानना है कि आदमी को इसलिए ज़्यादा खाना नहीं चाहिए। सुविधाभोगी वर्ग के लोगों की कई बीमारियाँ होती हैं। उनसे बचने के लिए वे अपने खान-पान को पूरी तरह से बदलते हैं। इसलिए खाने की हर चीज़ पर उन्हें परहेज़ हैं। इस हालत का वर्णन अरुण कमल ने इस तरह से प्रस्तुत किया है कि उनकी व्यंग्य दृष्टि में एक पीड़ा भरी कथा छिपी है जो ग़रीबों की है। उन्हें किसी चीज़ की परहेज़ नहीं है। जब उन्हें पर्याप्त खाने की चीज़ें ही नहीं मिल रही हैं तो परहेज़ किस बात की? अमीर लोग क्या खाते हैं। यही कविता का विषय है:

एक ज़मींदार जिसका हमारे इलाक़े में बड़ा इकबाल था
और जो हाथी पर चलता था रोज़ रात भूँजा खाकर सोता था

एक और था बड़ा जोतदार जो सुबह सत्तू पीता था
नमक डालकर
एक बहुत बड़ा अमीर था इस देश का जो केवल जौ के भूस
पर जिया
एक उद्योगपति सूखी रोटी और साग खाता
और एक उदार प्रधान सेब का एकाध कतरा
और एक धनिक व्यापारी की साध्वी पत्नी छेने का पानी
एक ऐसा भी धनवान हुआ जो प्रायः उपवास करता और
कहता—
आदमी भूख से नहीं मरता खाने से मरता है

भूख की कठिनाई से अपरिचित अमीर लोग अपनी अलग-अलग बीमारियों से बचने के लिए खाना छोड़ देते हैं; दरअसल उन्हें खाना छोड़ना पड़ता है। इसलिए वे अरुचिकर पदार्थों का उपयोग करते हैं। इसलिए आसान है उनके लिए यह कहना आदमी भूख से नहीं मरता खाने से मरता है। बिना काम किये, हमेशा अमीरी की गद्दी पर बैठकर पैसा बनाने की साधना में लीन व्यक्ति को रक्तचाप का बढ़ना सहज है। वे भूख की असलियत के बारे में क्या जानें? जीविका चलाने के लिए कूड़ा बीनने वाले बच्चे हैं, दिन-रात काम करने वाली औरतें हैं, मिट्टी से संघर्ष करने वाले किसान हैं। उनसे पूछा जाना चाहिए भूख क्या होती है।

अरुण कमल की यह कविता विद्रूपता के साथ यह भी सूचित करती है कि देश का अमीर आदमी हवा पीकर रहता है। यह भी उन्होंने जोड़ दिया है कि डोनाल्ड ट्रंप भी कभी-कभार हवा भी पीता है। भूख से मरने वाले या कम-से-कम भूख से तड़पते लोग अब भी हमारे बीच कम नहीं हैं। उस सन्दर्भ में हवा खाकर जीने वाले अमीर लोगों या ट्रंप का उल्लेख ग़रीबी की भीषणता को दिखाने तथा अमीर लोगों के इस अमानवीय प्रस्ताव को 'भूख से नहीं खाने से आदमी मरता है'— निर्मूल्य-सिद्ध करने के लिए किया गया है। यह भूख के सरलीकरण के प्रतिरोध में परिकल्पित कविता है। हर गम्भीर विषय को, उसकी तीक्ष्णता को हमारी सामाजिक संरचना आसानी से सरलीकृत करती है। उसके लिए उनके पास कई तथ्य भी मौजूद हैं। पर उनके तथ्यों से ग़रीबों की भूख मिटती नहीं है क्योंकि भूख अन्न के अभाव से उत्पन्न एक यथार्थ है।

कविता एक और बात सामने रखती है— ग़रीबी को ग़रीबी के रूप में देखते रहने से, उस पर आँकड़ा तैयार करने से या उस पर गम्भीर बहस करने से कोई फ़ायदा नहीं है। ग़रीबी के मूल कारण पर विचार-विमर्श करने का कार्य अभी तक हुआ नहीं है। एक विशेष राजनीतिक व सामाजिक संरचना के तहत हम अपने आसपास की गतिविधियों को देखें तो पता चलेगा कि हमारी संरचना ग़रीबी चाहती है। एक तबका ग़रीब ही बनो रहे। एक अशिक्षित, एक पिछड़ा। लगता है कि ग़रीबी और पिछड़ापन स्वनिर्मित है, कृत्रिम है। बहुत बड़ी एक त्रासदी को इस तरह अनदेखा किया जाना सबसे बड़ा जुल्म है। कविता में अमीरों के खाने की बात यद्यपि विषय के रूप में प्रस्तुत हुई है फिर भी उसके नेपथ्य में ग़रीबों की अभावग्रस्तता ही सचमुच विषय है। इस कविता की प्रकट केन्द्रीयता तथा अप्रकट केन्द्रीयता में जो सम्बन्ध है वह सामान्य नहीं है। एक अपरिवर्तनीय सामाजिक संरचना का यह घोर संहार-ताण्डव है।

अरुण कमल की यह कविता कहती कम है और अनुभव कराती अधिक है। हमारे बीच में बिखरे पड़े अमानवीय तथ्यों में से वे कविता को ढूँढ़ते हैं।

मरण से खेलने वालों की संस्कृति

धूमिल ने अपनी एक कविता में रोटी से खेलने वालों की बात कही है। हमारे परिदृश्य में यह हँसी-मज़ाक़ की बात नहीं, बल्कि एक त्रासद संकेत है। उसी प्रकार मरण से खेलने वालों की संस्कृति, जो आजकल बढ़ती जा रही है, भी अतीव त्रासद है। जन्म तथा मृत्यु दोनों को, अपनी-अपनी प्रादेशिक रूढ़ियों के बावजूद, जीवन की प्रमुख घटना का स्थान प्राप्त है। जन्म हर्षदायक है तो मृत्यु दुखदायी है। पर दोनों को हमारी संस्कृति ने आदरपूर्वक ही देखा है। यह मनुष्य के प्रति हमारी संस्कृति की आस्था है। नये जन्मे शिशु के प्रति तथा अन्तिम बिदाई देने वाली मृतात्मा के प्रति भी।

प्रश्न यह है कि मनुष्य के जीवन का अवमूल्यन कब होता है। सत्ता के वर्चस्व के आगे मनुष्य सबसे पहले मूल्यहीन हो जाता है। धार्मिक रूढ़ियों के आगे भी मनुष्य निर्मूल्य है। जातिप्रथा ने मनुष्य को जानवरों से भी गया गुज़रा समझा। अधिकार ने मनुष्य को सदैव अनदेखा किया। आज वैश्वीकरण और उसके नव-उत्पाद्य बाज़ारवाद ने भी मनुष्य को नगण्य माना है। नव-साम्राज्यवाद के आगे भी मनुष्य उनके इच्छानुसार मरण के योग्य है। नयी प्रौद्योगिकी ने भी मनुष्य को त्याज्य समझा है। इन सबों ने मनुष्य की मृत्यु को खेल-तमाशा बनाया है। बाइबिल की एक उक्ति है कि दुष्ट ताड़ के वृक्ष की तरह बड़ा होता जायेगा। यह उक्ति इसलिए सही प्रतीत हो रही है कि उपर्युक्त सूचित तमाम शक्तियाँ मृत्यु से खेलती रही हैं। साधारण अविकसित एवं विकासशील प्रदेश विशेषों से लेकर ताक़तवर देशों तक में यह प्रवृत्ति देखी जा सकती है। अलग-अलग समय पर घटित तमाम युद्ध और उसकी नृशंसता हमारे सामने है, धर्म के नाम पर तथा जाति के नाम हुए दंगे हमारे सामने हैं। गुलामी प्रथा की पाशवीयता को क्या हम इतिहास से अलग कर पायेंगे? पुराने साम्राज्यवाद और नव-साम्राज्यवाद के आगे क्या मनुष्य टिक पाता है? मरण से खेलने वालों का यह जो तमाशा है उसे अपसंस्कृति के विकास के रूप में ही देखा जाना चाहिए।

अरुण कमल की कविता **'युद्ध क्षेत्र'** अपसंस्कृति का दस्तावेज़ प्रस्तुत करती है। इस कविता की पादटिप्पणी में सूचित किया गया है, 'बिहार के जातीय दंगों के बाद'। स्पष्ट है कि एक वास्तविक घटना कविता की प्रेरक-स्थिति के रूप में उपस्थित है। जाति विरोध को ख़त्म करने के लिए भारत के अलग-अलग कोनों में बहुत सारे सन्तो, सामाजिक कार्यकर्ताओं ने सार्थक काम किये हैं। बावजूद इसके भारतीय समाज से जाति विरोध का ज़हर मिटा नहीं। केरल के श्री नारायण गुरु ने घोषणा की थी कि इन्सान की जाति एक, धर्म एक'। इतने पर भी यहाँ की जाति प्रथा नहीं टूटी। इस कारण से जातीय दंगे होते रहते हैं और उन दंगों के अनेक प्रायोजक होते हैं। अरुण कमल की कविता बिहार के जातीय दंगों पर आधारित रचना है। इस दंगे में कई लोग मारे गये। कविता में मृत्यु को जिस तरह से देखा गया है उस पर अधिक फोकसिंग है:

गिनो
गिनती सीखो बच्चो
गिनो
पोस्टमार्टम हाउस से निकलीं
कितनी लाशें
एक दो, नौ-दस कितनी लाशें?

जिस घटना को देखकर मन उदास हो सकता है और मनुष्य भय चकित हो सकता है उसको लेकर जो निर्लिप्तता कविता में दिखाई देती है वह उस दंगाइयों की मानसिकता के अनुकूल है। इसलिए लाशों की गिनती को एक़दम फूहड़ ढंग से व्यक्त किया गया है। यही स्थिति आज कोरोना महामारी के दौरान कई जगह देखने को मिली है। गिनती सीखने वाले बच्चों से 'गिनो गिनो' कहने की प्रवृत्ति का निहितार्थ स्पष्ट ही है लाशें एक नहीं अनेक हैं। दरअसल हम इस घटना की वास्तविकता की तह तक नहीं जा रहे हैं। जिस तरह से लोगों पर वार किया होगा, किस तरह से मनुष्यों को मृत्यपर्यन्त हथियारों से वार किया होगा, भीषण होते हुए भी, उसको नज़दीक से देखें तो अमानवीयता और नृशंसता का चित्र स्पष्ट हो जायेगा। वास्तव में यह हत्या है; इसलिए कवि कहते हैं:

खड़े रहो यूँ ही क़तारबद्ध
सड़क के दोनों तरफ़
पेड़ों के नीचे

या घरों के ओटों पर
अभी और भी गुज़रेंगी लाशें
इस रास्ते से होकर!

जातिवाद की गहराई को दर्शाने के लिए मारे गये लोगों की जातियों के संकेत भी कवि देते हैं। यदि मारे गये दस जन में कौन-कौन थे? उनमें क्या यदुवंशी थे? क्या बामन थे? या छत्री थे। किसी को मालूम नहीं। यही कविता की मुख्य पंक्ति है। दंगा शुरू होता है जाति के नाम पर। जब ख़त्म होता है तो मारे गये लोगों की जाति प्रमुख होती है। लेकिन उसका भी सही आँकड़ा किसी के पास नहीं है।

अरुण कमल अपनी कविता में लिखते हैं— 'मिला है मुफ़्त में युद्ध क्षेत्र' तब तो ढोल को बजना ही है। ढोल बजते रहेंगे, नगाड़े भी बजते रहेंगे, दंगों में शामिल लोगों को उकसाते रहेंगे। पर यह युद्ध किसके लिए? कोई यह नहीं सोचता यह लड़ाई किस के लिए लड़ी जा रही है। जब विवेक का अन्त होता है तो मनुष्य पशुतुल्य हो जाता है। उनमें से संहारप्रेमी मनुष्य अपने ही इन सहजीवियों को हथियार के रूप में इस्तेमाल करते हैं। उसके लिए जीवन मुख्य नहीं है। लड़ना और लड़वाना उसकी दृष्टि से मुख्य है। मृत्यु उसके लिए मामूली है। वह सिर्फ़ लाशों की गिनती लेता है। सही आँकड़ा भी उसे नहीं चाहिए। लाशों का आँकड़ा यदि उसके लिए उपयोगी है तो वह गिनती लेता है। उसकी ज़रूरत नहीं है तो लाशों को फेंक लेता है। मृत्यु के प्रति या मृतात्मा के प्रति मनुष्य का यह नृशंस व्यवहार है। नृशंसता हमारी अपसंस्कृति का मूल मन्त्र है।

आत्मीयता की ऊष्मल स्मृतियाँ

हमारे लिए वासस्थान का तात्पर्य ईंट-पत्थरों से बना बसेरा मात्र नहीं है। ईंट-पत्थरों से निर्मित एक वासस्थान रूप ग्रहण करता है तो वह आत्मीय भावों का संकुल बन जाता है। इसलिए हर घर अपनी परिभाषा से अधिक-अनेकानेक भाव-धाराओं की सदानीरा है। क्या यह घर की काल्पनिक अवधारणा है? कतई नहीं। यह घर की यथार्थ-केन्द्रित अवधारणा है जिसका भारतीय सन्दर्भ में विशेष महत्त्व है। घर माने परिवार, परिवार के सदस्य, सदस्यों का आपसी सम्बन्ध, सम्बन्धों की ऊष्मल परिकल्पना में निहित मूल्य दृष्टि, उस मूल्य दृष्टि की निरन्तरता, श्रेष्ठतम भावों का तालमेल, पारस्परिकता आदि घर को घर बनाये रखने में सहायक हैं। इसलिए घर की स्मृतियाँ हमेशा ऊष्मल हुआ करती हैं। उसमें पिताजी, माँ जी और बड़े भाई और बड़ी बहिनें एवं छोटे भाई तथा छोटी बहिनें आदि शामिल हैं। एक-एक को लेकर अच्छी स्मृतियाँ हमें घर की तरफ़ आकृष्ट करती हैं।

अरुण कमल की कविता **'वास'** घर से सम्बन्धित है। पर वह घर अब नहीं है। वह ढह गया है; उसका नामोनिशान नहीं रह गया है। घर का न रहना कविता में एक यथार्थ है और उस यथार्थ से तालमेल न बिठा पाने का दुख कविता में संकेतित है:

वो घर ढह गया
उजड़ गयी वो बस्ती
अब कोई जानता भी नहीं उसका नाम
फिर क्यों बेचैन हो तुम वहाँ जाने को?
जो उठ रहा है नया नगर वहाँ
वहाँ पहचानेगा कौन तुम्हें?
तुम घुस भी नहीं पाओगे उस दुर्ग में।

घर के स्थान पर अब एक नया नगर उठ रहा है— यह कविता की एक मुख्य संकेत-सूचक पंक्ति है। इसके माध्यम से नव धनाढ्य वर्गों द्वारा बनाये जाने

वाली गगनचुम्बी इमारतों का संकेत है जो किसी नगर के नाम से जाना जाता है। वहाँ घर नहीं होता। फिर भी वहाँ लोग रहने लगते हैं। आवासीय व्यवस्था के इस नये रूप ने आत्मीयता को, प्रेम और स्नेह को हमेशा के लिए मिटा दिया है। नयी आवासीय व्यवस्था में लोग आपस में परिचित नहीं हैं। पड़ोसी का भाव ख़त्म हो चुका है। ऊष्मलता का भाव काल्पनिक कहानियों का शब्द हो चुका है। यह नयी आवासीय व्यवस्था दरअसल अजनबी लोगों का वासस्थान है जहाँ लोग शाम को आते हैं और सुबह उठकर चले जाते हैं।

जिसका घर नये बनते नगर की वजह से ढह गया है वह यह भी जानता है कि उस 'नये दुर्ग' में उसका प्रवेश नहीं हो सकता। इसलिए उसका घर खोजने का काम निरर्थक ही नहीं फ़ालतू भी है। उसके घर के ऊपर की मिट्टी हटा दी गयी होगी। बड़ी-सी बहुमंज़िला एक इमारत की नींव वहीं डाल दी गयी होगी। अतः वहाँ किस कल्पना के आधार पर वह घर को ढूँढ़ पायेगा?

लेकिन घर के प्रति, यानी एक मूल्यवान संकल्पना के प्रति, जो सचेत है और जो उसे अपने एक बड़े स्वप्न की तरह सुरक्षित रखता है उसके लिए घर अब भी है। दीवार न सही, फ़र्श न सही, वे पुरानी खिड़कियाँ या दरवाज़े न सही, छप्पर न सही उसके लिए घर है। वह पूरा परिवेश उसके लिए सुरक्षित है। इस भाव-भंगिमा को अरुण कमल यों प्रस्तुत करते हैं:

बस वह घर वह गाँव और वह इमली का पेड़
बसा रहेगा
तुम्हारे हृदय के तट पर अन्त तक-
तुम लौटोगे हर बार वहीं
हर डूब सुखाड़ हर सफ़र के बाद वहीं
उस टूटी छानी वाली भीत से पीठ टिकाने

यह वर्णन बहिरंगतः काल्पनिक प्रतीत हो सकता है क्योंकि जहाँ घर नहीं है, उसका आसपास भी मिट गया है उसी को लेकर पुनः स्मृतियों में गोता लगाना, बार-बार उस घर को जीवन्त रखने की बात काल्पनिक अवधारणा को पुष्ट करती है। लेकिन सवाल यही है कि क्या जीवन के महत्त्वपूर्ण मूल्य निपट काल्पनिक हैं जिनके कारण हम अपने जीवन को अर्थ पुष्कल अनुभव कर रहे हैं। माँ-बाप की यादें मात्र काल्पनिक हैं जिनसे जीवन का सबक हमने सीख लिया था। अतः घर

की ओर की यह वापसी काल्पनिक परिकल्पना नहीं बल्कि यथार्थ है। उस यथार्थ को स्वप्नमय बनाने तथा उसे जीवन में मूर्त करने का कार्य ही किया गया है। उस से जुड़े एक-एक पक्ष यथार्थ के अंश हैं।

यह सही है कि ये स्मृतियाँ जीवन के एक विशेष मोड़ पर ख़त्म हो सकती हैं। यह मृत्यु का मोड़ है:

वे स्मृतियाँ
वे सब जिनका वास है जब तक यह कच्ची देह है तुम्हारी
घुल जायेगी अगली बरसात में—
हर घर के नीचे कितने ही घरों की मिट्टियाँ हैं।

मृत्यु की वजह से स्मृतियों का ख़त्म होना सहज सी बात है, क्योंकि वह देह नहीं है, वह दिमाग़ नहीं है, वह हृदय नहीं है, वे आँखें नहीं हैं— सब कुछ निस्पन्द हैं। बावजूद इसके घर की स्मृतियों के नीचे कितने ही घरों की मिट्टियाँ पड़ी हुई हैं। घर यदि यथार्थ है तो घर की स्मृतियाँ भी यथार्थ को पुष्ट करती हैं। वह देहावसान के बावजूद ताज़ी ही रहती हैं। अरुण कमल उन मूल्यों के बारे में, जिन्हें मनुष्य ने धीरे-धीरे विकसित किया था, संस्कृति से उन्हें जोड़ा था, बता रहे हैं, जिनका वास अनिवार्य है। वह सुस्थिर है।

इस कविता की वस्तु योजना के आधार पर हम यह बता सकते हैं कि अरुण कमल के कवि-व्यक्तित्व का यह एक अहम पक्ष है कि वे जीवन के लिए अनिवार्य गतिशील परम्पराओं को सुरक्षित रखना चाहते हैं। इसके कई-कई उदाहरण उनकी कविताओं में सुलभ हैं। इस अनिवार्य पक्ष को हम कविता की भारतीयता भी कह सकते हैं जो उनके यहाँ संजीवनी की तरह उपलब्ध है।

जीवन का जो नरक है वही अमरता है

एक व्यंग्य-विद्रूप कविता सामान्य यथार्थ की सीमा पार करके असामान्य दृश्य-विधान रचती है जहाँ सब कुछ असाधारण प्रतीत होते हुए भी जिस विषय पर फोकस कर रही है उसका एक नग्न-चित्र भी पेश करती है। हमारे जीवन यथार्थ के कई दृश्य इतने नग्न हैं कि यह नग्नता बीभत्स रस ही प्रदान करती है। मनुष्यता नीति-चेतना का प्रतिफल है तो बीभत्स रस प्रदान करने वाली हमारी दैनन्दिन दृश्य-श्रृंखलाएँ अभद्रता और अनीति-चेतना का प्रतिफल है।

व्यंग्य कहने का एक ढंग मात्र नहीं है। पूरी रचना में, उसके अथ से इति तक, व्यंग्य का गहरा असर देखा-अनुभव किया जा सकता है। जिस प्रकार एक गम्भीर त्रासदी में त्रासद प्रसंगों की सूचनाएँ लबालब भरी मिलती हैं उसी प्रकार एक गम्भीर व्यंग्य रचना में व्यंग्यात्मकता सतह तक सीमित नहीं रहती। जिस अनुपात में रचना के हर दृश्य में व्यंग्यात्मकता गहराती रहती है उस अनुपात में हम अपनी ही नग्नता का अनुभव करते हैं। यह आत्महीन संस्कृति की नग्नता है जिसका प्रदर्शन बिना किसी हिचक के साथ, बेरोक-टोक ढंग से चलता चला जा रहा है। जूलियस हे का नाटक 'घोड़ा' व्यंग्यात्मकता का चरम उत्कर्ष दिखाता है। राजा ऐलान करता है कि उन्होंने अपने घोड़े को सबसे उच्च पद नियुक्त किया है। अपने प्रदेश की सबसे सुन्दर लड़की से उसकी (घोड़े की) शादी होगी। जूलियस हे का पूरा नाटक प्रदेश विशेष के माँ-बाप एवं युवतियों की उस कामना को इतने व्यंग्यात्मक ढंग से दिखाता है कि घोड़े से विवाह करने के लिए माँ-बाप अपनी बेटियों को तैयार कराते हैं और स्वयं युवतियाँ भी घोड़े से विवाह करने के लिए मन बना लेती हैं। संस्कृति के पतन को, वर्चस्व की अधिकार-चेष्टाओं को दिखाना नाटककार का लक्ष्य है। उसमें सभी दृश्य असाधारण प्रतीत होंगे क्योंकि घोड़े के साथ शादी रची जा रही है। सम्पत्ति और पद के प्रति लोगों के मन में जो अनियन्त्रित प्रलोभन है, अधिकार के साथ जुड़े रहने की जो अमानवीय तत्परता है उसके लिए सामान्य

दृश्य, सामान्य संवाद, सामान्य व्यवहार पर्याप्त नहीं होते हैं। व्यंग्य रचनाओं के लिए यह तत्त्व अनिवार्य है। उसी प्रकार अरुण कमल ने अपनी **'अमरता की खोज'** शीर्षक कविता में पूरी गम्भीरता से व्यंग्यात्मकता का प्रयोग किया है जिसके कारण उनकी कविता का कवि अमरता की खोज में निकला है। वह अलग-अलग उन्नत व्यक्तियों से मिलने का प्रयास करता है ताकि वह अमर हो जाये। पहले-पहल वह आलोचक के चौखट पर पहुँच जाता है। आलोचक उसे तसल्ली देता है कि देखा जायेगा। रात को अभ्यास वश कवि को खाँसी आयी तो आलोचक हडबड़ा जाता है कि अकादमी अध्यक्ष यह खाँसी सुन न लें और उसे पता चल जाये कि अमरता की खोज में एक कवि आलोचक के यहाँ रह रहा है। अकादमी अध्यक्ष का नाम सुनते ही कवि उसके यहाँ चला जाता है। यह खोज मन्त्री के यहाँ तक जाती है और प्रधान मन्त्री के यहाँ तक भी जारी रहती है।

कविता में कवि का खाँसना मामूली दृश्य के रूप में ही सूचित है। लेकिन उसकी खाँसी एक-एक को—आलोचक, अकादमी अध्यक्ष, मन्त्री, प्रधान मन्त्री आदि—परेशान करती है कि कोई सुन न लें। इस तरह खाँसी एक असाधारण दृश्य में बदलती है। रहस्य का मानो पर्दाफ़ाश होता है। सब कुछ अँधेरे में होना चाहिए ताकि कोई न देख सके और कोई कुछ भी न सुन सके। पूरे दृश्य को अरुण कमल ने नाटकीय कौशल के साथ प्रस्तुत किया है और उनकी नाटकीयता भी कविता की व्यंग्यात्मकता को तेज़ी से गहराती है। कविता का एक नाटकीय दृश्य इस प्रकार है:

मन्त्री शीर्षासन में व्यस्त था
उसने कवि को तत्काल वृत्ति और बंगला आबंटित किया और कपालभाति करने लगा।
किन्तु काल गति ने इस बार फिर कवि को खाँसी ला दी
और मन्त्री अंगरक्षकों के साथ भागा भागा आया
'चुप चुप कहीं प्रधान जी न सुन लें'।
और कवि ने सीधे प्रधान से मिलने की ठानी
प्रधान अभी-अभी अमेरिका से लौट नीम का दतवन कर रहा था
उसने फ़ौरन कवि को राजकवि घोषित किया
और अतिथि कक्ष में ठहराया।

अरुण कमल के कवि-व्यक्तित्व में निहित सूक्ष्म निरीक्षण पटुता और व्यापक अनुभवों ने उन्हें यह क्षमता प्रदान की है कि अपनी कविता के दृश्य विधान में,

उसकी भाषिक संरचना में और तटस्थ दृष्टि में व्यंग्यात्मकता के माध्यम से यथार्थ में निहित विद्रुपता को कैसे सम्प्रेषित किया जा सकता है। इस कविता में जो यथार्थ है वह सिर्फ़ सांस्कृतिक विघटन का उदाहरण नहीं अपितु जीवन के प्रति दिखाई देने वाली क्रूर विनोदवृत्ति है जिसका अमानवीय वातावरण में विकास ही होता है। उसका कोई अन्त नहीं है। असर वजाहत की एक कहानी 'स्विमिंग पूल' में इसी तरह अनन्तिम क्रूर विनोदवृत्ति का दृश्य हमें प्राप्त होता है।

कविता में कवि की खाँसी की वजह से प्रधान का घबरा जाना और उसका कवि को सतर्क करना कि "जनता सुन लेगी तो क्या होगी" वास्तव में एक गम्भीर पहचान के रूप में प्रस्तुत किया गया है। प्रधान तो चाहता है कि जनता के कान तक यह ख़बर पहुँचनी नहीं चाहिए कि वह एक कवि को अमरता प्रदान करने के लिए उद्यत है।

कवि पहचान गया कि आलोचक से लेकर प्रधान तक उसकी मदद नहीं कर सकता। जनता ही कर सकती है:

तब कवि को व्यापा—
चलो फिर वहीं उसी गली के टूटे घर में
जीवन का जो नरक है वहीं अमरता है।

इस कवितांश की अन्तिम पंक्ति का कई तरह से वाचन सम्भव है। कवि पहचान लेता है कि 'जीवन का जो नरक है वहीं अमरता है', इसे भी प्रलोभन के रूप में देखा जा सकता है। कभी-कभार इस नरक में जीने वालों के प्रति कृत्रिम जागरूकता जो उभरती है कि कितना हास्यास्पद है और उसमें कितनी विनोदप्रियता है।

अरुण कमल की इस कविता का यथार्थ अपनी तमाम विनोदप्रिय वृत्तियों के बावजूद सच्चाई की पहचान से जुड़े महावर्तमानकाल के यथार्थ से सामंजस्य कर लेता है।

डर के कई रंग

अपनी एक कविता में—**'एक बार'**—अरुण कमल ने कवि होने के नाते अपने आत्मन्थन के प्रसंग को प्रस्तुत किया है। बहुत ही पिछड़े इलाक़े में कवि कविता—पाठ करने जा रहे हैं। 'एक रुपैया भी इधर अच्छी कमाई है'—यह उस प्रदेश के पिछड़ेपन को समझने के लिए पर्याप्त है। बावजूद उसके वहाँ लोग इकट्ठे हुए हैं काव्य-पाठ के श्रोता बनकर। यह ज़रूर है कि सबसे पहले कबीर को गाएँगे, उसके बाद काव्य-पाठ। अरुण कमल इस पूरे दृश्य को भाँपने के बाद लिखते हैं— 'और मुझे डर लगा'—कवि को डर लग रहा है। जिन श्रोताओं के सम्मुख उसे काव्य-पाठ करना है उनकी भाषा से कवि अनभिज्ञ हैं। वे लिखते हैं—

क्या मैं इनकी भाषा जानता हूँ?
मेरी दुनिया अलग इनकी अलग
एक तरफ़ पुरवा एक तरफ़ पछवा
क्या मैं इनकी बोली का कवि हूँ?

इसमें कोई सन्देह नहीं कि ये लोग काव्य-पाठ के श्रोता बनकर आये हैं। वे कबीर को पहले-पहल सुनेंगे। कविता में यह प्रसंग अत्यन्त महत्त्वपूर्ण है। कबीर के पदों की जीवन्तता के वे कायल हैं। उनकी भक्ति, उपदेश, व्यंग्य, उलटबासियाँ आदि से वे परिचित हैं। कविता की एक जीवन्त परम्परा से वे परिचित हैं। उसी परम्परा को वे आधुनिक कवि के शब्दों से भी सुनना चाहते हैं। इस कारण से कविता का कवि भयभीत है। उनका सन्देह बस यही है कि क्या वे उस काव्योत्कर्ष तक अपने इन श्रोताओं के ले चलने में समर्थ हो सकते हैं? लेकिन इस कविता के अन्त में कवि अपनी अपूर्णता के कारण सब कुछ भूल जाते हैं:

देखा, वे सैकड़ों लोग चुप बैठे थे
और मैं बोलना भूल रहा था

कविता का यह नाटकीय अन्त उनकी अपनी कविताओं की अपूर्णता को द्योतित करने लिए सृजित किया गया है। कविता स्वयं अपूर्ण होती है; मगर वह

पूर्णता की खोज भी है। इस कवि का पहले भयभीत होना और बाद में कविता को भूल जाना बृहत्तर कवि-परम्परा और समृद्ध पाठक-समाज की परम्परा के आगे अपनी अपूर्णता से परिचित होने के कारण सम्भव हुआ है। ज़ाहिर है कि कविता अन्ततः पूर्णता की खोज है।

यहाँ प्रसंग कवि के आत्मन्थन का है। उससे जुड़ा दूसरा प्रसंग है कि अपनी अपूर्णता से कवि के मन में उत्पन्न डर। "क्या मैं इनकी भाषा जानता हूँ, क्या मैं इन की बोली का कवि हूँ?" यह दरअसल भाषा-बोली के बाहरी ज्ञान से सम्बन्धित नहीं है। इसमें ये दोनों शब्द परम्परा से जुड़ते दिखाई देते हैं। कविता की लोकपरम्परा के आन्तरिक वैभव को दर्शाने के लिए अरुण कमल ने सामान्य तबकों के बीच कवि के असमंजस को दिखाया है। इस असमंजस के कारण कविता का कवि पूर्णता तक पहुँचे हुए से लग रहे हैं। एक बृहत्तर लोक से उनका सामंजस्य विवृत होता दिखाया गया है। इस कविता में डर सत्यान्वेषण के पथ पर भटक रहे कवि की भावावस्था है।

अरुण कमल की एक लघु कविता है **'डर'**। इस कविता में डर मनुष्यताहीन मनुष्य से भयभीत कवि की अन्तहीन संघर्ष-गाथा से सम्बन्धित है। जाति से, धर्म से तथा नस्ल एवं क्षेत्रीयता से बँटे हुए मनुष्य का एक विकराल रूप है। वह सबको डराता है:

वहाँ अपनी जाति से डर था
तो यहाँ अपने धर्म से
वहाँ अपनी भाषा से डर था
तो यहाँ अपने क्षेत्र से
निरापद कहीं न था

यथार्थ की संकीर्णताओं ने हमारी संवेदन-क्षमता को विनष्ट किया है। कोई भी काव्य-नीति उस समय स्पृहणीय नहीं लग रही है। इस तरह के जटिल समय को अरुण कमल ने 'डर' कविता में प्रस्तुत किया है। इसमें समय के तीनों आयाम इतने गड्ड-मड्ड दिखाई देते हैं कि समय की सुइयाँ सही दिशा में बढ़ती नहीं दिखाई दे रही हैं। भाषा हों, धर्म हों, जात हो या क्षेत्रीयता अपने स्वत्व बोध के सन्दर्भ में गतिशील हो सकते हैं। लेकिन ये ही तत्त्व मनुष्य को विभाजित करने में ही सक्षम हैं तो वे अधिकार के औज़ार बनकर स्वत्व को विनष्ट कर देते हैं। हमारे समय में,

जो पूरी तरह से विघटित है, स्वत्व की पहचान की जगह स्वत्वविघटन का प्रारूप बलवती दिखाई देता है। इस कारण से अरुण कमल लिखते हैं:

मेरे साथ मेरा भूत घूम रहा था उल्टे पाँव से
और वर्तमान की परछाईं भी पीछे गिरती
सामने भविष्य का सूर्य
जिधर बढ़ता जा रहा था और वह लगातार सरकता
पीछे।

वास्तव में समय अपनी गति से विचलित होता नहीं है क्योंकि समय की गति अबाध है। परन्तु उस गति को भी निरर्थक दिशा की ओर मोड़ने लायक हादसे घटित होते रहते हैं। ऐसे में कभी न विचलित होने वाली समय की गति बाधित हो सकती है। संवेदनात्मक सघनता ही समय को आगे ले चलती है। संवेदना से शून्य समय आगे बढ़ नहीं पाता है। वह अवरुद्ध होता है जब मूल्य-दृष्टि पर कोई अंकुश पड़ जाता है। अतः इस कविता में आशंकाओं से घिरा हुआ एक कवि अपना डर प्रकट कर रहा है। कवि अपने निजी स्वार्थ के कारण, निजी गोपनीयता के कारण या निजी संकीर्णता के कारण डरे हुए नहीं हैं। समय की अदूरदर्शिताओं के कारण जो विघटन पैदा हो गया है वह कवि-मन में आशंकाएँ भर देता है। तब तक समर्पित चेतस डर से घिर जाता है। उस कवि को लगता है कि भविष्य का सूर्य बढ़ने के बजाय सरकता जा रहा है। यह बिम्ब कवि का न होकर समय द्वारा प्रदत्त बिम्ब है।

'एक बार' कवि (कविता का) और स्वयं अरुण कमल की कवितात्मक अन्तर्यात्रा की अभिव्यक्ति है। ये दोनों कवि आशंकित हैं कि क्या उनकी कविता उत्सुक श्रोता-समाज तक पहुँच पायेगी? आशंका से अधिक इसमें कविता की पूर्णता की बात मुख्य है। कविता कब पूर्ण हो जाती है? कवि कब पूर्ण हो जाते हैं? ये शंकाएँ नहीं हैं; ये सृजनात्मकता की खोज के सार्थक पड़ाव हैं। कवि सबसे पहले श्रोता-समाज की उत्सुकताओं में मग्न होता है। कवि को इसलिए यह सूचना दी जाती है कि ये पहले-पहल कबीर को सुनेंगे। यानी वे अपनी लोक-परम्परा से ओतप्रोत एक प्राचीन कवि की शब्द-निबिड़ता में डूब जायेंगे। यह उनके लिए कविता का द्वार प्रदेश है। उसके बाद वे आधुनिक कवि को सुनेंगे। इसमें निहित कवितास्वादन की निष्ठा विशेष उल्लेखनीय है। इस कारण से कवि सब कुछ भूलकर (सब कुछ को आत्मसात कर) स्वयं उत्सुक होकर बैठता है।

अरुण कमल की यह रचना कविता की सही 'एपीफनी' है।

एक सूखी हुई नदी की प्रतीक्षा

छह छोटे-छोटे खंडों में विभाजित, अपनी आन्तरिक संरचना में विवरणात्मकता से मुक्त, अरुण कमल की कविता है **'निर्बल के गीत'**। कविता पर विचार करने के पहले उसकी आन्तरिक संरचना में से उभरती विवरणात्मकता पर विचार करना आवश्यक है। इसमें निर्बल व्यक्ति का इतिहास कई कोणों से प्रस्तुत है। हर किसी कोण में वह इतना अकेला है कि वह अपने आपको आसराहीन समझ रहा है। यह उसका वहम नहीं बल्कि सच है। कविता की इस आन्तरिक विवरणात्मकता में भय का इतिहास, आश्रयहीनता का इतिहास, अकेलेपन का इतिहास, पीड़ा का इतिहास आदि शामिल हैं। निर्बल के इतिहास की इस लम्बी यात्रा में, तमाम विपरीत परिस्थितियों के बीच, निर्बल समाज का उभारना भी दिखाया गया है। निबिड़ अन्धकार में रोशनी के बिखरते कण दिखाये गये हैं। अर्थात् कविता की आन्तरिक विवरणात्मकता में धँसना और उभरना दोनों चिह्नित हैं। नीचे की ओर धँसते जाना यदि निर्बल का यथार्थ है तो ऊपर की ओर उभरकर आना उसकी अनिवार्यता है। अपने यथार्थ से वह अच्छी तरह परिचित है। इसलिए अपनी अनिवार्यता को भी वह शब्दबद्ध करता है। अरुण कमल की यह कविता निर्बल के गीत की तरह भी रचित है और निर्बल के जीने की अनिवार्यता की तरह भी संरचित है।

अप्रत्याशित घटनाओं की भयावह सूचनाओं के साथ कविता शुरू होती है। निर्बल के जीवन के साथ जोड़कर देखते समय ये घटनाएँ अप्रत्याशित प्रतीत नहीं होती हैं। ऐसी घटनाएँ उसके जीवन में कभी भी घट सकती हैं। इस जीवन की कोई सुनिश्चित परिघटना नहीं है। निरर्थकता के बीच का वह जीवन कहीं भी ख़त्म हो सकता है क्योंकि अर्थवत्ता की चारुता ने उसे स्वीकार ही नहीं किया है। इसलिए अरुण कमल ने कविता की शुरुआत में भयावह वातावरण के बीच निर्बल के जीवन को देखा है:

किसी को वे ले जा रहे हैं बलि के लिए
इतना सन्नाटा है चारों तरफ़ इतनी धुन्ध

कभी भी कोई भी ख़बर आ सकती है
मैं जी रहा हूँ एक-एक साँस गिनता
अभी अगले पल कुछ भी हो सकता है
मेरी नाव डूब रही है मेरा घर गिर रहा है
मेरा रास्ता रसद पानी बन्द
मेरे पैरों के नीचे फट रही है धरती
मैं डूब रहा हूँ।

यह भयावहता यथार्थ-जनित है और वह अनुभूत सत्य भी है। उसके प्रति गम्भीरता से विचार करने का कार्य नहीं हुआ। लाखों की तादाद में घटित घिनौनी घटनाओं के विस्तृत परिदृश्य में उसके भोक्ता लोगों की मानसिकता का विश्लेषण करेंगे और उन घटनाओं को अपने सही परिप्रेक्ष्य से देखें तो इस कविता का अनुभव अतिशयोक्तिपूर्ण नहीं लगेगा। कोई भी हादसा उक्त हादसे तक सीमित नहीं है। इसलिए कवि की सूचना, 'अगले पल कुछ भी हो सकता है' यथार्थ को गहराती है।

एक और भयावह मानसिकता को कविता के दूसरे खण्ड में अरुण कमल ने व्यक्त किया है। सभी अपना घर-बार छोड़कर भागे जा रहे हैं। कोई दूसरा विकल्प जब बचा नहीं है तो भाग जाना ही बचा हुआ है। पर है एक निर्बल जो सबसे पीछे है। वह अनुरोध ही कर सकता है 'मुझे इस तरह अकेला मत छोड़ो। उसे लगता है कि उसे घर में बन्द करके सभी जा रहे हैं। इसलिए वह पुनः अनुरोध कर रहा है कि "बाहर से ताला मत दो, मुझे खोल दो मुझे भी चलने दो।" यह एक व्यक्ति-मन का स्वर नहीं। यह दरअसल समय-मन का समवेत स्वर है। समय के अलग-अलग पायदानों पर यह स्वर गूँज उठा था; पर उसे अनसुना कर दिया गया था। कविता के तीसरे खण्ड में भी वही स्वर दुहराया गया है:

तुम तो पानी हो तुम हवा तुम नभ
तुम एक घर
बन्द मत करो द्वार
नहीं इस रात मत छोड़ो शीत में
बाहर।

निर्बल का अनुरोध उससे है जो पानी, हवा और नभ की तरह व्याप्त है। जिसके पास सुरक्षित घर नहीं है, जिसके पास पानी नहीं है, हवा नहीं है और नभ भी नहीं है वह अनुनय-विनय ही कर सकता है। यह स्वर कितनी तीव्रता के साथ,

किस गहराई से गूँज उठा होगा कि उसका अनुमान करना कठिन है। वह तीव्र स्वर भी कहीं ग़ायब होता चला गया। किसी ने सुना नहीं और हमारा साधारण इतिहास इसको लेकर मौन है।

कविता के आगे के खंडों में यानी चौथे, पाँचवे, छठे खंडों में, निर्बल की आत्मा फिनिक्स पक्षी की तरह जीवित हो उठती है— "समझना मैं हूँ कहीं न कहीं"। जीने के हक़ से उत्पन्न स्वर, जिसमें कोई हताशा नहीं है, फिर से गूँज उठता है:

मैं कभी खोऊँगा नहीं
मैं नहीं धूल में दबे सिक्के सा
कभी अचानक चमक उठूँगा चाँद रात में

निर्बल मन यहाँ अपना इतिहास स्वयं रच रहा है। इस स्फूर्ती भरे क्षण में भी वह अनुभव कर रहा है कि कभी भी घर-निकासी मुमकिन है। चक्की की तरह चलती ज़िन्दगी में से बाहर छिटके दाने बाहर ही रह जाते हैं और भीतर रह गया है, 'भीतर वह पिसेगा गात्र-गात्र'। इतिहास-निर्माण की वेला में भी यथार्थ की यह पहचान निर्बल के संघर्ष को तीव्र बनाती है। इस पहचान के अभाव में निर्बल का इतिहास न रचा जा सकता है न कोई दृष्टि रूपायित की जा सकती है।

कविता के अन्तिम खण्ड में जीवन की तीव्र पहचान से बनी एक सूक्ष्म दृष्टि प्रस्तुत की गयी है। विपरीत परिस्थितियों का बवंडर सामने प्रत्यक्षीकृत हो रहा है। फिर भी निर्बल का स्वर यहाँ तीव्र होता जा रहा है। ताक़तवर से निर्बल कोई उम्मीद ही नहीं करता है। वह उम्मीद कर रहा है क्योंकि उम्मीद उसकी अनिवार्यता है:

किसी से कोई उम्मीद नहीं
न आसरा है किसी सहारे का
ये हाथ भी न रहें ये पैर भी
आँखें न रहें न कान न जीभ
बस साँस रहे तब तक जानता हूँ
जीता रहूँगा
उस पेड़ की तरह जिस पर ठनका गिरा
उस कुत्ते की तरह जिसकी देह में खौरा है
उस पक्षी की तरह जिसके पंख झड़ रहे हैं

मैं एक टूटी सड़क की तरह ज़िन्दा रहूँगा

एक सूखी नदी की तरह अगले आषाढ़ तक

कविता के इस अंश में जितने रूपक कवि ने प्रस्तुत किये हैं वे निर्बल के गीत की आत्मा से उत्पन्न हैं। अन्तिम रूपक पूरी ताक़त के साथ विन्यसित प्रतीत होता है। नदी अब सूख चुकी है। पर वह अगले आषाढ़ की प्रतीक्षा कर रही है। आषाढ़ में पानी बरसेगा और सूखी नदी में पानी प्रवाहित होगा। यह एक सशक्त उम्मीद है निर्बल के सन्दर्भ में। उसके बल पर ही वह रहता है। अनवरत काल से वह इसी तरह जीता आया है अपने जल सहित।

इच्छाएँ कभी मरती नहीं

जन्तु सहज इच्छाएँ आवयविक होती हैं, पेट भरना और जब मन चाहे तो यौनेच्छा को पूरा करना। उसके आगे उसकी कोई इच्छा होती नहीं है। परन्तु मनुष्य की इच्छाएँ पेट के भरण-पोषण और यौन तृप्ति तक सीमित नहीं हैं। मनुष्य सदैव इच्छाओं से वलयित रहता है; वह स्वप्न देख सकता है और स्वप्न-साक्षात्कार भी कर सकता है। सामान्यतः जीवन में घर की इच्छा सामान्य नहीं होती है। वह एक महती इच्छा है— अपनी छत, अपना घर। आज के प्रयोजनवादी दौर में एक या एक से अधिक घर को रखने की इच्छा के पीछे आर्थिक लाभ की दृष्टि ही ज़्यादा है। लेकिन जिसका कोई घर नहीं उसके लिए एक घर का होना महती इच्छा है। वह इच्छा, जब तक पूरी नहीं होती, उसका पीछा करती रहती है। यह इच्छा बड़ी-बड़ी महत्त्वाकांक्षाओं की श्रेणी में आने वाली इच्छा नहीं है और न अत्याचारियों की अमानवीय इच्छा है। साधारण मनुष्य की साधारणा इच्छा शतशः मानवीय होती है। मानवीय होने से उस तरह की इच्छा का अपना सौन्दर्य भी है। बेघर व्यक्ति की घर की इच्छा उसकी सौन्दर्य-कल्पना का प्रतीक है। इस इच्छा को हम भारतीय परिदृश्य में विश्लेषित कर सकते हैं। एक ज़माने तक हमारे यहाँ सम्मिलित परिवार की प्रथा क़ायम थी। सभी परिवार वाले इकट्ठे रहते थे। इसकी असुविधाएँ ख़ूब थीं; पर एक मूल्य का विकास, जो सहवास के ज़रिये, भी होता था। आज वह प्रथा टूट गयी है; लेकिन रिश्तों के मूल्यों को नकारने की प्रवृत्ति नहीं है। इसलिए घर की इच्छा परिवार की इच्छा है; रस्मों-रिवाज़ों से मुक्त परिवार की इच्छा है। यह कई दृष्टियों से यूरोपीय वातावरण और वहाँ की रीतियों से भिन्न है। यहाँ घर एक पारिवारिक मूल्य है जिसे तोड़ने की इच्छा नहीं होती। घर पर सिर्फ़ उसके सदस्य ही नहीं होते और कई प्राणी और कई वस्तुएँ भी होती हैं। वनस्पति भी भरी रहती है। इसमें हम जीवन की पूर्णता का मूल्य अनुभव कर सकते हैं। घर में उगाये गये हर एक पौधे का महत्त्व होता है। घर पर पले हुए एक-एक जानवर का महत्त्व है।

घर की एक-एक चीज़, जो समय-समय पर आयी होगी, का महत्त्व है जो हमारी सौन्दर्य दृष्टि को उत्प्रेरित करती है। इन सबके सन्तुलन को हम घर कहते हैं जहाँ वरिष्ठ आदर के पात्र होते हैं और कनिष्ठ स्नेह के पात्र। यही नहीं कि घर का आसपास भी मुख्य है। पड़ोस घर का अहम पक्ष है। पड़ोसी को भी हम घर के सदस्य के रूप में गिनते हैं। अतः घर जो मूल्य विकसित करता है वह समाज तक प्रचारित होता है। हमारी सार्थक सामाजिक दृष्टि दरअसल घर की देन है।

इस अर्थ में ही हम इच्छा को मानवीय कहते हैं। अरुण कमल की कविता **'इच्छा थी'** अपना घर बसाने की इच्छा को अभिव्यक्त करती है। वह एक भरे-पूरे घर की इच्छा है जो इस प्रकार है:

इच्छा तो बहुत थी कि एक घर होता मेहँदी के अहाते वाला
कुछ बाड़ी-झाड़ी कुछ फल फूल
और एक गाय
बाहर बराम्दे पर बेंत की कुरसी
बारिश होती धुआँ उठता तेल की कड़चड़
लोग-बाग आते, बहन कभी भाई, संगी साथी
कुछ फैलावाँ रहता थोड़ी खुशफैली।

बहुत बड़ी इच्छा प्रकट नहीं की गयी है। सामान्य-सी इच्छा है। इसलिए कविता में 'कुछ', 'एक', 'कभी', 'थोड़ी' जैसे शब्दों के प्रयोग हुए हैं। बहुत कुछ नहीं है, अनेक नहीं है, लगातार नहीं है और ज़्यादा नहीं है। यह तो एक इच्छा थी जो पूरी नहीं हो रही है और चाहने वाला सोच रहा है कि उसने कुछ ज़्यादा ही चाहा है। बहुत कम चाहने पर भी इच्छा की पूर्ति नहीं होती है। उस अपूर्णता को भी वह स्वीकार कर रहा है। मायूसी का संस्पर्श तो है उसके शब्दों में लेकिन इच्छाशक्ति की समाप्ति नहीं है।

इच्छा को मानवीय कहने का तात्पर्य भी यही है कि सभी इच्छाएँ पूरी नहीं होती हैं; परन्तु वे मानवीय होने से कहीं न कहीं इच्छा की पूर्ति की इच्छा बनी रहती है। घर न सही आसमान तो है; आसपास नदी तो है जो कभी भरी और कभी सूखी रहती है। इच्छाओं के भरने से ही मनुष्य मानवीय भावों से सराबोर रहता है—

ख़ैर! जब इतना कट गया बाक़ी भी गुज़र जायेगा
न अपना घर होगा न अपनी ज़मीन
फिर भी आसमान तो होगा कुछ न कुछ

फिर भी नदी होगी कभी भरी कभी सूखी
और यह भी कि कोई इच्छा थी कभी।

जीवन की निरन्तरता को उसके यथार्थ में, अभावों एवं परेशानियों के बीच, आत्मसात करने की मानसिकता मानवीयता को प्रेरित करती रहती है। अभाव जीवन का अन्त नहीं है। अपूर्णता जीवन को कभी भी अर्थहीन नहीं बनाती है। अरुण कमल की इस कविता ने दुख को स्वीकार किया है; दुख से सुख की ओर की यात्रा, अपूर्णता से पूर्णता की ओर के पथ का ढूँढ़ना आदि इसकी प्रमेय-सम्भावनाएँ है। एक और तथ्य यहाँ पर संकेतित करना आवश्यक है; अरुण कमल की कविता दुखी जीवन की गाथाएँ निरन्तर प्रस्तुत करती है। पर कहीं भी ये गाथाएँ जीवन को विराम चिह्न के साथ समापित घोषित नहीं करती हैं। 'निर्बल के गीत' कविता में जैसे उन्होंने लिखा था— "मैं वहीं धूल में दबे सिक्के सा कभी अचानक चमक उठूँगा चाँद रात में।" अपनी ज़मीन से जुड़ा मनुष्य, स्वप्न तो देखता है और उसकी पूर्ति के लिए संघर्ष करता है। कभी-कभी उसके स्वप्न बीच में ही टूटते जाते हैं, इच्छाएँ बिखरती हैं। पर उसके पैर जब तक ज़मीन पर हैं तब तक वह पूरी जिजीविषा के साथ जीता है। अपनी इच्छाओं को मरने भी नहीं देता है। जीवन-नैरन्तर्य का यह अहसास इस कविता को एक व्यापक परिदृश्य तक हमें ले चलता है।

न्यायिक व्यवस्था के विपक्ष में

न्यायिक व्यवस्था का सूत्र वाक्य है कि एक बेकसूर भी दंडित न हो। यह एक न्यायिक मूल्य है जिसका सदैव स्वागत होता आया है। परन्तु व्यावहारिक तौर पर न्यायिक व्यवस्था का पूरा तन्त्र उन सबको न्याय दिलाता है और बेकसूर को कसूरवार घोषित करता है। यह विरोधाभास न्यायिक व्यवस्था से जुड़ा हुआ है। इसमें गवाही का बहुत महत्त्वपूर्ण स्थान है। गवाहों से प्रतिज्ञा ली जाती है कि वह सत्य ही कहेगा और सत्य के अलावा कुछ नहीं कहेगा। इसलिए गवाहों के बयान का महत्त्व है। न्यायिक व्यवस्था में गवाह को झूठ बोलने की छूट नहीं है। यहाँ भी व्यावहारिकता का सवाल उठ खड़ा होता है। प्रायः गवाहियाँ प्रायोजित होती हैं जिनसे पूरा मामला गड्ड-मड्ड भी होता दिखाई देता है। इन स्थितियों को मद्देनज़र रखते हुए अरुण कमल ने **'जिसने झूठी गवाही दी'** शीर्षक कविता लिखी है।

नीति का तन्त्र शुरू से अनैतिक रहा है। इसके कई-कई उदाहरण हमारे सामने हैं, चाहे वह सम्राटों एवं शहंशाहों का ज़माना हों, यूरोपियन न्यायिक व्यवस्था हो नीति-तन्त्र का एक पक्ष किसी न किसी तरह से कमज़ोर ही रहता है। इसलिए हमारी न्यायिक व्यवस्था, जिसे जितनी पारदर्शी होनी चाहिए, उतनी पारदर्शी नहीं है। अतः न्यायिक व्यवस्था का सूत्र-वाक्य गड़बड़ ही रहता है। अरुण कमल ने अपनी कविता 'जिसने झूठी गवाही दी' में झूठ का पक्ष लिया है:

हाँ मैं झूठ बोलूँगा
मैं लाख बार झूठ बोलूँगा
अगर इससे कोई अभागा एक दिन भी ज़्यादा जी सके
मैं मरते हुए आदमी की तारीफ़ में झूठ बोलूँगा
अगर वह इत्मीनान से मर सके।

ऊपर की पंक्तियों को पढ़ते समय हमें लग सकता है कि झूठ के पक्ष में बोलना यानी झूठी गवाही देना कितना ख़तरनाक है; वह अपने आप में अनैतिक

है। सवाल उठ सकता है कि कवि अनैतिकता का पक्ष क्यों ले रहा है? 'मेरे झूठ बोलने से, बार-बार बोलने से एक अभागा एक दिन भी ज़्यादा जी सकता है, उसे मिलने वाला वह अतिरिक्त एक दिन का मूल्य कल्पनातीत है। भले ही उसे एक दिन के बाद मृत्यु दण्ड मिल जाये फिर भी वह ठीक है।

अरुण कमल की ये पंक्तियाँ नीतिशास्त्र, जिसके आधार पर हमारी न्यायिक व्यवस्था की बुनियाद बनी है, को कटघरे में खड़ा करने के लिए लिखी गयी हैं। नीतिशास्त्र को जीवन-निरपेक्ष मानकर देखा जाये तो वह ठीक है। जीवन सापेक्षता के सन्दर्भ में नीतिशास्त्र का अन्तस्थल घनत्व से युक्त नहीं है। इसलिए कवि का एक-एक शब्द एक-एक प्रहार है। उस प्रहार के लिए वे अपना स्पष्टीकरण भी देते हैं कि एक अभागा एक और दिन जी सकता है और एक आदमी इत्मीनान से मर सकता है। इससे ज़ाहिर होता ही है कवि के सामने एक ही समस्या है कि उसे सच का पक्ष लेना है या झूठ का पक्ष लेना है। होना यह चाहिए कि वह सच का पक्ष ले। झूठ का पक्ष न ले। यथार्थ के सामान्य धरातल पर यही सही है। लेकिन जब कवि ज़ोर देकर कह रहे हैं, 'हाँ मैं झूठ बोलूँगा' तो उस बुलन्द आवाज़ का यथार्थ क्या है? सत्य का पूरा का पूरा परिदृश्य आदर्श प्रेरित या सत्याधारित नहीं है। एक उदाहरण से इसे स्पष्ट किया जा सकता है। वर्णाश्रम प्रथा के अन्तर्गत अलग-अलग वर्णों के दंड-विधान में आकाश-पाताल का अन्तर है। यह अन्तर क्यों? दूसरा उदाहरण पितृसत्तात्मक समाज से लिया जा सकता है। इसमें पुरुष को जो सुविधाएँ मिलती हैं वे स्त्रियों को मिलती नहीं हैं। इसका प्रभाव सामान्य जीवन में भी हम अनुभव कर सकते हैं। अधिकार की राजनीति में वर्चस्ववादी तबके को जो सुविधा मिलती है वह निम्न तबके के लोगों को नहीं मिलती है। दुखद बात यह है कि इस विधान को स्वीकृति मिलती रही और आज भी वह सुदृढ़ है। इस कारण से ही अरुण कमल घोषित करते हैं कि 'मैं झूठ ही बोलूँगा'।

सच के प्रति निष्ठा रखने के बाजाय असत्य के पक्ष में बोलने की दृढ़तर मनोवृत्ति के पीछे व्यवस्था का खोखला होते जाना और तदनुसार जीवन का दुष्कर होते जाना ही मुख्य है। दुष्कर परिस्थितियों के रहते कवि का कहना है:

मैंने लगातार झूठी गवाही दी
और हर बार एक बन्दा फ़ाँसी के फन्दे से लौटा

मैं पृथ्वी का सबसे बड़ा झुट्ठा होना चाहता हूँ

आमीन!

कवि का मानना है कि सत्य से सौ गुना बेहतर झूठ क्योंकि यदि झूठी गवाही से एक बन्दा फ़ाँसी के फन्दे से मोचित हो सकता है तो वही गुणकारी है। सच और झूठ का संघर्ष फिज़ूल है जब उसके सामने एक आदमी के जीवन-मरण का सन्दर्भ है। सवाल यही है कि क्या हमें सच और झूठ के संघर्ष में भाग लेकर सच को लेना है जिससे एक आदमी को फ़ाँसी के तख़्ते पर लटका दिया जा सकता है। अरुण कमल आदमी को बचाने के लिए सच का नहीं झूठ का बार-बार प्रयोग करना चाहते हैं और वे स्वयं झुट्ठा घोषित होना भी चाहते हैं। जब अनादि काल से न्याय व्यवस्था पारदर्शी नहीं रही और उसके लिए सच की गवाही देने में कोई तुक नहीं। ऐसी व्यवस्था में झूठ का इस्तेमाल करना मनुष्यता का पक्ष लेना है।

अरुण कमल की यह कविता अन्ततः सच का ही पक्ष लेता नज़र आ रही है; परन्तु यह हमारी पारम्परिक विधि-विधान का सच नहीं बल्कि मनुष्यता के विधान का सच है।

सरलीकरण के ख़तरे

जीवन की गम्भीर स्थितियों को गम्भीरतापूर्वक ही देखा जाना चाहिए तभी कोई हल निकल आ सकता है। इसके विपरीत यदि गम्भीर स्थितियों के प्रति सरलीकृत रवैया अपनाया जाये तो वे स्थितियाँ केन्द्र से परिधि की ओर सरककर जा सकती हैं जिन पर फिर कोई बहस सम्भव नहीं है। ऐसी विडम्बना से अक्सर हमारा सामना होता है। गम्भीरता को अगम्भीरता में तब्दील करने की प्रवृत्ति, समस्याओं से लोगों के ध्यान को हटाने की प्रवृत्ति, प्रायोजित समस्याएँ उत्पादित करके असली समस्या को हाशियाकृत करने की प्रवृत्ति, शब्दों के अपव्यय से सही शब्दों को गुम करने की प्रवृत्ति, प्रचारवाद का नगाड़ा बुलन्द करने की प्रवृत्ति आदि भले ही लोकतन्त्र में अस्वीकार्य हैं फिर भी लोकतन्त्र में ये ही प्रवृत्तियाँ प्रबल दिखाई देती हैं। अतः अगम्भीरता सांस्कृतिक प्रदूषण को निरन्तर उत्पादित करती रहती है।

अरुण कमल की कविता **'एक स्वप्न'** कुछ अप्रतीक्षित घटनाओं का उल्लेख करके अगम्भीरता के तन्त्र में छिपी वास्तविकता को सामने लाने का प्रयास कर रही है। ऐसी घटनाएँ प्रायः घटित हो ही नहीं सकतीं। सारी घटनाएँ विपरीत अवस्था से जन्मी लेती प्रतीत होती है— एक स्वप्न की तरह गड्ड-मड्ड। यथार्थ का गोलमाल हो जाने जैसा। इसलिए कवि कृत्रिम आतुरता से बयान करते हैं:

क्या हत्यारों का आत्मविश्वास कम हो रहा है
क्या लुटेरे नरक के त्रास से डरने लगे हैं
और दंगाई हताश?
हे भगवान, यह मैं क्या सुन रहा हूँ
क्या यह दुनिया नष्ट हो जायेगी प्रभु?

प्रभु का सम्बोधन और अप्रत्याशित घटनाओं का विवरण अगम्भीरता को कृत्रिम गम्भीरता के रूप में प्रस्तुत करने के पीछे अरुण कमल की घोर विद्रूप दृष्टि ही विद्यमान है। ऐसी स्थितियाँ कभी हो ही नहीं सकती। फिर भी उन्हीं स्थितियों

की कल्पना करके फैंटसी के स्पर्श के साथ अरुण कमल प्रश्न कर रहे हैं कि क्या हत्यारों का आत्मविश्वास कम हो रहा है? क्या नरक के त्रास से लुटेरे डर रहे हैं या दंगाई हताश दीख रहे हैं? ये ही स्थितियाँ हैं जो इनकी विपरीत अवस्था में पनपती रहती हैं। हत्यारों का आत्मविश्वास कतई कम नहीं होता है वे इतनी निडरता के साथ अपने काम में लगे रहते हैं और अपने तई एक अयाचित संस्कृति को जन्म देते हैं। अपराधीकरण के असंख्य संस्करणों से हमें निरन्तर जूझना पड़ रहा है और अपराध कुछ समय के बाद अपराध नहीं रहता। लुटेरे न नरक से डरते हैं न पुनर्जन्म से। दंगाइयों के कोश में हताश जैसा शब्द ही नहीं है। लेकिन जैसे हम स्वप्न में आग्रह के साथ ऐसे दृश्य देखने के इच्छुक होते हैं उसी तरह अरुण कमल ने अपराधीकरण का नया दृश्य खड़ा कर दिया है जिससे वे आतुर दीखते हैं। उनकी आतुरता भी कृत्रिम है कि अपराधीकरण की गहराई का अहसास पाठकों को मिल जाये। इसके लिए वे परम पिता प्रभु का सहारा लेकर उनसे पूछते हैं कि क्या यह सच है?

कविता में फिर एक आह्वान है कि इन अप्रत्याशित स्थितियों से निपटने के लिए कोई न कोई कार्यवाई की जाये। परन्तु जैसे ऊपर संकेतिक किया जा चुका है कि गम्भीरता को अगम्भीरता में तब्दील करने की प्रवृत्ति सर्वत्र दिखाई देती है, उसी के तहत कविता की इस कृत्रिम अवस्था का सामना करने के हेतु कवि का आह्वान है:

भेजो फ़िल्मी सितारों को भेजो
विश्व सुन्दरियों को काम पर लगाओ

अगम्भीरता का एक रूप उसके उत्सवधर्मी होने को लेकर है। रंगीनियाँ हमें चमत्कृत करती हैं। समस्याओं से निपटने के लिए फ़िल्मी सितारों एवं विश्व सुन्दरियों को भेजने के आह्वान के पीछे इसी उत्सवधर्मिता के हल्केपन को दिखाने का कवि का लक्ष्य प्रकट दीखता है। जहाँ हमें विशेषज्ञता की आवश्यकता है वहाँ विश्वसुन्दरियों की चमत्कारी वेश-भूषा और उनकी कृत्रिम देह-भाषा कुछ नहीं कर सकती। फिर भी गम्भीर से प्रतीत होनेवाले आह्वान में अगम्भीरता का डरावना परिदृश्य है।

आगे भी अरुण कमल इसी बात को अलग प्रकार से दुहराते हैं कि वे प्रभु से पूछ बैठते हैं कि मालिकों में क्या अनबन हो गया है? क्या उनके घरों में फूट पैदा हो गयी है? शासक क्या मतिभ्रम से वशीभूत है? ऐसे में उनका आह्वान है:

धर्म प्रचारकों को भेजो
कहाँ गये पालतू एन जी ओ
खोल दो तिजोरियाँ सट्टा क्रिकेट डिस्को

जब बाढ़ की तरह समस्याएँ हमारे ऊपर से सब कुछ को डुबोते हुए बढ़ रही हैं तो उस समय धर्म-प्रचारकों या पालतू एन जी ओ के लोगों की क्या भूमिका हो सकती है? अपार धन राशि का अपव्यय करके कृत्रिम मनोरंजन का परिवेश सृजित करना क्या अगम्भीरता का प्रदर्शन नहीं है? हमारे समय में प्रदर्शन उद्योग, मनोरंजन उद्योग और प्रसादन उद्योग हमेशा गतिशील हैं। उसके मायने ही कुछ अलग हैं। आकर्षण, चकाचौंध, कृत्रिम सौन्दर्य, अयथार्थ परिवेश का सृजन, धन का प्रलोभन, शरीर का व्यवसाय और उसे मूल्य समझने की कृत्रिमता, आदि इन उद्योगों के प्रचार-तन्त्र हैं। ये अपने ढंग से, सहज रूप से अपने उद्योगों को आगे बढ़ा नहीं रही हैं। सब कहीं प्रायोजन का तन्त्र चलता है जिससे यथार्थ के ऊपर अयथार्थ की कृत्रिमता बनी रहे। वास्तविकता को केन्द्र से अलग किया जा सके। गम्भीरता से कोई अनावश्यक ढंग से प्रभावित न हो और सर्वत्र उत्सवधर्मिता का वातावरण छा जाये।

अरुण कमल की यह कविता कृत्रिमता और अगम्भीरता को प्रतिरोधित करने की दृष्टि से रची गयी है। इसकी सादगी से भरी, विद्रूपता से भरी, कृत्रिम आतुरता से भरी बानगियाँ कविता के लक्षित यथार्थ को बख़ूबी प्रकट करती हैं।

भक्ति की सही पहचान

भक्ति, पूजा-पाठ, मन्दिर, मन्दिर की विधियाँ, अवतार-परिकल्पनाएँ, मन्दिर से जुड़े त्यौहार, प्रसाद की सामग्री, पूजा क्रम, पुजारी, नाम-जप, प्रतिष्ठाएँ आदि-आदि को आध्यात्मिक सन्दर्भ में पवित्र माना जाता है। भक्ति एक पवित्र भाव है। पूजा-पाठ अपनी सैद्धान्तिकता के बावजूद पवित्रता से भरा है क्योंकि उसमें समर्पण का भाव सर्वोच्च है। मन्दिर एक पवित्र स्थान है, भले ही अधिकतर मन्दिरों में गन्दगी भी पायी जाती है। मन्दिर की विधियों में रूढ़ियों का बोलबाला है; पर रूढ़ियों को निकाल दें तो मन्दिर की विधियाँ पवित्र सिद्ध हो सकती हैं। अवतार-परिकल्पनाएँ भारत भर में मन्दिरों की स्थापना के कारक तत्त्व रही हैं। राम-मन्दिर, कृष्ण मन्दिर, देवी मन्दिर, शिवमन्दिर आदि कुछ उदाहरण हैं। इनसे सम्बन्धित कथाएँ एवं उपकथाएँ पुराणों में बिखरी पड़ी है। कालान्तर में जो साहित्य विकसित हुआ उसमें भी अवतार परिकल्पनाएँ ख़ूब मिलती हैं। मन्दिरों के प्रचार-प्रसार के साथ-साथ त्यौहार भी मनाये जाने लगे। उनमें भी रूढ़ियाँ मिलती हैं। रूढ़ियों से मुक्त त्यौहार-परिकल्पना में पवित्रता देखी जा सकती है। प्रसाद की सामग्री मामूली है फिर भी उसको पवित्र माना जाता है। पूजा क्रम अपनी प्रादेशिकता के साथ अब भी अनवरत काल से चला आ रहा है जिसमें भक्ति को केन्द्र में रखा गया है। पुजारी तथा उसका नाम-जप आदि भी ठीक है बशर्ते कि दोनों भक्तों के लिए समर्पित हो। लेकिन दुखद स्थिति यह है कि भक्ति से सम्बन्धित सभी क्षेत्रों में पवित्रता नष्ट होती जा रही है। मन्दिर धन के केन्द्र बनते जा रहे हैं। धन जहाँ केन्द्रित होता है वहाँ पर अधिकार स्थापित करने की प्रवृत्ति बढ़ती है। धर्म की आड़ में, उच्चता की आड़ में, वर्णाश्रम की आड़ में कई तबके उन पर अपना आधिपत्य स्थापित करते हैं। यह भक्ति के मूल्य की गिरावट को ही सूचित नहीं कर रहा है बल्कि भक्ति के दिखावे को ही सूचित कर रहा है। इसमें सबसे पहले पवित्रता की मूर्ति ग़ायब हो जाती है। तदनन्दर भक्ति ग़ायब हो जाती है और वह स्थान और उसके समस्त

साधन बाज़ार में बदलता नज़र आता है। पवित्र स्थानों पर बाज़ार का प्रवेश पहले भी था। लेकिन वह आज बाज़ारवाद की गिरफ़्त में है। अरुण कमल की कविता **'एक भक्त का संवाद'** इसी विषय को केन्द्र में रखकर लिखी गयी है।

मन्दिर में बाज़ार की घुसपैठ को अरुण कमल ने बहुत ही सामान्य शब्दों में अभिव्यक्त किया है जिससे बाज़ार का सही रूप सामने आया है।

मन्दिर के कोने-कोने में
गर्भगृह के चौखट तक पर
लगे हैं दाताओं के नामपट्ट।

मन्दिर में सब कहीं कई दाताओं के नामपट्ट लगे हैं। जो भी चीज़ जो कोई देता है वह यही चाहता है कि लोग उसके बारे में जान जायें। भक्ति के नाम पर मन्दिर के लिए दी गयी चीज़ों का भी यहाँ विज्ञापन होता है। अपने को भी विज्ञापित करने की प्रवृत्ति बाज़ारवाद की है। ऐसे दृश्य से परेशान भक्त पसोपेश में पड़ता है:

मैं तो तुम्हारे दर्शन को आया था प्रभु,
और ये मैं किनका नमन करने लगा।

जब भी नमन के लिए अंजलीबद्ध होकर खड़ा होता है तो भक्त देखता है कि वहाँ की बहुत सारी वस्तुएँ लोगों की दी हुई हैं। लोग इतने क़ाबिल हो गये हैं कि वे भगवान को भी दान देने लगे हैं। भक्ति में क्रय-विक्रय की प्रवृत्ति बढ़ती जा रही है। इसलिए भक्ति केन्द्रित 'स्पेस' बाज़ार केन्द्रित हो गये हैं।

यह कैसी भक्ति है प्रभु, कैसा विनय
तुम्हारे ही दान को देकर दानी बन रहे हैं

मन्दिर का जीर्णोद्धार किया जाता है और यह वास्तव में जीर्णता का उद्धार नहीं अपितु जीर्णता की आवृत्ति है क्योंकि मन्दिर का उद्धार लक्ष्य नहीं है। उसमें शामिल लोगों का, उनके यश एवं प्रसिद्धि ही लक्ष्य है। जिस काम में जितना अधिक समर्पण वांछित है, जितनी भक्ति आवश्यक है और अपने 'स्व' को अलग रखना है वहाँ बाज़ार का वर्चस्व देखने को मिलता है। अब तो बाज़ार मन्दिर में प्रवेश कर चुका है। इसलिए अरुण कमल लिखते हैं:

माया के दास,
यह कैसा जीर्णोद्धार प्रभु
इससे तो अच्छा था वही अपना जीर्ण मन्दिर

जब केवल तुम थे और तुम्हारा सेवक
बरौनियों से चौखट की धूल उठाता—
उठा लो प्रभु, इस दीन को उठा लो।

अक्सर हम यह मानकर चलते हैं कि जीवन के कुछ ऐसे क्षेत्र हैं जहाँ बाज़ार का वर्चस्व अपना प्रभाव नहीं डाल सकता। मन्दिर के जीर्णोद्धार के माध्यम से भक्ति के पावन क्षेत्र में भी बाज़ार ने ग्रस लिया है। इसलिए वहाँ प्रकट रूप से सम्पत्ति का प्रचार, यश का प्रसार, नाम का विज्ञापन और व्यापार ही अधिक चल रहा है। इस कारण से भक्त मन्दिर की जीर्णता का पक्ष लेता है क्योंकि उस अवस्था में वह व्यापार का केन्द्र नहीं था। भक्ति वहाँ लबालब भरी थी। पवित्रता का आभास हर क्षण मिलता था। भक्ति की मानवीयता हर कहीं झलकती थी। अब, जीर्णोद्धार के बाद मानवीयता लुप्तप्राय हो चुकी है और बाज़ार द्वारा सृजित ईर्ष्या-द्वेष भाव केन्द्र में आ गया है। भक्ति को यदि उसकी पवित्रता में देखना है तो उसे निजी भाव की तरह आत्मसात करना प्रीतिप्रद है। उसके सार्वजनिक होते ही भक्ति की पवित्रता ग़ायब हो जाती है। सबसे दुखद बात यह है कि ईश्वर भी वहाँ से ग़ायब हो जाते हैं। मन्दिर की समस्त विधियाँ इतनी यान्त्रिक हो जाती हैं कि ठेकेदारों के नाम पट्ट और उनसे निर्मित बाज़ारु संस्कृति मुख्य हो जाती है।

अरुण कमल की यह कविता सांस्कृतिक प्रदूषण को केन्द्र में रखकर लिखी गयी है। 'शोभायात्रा' शीर्षक से भी उनकी एक कविता है जिसे इस कविता के साथ रखकर वाचन करना चाहिए। अन्तर सिर्फ़ इतना है कि 'शोभायात्रा' में वर्चस्व के प्रभाव से चरमराते मन्दिर और परिसर को दिखाया गया है।

सामाजिक परिवर्तन के गीत

मुखरता के बावजूद सामाजिक परिवर्तन के लिए गाये गये गीत पारदर्शी होते हैं। वे मनुष्य के लिए तथा उसके भविष्य के लिए लिखे गये या गाये गये होते हैं। कभी-कभी वे आह्वानपरक हो सकते हैं; कभी वक़्तव्यनुमा। वे एक व्यक्ति या कुछ एक व्यक्तियों के हृदय के अन्तस्थल से नहीं बल्कि कइयों के हृदय से उभर आये गीत होते हैं, समूह गान की तरह। उनकी एक समग्र लयात्मकता होती है जो हर समय अपना गहरा प्रभाव छोड़ती है। विश्व के अलग-अलग प्रदेशों में, अलग-अलग भाषाओं में इस तरह के गीत गाये गये हैं। इससे एक बात स्पष्ट होती है कि मनुष्यता को बचाये रखने के लिए कई प्रकार की कोशिशें हमेशा हुई हैं। इनके माध्यम से कई प्रकार के परिवर्तन भी सम्भव हुए हैं। हमारे इतिहास में इसके लिए कई उदाहरण मिल जाते हैं।

'एक पुराना गान' में अरुण कमल ने क्रान्ति के रूपकों के माध्यम से इस एक तथ्य को सामने रखा है कि परिवर्तन अनिवार्य है क्योंकि समाज को सकारात्मक दिशा में बढ़ने के लिए यह अत्यन्त आवश्यक है। देश-विदेश के उदाहरणों के माध्यम से आशावादी स्वर को, मनुष्य की जिजीविषा को और सामाजिक परिवर्तन की अनिवार्यता को कवि ने कुछ इस तरह प्रस्तुत किया है—

सब कुछ खो तो नहीं गया
अभी भी क्यूबा है दूब सा खड़ा झंझावात में
अभी भी वियतनाम और चीन में झंडा है लाल
अभी भी हमें वे गीत सब याद हैं
जो स्पार्टकस ने गाये जो पेरिस कम्यून से लेकर
शिकागो मज़दूरों सोवियतों पुनप्रा-वायलार सन्तालों ने गाये
फिर से उठी है हवा दूर वेनज़ुएला से

माच्चू-पिच्चू के शिखरों से फिर समर गाथा हिमाला से
वे बीज जो छींटे गये पूरी पृथ्वी पर

यह विश्व का वह मानचित्र है जिसमें अलग-अलग कालखंडों में क्रान्ति के बिगुल बज उठे थे तथा समरगाथाएँ गूँज उठी थीं। ये उत्सवधर्मी प्रहसन नहीं थे। श्रृंखला की कड़ियों में जकड़े मनुष्य समुदाय को मुक्त करने के लिए किये गये कर्मों का पारदर्शी इतिहास है। उसी का वरदान आज हम भोग रहे हैं। यह उसकी बख़्शीश है जो हम अनुभव कर रहे हैं।

जागरण के स्वर हमेशा बुलन्द ही रहते हैं। लेकिन विपरीत परिस्थितियाँ रोड़े अटकाती भी हैं। इसलिए सतर्कता एवं तदनुकूल कर्मठता अनिवार्य है। उसके अभाव में जागरण के गीत कहीं न कहीं ग़ायब होते हैं या ग़ायब कर दिये जाते हैं। अरुण कमल इन विपरीत परिस्थितियों के विरुद्ध सजग होने का आह्वान करते हैं क्योंकि जीवन में इसी सकारात्मकता की आवश्यकता है। मायूसी, हताश आदि न यथार्थ है और न लक्ष्य। आत्महत्या से कुछ हासिल नहीं होता है। कवि भारत के किसानों को सम्बोधित करके कहते हैं कि इस मानसिकता से अपने को मुक्त रखें। वास्तव में अरुण कमल की यह कविता 'एक पुराना गान' हिन्दी में लिखी गयी भारतीय कविता है। वे पूरे भारत को सम्बोधित करके अपने स्वर को बुलन्द कर रहे हैं। हमारा यथार्थ यही कह रहा है कि यह मौन धारण करने का समय नहीं है। यह प्रतिकृत होने का समय है; शब्दों से नहीं बल्कि कर्म सेः

हमारे हथियार कमज़ोर हैं पर वक्ष मज़बूत
चारों तरफ़ से फिर उठ रही है वो पुकार
नये कंठों से
नहीं आत्महत्या नहीं ओ विदर्भ तेलंगाना के किसानो
उसे छुरी की धार को उलट दो
धर्मों जातियों बोलियों में बँटे लोगो
देखो कि सब के कपड़े फटे हैं।

अरुण कमल यथार्थ पर उँगली रख रहे हैं कि हमारी वास्तविक समस्या क्या है। उससे कतराकर जीना (और मरना भी) अन्ततः लक्ष्यहीन होना है। वास्तविकता यही है कि "रोटियाँ सबकी छोटी हो रही हैं" जैसे संकेतों के माध्यम से ही सही वे बहुत कुछ कह रहे हैं। उनके स्वर की आन्तरिकता अत्यन्त विपुल है।

अन्य कविताओं की तुलना में यह कविता— एक पुराना गान— मुखर ही है। आज की कविता में मुखरता उतनी अपेक्षित नहीं है। फिर अरुण कमल ने इस कविता को मुखर क्यों बनाया? इसका सीधा-सा उत्तर यही है कि यह कविता एक पुराने गान की पुनरावृत्ति है। इतिहास के अलग-अलग मोड़ों पर गाये गये जागरण और परिवर्तन के गीत स्मृतियों में से वे बाहर निकाल रहे हैं। उस समय जब ये गीत गाये हुए थे मुखरता के मुखापेक्षी ही थे। सुप्तावस्था में से जनता को जगाना था। अस्वतन्त्रता से परिचित कराना था। रूढ़ियों से अवगत कराना था। ऐसे में स्वर का मुखर होना स्वाभाविक है। उन गीतों को कवि आज के सन्दर्भ से जोड़ रहे हैं। आज भी हमारा समय अस्वतन्त्रता की बेड़ियों में जकड़ा हुआ है। हमारा समय बँटा हुआ समय है। वह एकाग्र नहीं है। जातियों में बँटा समय क्या प्रगतिशील हो सकता है? धर्मों की जकड़बन्दी में जकड़ा समाज क्या आगे बढ़ सकता है? अपनी-अपनी बोली-बानी को श्रेष्ठ समझकर उसके लिए लड़ने वाला समय और समाज का विकल्प प्रस्तुत कर पायेगा? अरुण कमल देश की इन्हीं कुछ त्रासद अवस्थाओं को पुराने गीतों से जोड़ रहे हैं। उस दौर में परिवर्तन सम्भव हुआ है तो आज क्यों नहीं? इसलिए उनकी कविता की मुखरता कविता के लिए अनपेक्षित मखरता नहीं है। वह एक मनुष्यधर्मी मुखरता है। इसलिए वे गाते हैं:

अब कंठ खोल गाने का दिन है
अब धूप में देह तपाने का दिन है
उठो बाँधो हाथ में हाथ
और घेर लो धरती।

कविता और राजनीति

'दूसरा आँगन' शीर्षक से अरुण कमल की एक कविता-श्रृंखला है जिसमें कुल नौ कविताएँ हैं। उक्त श्रृंखला की पहली कविता है, "जब तुम किसी के क़रीब आते हो"।

कविता और राजनीति अपने आप में एक गम्भीर विषय है जिस पर कई बहसें की जा चुकी हैं और अब भी चल रही हैं। कविता में राजनीति एक विषय के रूप में प्रवेश नहीं करती है; परन्तु राजनीतिक वैचारिकी का प्रभाव हम अनुभव कर सकते हैं। सामान्यतः राजनीति को मानवीय भावों में परिवर्तित करके कविता उसे अक्सर प्रस्तुत करती है। मानवीय भावों के उथल-पुथल में, उसके आरोह-अवरोह में, उसके अन्तस्थल में राजनीति का परोक्षतः प्रवेश होता है क्योंकि उसके अभाव में जीवन यथार्थ पूर्ण नहीं हो पाता है।

अरुण कमल की कविता-श्रृंखला की पहली कविता— "जब तुम किसी के क़रीब आते हो" राजनीति के सतहीपन को उखाड़कर फेंकती नज़र आ रही है। समाज ने सामाजिकी को कई तरह से बाँटकर रखा है। उसी में जब अधिकार का वर्चस्व बढ़ने लगा तो राजनीति ने दखल देना शुरू किया। उसने उस तथाकथित विभाजन को सशक्त हथियार भी बनाया। इसी हथियार ने दुश्मनी का सबक सिखाया, नफ़रत का पाठ पढ़ाया और एक-दूसरे के बीच दीवार खड़ी करने की हरकतें शुरू कीं। राजनीति का यह सबसे ख़तरनाक रूप है जिसकी छाया तले हमारी औसत सामाजिकी आगे बढ़ रही है। अरुण कमल राजनीति की इस परत को तोड़कर जीवन यथार्थ की अन्य परतों को देखने का अनुरोध कर रहे हैं। राजनीति द्वारा निर्मित धर्म, जाति और देश की परतें ही मुख्य नहीं हैं बल्कि जीवन की अन्य परतें हैं जो मानवीयता की हैं जिन्हें प्रायः अनदेखा कर दिया जाता है। धर्म और जाति से परे यथार्थ के असंख्य चेहरे हैं जिनको आत्मसात करने के लिए मनुष्य के भीतर उतरना आवश्यक है। वह जिन हालातों में रह रहा है उसको देखना आवश्यक है। अरुण कमल की यह कविता वास्तविकता के तहखाने में उतरते जाने का आभास दे रही है:

पर ज्यों ही तुम किसी के क़रीब आते हो
उसके घर जाते हो और देखते हो उसकी चारपाई पर
बिछी फटी हुई चादर किनारे से दबी
देखते हो कैसे उसने दो प्याली चाय के वास्ते एक पुड़िया चीनी मँगवाई
और दूध बग़ल के घर से
और भीतर एक औरत के कलेजे खँखोरती खाँसी
और एक प्यारी बच्ची जो अपनी एक आँख ढाँप तुम्हें ताक़ती है
और उसका नन्हा-सा भाई बताता है, 'शरम कर रही है'
ज्योंही तुम जानते हो कि वह भी तुम्हारी तरह क़र्ज़ में डूबा है
उसकी भी एक बहन है ब्याहने को
और वह कहता है हमारे यहाँ दहेज बहुत है
तब तुम भीतर-भीतर भहरने लगते हो
सारी मेड़ें गिरने लगती हैं
और तब तुम्हें लगता है तो बस एक कटा उदास खेत
बस एक आदमी जो सोए में कराह रहा है
और तब अपना चाकू वापस आस्तीन में खोंस
तुम बाहर आते हो दबे पाँव।

यही जीवन यथार्थ है न कि राजनीति द्वारा परिपोषित-परिपालित जीवन-दृष्टि। कविता में हम उतरते जाते हैं। उस घर की कोई भी स्थिति सन्तोषजनक नहीं है। उस मामूली-से घर को कौन कैसे नष्ट कर सकता है? राजनीति की यह विफलता जीवन की सफलता है। राजनीति का सतहीपन इसमें प्रकट है। राजनीति को विषय के रूप में कविता में प्रस्तुत करना आसान है। लेकिन उसको चाहिए कि उसे कविता में मानवीयता के रंग में रंगकर प्रस्तुत करें। अरुण कमल की यह कविता राजनीति को मानवीयता की सूक्ष्मभेदी आँखों से देखती है।

कविता-श्रृंखला की दूसरी कविता है, 'दोस्ती'। इसमें भी राजनीति के कृत्रिम बाहरी रूप को कवि ने प्रस्तुत किया है। धर्म के नाम पर नस्ल के नाम पर पड़ोसी देशों से नफ़रत करने की दृष्टि विकसित होती जा रही है। साम्राज्यवादी दृष्टि उसे उकसाती है। उसे कार्यान्वित करने हेतु आतंकियों का सृजन किया जाता है। देश की कृत्रिम सीमाएँ निर्धारित की जाती हैं और उन सीमाओं को पार करने वाले

बेकसूर लोगों को बन्दी बनाया जाता है। कुछ छूटते हैं, कुछ कभी छूटते नहीं हैं। उस बन्दी जीवन के तीव्रानुभवों को कवि ने इन शब्दों में व्यक्त किया हैः

भूखे बीमार बेघर बेकार भी
यह दुनिया कितनी प्यारी कितनी अमोल है
यह तुम्हें तब लगता है
जब तुम जेल में फेंक दिये जाते हो

न आर-पार की दुनिया आँखों के सामने है न उसकी गतिशीलता। बस एक धुन्ध, एक अन्धेरा और सीलन की बदबू। इसलिए कवि आगे लिखते हैंः

"लेकिन सींकचों के पीछे तुम कुछ नहीं जानते किधर है खाई यहाँ ज़मीन नहीं है, पानी नहीं है और हवा भी नहीं है। खाई ही खाई है; लेकिन सींकचों के पीछे-जीवित रहते समय पता नहीं चलता है कि खाई किधर है।" कहीं भी हो सकती है और कभी भी वह उस खाई में गिर पड़ सकता है। एक अप्रत्याशित की प्रतीक्षा में जीना ही जीवन में दुष्कर होता है।

जेल में बन्दी बनकर जीने वाला अपनी ग़लती पर विचार कर रहा है। उसे मालूम नहीं कि उसकी ग़लती क्या है। उसकी ही तरह बेकसूर मछुवारे, चरवाहे, बंजारे जेल में बन्द हैं। वह भी बन्दी हैः

क्या अपनी हुकूमत की हर करतूत के लिए
मैं भी हूँ कसूरवार मेरे दाता—

अपने आत्मन्थन के दौरान उसे कुछ दृश्य दिखाई देते हैं जो उसके लिए जल्दी पचने वाले नहीं लग रहे हैंः

कितना हँस-हँसकर मिलते हैं हुक्मरान एक-दूसरे से
एक-दूसरे की बीवियों को तोहफे बाँटते
और हम निभाते हैं दुश्मनी

गाँधीजी ने समाज के 'अन्तिम आदमी' के बारे में बताया था। सबसे कटा हुआ, बेसहारा, बेघर होकर भटकने वाला, अन्त्यज ही सब कुछ सहता है। राजनीति की आँखों को उसकी तरफ़ मोड़ने का प्रयत्न ही गाँधी जी ने किया था। वे उनकी तरफ़ देखते रहे। राजनीति ने अपना सुविधाजनक रास्ता चुन लिया था। हमारे जीवन यथार्थ का सबसे बड़ा विरोधाभास यही है।

अरुण कमल इस कविता के अन्त में एक सीमाहीन धरती और समुद्र की परिकल्पना कर रहे हैं जो वर्चस्वी राजनीति की कलुषता से दूर है। वे चाहते हैं

कि इस धरती पर सभी मुक्त मन से टहल सकें एक आँगन से दूसरे आँगन। घोर कलुषता के बीच कवि की पवित्र परिकल्पना अत्यन्त मानवीय लग रही है।

इस कविता-श्रृंखला की तीसरी (शाम को इन्तज़ार) और चौथी (अनारकली) कविता सह-अस्मिता और स्नेह-सिक्त जीवन की परिकल्पना को शीर्ष तक पहुँचा रही है जिसका दरअसल अभाव है और उसी की भरपाई अरुण कमल अपनी कविताओं में कर रहे हैं। यह उम्मीद निराधार नहीं है क्योंकि वह मानवीय महिमा और गरिमा से युक्त है। इसलिए वे लिखते हैं कि "कितना अच्छा हो अगर दुनिया की हर सड़क हर चौक/शाम ढलते दस्तरख्वान बन जाए/और रात का मानी हो रोशनी और रोटी।"

कविता-श्रृंखला की पाँचवीं रचना "मैं ने लाहौर में एक तोता देखा" शीर्षक से है। लाहौर में कवि को जब एक तोते को देखने का मौक़ा मिलता है तो कोई ख़ास बात नहीं लगी थी। तोता तो पिंजड़े में बन्द था, जैसे पालतू तोते की हालत होती है। लेकिन कवि एक और ख़ास बात अनुभव करते हैं:

पर एक बात जो ख़ास लगी वो कि
यहाँ भी वे लोहे के पिंजड़े में बन्द था जैसे वहाँ
और यहाँ भी वो पिंजड़ा काटने की मुहिम में जुटा था जैसे वहाँ।

इन पंक्तियों के शब्दों को इधर-उधर करने की प्रवृत्ति मात्र एक भाषिक संरचना की रीति से सम्बद्ध नहीं है— 'जैसे वहाँ और यहाँ भी वो पिंजड़ा काटने के मुहिम में जुटा था जैसे वहाँ'। अस्वतन्त्रता का अनुभव वह तोता कर रहा है चाहे वह इधर का हो या उधर का, चाहे वह भारत में हो या पाकिस्तान में। बन्दी तोता पिंजड़ा काटने के काम में लगा है।

छठी कविता 'बिदेश' जो बाहरी तौर पर विदेश नहीं लग रहा था। कविता में इशारा पाकिस्तान को लेकर है। सब कुछ यहाँ का जैसा ही था। कविता में एक और इशारा है और वह है कि उर्दू और अंग्रेज़ी हर कहीं है, पर हिन्दी कहीं भी नहीं है। यह सिर्फ़ भाषा-भेद का मामला नहीं है। यह है कि भारत को पूरी तरह से ख़ारिज करने की प्रवृत्ति। पड़ोसी इलाक़ा होने के बावजूद हिन्दी कहीं भी अंकित नहीं है। लेकिन कवि को संगमरकर का एक छोटा-सा नाम पट्ट मिलता है जिससे लिखा गया था— "श्याम कुटीर 1916" यह अविभाजित भारत को सूचित करता है। यह एक संकेत हैं। भाषा, जाति और धर्म से परे सोचने की प्रवृत्ति और एक समावेशी

संस्कृति की झलक। पर उस पुराने खँडहर के भीतर आज कवाब की बिक्री चल रही थी। श्याम कुटीर और कवाब के बिक्री-स्थल को एक साथ मिलाकर संस्कृतियों के ध्वंस की तरफ़ भी कविता संकेत कर रही है।

सातवीं कविता 'मातृभूमि पर प्यार' है। उसमें पाकिस्तान से वाघा बोर्डर पार कर आने की घटना संकेतित है। अपनी धरती पर पैर रखते ही जो त्वरित भावावेग कवि के मन में बिजली की कौंध की तरह बढ़ता है फिर अपने यहाँ के दृश्यों के माध्यम से—'खेतों की ओर धुँआ उठते घरों की ओर—अपने घर की याद में डूबने की बात कही गयी है। यह कविता अपनी धरती के मोह को, विशेषकर एक अन्य देश से वापस आने के बाद, रेखांकित किया गया है।

लौहार की यात्रा की स्मृति से सम्बन्धित कविता है "जिसने लाहौर देखा"। कवि उस लौहार शहर को, वहाँ के जीवन को शुभकामनाएँ देते हैं क्योंकि किसी सियासी गुफ़्तगू के लिए वे थोड़े ही आये थे। वे आये थे एक पुस्तक मेले में शरीक होने के लिए। इसलिए यह एक सामान्य यात्रा नहीं बल्कि एक संस्कृतिक यात्रा थी। परन्तु सांस्कृतिक यात्रा में शरीक एक व्यक्ति को कौन याद कर सकता है? पर यह संवेदनशील यात्री अपनी विरासत को, सांस्कृतिक विरासत को भूल नहीं पाता है। इसी से एक बृहद् देश की संस्कृति का विकास हुआ था। बाहर ही बाहर देश दो टुकड़ों में बँट गया। भाषा बदली, मज़हब बदला और जीवन रीतियाँ बदलीं। काफ़ी कुछ दोनों कौमों में एक जैसा ही है। पर यहाँ कवि अपने को हडप्पा की संस्कृति से जोड़कर देखना पसन्द करते है—

कौन रखेगा याद कि यहाँ कभी
एक बन्दा आया था किताबों के मेले में
जो तेरी ख़ूबसूरती और दमक
मेहमानबाज़ी और मोहब्बत से इस कदर बेचैन रहा
कि हर रोज़ खाने के साथ जरा-सा बिल्कुल ज़रा-सा
सेंधा नमक खाता
और पूछने पर अपना पुश्तैनी घर हड़प्पा बतलाता।

इस कवितांश में हड़प्पा मात्र एक शब्द नहीं बल्कि एक बृहद् संस्कृति का प्रतीक है। उससे जुड़ने की इच्छा जो यहाँ प्रकट की गयी है वह 'बृहद्' संस्कृति के साथ अपने को जोड़ने की इच्छा है। सार्थक कविताएँ सदैव संस्कृति की समावेशिता को

अभिव्यक्त करती है। अरुण कमल की यह कविता संस्कृति को किसी एक समय-दैर्घ्य से जोड़ती नहीं है। वह जोड़ती है अतिदीर्घ समय से और अतिविपुल थल से।

कविता श्रृंखला की अन्तिम कविता है 'ज़िन्दाबाद'। इसमें भगत सिंह की स्मृतियों के अभाव से कवि त्रस्त हैं— 'यहाँ शहीदों को कोई नहीं जानता।' भगतसिंह के कारावास और उनके स्वतन्त्रता के लिए किये गये संघर्ष कहीं भी चिह्नित नहीं मिलते हैं। इसलिए कवि का रोम-रोम काँप उठता है। क्या यह मुमकिन है? मेरा देश भी इस महान क्रान्तिकारी को यों ही भूल सकता है? अगर ऐसा है तो वह मामूली स्मृतिभ्रंश नहीं है। वह पूरी मानवीयता की, स्वातन्त्र्येच्छा की, समानता की और समाज और देश की सांस्कृतिक क्रान्ति को अपने से अलग करने का स्मृतिभ्रंश है। इसलिए आगे आने वाली पीढ़ी को सतर्क करते हुए कवि लिखते हैं:

ओ मेरे बच्चे
अगर तू ज़िन्दा रहना चाहता है तो उस महान मौत को याद रख
अगर तू मौत को हराना चाहता है तो उस महान अमरता को याद रख
अगर तू अपने नाती-पोतों के साथ बूढ़ा होना चाहता है
तो उस बाँकी हैट वाले नौजवान को याद रख
याद रख कि तेरी ज़िन्दगी उसी की बख़्शीश है
और ये हवा उसका वरदान।

शहीद भगत सिंह का स्मरण करते हुए लिखी गयी यह कविता सिर्फ़ उसकी महानता को अंकित करने के लिए लिखी नहीं गयी है। यह कविता स्वतन्त्रता के महत्त्व को रेखांकित करती है। यह कविता विराट सांस्कृतिक आन्दोलन (कल्चरल रेवेल्यूशन) की महती इच्छा को व्यक्त कर रही है।

सवालों का पूछा जाना ज़रूरी है

जब व्यवस्था अधिकार केन्द्रित हो जाती है तो उसमें से मनुष्य ग़ायब हो जाता है। मनुष्य का इस तरह परिगणित न होना वैचारिकता से शून्य व्यवस्था का स्वभाव है। व्यवस्था कोई कल्पनाप्रसूत जीवन-स्थिति नहीं है। उसका आधार ठोस यथार्थ है क्योंकि व्यवस्था के अन्तर्गत मनुष्य का जीवन विकसित होता है। मनुष्य का जीवन ही नहीं उससे जुड़े कई पक्ष व्यवस्था के प्रमुख अंग हैं। व्यवस्था के ठीक होने का अर्थ है जीवन का पूरा वातावरण, जीवन सम्बन्धी तमाम आकांक्षाएँ, सपने, उसकी गतिकी, विवेकशीलता, विकासोन्मुखता, समावेशी स्वभाव, संवेदनात्मकता आदि का एक-दूसरे के पूरक के रूप में रहना। यह पूरकता मनुष्य सापेक्ष दृष्टि के विकास को सूचित करती है। उसमें मनुष्य एवं मनुष्येतर जगत समान रूप से प्रमुख हैं। परन्तु व्यवस्था जब अधिकार केन्द्रित हो जाती है पूरा अनुपात गड़बड़ा जाता है। अधिकार समावेशी नहीं होता है। वह स्वार्थी अल्पसंख्यकों का तन्त्र है जिसको समय-समय पर, अनेक प्रकार की सीमाओं के बावजूद, प्रतिरोधित करने का कार्य किया गया है। इसलिए कहा जा सकता है कि प्रतिरोध मानवीय आस्था का प्रतिफलन है।

अरुण कमल की कविता सही मायने में समावेशी है। इसलिए समावेशिता के अभाव के प्रति उनकी कविता मौन साधती नहीं है। वह प्रश्न करती है, प्रतिरोध उपस्थित करती है, सर्वत्र मानवीय होने का अहसास देती है। इसके मूल में कवि की प्रखर इतिहास-दृष्टि जीवन्त दीखती है। अपनी कविता में विषयानुकूल समय को प्रतिपादित करके वे अपने दायित्व से मुक्त नहीं होते हैं। उनकी बहुतेरी कविताओं का समय दैर्घ्य अत्यन्त विपुल है। इस कारण से उनका हर सवाल इतिहास से है। अरुण कमल की कविता **'सबसे ज़रूरी सवाल'** एक सीमित समय दैर्घ्य से न होकर बृहद् इतिहास से है। उनके सवाल इस तरह के हैं:

सबसे ज़रूरी सवाल यही है मेरे लिए कि
क्या हमारे बच्चों को भरपेट दूध मिल रहा है
सबसे ज़रूरी सवाल यही है कि
क्या प्रसूति माँओं को मिल रहा है हल्दी छुहारे का हलवा
और दादा-दादी को हर रात दूध में रोटी?

ये सवाल हमारे लोगों को अच्छी भोज्य वस्तुओं की उपलब्धता से सम्बन्धित मात्र नहीं है। सवालों की अभिधात्मक स्थिति के आगे भी ये हमारे मन मस्तिष्क को झुलसाते हैं। एक 'वेलफेयर स्टेट' की अवधारणा मात्र कुछ विकासोन्मुख परिवर्तनों तक सीमित नहीं है। हमारी बुनियादी स्थितियों से इन सवालों का सम्बन्ध है। अन्न का अधिकार, शिक्षा का अधिकार आदि विषयों पर इधर चर्चाएँ शुरू हुई हैं और क़ानून बन गये हैं। स्वतन्त्रता-प्राप्ति के बाद के कई सालों तक किसी के दिमाग़ में यह सवाल नहीं उठा कि क्या हमारे बच्चों को भरपेट दूध मिल रहा है? वस्तुतः अरुण कमल यथार्थ की तरफ़ देखने के लिए हमें मजबूर कर रहे हैं। हमारा यथार्थ अधनंगे, अशिक्षित, अन्न के लिए तरसते वाले बच्चों का है। उनके सवाल के दूसरे परिपार्श्व में वे इस यथार्थ से भिड़ने के लिए हमें प्रेरित करते हैं। ग़रीबी की इस त्रस्तता से हमारा सामान्य नागरिक बोध कभी त्रस्त नहीं हुआ है। अपना-अपना स्वार्थ प्रेरित निम्न-मध्यवर्गीय, मध्य-उच्चवर्गीय या उच्चवर्गीय मानसिकता के साथ अबाध गति से वह बढ़ता रहा। इसी को अरुण कमल की कविता का समय दैर्घ्य कहा गया है।

आगे चलकर स्वास्थ्य से सम्बन्धित सवाल वे करते हैं। हमारे यहाँ एक सुविधाभोगी तबका है जिन्हें स्वास्थ्य लाभ के हेतु सभी प्रकार की सुविधाएँ मिलती हैं। पर ये सुविधाएँ क्यों कुछ लोगों तक सीमित हैं? इसलिए कवि का सवाल एक सामान्य सवाल न रहक़र प्रतिरोधी सवाल है:

क्या हर बीमार के सिरहाने रखा है अनार
और हर बीमार को वही इलाज जो देश के प्रधान को?

देश के प्रधान ही सब के हक़दार नहीं हैं बल्कि प्रत्येक नागरिक हक़दार है। पर हमारी स्थितियाँ अधिकार केन्द्रित हैं और प्रधान उसका भोग कर रहा है। आज हम हर रोज़ ऐसे दृश्यों से गुज़र रहे हैं। देश की उन्नति का तात्पर्य लोगों की उन्नति है जिसको अवनति में परिवर्तित किया जा रहा है।

हमारे वर्तमान में कई प्रकार की आवासीय योजनाओं के विज्ञापन हवा में बुलन्द हैं। उसका ढिंढोरा पीटा जा रहा है। पर वास्तविकता यही है कि करोड़ों की तादाद में हमारे लोग आवास से वंचित हैं। सड़कों के किनारे, दुकानों के बरामदे में, रेलवे प्लेटफ़ार्मों में, बस के अड्डों में रात गुज़ारने वालों का आँकड़ा किस कार्यालय के पास उपलब्ध है? इन वास्तविकताओं से अपरिचित होने का बहाना करके नयी-नयी आवासीय योजनाओं के विज्ञापन घोषित होते जाते हैं। घर का सपना एक सामान्य नागरिक का सामान्य सपना है। इसलिए अरुण कमल का सवाल मात्र लोगों को घर न मिलने की समस्या तक सीमित नहीं है। वह अट्ट ालिकाओं के यथार्थ के सम्मुख दशकों से बेघर हुए लोगों की त्रासदी से सम्बन्धित हैं। उनके सवाल हैं:

सबसे ज़रूरी सवाल यही है मेरे लिए कि इतने लोग
भादों की रात में भीग क्यों रहे हैं?
कहाँ गये वे लोग इन बस्तियों को छोड़कर
हमारे गाँवों के कूड़े की ढेर में क्यों खड़ी है मेरी माँ
किसने फेंका मेरी माँ को घर से बाहर?

बेघर होने वाली अपनी माँ का ज़िक्र करके कवि ने देश की बेघर होने की बदहालत से रू-ब-रू किया है। अधिकार केन्द्रित व्यवस्था अपनी वैचारिक शून्यता के कारण इस हालत से अनजान रहती हैं। वैचारिक शून्यता के चरम उत्कर्ष की इस अवस्था में अरुण कमल की घोषणा है कि इस देश को धरती में रहने का अधिकार नहीं है क्योंकि इस देश ने अपने बच्चों को भूखा रखा है, माँओं और गौवों को भूखा रखा है। यह कदापि जीवित रहने का हक़दार नहीं है।

हम अपनी समस्याओं पर बहस तो करते हैं, परन्तु उनके इतिहास से अनजान हैं। इसलिए इतिहास बोध से वंचित हमारी दृष्टि में पारदर्शिता की कमी सदैव रहती है। अदूरदर्शिताएँ, ऐसे में, सर्वत्र महसूस की जा सकती हैं। अरुण कमल बच्चों और माँओं के खाने-पीने की बात पर ही ज़ोर नहीं दे रहे हैं। है वह अपनी जगह। उससे अधिक व्यवस्था की अपरिवर्तनशीलता पर वे बल दे रहे हैं। दरअसल अरुण कमल स्वतन्त्रता को पुनःपरिभाषित कर रहे हैं।

शब्द से भयभीत नपुंसक

शब्द की ताक़त से यदि जनता उत्तेजित होती है तो वर्चस्वी वर्ग उससे भयभीत होते हैं। शब्दों के माध्यम से रचनाकार बहुसंख्यक लोगों के पास आसानी से पहुँच जाते हैं। हल्का-फुल्का मनोरंजन उन रचनाकारों का उद्देश्य नहीं है। उनका मक़सद है कि लोगों के हृदय में स्थान अर्जित करना, उन्हें सच बताना, संकीर्णतावादी दृष्टि का विरोध करना और सामंतवादी संस्कृति के विरुद्ध युद्धरत आदमी को तैयार करना। ऐसे में शब्द स्वयं हथियार बन जाते हैं। उन्हीं शब्दों से सत्ताधारी वर्ग डरते हैं। उनके पास एकाध संकीर्ण विचार ही होते हैं जिनके बल पर वे लम्बे समय तक रण क्षेत्र में खड़े नहीं रह सकते। वे अश्वत्थामा की तरह सोए पड़े लोगों पर वार कर सकते हैं। ये आदमी का क़त्ल नहीं बल्कि शब्द का क़त्ल कर सकते हैं। यह वैचारिकी का भी क़त्ल भी है।

इधर भारतीय राजनीति की सत्ता केन्द्रित संस्कृति में संकीर्णतावादी संस्कृति की बढ़त देखने को मिलती है जो सबसे अधिक असहिष्णु लोगों द्वारा प्रायोजित है। अपने धर्म से अलग सभी उनके लिए शत्रुपक्ष के सदस्य हैं। लेकिन इन धर्म के ठेकेदारों की दृष्टि में निहित विरोधाभास को वे स्वयं अनदेखा करते हैं। वे जिस धर्म की दुहाई देते हैं, उस धर्म के अन्तर्गत कई अन्तर्विरोध हैं। अपने धर्म की इस विकराल स्थिति को ख़त्म करने का साहस वे कभी दिखाते नहीं हैं। बाहर ही बाहर वे धर्म की दुहाई देते हैं और भीतर ही भीतर अपने ही अन्तर्विरोध के आधार पर वे बँटते जाते हैं। सच्चाई से मुँह मोड़ने की यह प्रवृत्ति उनमें सदैव रही है। बावजूद इसके सत्ता की ताक़त के बल पर धर्म को उन्होंने सर्वश्रेष्ठ हथियार बनाया है। अपने बहुरूपियेपन को इसी के आधार पर वे सुरक्षित रखते हैं। उनमें असहिष्णुता की आग हमेशा जलती रहती है और इस आग को सर्वत्र फैलाने का प्रयास भी करते हैं। राजनीति का यह सबसे ख़राब और अनपेक्षित ख़ूँख़ार चेहरा है।

'कामरेड पानसारे के लिए' वास्तविक घटना पर आधारित कविता है। गोविंद पानसारे लेखक, चिन्तक के रूप में ख्याति प्राप्त व्यक्ति हैं और वे साम्यवादी कार्यकर्ता भी हैं। असहिष्णु लोगों ने उनकी हत्या कर दी थी। अरुण कमल की यह कविता पानसारे पर केन्द्रित है और उनकी वैचारिकता की हत्या करने वाली राजनीतिक अहिष्णुता पर भी केन्द्रित है।

पानसारे को याद करते हुए अरुण कमल ने कविता की शुरुआत की है। मैत्री भाव से युक्त कविता की पंक्तियों में समाज के वास्तविक विकास के लिए कार्यरत पानसारे का व्यक्तित्व, जो पारदर्शी और सरल है, भी उभरकर आया है:

पिछले साल हम साथ थे नासिक में
शाइर अन्ना भाऊ साठे की याद में
उत्तम कांबले भी थे और ताई भी
और हम साथ गये एक दूर गाँव में
जहाँ कुछ साथी चला रहे थे
पाठशाला और सहक़ारी जीवन
और सड़क किनारे ढाबे में
हमने खाई थी साग रोटी

ये आमुख जैसी पंक्तियाँ पानसारे की सज्जनता को ही नहीं दर्शा रही हैं बल्कि एक समावेशी दृष्टि का भी परिचय दे रही हैं। आम लोगों के साथ उनका कार्यकलाप चलता था। सभी प्रकार के लोग, जो मेहनतकश हैं, उनकी कार्य कुशलता के वे संवाहक़ रहे हैं। समाज में समता से उत्पन्न ख़ुशहाली के वे पक्षधर रहे, रूढ़ियों के विरोधी रहे और समाज में संवादात्मकता को बनाये रखने के लिए वे प्रयत्नशील भी रहे। घृणा पैदा करने वाली राजनीति संवादात्मकता चाहती नहीं है। पानसारे संवादात्मकता के हिमायती थे। इसलिए कविता की आगे की पंक्तियों में उन लोगों का वर्णन मिलता है जिनके माध्यम से अरुण कमल गोविन्द पानसारे के व्यक्तित्व को सामने ला रहे हैं:

कामरेड इस साल हम नहीं मिलेंगे
फिर भी हर साल हम साथ सब साथ होंगे

यहाँ कवि पानसारे की वैचारिकी में प्रकट समावेशिता को ही प्रस्तुत कर रहे हैं— 'हम साथ सब साथ होंगे'। ये 'हम सब कौन-कौन हैं', अरुण कमल बता रहे हैं:

वे मज़दूर वे डब्बा वाले
वे घरों में काम करती बाई
वे लेखक कलाकार अध्यापक विद्यार्थी
ज़िन्दगी की हर राह के हर टौल का
हम विरोध करेंगे—
हम चाहते हैं सीधी साफ़-सुथरी खुली सड़क
हम चाहते हैं खुला दिमाग़
हमें पसन्द हैं सबल और लम्बी बहसें—
अगर हम अब भी चुप रहे तो फिर कभी
बोल नहीं पायेंगे साथी

पानसारे के आह्वान को अरुण कमल ने कविता में बारीकी से जोड़ दिया है। उनके 'हम' में शामिल लोगों का विवरण और उनके माध्यम से तुरन्त वैचारिकी के लिए वांछित खुलेपन को - 'साफ़-सुथरी सड़क' और 'खुले दिमाग़' के प्रतीकों के माध्यम से गुम्फित किया गया है और उसके बाद असहिष्णुताओं के विरोध में बोल उठने के आह्वान को भी जोड़ दिया गया है। पानसारे का व्यक्तित्व पूरी तरह से इन पंक्तियों में उभरकर आया है। पानसारे उन तमाम ख़तरों से भी परिचित थे। असहिष्णुता की चरम सीमा यही है कि:

उनका निशाना मेरा माथा है मेरा उन्नत सोचता ललाट
हम उन कायरों हत्यारों को जानते हैं
पूरा देश जानता है कामरेड
पर हत्यारे हैं दो
और हम दो सौ करोड़।

पानसारे के शब्दों के रूप में 'मेरा उन्नत सोचता ललाट' प्रयोग हुआ है। आगे की पंक्ति भी उन्हीं के शब्द पर आधारित है कि 'हम उन कायरों हत्यारों को जानते हैं'। उसके बाद अरुण कमल का कथन है कि इस बात से पूरा देश वाक़िफ़ है कामरेड! फिर पानसारे और कवि के समवेत स्वर सहित एक बुलन्द-आह्वान प्रतिध्वनित होता है— पर हत्यारे हैं दो यानी कम लोग हैं और हम हैं दो सौ करोड़।

पानसारे नहीं रहे। उनकी हत्या की गयी है। लेकिन इस देश के करोड़ों लोगों के माध्यम से उनकी वैचारिकी जीवित रहेगी, यही अरुण कमल की कामना है।

प्रेम का उद्वेलन

गोवर्धनराम त्रिपाठी का गुजराती उपन्यास 'सरस्वती चन्द्र' प्रेम केन्द्रित रचना है। उपन्यासकार को याद करते हुए अरुण कमल ने **'कबूल'** शीर्षक कविता लिखी है जिसमें प्रेम भाव को प्रमुख प्रमेय बनाया है। उपन्यासकार के आवास में जाने का जो अवसर कवि को मिला उस समय प्रेम के उस गाथाकार का स्मरण करते हुए यह कविता लिखी गयी है। कवि ने जीवन में कभी प्रेम ही नहीं किया फिर भी यह स्मरण प्रेम के अनुभव का संचार उनके भीतर करता है। प्रारम्भ में वे सूचित करते हैं:

हे कवि हे गाथाकार
तुम्हारी चौखट पर माथा टेकता
कबूल करता हूँ निस्संकोच
कि मैंने कभी प्रेम नहीं किया
जाना ही नहीं

यह एक सही स्वीकृति है उस गाथाकार के समक्ष जिन्होंने प्रेम पर आधारित रचना प्रस्तुत की है। प्रेम को न जानने के कारण प्रेम सम्बन्धी वातावरण का भी परिचय कवि को नहीं मिला। कवि के लिए सबकुछ यथार्थ रहा। उसमें प्रेमाभिभूत वातावरण का स्पर्श नहीं रहा। प्रेमी मन जिस तरह से अपने वातावरण को देखता है वह साधारण जन से अलग है। कवि अपने को साधारण जन में परिगणित करता है। इसलिए वातावरण में कोई परिवर्तन वह अनुभव नहीं कर रहा है। प्रेमी मन के लिए प्रकृति, आबोहवा, आसपास सबकुछ बदला-बदला नज़र आता है। इस अवस्था के बारे में जानते हुए भी कवि उस अपरिवर्तित आसपास को इस तरह प्रस्तुत कर रहा है क्योंकि वह प्रेमी नहीं है:

न निर्वात न झंझावात
न कभी किसी उड़ती पक्षी के पंखों की हवा हठात्
आनन पर

मेरे लिए दिन
दिन रहा और रात
रात
न गोधूलि न प्रात

वस्तुतः प्रेम की अनुभवहीनता का यह परिचयात्मक वर्णन प्रेम के अनुभवों ये गुज़रने की तरह ही कवि ने प्रस्तुत किया है। इस कारण से आगे उन्होंने प्रेम करने वालों को 'भाग्यवान' कहा है क्योंकि उसे एक नये तरल अनुभव से गुज़रने का अनुभव मिलता है। कवि के अनुसार वह अतीव भाग्यशाली है जिसे प्रेम प्राप्त हो गया है। किसी के प्रेम का पात्र बनना भी भाग्यशाली बनना है और सबसे भाग्यवान वे हैं जिनके प्रेम के गीत गाये गये। प्रेम का गीत रचना और उसका गाया जाना एक तरह से गीत को ही नहीं बल्कि उसमें अंकित प्रेम भाव को शाश्वत बनाने की तरह है। वह गायकी एक व्यक्ति तक नहीं बल्कि अनेकों तक फैलती जाती है जिससे प्रेम की अनश्वरता स्थापित होती है। इसलिए उस व्यक्ति को कवि ने अधिक भग्यवान कहा। उनके अनुसार वे भी महान हैं जिन्होंने प्रेम के गीत गाये। प्रेम करने वाला, प्रेम का पात्र बनने वाला, प्रेम के गीत रचने वाला और प्रेम के गीत गाने वाला आदि सभी भाग्यवान हैं। प्रेम के महत्त्व को रेखांकित करके प्रेम-भाव में निहित जीवन की अनश्वरता को भी यहाँ पर कवि चिह्नित कर देना चाहते हैं। जब वे प्रत्यक्षतः स्वीकार करते हैं कि प्रेम अनश्वर है तो उनके लिए वह भाव एक अनश्वर मूल्य भी है। प्रेम का यह विस्तार ही, रूढ़ियों से उसकी मुक्ति ही उस भाव को अनश्वरता प्रदान करता है। अनेकानेक प्रेमकथाएँ इसके लिए साक्षी हैं।

उपन्यासकार की चौखट में कवि को एक गहन अनुभव प्राप्त होता है जो प्रेम भाव से उद्दीप्त और तेज़दीप्त है। उनके अन्तर्मन की इस प्रेमविह्वलता का वे इस तरह वर्णन करते हैं:

आज इस शिशिर की प्रात
तुम्हारी चौखट पर माथा टेकता एक बार फिर
कबूल करता हूँ कि मैं ने कभी नहीं जाना प्रेम
पर जगता रहा रात रात तुम्हारी गाथा पढ़कर
अँधेरे सुनसान गलियों के काटता चक्कर

जैसे चक्रवात की टूटी हवा
अपनी देह की लपेटों में नाचता

यहाँ एक वास्तविक अनुभव, जो कि उपन्यासकार के यहाँ फिर से जाकर प्रणाम करने की घटना है, अभूतपूर्व काल्पनिक अनुभव कॉस्मिक अनुभव में बदलता दीखता है। उनकी स्वीकृति सच है कि कभी जाना ही नहीं प्रेम क्या है। लेकिन उस महान गाथा के तरंगावाही अक्षरों से गुज़रते हुए प्रेम से वंचित कवि-हृदय में प्रेम का समुद्र तरंगायित होने लगता है। कवि-मन अँधेरे सुनसान गलियों में चक्कर काटता रहता है जैसे चक्रवात की टूटी हवा हो। प्रेम के उस अभूतपूर्व अनुभव को अरुण कमल कॉस्मिक बना रहे हैं जिसका वर्णन यों है—'अपनी ही देह की लपेटों में नाचता'। इस पंक्ति को पढ़ते समय उत्तर केरल की लोकमंचीय प्रस्तुति 'तेय्यम' का स्मरण हो आता है। तेय्यम की पूरी अंगयष्टि कॉस्मिक है। अरुण कमल की यह पंक्ति प्रेम भाव में डूबी मीरा की याद भी दिलाती है। उसका नाचना भी कॉस्मिक है। प्रेम का यह अभौम भाव, व्यक्तिगत जीवन में प्रेम के अनुभव से न गुज़रने के बावजूद कवि को उद्वेलित करता है।

शब्द-जल

अग्रज रचनाकारों के प्रति व्यंजित आदर भाव को कविता में कई तरह से प्रकट किया जा सकता है। यह आदर भाव उस अग्रज रचनाकार के साथ-साथ उनकी रचनात्मकता के प्रति अधिक रहता है। अन्ततः यह भाव रचनात्मकता के प्रति प्रकटित भाव है यानी सघन संवेदनात्मकता से तादात्म्य प्राप्त करने की यह एक विशेष काव्य नीति है। इसमें देश-भाषा और संस्कृति की सीमाओं को पार कर जाने की सशक्त प्रवृत्ति भी देखने को मिलती है। अपार काव्य-संसार में यह मानवीयता का नैरन्तर्य है जो कविता में उसकी आत्मा की तरह स्पन्दित रहती है।

'कबूल' शीर्षक कविता में रचनाकार के स्थान पर उनकी एक रचना अरुण कमल की कविता की पृष्ठभूमि में उपस्थित है और उसके माध्यम से प्रेम के अनुभव को उन्होंने सूक्ष्मता से व्यंजित किया है।

'अर्घ्य' शीर्षक कविता में विभूतिभूषण बन्धोपाध्याय के रचनात्मक सान्निध्य का हम अनुभव कर पाते हैं। 'घाटशिला', जो उनका घर है जिसकी चौखट पर कवि को जो अनुभव हुआ या जिन अनुभवों से कवि को गुज़रना पड़ा उसको समर्पित भाव से वे व्यक्त कर रहे हैं। उस अग्रज रचनाकार की रचनात्मकता का विराट संसार उनके समक्ष है। उससे होकर कवि की यात्रा ही इस कविता का अभीष्ट है। यहाँ पर अज्ञेय की लम्बी कविता 'असाध्य वीणा' का उल्लेख अनुचित नहीं होगा। उक्त कविता में एक वीणा है जो असाध्य मानी गयी थी जिसे बजाने में कई-कई कलाकार असफल हुए। फिर एक दिन प्रियंवद नामक कलाकार आता है जो इस 'असाध्य वीणा' को साधने के काम में जुट जाता है। कविता में अज्ञेय ने वीणा के निर्माता कलाकार की साधना की यात्रा के समानान्तर प्रियंवद की रचनात्मक यात्रा को दिखाया है। जिन-जिन अनुभवों से होकर उस मूल कलाकार ने वीणा को गढ़ा था उसको आत्मसात् करते हुए प्रियंवद उसे पुनः आत्मसात् कर रहा है। एक-एक अनुभव उसे इस तरह मथित करता है कि वह अनुभव का विराट् संसार

उसे धीरे-धीरे सुलभ होने लगता है। तब जाकर प्रियंवद उस असाध्य घोषित वीणा को बजाने में समर्थ निकलता है। यह रचनात्मकता का एक पक्ष है जिसे अज्ञेय ने 'असाध्य वीणा' कविता में पुनर्रचित किया है।

अरुण कमल की कविता 'अर्घ्य' में जल का अर्घ्य समर्पित करने का वर्णन है जिसमें अपने को जल-पात्र की तरह कवि ने प्रस्तुत किया है। अर्घ्य शब्द में ही अग्रज रचनाकार के प्रति समर्पण भाव व्यंजित है।

अरुण कमल की कविता में अर्घ्य का समर्पण भाव शब्द को पार कर अनुभव के समस्त धरातलों तक व्यापित होता है। पहले तो वह मिट्‌टी के जलपात्र की तरह उपस्थित है जो बाहरी है—

मेरा जलपात्र टूट गया
मिट्‌टी का जलपात्र
अपने ही जल के खारेपन से ध्वस्त
अपने ही रंध्रों के सन्ताप से
मेरा जलपात्र

अर्घ्य का पहला समर्पण होने वाला था। मिट्‌टी के जलपात्र में जल है जो अपने ही जल के खारेपन से, अपने ही रंध्रों के सन्ताप से वह जलपात्र टूट जाता है। यहाँ अपने 'जल का खारापन' और अपने ही 'रंध्रों का सन्ताप' जैसे प्रयोग विशेष उल्लेखनीय हैं। यह खारापन अश्रुजल का है; रंध्रो का सन्ताप वस्तुतः जीवन के सन्ताप को सूचित करता है। इससे स्पष्ट होता ही है कि अर्घ्य समर्पण यान्त्रिक कार्यक्रम न होकर तन-मन से न्यौछावर होने के भाव से युक्त है। अश्रु जल का संकेत संवेदनात्मक तादात्म्य को भली-भाँति सूचित करता है। जब मिट्‌टी का जलपात्र टूट गया है तो अर्घ्य-समर्पण अधूरा कार्य नहीं रह जाता है। अब दोनों अंजुरियों में कवि अर्घ्य-जल ला रहा है और अर्पित करना चाहता है। अपने निजी अनुभव की सीमा को पार कर समस्त पृथ्वी को जलपात्र की तरह परिकल्पित करके अपने अर्घ्य-समर्पण को कवि विराट रूप प्रदान करता है:

टूटने दो सारे जलपात्र
रिसने दो जल
देखो उधर
भरा है बादलों से नभ
भरी है पूरी पृथ्वी जल से

यह पृथ्वी भी तो जलपात्र है प्रभु का
मिट्टी का सकोरा

अग्रज रचनाकार के प्रति यह समर्पण-भावना निजी अनुभवों से विकसित होते हुए पृथ्वी एवं गगन तक व्याप्त हो जाती है जहाँ नभ (गगन) बादल रूपी अर्घ्य से भरा है और पृथ्वी को भी जल-पात्र के रूप में प्रस्तुत किया गया है। वस्तुतः अनुभवों की विस्तृति एवं गहराई (नभ से धरती तक) को ही कवि अर्घ्य रूपेण सौंपना चाहता है। पुनः वह अपने में केन्द्रित होता है; इसलिए अपने को अर्घ्य-समर्पण के लिए बने जलपात्र की तरह देखता है:

मैं भी तो तुम्हारा ही जलपात्र हूँ प्रभु
मेरी देह एक भाप
लो स्वीकार करो यह अर्घ्य—
जल
यह शब्द-जल!

अरुण कमल की कविता का उपर्युक्त अंश अभूतपूर्व अनुभव की अभिव्यक्ति है। अपने को जलपात्र के रूप में परिणत करके, अपनी देह को जल में उबालने के लिए छोड़ दिया जा रहा है। उबले पानी में से देह से उड़ते भाप को स्वीकार करने का अनुरोध किया जा रहा है। जब कवि अपने शरीर को जल में उबालने के लिए छोड़ देता है तो उसका समर्पण पूरा हो जाता है। कवि का अर्घ्य-जल अन्ततः शब्द-जल है जिसे वे समर्पित करना चाहते हैं।

अनुष्ठान की प्रक्रिया का सहारा लेकर 'अर्घ्य' शीर्षक कविता के बाहरी रूप को सँवारा गया है। लेकिन यह कविता अपने अग्रज रचनाकार के लिए समर्पित शब्द-जल है। अतः पवित्रता का एक पक्ष यथार्थ के पक्ष से जुड़कर तीव्रानुभवों के अर्घ्य-दान में बदलता दिखाई देता है—पवित्रता को हानि न पहुँचाते हुए।

संघर्ष का रेखाचित्र

मनुष्य का संघर्ष, यानी मानवीयता को सुरक्षित रखने के लिए किये जानेवाला मनुष्य का संघर्ष समाज में आरम्भ से रहा है और वह अनन्तिम है। अतः मनुष्य के अनन्तिम संघर्ष को विराट् परिकल्पना के रूप में देखना उचित लगता है। मनुष्य का प्रत्येक कार्य मनुष्य की तरह सामान्य ही होता है, पर उसकी संकल्पना के क्षण से लेकर उसके कार्यान्वयन के क्षण तक पहुँचते-पहुँचते वह अपनी विराटता का परिचय देने लगता है। मामूली होते हुए मनुष्य का प्रत्येक कार्य, मनुष्यधर्मी होने के कारण, विराट् ही होता है। उसमें इच्छाशक्ति की तेज़स्विता देखने को मिलती है।

'अन्तिम युद्ध' कविता में अरुण कमल ने मनुष्य के अनन्तिम संघर्ष के रेखाचित्र को प्रस्तुत किया है। इसके लिए ग्रामीण यथार्थ का एक प्रसंग उन्होंने उठाया है। जब तेज़ बारिश होती है तो गाँवों की झोंपड़ियों की हालत इतनी ख़राब होती है कि उनमें रहने वाले मनुष्य प्रकृति से तन-मन से संघर्ष करते हैं। उन लोगों की मुश्किलें कम होने के बदले बढ़ती रहती हैं। उसी अनुपात में संघर्ष भी बढ़ता है:

अभी जब इतनी तेज़ बारिश हो रही है
तब मैं उन लोगों के बारे में सोच रहा हूँ
जो अपने डूबे घरों की छप्पर पर बैठे हैं
और पानी चढ़ता जा रहा है।

यह रेखाचित्र उतना मामूली नहीं है जितना वह दिखता है। तेज़ बारिश से पानी चढ़ता जा रहा है। लोग घर के अन्दर रह नहीं पा रहे हैं। वे अपनी-अपनी छप्पर पर जाकर बैठते हैं। पानी फिर चढ़ता ऊपर आ रहा है। कविता में यह रेखाचित्र शब्दों की विवरण-क्षमता को पार करके अनुभव के रूप में बदलता है। अब हमारे सामने यह रेखाचित्र नहीं अनुभव है। हम मूसलाधार बारिश का अनुभव कर सकते हैं, भीगते हुए मनुष्य छप्पर के ऊपर बैठते हुए हम अनुभव कर सकते हैं,

ऊपर आते पानी को देख सकते हैं। अनुभव का यह विस्तार कवि इसलिए प्रस्तुत कर रहे हैं क्योंकि इस विषम परिस्थिति में भी उनका संघर्ष जारी है। इसे मामूली नहीं कहा जा सकता। इस अनुभव का एक और पक्ष है कि संघर्ष करने के लिए, निरन्तर विषमताओं को झेलने के लिए ऐसे ही लोग क्यों मजबूर हैं? यह पक्ष उस अनुभव का उपपाठ है।

हमारे जीवन यथार्थ के मुख्य पाठ के असंख्य उपपाठ हैं जिनका अपठित रह जाना ठीक नहीं है। ये उपपाठ संघर्ष करनेवाले लोगों के जीवन से सम्बन्धित हैं। संघर्ष ही इनके खाते में उपलब्ध हैं न कि इससे उबर कर मुक्त होने की बात कहीं नहीं है। इसलिए बाढ़ की हालत उन्हें घेर लेती है:

ऐसा भी होता है जब
पानी तुम्हें घेर लेता है

ऐसे लोगों के जीवन में प्राकृतिक आपदाओं के अलावा शोषक वर्ग द्वारा निर्मित आपदाओं की कमी नहीं है:

जब जलते घर में दिखता नहीं द्वार
कहीं बचता नहीं निकास का लाल निशान

जलाये जाने वाले इस तरह जल कर राख होने के लिए मजबूर होते हैं। पर वे अपना अन्तिम युद्ध तय करते हैं। जल-भुनने की अवस्था में भी लड़ने की मानसिकता को बचाये रखने की ताक़त संघर्ष नहीं है और क्या है? संघर्ष को वे अपना आदर्श मानकर चलते हैं। इतने पर भी उनकी समस्या यह है कि वे अकेले ही अपना अन्तिम युद्ध लड़ते हैं:

ऐसा भी होता है जब देह
लड़ती है अन्तिम युद्ध अकेले साँस-साँस
जन-परिजन सब हाथ बाँध खड़े निष्पक्ष

संघर्षरत आदमी कभी-कभी अकेला भी पड़ जाता है। उसके परिजन भी साथ नहीं देते हैं। लेकिन संघर्ष के लिए न्यौछावर जीवन अपनी अकेली अवस्था में भी लड़ता रहता है। वास्तविक संघर्ष वही होता है जिसमें इच्छाशक्ति सबसे ऊपर रहती है।

अरुण कमल की कविता 'अन्तिम युद्ध' संघर्ष करती मानवीय अवस्था को रेखांकित करती है। हमारे इतिहास में कई उदाहरण ऐसे मिलते हैं जिनमें संघर्ष के

अध्याय प्रभावपूर्ण ढंग से जुड़े हुए हैं। नाकामयाबी को पूरी तरह से रद्द करते हुए संघर्षमना व्यक्ति अपने पथ पर अग्रसर होता है। ऐसे अध्याय इतिहास से कभी-कभी ग़ायब हो सकते हैं; ग़ायब कर दिये जा सकते हैं। परन्तु वास्तविक संघर्ष ख़त्म नहीं होता है, वह निरन्तर चलता रहता है। यदि हमारी संस्कृति ने कुछ हासिल किया है, हमारे इतिहास में यदि कोई सुवर्ण अध्याय जुड़े हैं तो संघर्ष करने वालों की इच्छाशक्ति से सम्भव हुआ है। अरुण कमल की कविता उन लोगों के पक्ष में लिखी गयी है जो सदैव संघर्ष को अपनी आत्मा का अंश मानते हैं।

कृत्रिम मामूलियत का क़िस्सा

'खुदरा' अरुण कमल की ऐसी कविता है जिसमें मामूली ढंग से जीवन बिताने वाले आदमी का क़िस्सा दर्ज है। वह निपट मामूली है जो अपने दैनन्दिन कार्यनिर्वहण के बारे में सीधी-सी भाषा में, बिना किसी लाग लपेट, बता रहा है। उसके कहने के ढंग से पता चलता है कि उसकी कंजूसी ज़बर्दस्त है:

सुबह उठूँगा और पुराने पैंट को काट कर सिला झोला
हाथ में लिए बाहर निकलूँगा
और गली के मोड़ पर जा ख़रीदूँगा एक गोल हरी सफ़ेद
प्यारी सी लौकी
जो एक औरत अपनी छानी से उतार
लायी है सुबह-सुबह (टंटी से चूता है रस)

....

....

बग़ल के घर से आज का अख़बार जरा माँग
वापिस तख़्त पर बैठ
इन्तज़ार करूँगा दूध वाले का

सुबह की तरह शाम को भी उसका नियमित कार्यक्रम है। वह टहलने जाता है और चौराहे पर जो भूँजा मिलता है उसे रसलीन होकर खाता जाता है।

और लौटती में एक ख़ास दुकान से थोड़ा मदनानंद मोदक
ख़रीद (नगद, क्योंकि यहाँ नगद का दस्तूर है)

अपनी पसन्द की चीज़ को नगद से ख़रीद लेता है, पर साव जी से उधार में चावल दाल आदि भी ख़रीदकर आता है। पत्नी द्वारा बनाये लाल मिर्च के अचार की गन्ध से वह अभिभूत होता है।

अपने को मामूली यानी खुदरा मानने की आदत भी उसकी है। उसकी यह विनयशीलता वास्तव में उसकी कंजूसी से उत्पन्न है ताकि लोग उसकी मदद करें। पर उसे जो चीज़ बेहद पसन्द है (मदनानंद मोदक) वह पैसा देकर ख़रीदता है। बाक़ी चीज़ें वह उधार में लेता है। उसके साथ-साथ अपने को खुदरा मानकर चलता है। यह उस का स्वयं पर थोपा गया अन्तर्विरोध है जो वास्तविक नहीं है। वह अपनी मामूलियत को इस प्रकार व्यक्त करता है:

बात ये है भाई मोरे मैं ख़ुद एक खुदरा आदमी हूँ
(मोटे लोग थोक होते हैं दुबले खुदरा)
खुदरा जो मिखमंगों के कटोरों में होता है
वही खुदरा रेजकी चिल्लर टूटा
एक खुदरा आदमी जो कविता भी खुदरा ही लिखता है
पर जोहता है बाट विदेश निवेश का।

'मैं एक खुदरा आदमी हूँ' कहकर वह अपने प्रति दूसरों को आकृष्ट कर लेता है। मोटे लोग थोक होते हैं, माने बहुत होते हैं। लेकिन खुदरे पतले यानी बहुत कम होते हैं। इस तरह अकिंचनत्व का बाना पहनाकर ही वह स्वयं को प्रस्तुत करता है। लेकिन कविता के अन्त में अरुण कमल ने ऐसा एक संकेत दिया है जो सर्वाधिक प्रमुख है— 'एक खुदरा आदमी जो कविता भी खुदरा ही लिखता है'। आत्महीनता के भाव को जो अपने रक्त में गला देता है वह कोई महत्त्वपूर्ण कार्य नहीं कर सकता। वह नीचे की ओर धँसता ही जाता है। वह कविता तो कर सकता है जो कि एक गम्भीर रचनात्मक कार्य है। पर अपने को खुदरा मानने वाला, आत्महीनता को जो प्रमुख मानता है वह गम्भीर कविताएँ नहीं लिख सकता। वह खुदरा ही लिखता है। वह गम्भीर रचनात्मकता का परिचय नहीं दे सकता है।

प्रकारान्तर से अरुण कमल एक महत्त्वपूर्ण बात इस कविता के माध्यम से बताना चाहते हैं। कविता अक्सर उन्नत भावों की अभिव्यक्ति होती है। कवि को ये उन्नत भाव कहाँ से मिल जाते हैं? जो जीवन को गम्भीरतापूर्वक स्वीकार करते हैं, उसकी तह तक जाते हुए अनेकविध सच्चाइयों का सामना करते हैं, आत्मसंघर्ष में जीते हुए कविता के लिए शब्दों को तराशते हैं ऐसे कवि मामूली जीवन बिताकर भी गम्भीर कविता लिख सकते हैं। इस तरह संघर्ष के बीचोंबीच रहते हुए जीवन बिताए हुए कवि तथा अपनी भाषा के लिए शाश्वत कविताएँ देनेवाले कवि बहुत हैं।

उनमें उच्च स्तरीय आत्मविस्तार का भाव मिलता है। वह निज में बद्ध होकर जीता नहीं और रचता भी नहीं है।

कृत्रिम ग़रीबी को ओढ़कर यथार्थ से हटकर जीनेवाले कवि के पास न अनुभव होते हैं और न अनुभवों का आभ्यन्तरीकरण। वह आत्मलीन व्यक्ति होता है और उसकी कविता भी खुदरा ही होती है। अरुण कमल की इस कविता में जो कवि है वह मामूली कविता ही तो लिखता है, पर वह उसके लिए विदेशी निवेश की प्रतीक्षा कर रहा है। अपनी कविता के लिए अपार धन-सम्पत्ति का इन्तज़ार कविता-कर्म को इतना खोखला कर देता है कि वह न कविता दे पाता है और न मानवीय दृष्टि। सब कुछ उसके लिए धन केन्द्रित है। कविता भी उसके लिए धनोपार्जन का माध्यम है।

एक व्यक्ति की (कवि भी है वह) जीवनचर्या को नाटकीय ढंग से प्रस्तुत करके, नाटकीयता के हर अंश में कृत्रिमता के संस्पर्श को दिखाते हुए अरुण कमल ने यह कविता लिखी है। इसकी भाषिक संरचना में कृत्रिम विनयशीलता के कई रूपक गुँथे हुए मिलते हैं। आज की अपसंस्कृति के ख़तरों की तरफ़ भी यह कविता संकेत कर रही है।

भरी-पूरी दृश्यता का सौन्दर्य

अय्यप्प पणिक्कर की एक कविता में अमलतास का फूल कहता है कि वह फूले बग़ैर नहीं रह सकता। उसे फूलना ही है। फूल की यह अनिवार्यता सौन्दर्य-प्रतीति की अनिवार्यता है। फूल जो दृश्य रचता है वह हमारी सौन्दर्यदृष्टि को पूर्णता प्रदान करता है और उसमें जीवन की भरी-पूरी दृश्यता का लबालब रूप भी देखने को मिलता है। सौन्दर्य कभी भी जीवन के बाहरी धरातल तक सीमित तथ्य नहीं है। जब सौन्दर्य जीवन से संपृक्त होकर उद्भासित होता है तो उसका निखरता अनुभव हमारे भीतर पूर्ण रूप से उतरता है। अतः सौन्दर्य हमारी पूर्णता की अभिव्यक्ति से ही जुड़ता है। जीवन में यह मग्न होने का अनुभव है जिसकी अभिव्यक्ति होती ही है। जीवन के प्रति जब उल्लास भाव बढ़ता है सौन्दर्य के संपृक्तिबोध का भी अनुभव होता है।

अरुण कमल की कविता **'जीने का नशा'** सौन्दर्य की पूर्णता से उद्भूत उल्लास के अनुभव को व्यंजित करने वाली रचना है। परन्तु यह कविता जीवन निरपेक्ष रचना नहीं है। इसमें जीवन का भरा-पूरा अनुभव हमें प्राप्त होता है। इसलिए इसमें व्यंजित सौन्दर्य का भी पूर्णरूपेण हम अनुभव कर पाते हैं। जीवन सापेक्ष सौन्दर्य का महत्त्व निर्विवाद रूप से गरिमामय होता है। वस्तुतः अरुण कमल ने इस कविता में अपने आसपास की प्रकृति-दृश्यता को विषय बनाया है। मूर्त और अमूर्त बिम्बों एवं रूपकों के ज़रिये कवि ने इस अनुभव को प्रस्तुत किया है। कविता के वाचन के अवसर पर हम असमंजस में पड़ जाते हैं कि यह प्रकृति केन्द्रित कविता है या जीवन केन्द्रित? बारीकी से देखें तो पता चल जायेगा कि यह जीवन केन्द्रित कविता है जिसको प्रकृति की दृश्यता के माध्यम से उजागर किया गया है:

बस जीने के नशे में यह मैदान गंगा के किनारे से उठता
मुहल्ले घरों झोंपड़ों तक खुलता जाता

कवि ने जीवनानन्द को, उसके नशे में, गंगा के किनारे से उठते मैदान में केन्द्रित किया है। यह खुलेपन का रूपक है जिसे स्वतन्त्रता का रूपक भी कहा जा सकता है। खुलेपन का रूपक काशी के मुहल्लों के घरों, झोंपड़ों तक खुलता जाता है। इस मैदान में बस और कुछ नहीं है, बस है जीने के नशे का विस्तार। नदी तट का विस्तार (मैदान) वहाँ की हवा की सुगन्ध लिए वहीं सीमित नहीं होता है। पारदर्शी अनुभव है जो अपनी सीमा को पार कर जाता है। तमाम घरों एवं झोंपड़ियों में यह घुस जाता है। यह मैदान जीने के नशे में चूर है, भले ही यह बिम्ब अमूर्त है फिर भी उसका मूर्त पक्ष है। जीवनेच्छा से उत्पन्न खुली मानसिकता सर्वत्र फैलती जाती है तो अमूर्त बिम्ब मूर्त हो उठता है। सब कहीं जीवनेच्छा का खुलता जाना जीवन सम्बन्धी एक बृहद् परिकल्पना है जिसमें गंगा के किनारे से लेकर काशी के मुहल्लों तक का सुगन्धित विस्तार है। इस विस्तार को सौन्दर्य से मंडित करने के लिए अरुण कमल प्रकृति की दृश्यता में रम जाते हैं। यह उनका प्रकृति-चित्रण नहीं है। प्रकृति की वह विराट् उपस्थिति है जिसमें जीवनोल्लास का स्पन्दन हम महसूस कर पाते हैं। हर किसी दृश्यता में भरा-पूरा अहसास हमें मिलता है। इसलिए यह दृश्यता चित्रण की अभिधात्मकता से मुक्त है। कविता की दृश्यता जीवन सापेक्ष यथार्थ को हू-ब-हू व्यंजित करती है:

पीपल के पेड़ अभी भी ऊपर नीचे कत्थई पत्तियों से विह्वल
बरगद जैसे रोम रोम से वापिस जड़ बनने को आतुर
जीवन-दौड़ को तैयार
और फिरनी, मानो पूरा बदन
फूट पड़ेगा छोटी छोटी लोइयों में
धम-छाह के लगते
और बार बार छाल गिराते अमरूद इतने चिकने
कि छूते गुदगुदी लगे तलवों तक
और बेल पककर फिर से हरे हो पकते
अपनी ही धुन में
उफ! इन निम्बुओं ने कैसे बटोरा इतना रस ये गोलाई
और इतने फूल उडहुल कनेल वैजयंती और
नीम

यह कैसा नशा है यह जीने का नशा
मैं तो घूम रहा हूँ नशे में चूर

जीवन के इस भरेपन को जिसे पेड़ों, शाखों, बेलों, फूलों और फलों में निवेश करके, उसके नशे से चूर-चूर होकर कवि घूमता रहता है। यह नशा काल्पनिक नहीं है। यह सौन्दर्य के यथार्थ से उत्पन्न उल्लास का नशा है।

अरुण कमल की कविता की दृश्यता में 'जीवन-दौड़ को तैयार' दीखते कई घटक गुँथे हुए हमें मिल रहे हैं। दृश्यता की पूर्णता ने नशा प्रदान किया है। इस नशे ने जीवन के केन्द्र में उतरते जाने का अद्भुत अनुभव प्रदान किया है। जीवन की तह तक जाने पर सौन्दर्य की एक नयी भंगिमा हर किसी को मिल जाती है। इस नशे में धुत हो भटकते समय कवि को यही भंगिमा प्राप्त हुई थी। इस भंगिमा में स्वतन्त्रता का, पारदर्शिता का, समावेशिता का और आत्मविस्तार का सत्य भरा पड़ा है। सत्य का यह अन्वेषण कवि को शिवम् (सौन्दर्य) तक ले चलता है। इसलिए वे जीने के नशे में चूर-चूर होकर घूम रहे हैं। जीवन की पूर्णता के नशे को अरुण कमल ने कविता के सारसत्य के रूप में प्रस्तुत किया है।

प्रकाश की ओर

'मध्य प्रदेश के एक गाँव में आदिवासियों ने बिजली लगाने का विरोध किया'—'समाचार'। यह पादटिप्पणी अरुण कमल ने अपनी कविता **'तमसो मा ज्योतिर्गमय'** में दी है, यानी एक समाचार से प्रेरित होकर उन्होंने यह कविता लिखी है। प्रत्यक्षतः यह समाचार आदिवासियों की मूर्खता प्रतीत हो सकती है। लम्बे समय से रोशनी से वंचित यह तबका बिजली लगाने का विरोध करता है:

उन्हें रोशनी नहीं चाहिए
बिजली के तार और खम्भे
ट्यूब और बल्ब नहीं
नहीं चाहिए
उन्हें रोशनी नहीं चाहिए

यह सरासर मूर्खता है। फिर भी आदिवासियों की मूर्खता हमें दुबारा-तिबारा सोचने के लिए मजबूर करती है। उन आदिवासियों ने बिजली लगाने का विरोध क्यों किया? अपने भले के लिए किये जाने वाले कार्य के प्रति एतराज़ क्यों व्यक्त किया गया, क्या उन्हें सचमुच रोशनी नहीं चाहिए और उन्हें घना अँधेरा क्यों पसन्द है? इन सवालों से जूझने के साथ हम आदिवासियों के जीवन की वास्तविकता की तरफ़ भी ध्यान देने के लिए मजबूर हो जाते हैं।

यह सही है कि आदिवासी लोग अपनी अस्मिता की सुरक्षा के प्रति अतीव जागरूक हैं। इसलिए नयी-नयी जीवन-शैलियों के प्रति वे शंकालू हैं। बाहर से जो भी आता है उसे शंका की दृष्टि से वे देखते हैं कि उनके कवचित जीवन को कोई बिगाड़ न दे। यह ऊपरी-ऊपरी बात है। आदिवासी जीवन का यथार्थ कई दृष्टियों से पिछड़ा है। सामान्य ग्रामीण जीवन को, क़स्बाई जीवन को, शहरी जीवन को प्राप्त होने वाली सुविधाएँ उन्हें प्राप्त नहीं होती हैं और उनसे वे परिचित भी नहीं हैं। जनगणना में भी ये सही ढंग से परिगणित नहीं हैं। इसलिए वे सुविधाओं से वंचित

ही रहते हैं। इसका कारण मुख्यतः हमारे विकास-कार्यक्रमों का अवैज्ञानिक स्वभाव है। विकास के लिए आबंटित धनराशि का अधिकतम हिस्सा कई लोगों के खाते में जाता है। बाक़ी से आदिवासी इतर प्रदेशों के लिए व्यय किया जाता है। इनकी तरफ़ से शिकायत न होने से ये विकास के हाशिये पर ही रह जाते हैं। जिस तरह वे रोशनी से वंचित हैं उसी तरह विकास से भी वंचित हैं। पूरे भारत में अब भी हज़ारों-लाखों आदिवासी इलाक़े हैं जहाँ विकास के निशान देखने को नहीं मिलते हैं। यातायात की सुविधा, बिजली, पाठशालाओं की सुविधा, स्वास्थ्य-सेवा की सुविधा से ये आदिवासी युगों से वंचित हैं। स्वतन्त्रता की खुली हवा का लाभ उन्हें नहीं मिला। अपनी स्वनिर्मित स्वतन्त्रता के सीमित वातावरण में, स्वयं रचित जीवन शैलियों को सुरक्षित रखते हुए, वे जीते रहे; पर उन्हें वास्तविक स्वतन्त्रता नहीं मिली। उनकी अलग बोली-बानी, आदिम से लगते व्यवहारों के कारण, तथा उनके अपने रूप-रंग के कारण आदिवासियों को गम्भीरतापूर्वक किसी ने नहीं लिया। इसलिए एक घना अँधेरा उनके समाज के इर्द-गिर्द पसरा हुआ है:

एक अँधेरा जो सब अँधेरा से बड़ा और घना है
जहाँ रात ही रात है हज़ारों साल से,
बीहड़ जंगलों
और गहरे कुओं के अँधेरे से भी
बड़ा और घना है
छोटे दिमाग़ का अँधेरा

आदिवासियों की ही बात क्यों; विकसित प्रदेश के साधारण तबके के लोगों और सुविधाभोगी तबके के लोगों को देखें तो पता चलता है कि मामूली तबके के लोग कितने पिछड़े हैं। यह उनका वास्तविक पिछड़ापन नहीं है। यह एक आरोपित पिछड़ापन है जो उनके जीवन को आगे बढ़ने नहीं देता है। जातिगत अमानवीय दृष्टि के रहते इन पिछड़े लोगों का जीवन विकास के पथ पर कहीं लुढ़क भी सकता है जो उनके पिछड़ेपन के कारण नहीं है। रही आदिवासियों की बात। वे स्वयं अपने को पिछड़े नहीं मान रहे हैं। वे अपनी परम्परा से, संस्कृति से, बोली-बानी से सन्तुष्ट और गर्व का भी अनुभव करते हैं। पर विकसित समाज ने उन सबको पिछड़ी संस्कृति के अवशेष के रूप में देखा है। इसी से एक घना अँधेरा उनके जीवन में छा गया है। अरुण कमल का कहना सही है कि हज़ारों सालों से उनके यहाँ

रात ही रात है यानी अँधेरा ही अँधेरा है। रोशनी आयी ही नहीं। इस प्रतीकात्मक उक्ति से बात स्पष्ट हो जाती है कि विकास की दिशाएँ आदिवासियों के जीवन में प्रवेश नहीं कर पायीं। इस कारण से वे विकास को भी सन्देह भरी दृष्टि से देखते हैं जो ग़लत नहीं है। इसलिए मध्य प्रदेश के आदिवासियों की प्रतिक्रिया को उसके अभिधा में देखना नहीं चाहिए; उसके तमाम निहितार्थों पर नज़र डालना ज़रूरी है।

कोई भी एकतरफ़ा विकास वास्तविक विकास की कोटि में गिना नहीं जायेगा। हमारे यहाँ अधिकतम एकतरफ़ा विकास ही हुआ है। ऐसे विकास से कोसों दूर रहने वाले यदि एक नये विकास क्रम को स्वीकार करने के लिए तैयार नहीं है तो उसकी वास्तविकता की तह तक जाकर उनकी समस्या से निपटना चाहिए। जिन लोगों ने सदियों से अँधेरा ही देखा है उन्हें बिजली की रोशनी कई दृष्टियों से हानिकारक प्रतीत हो सकती है। आदिवासियों के विरोध का एक और पक्ष है वह उनकी पारिस्थितिकी दृष्टि है। बिजली के खम्भे लगाने के लिए पेड़ों को काटने तथा जंगल को सफ़ाया कर देने की बात का भी विरोध हो सकता है। अफ़्रिका का एक आदिवासी समाज जब उन्हें किसी वृक्ष को काटना पड़ता है तो उसकी पूजा करके उससे अनुमति ली जाती है। बहिरंगतः यह मूर्खतापूर्ण बात लग सकती है। लेकिन है वह गहरी पारिस्थितिकी संवेदना को सूचित करने वाली आनुष्ठानिक क्रिया। उसी प्रकार मध्य प्रदेश के एक आदिवासी समाज ने बिजली लगाने का विरोध किया है तो उसे भी उनकी पारिस्थितिकी दृष्टि के तहत देखा जाना चाहिए।

यह भी सही है कि विज्ञान की रोशनी उनके जीवन में प्रवेश नहीं कर पायी है। इसलिए ज़रूरत है कि विज्ञान की रोशनी को जाज्वल्यमान रखें। उनकी मेधा को प्रकाशपूरित करें। विकास को उस तरह से विशाल सन्दर्भ में देखना अनिवार्य है। अरुण कमल इसलिए अपनी कविता में लिखते हैं-

आओ
पहले उस अँधेरे को दूर करो
आओ, चलो, अन्धकार से बाहर प्रकाश की ओर
सूर्य से भी तेज़
ज्ञान का प्रकाश
चलो प्रकाश की ओर

ज्ञान की ओर

चलो

दरअसल हमें यही चाहिए कि उन्हें ज्ञान की रोशनी प्रदान करें। ज्ञान से उन्हें सुसज्जित और आलोकित करें। ऐसे यथार्थों से उन्हें वंचित करके एक सुविधा के प्रति हम उन्हें प्रलोभित नहीं कर सकते। उनके अन्धकारमय जीवन को ज्ञान के प्रकाश से आलोकित करने का मतलब है कि हाशियाकृत जीवन को केन्द्र में लाना। अरुण कमल की इच्छित दृष्टि इसी ज्ञान के प्रकाश से सम्बन्धित है।

प्रादेशिकता का ज़हर

'मिट्टी की सन्तानों' वाला नारा समय-समय पर भारत के विभिन्न प्रदेशों में उठता रहा है। यह नारों तक सीमित नहीं। इसको लेकर पूरा वातावरण कलुषित होता है, और दंगे-फ़साद तक की नौबत आती है। जिस मिट्टी में जिसका जन्म हुआ है वही उस मिट्टी की सन्तान है; बाक़ी सब बाहरी हैं। इस तरह अपने प्रदेश को लेकर संकीर्ण प्रादेशिकता की मानसिकता विकसित होती रहती है। यह मानसिकता ज़हर की तरह है। भारत के पूर्वी राज्यों में यह बात पूरी तरह से संकीर्ण है। अपने देश में कहीं भी आज़ादी से विचरण करने, काम करने की सुविधा नहीं है तो उसका अर्थ है कि हम स्वतन्त्र देश के नागरिक नहीं हैं। यानी हमारी स्वतन्त्रता ख़तरे में है। स्वतन्त्रता-प्राप्ति के इतने वर्षों बाद भी अलग-अलग प्रदेशों में उभरती प्रादेशिकता की समस्या का अन्त नहीं हुआ। प्रादेशिकता के ज़हर को ख़त्म करने की दवाई अभी बनी नहीं है। अतः यह रुग्णावस्था अब भी क़ायम है। कहीं-कहीं यह अवस्था काफ़ी ख़तरनाक है। अपने लोगों के अलावा बाक़ी सबको 'बाहरी' मानने की दृष्टि का प्रचार-प्रसार ख़तरे से ख़ाली नहीं है।

'स्वगत' शीर्षक से अरुण कमल की जो कविता है वह उपर्युक्त ख़तरे से सम्बन्धित है। एक व्यक्ति के स्वगत कथन के रूप में कविता रची गयी है। वह ख़तरों को मोल लेना नहीं चाहता है। वह इम्फाल नहीं जाना चाहता है। उसके स्वगत में ख़तरे के कई संकेत हमें मिल जाते हैं:

मैं इम्फाल नहीं जाऊँगा
मैं यहीं इसी शहर में मूँगफली बेचकर
ज़िन्दगी गुज़ार दूँगा
लेकिन अरुण मैं इम्फाल नहीं जाऊँगा

इम्फाल ही नहीं बल्कि पूर्वी प्रदेश असम भी वह जाना नहीं चाहता। उसकी

आशंका इतनी तीव्र है कि वह भीख माँगकर जीने के लिए तैयार है, पर असम नहीं जाना चाहता:

लेकिन अरुण मैं असम नहीं जाऊँगा
मैं यहीं इसी शहर में पत्नी और बच्चों के साथ
भीख माँगकर ज़िन्दगी गुज़ार दूँगा
लेकिन अरुण मैं असम नहीं जाऊँगा

वह दक्षिण, उत्तर और पश्चिम के किसी भी प्रदेश में जाने को तैयार है। मगर पूरब जाना उसके अनुसार ख़तरा है। वह कहता है— 'वे मार देंगे'। 'वे मेरी पत्नी मेरे बच्चों का क़त्ल करेंगे'। प्रादेशिक कलुषता ने लोगों के मन में जो भयावहता का बीज बोया है वह वट की तरह बढ़ता जा रहा है। तब कई प्रकार की आशंकाएँ घिर आती हैं। कविता में अरुण को सम्बोधित करते हुए वह अपनी गहन भयावहता व्यक्त करता है।

कमल इसका जवाब दे रहा है। वह समझा रहा है कि तुम मेरे बारे में सोचो। इन्हीं विषमताओं से होकर ही मैं आया हूँ। कमल स्वयं इम्फाल भी गया था और अन्य कई प्रदेशों में रहक़र आया था। सब कहीं एक ही प्रतिक्रिया है:

सोचो मैं इम्फाल गया
और लोगों ने कहा, तुम बाहरी हो
फिर मैं दिल्ली गया
और दिल्ली ने कहा तुम बाहरी हो
तब मैं अपने पटना आया
और पटने वालों ने कहा तुम यहाँ पैदा भी नहीं हुए
तुम्हारा यहाँ अपना मकान भी तो नहीं है
कहाँ जाऊँगा फिर? फिर मैं कहाँ जाऊँगा?
इसका तो कहीं कोई अन्त नहीं

कमल अपने स्व कथन में जो बात व्यक्त कर रहा है वह इतना गम्भीर है कि जिन लोगों के पास घर नहीं है, कोई ज़मीन नहीं है उनके लिए अपनी धरती नहीं है। भले ही अलग-अलग प्रदेश के लोग यह कहें कि यह आदमी बाहरी है फिर भी उसका कोई मूल्य नहीं है। एक और प्रश्न कविता में कवि उठा रहे हैं जो बहुत ही महत्त्वपूर्ण है:

कहाँ जायेंगे वे लोग
जिनका कहीं कोई घर नहीं
कहीं कुछ भी स्थिर नहीं
जहाँ कहीं जल मिले, थोड़ी-सी मिट्टी
उग जायें वहीं

प्रादेशिकता की संकीर्णता की समस्याओं का कोई अन्त नहीं है। लेकिन जिनका अपना घर नहीं है उसका यही विकल्प है कि जहाँ कहीं मिट्टी और जल मिले वही उन्हें उग आना पड़ता है। इस सधी हुई प्रतिक्रिया के माध्यम से अरुण कमल प्रादेशिकता की समस्या के सामना करने की बात कर रहे हैं। समस्या से भागने से कोई फ़ायदा नहीं है। समस्या का सामना करना ही ठीक है। इसलिए कविता में जिन दो व्यक्तियों के बीच का संवाद प्रस्तुत किया गया है वह अरुण और कमल के बीच में है जो स्वयं कवि का नाम के दो हिस्से हैं। यह कविता एक तरह से कवि का आत्मभाषण है और कवि ही इसके लिए समाधान ढूँढ रहे हैं।

प्रादेशिकता का ज़हर वस्तुतः संकीर्ण राजनीति ही फैला रही है। इस मसले को ठीक से सम्बोधित करने का कार्य सत्तासीन राजनीति ने कभी किया नहीं है। इसलिए अनिच्छित घटनाएँ घटती हैं। जहाँ राजनीति अगल-बग़ल झाँकती नज़र आती है वहाँ कविता अपने ढंग से इस मुद्दे को सम्बोधित करती है। अरुण कमल की कविता यही कर रही है।

फिर भी कुछ शेष रह जायेगा

रिश्तों में जब ऊष्मलता का प्रवाह है तो वह मूल्य में बदलता है। हमारी पारिवारिक व्यवस्था में इस मूल्य को प्रमुखता दी गयी है। इसलिए स्नेह, आदर, त्याग, समर्पण आदि भाव रिश्तों की आधारशिला बनकर उसे सुदृढ़ करते हैं। कुछ रिश्ते जैसे माँ के साथ बच्चों का, पिताजी के साथ सभी सदस्यों का, पति का पत्नी के साथ, पत्नी का पति के साथ, भाई का छोटे भाइयों एवं बहिनों के साथ ऊष्मल सम्बन्ध सदैव रहा है और अब भी है। उसे ही वास्तव में पारिवारिक मूल्य माना गया है।

एकल परिवारों के विकास के साथ, जो नगरों एवं महानगरों के विकास का परिणाम है और आधुनिकीकरण का हिस्सा है, पारिवारिक मान्यताओं में कई प्रकार के परिवर्तन लक्षित होने लगे हैं। फिर भी मोटे तौर पर भारतीय परिवारों ने मूल्यों को तज तो नहीं लिया है। यह ज़रूर है कि आज ऊष्मलता की गहराई उतनी नहीं है जितनी पहले रही।

अमेरिका में रहने वाले एक वृद्ध दम्पति का क़िस्सा यों है— एक बड़े से फ़्लैट में यह वृद्ध दम्पति रहते हैं। उनकी सन्तान बाहर हैं। दोनों आपस में मदद करते हुए चैन से गुज़ारा कर रहे हैं। उनके फ़्लैट के एक़दम सामने रहने वाले एक भारतीय व्यक्ति ने ध्यान दिया कि इधर एक-दो दिन से ये वृद्ध पति-पत्नी बाहर दिखाई नहीं दे रहे हैं। उन्हें चिन्ता हो गयी। उसने उनके दरवाज़े पर दस्तक दी। कोई नहीं आ रहा था। कई बार दस्तक एवं घंटी बजाने पर वृद्ध आदमी ने अपना दरवाज़ा खोला। वह खड़े होने में असमर्थ था। उसको सहारा लेकर भारतीय सज्जन ने उन्हें सोफ़े पर बिठाया। उनकी बातों से पता चला कि दोनों की तबियत दो-तीन रोज़ से ख़राब है। उठ खड़े होकर वे अपना काम नहीं कर पा रहे हैं। भारतीय सज्जन ने उनके लिए जो भी चीज़ें ज़रूरी हैं वह सब मँगाई और फिर शाम को मिलने की बात करके बाहर जाने लगा तो उस वृद्ध आदमी ने पूछा— 'आर यू एन इंडियन?' उसने जवाब दिया 'येस, ओफकोर्स'।

पारिवारिक मूल्यों की बात ऊपर बतायी गयी है और उसकी आवश्यकता इसलिए है कि एक स्वस्थ समाज के लिए यह अनिवार्य है। विघटित परिवार की कोई भूमिका समाज के निर्माण में होती नहीं है। अतः पारिवारिक मूल्य अन्ततः सामाजिक मूल्य ही हैं। लेकिन एकल परिवारों में सम्बन्ध सीमित होते गये हैं। ऊष्मलता धीरे-धीरे सूखती चली गयी है। सबके जीवन में इतनी व्यावहारिकता आ गयी कि एक-एक अपनी-अपनी दुनिया में सिकुड़ते गये। प्रयोजनवादिता सर्वत्र फैल गयी। इस कारण से रिश्तों के बीच औपचारिकता भी आ गयी है। यह एक तरह की कृत्रिमता है जो आज के जीवन के हर पहलू में देखने को मिलती है।

अरुण कमल की कविता **'स्थिति'** वास्तव में जीवन के एक भावुक सन्दर्भ पर आधारित है। एक पिता के अगाध दुख का संकेत इस कविता में मिलता है क्योंकि उसके जवान बेटे की मृत्यु हो चुकी है। अपने जीवन काल में माँ-बाप के लिए इससे अधिक दुख और क्या हो सकता है? दाह-संस्कार के बाद के दृश्य से कविता शुरू होती है:

जो अग्नि देकर आया है उसे अकेला छोड़ना ठीक नहीं रात में
पता नहीं कब चौंककर बैठ जाये, डर जाये—
राख होने के बाद भी कुछ है जो जलता रहता है
गंगा में प्रवाह के बाद भी कुछ है जो बहता रह जाता है रक्त में
कोई तो चाहिए जो सोए उसके पास आज रात

यह मृत्यु की रात है। श्मशान घाट से वह पिता बेटे का अन्तिम संस्कार करके लौटा है। उसकी मानसिक अवस्था की कल्पना नहीं की जा सकती। उस अवस्था को शब्दों में बाँधना भी कठिन है। सामान्य दृष्टि से देखें तो लगेगा कि मृत शरीर अब तक जल कर राख बन चुका होगा। लेकिन पिता के लिए वह अब भी जीवित है। इसलिए वह है। उसकी स्मृतियाँ बनी हुई हैं। दुख से त्रस्त पिता के पास आज किसी न किसी का होना ज़रूरी है। लेकिन समस्या यही है कि कौन उसका साथ देगा? सबकी अपनी-अपनी पड़ी है। परिवार के सिकुड़ने से, सम्बन्धों में प्रयोजनवादिता की बढ़त से, संकीर्ण होती जा रही ऊष्मलता से आज कोई भी पिता के साथ रहने के लिए तैयार नहीं है। रिश्तों की कृत्रिमता के चित्र को अरुण कमल इस तरह अवतरित करते हैं:

लेकिन सोयेगा कौन?
जो कहकर गये कि आते हैं थोड़ी ही देर में

वे अभी तक नहीं लौटे—
लोग खाकर हाथ-मुँह धो रहे हैं
लोग मसहरियों के डंडे ठीक कर रहे हैं
किसी के माथे में दर्द है
किसी को कल के लिए सितार रियाज़ करना है
सबको कुछ न कुछ काम पड़ गया है अचानक
कोई तैयार नहीं
कोई भी तैयार नहीं बैठने को उनके पास जो अग्नि देकर
आया है और सफ़ेद मलमल में लिपटा
कोने में पड़ा है चुपचाप।

जवान बेटे को फूँककर आये पिता का रेखाचित्र ऊपर के कवितांश की अन्तिम दो पंक्तियों में प्रस्तुत है। उस पिता की करुण अवस्था से कोई चिन्तित नहीं है और कोई उसका साथ देने के लिए तैयार भी नहीं है। सब के पास अपने-अपने कारण और अपनी-अपनी तरकीबें हैं। एक परिवार के स्वयं ढह जाने का चित्र ही दरअसल अरुण कमल इस कविता में उकेर रहे हैं। वह जर्जरित हो चुका है और अब उसका ढहना बाक़ी है।

आज के यथार्थ में प्रयोजनपरक दृष्टि और उसकी व्यावहारिकता इतनी बढ़ गयी है जिसे किन्हीं व्यक्तियों या किन्हीं परिवारों के क़िस्सों के रूप में देखना अनुचित होगा। वह सर्वत्र व्याप्त है क्योंकि हमारी सांस्कृतिक दृष्टि बौनी होती जा रही है। 'स्थिति' कविता के पिता की मानसिकता को मात्र भावुकता के तराजू पर रखकर तौलना नहीं चाहिए। उसमें भावुकता से अधिक स्नेह का मूल्य ही अंकित है। स्नेह जहाँ प्रवाहमान है वहाँ मूल्य उभरकर आता है। हमारी तमाम प्रकार की व्यावहारिकताओं ने मूल्यों को चूर-चूर कर दिया है। अरुण कमल की कविता पूरी तरह से मूल्यापेक्षी है जिसमें करुणा की धारा प्रवहित दिखाई देती है।

उतने ही अलग उतने ही एक

वैविध्य जीवन का सबसे बड़ा यथार्थ है। जीवन के जितने परिदृश्य हैं उनमें यह वैविध्य देखने को मिलता है क्योंकि वैविध्य एक जैविक स्थिति भी है। सामान्य जीवन में हम यह देख पाते हैं— परिवार में, आपसी सम्बन्ध में, सामाजिकता में, सौन्दर्य-दृष्टि में इस वैविध्य को देखा जा सकता है। जीवन यथार्थ की सृजनात्मकता को बनाये रखने वाली बात में भी यही वैविध्य झलकता है। वैविध्य का होना इसलिए आवश्यक है कि जीवन की जड़ता को या उसके गतिरोध को वह समाप्त कर देता है।

चित्रकला की बंगाल स्कूल से भिन्न प्रकार के चित्र रचने के कारण जैमिनी राय की चित्रकला अनूठी सिद्ध हुई। छायावादी कवि होने के बावजूद निराला की कविताएँ छायावादी परिधियों को तोड़ने वाली सिद्ध हुईं और उनमें मानवीय ऊष्मा भरी हुई थी जिससे आज भी उनकी कविताएँ सार्थक लग रही हैं। नयी कविता में मुक्तिबोध का कविता-वैविध्य भविष्य की कविता को सम्भव बनाने में सहायक सिद्ध हुआ। संगीत में कुमार गन्धर्व और भीमसेन जोशी की प्रस्तुतियाँ नयी ऊँचाइयों को छूती नज़र आती हैं जो अपने रागालापन के वैविध्य के कारण संगीत के शिखर को छू पा रही हैं। हिन्दी रंगमंच के क्षेत्र में इब्राहिम अलकाजी और हबीब तनवीर अच्छे उदाहरण हैं। भारतीय फ़िल्म में ऋत्विक घटक और अटूर गोपालकृष्णन में भी यही वैविध्य हम देखते हैं।

अरुण कमल की कविता **'जितना दो आँखें'** अलग-थलग दिखने वाले पेड़ों के माध्यम से वैविध्य की भंगिमा को दर्शाती है।

क्या हुआ
अलग-अलग हम उगे
अलग फल लगे
अलग फूल कढ़े
पत्ते अलग, टहनियाँ अलग

तुम उठे ऊपर नुकीले
मैंने लिया घेरा हवा में
क्या हुआ तो बने वृक्ष हम
अलग फलों के

वानस्पतिक यथार्थ का सौन्दर्य उसका वैविध्य है। एक-एक वृक्ष के भिन्न-भिन्न रूप, स्वभाव और फलश्रुतियाँ उनके मौलिक होने के कारक तत्त्व हैं। इस वैविध्यमयता के सौन्दर्य का विराट् रूप हम इन वृक्षों के ज़रिये अनुभव कर सकते हैं। यदि पूरा कानन एक ही जैसे पेड़ हों, उनके एक ही जैसे फल हों, उनका ज़ायका भी यदि एक जैसा हो तो सौन्दर्य जड़ीभूत सा प्रतीत होगा। उनमें आकर बसते पक्षी, जन्तु-जानवर सभी वैविध्य को सौन्दर्य प्रदान करते हैं। इसलिए अलग-अलग उगने से लेकर, अलग-अलग फूलों से सजने से सौन्दर्य की दीप्ति बढ़ती है और हमारे आस्वादन की गहराई भी बढ़ती है। जिस तरह से उस विराट् वैविध्य को हम आत्मसात करते हैं उसमें भी दृष्टि की, रुचिरता की, निजता की विविधता होती है।

इतने सारे वैविध्यों के बावजूद इन वृक्षों की आन्तरिकता में एकरूपता भी मिलती है। वैविध्य गतिशीलता को सूचित करता है। आन्तरिक एकरूपता उसकी विरासत को यानी उसकी परम्परा को सूचित करती है। पुनः वृक्षों का सन्दर्भ देकर आन्तरिक एकता यानी उसकी परम्परा को अरुण कमल इस तरह सूचित करते हैं:

किसी दिन तो कभी तो
बढ़ी होंगी जड़ें अन्दर
और चलकर पिया होगा
एक ही जल कुंड से
जल
कहीं सुदूर पृथ्वी में जब हमारे रोम अन्तिम
मिले होंगे
तब अचानक हिली होगी फुनगियों तक
एक ही तो मूल में हम
एक ही है भूमि-जल-संसार अपना
एक ही अन्त प्रदेश...

वृक्ष को सन्दर्भित करके कविता को प्रस्तुत करने से पृथ्वी के अन्तर्जगत से जल स्रोतों तक बढ़ती जड़ों का वर्णन, जल कुंडों का परामर्श आदि मिलते हैं।

जीवन-परिदृश्य में भी इसकी सार्थकता है। जीवन सन्दर्भ में वैविध्य का महत्त्व इसलिए है कि वह स्वतन्त्र है। वैविध्य में एक-एक की स्वतन्त्रता चिह्नित है जो कि उसकी गतिशीलता का परिचायक भी है। वृक्षों के सन्दर्भ के अनुसार जीवन-परिदृश्य का मूल भी एक ही है। हमारा भी 'भूमि-जल-संसार' यानी स्रोत एक ही है। मनुष्यता का अन्तःप्रदेश भी एक है। न कोई रंग भेद, न कोई जाति भेद और धर्म भेद एवं न कोई नस्ल भेद मनुष्यता के अन्तःप्रदेश में है, एक ही प्रकार के जल से, एक ही हवा से, एक ही मिट्टी से बनी है मनुष्यता की विराट् संस्कृति।

वैविध्य उसे आगे अग्रसर होने में मदद करता है चाहे वह जीवन का परिदृश्य हो या संस्कृति का। इसलिए कवि लिखते हैं:

उतने ही अलग
उतने ही एक
जितना दो आँखें

बहुलतावादी संस्कृति के अरुण कमल पक्षधर हैं। बहुलतावादी दृष्टि मानवीयता की स्वीकृति से सम्बन्धित है। मानवीयता का इतिहास इसका गवाह है।

धरती के गुन गाने की अदम्य इच्छा

मुक्तिबोध ने त्रिलोचन के कविता-संग्रह 'धरती' पर समीक्षा लिखी है (धरती : एक समीक्षा) उसमें वे लिखते हैं— "मुझे कहने दीजिए कि 'धरती' (त्रिलोचन का काव्य-संग्रह) के गीतों का क्षेत्र बहुत अधिक व्यापक है, जिनसे मात्र काव्य-सामर्थ्य ही नहीं प्रकट होता, वरन् जीवन के विस्तृत दायरे के विभिन्न भागों का काव्यात्मक आकलन करने की क्षमता भी प्रकट होती है।" (समीक्षा की समस्याएँ, पृष्ठ 64) इस लेख में मुक्तिबोध ने त्रिलोचन की बहुत सारी कविताएँ उद्धृत की हैं और पहली कविता जो है, वह इस प्रकार है:

मुझ में जीवन की लय जागी
मैं धरती का हूँ अनुरागी,
जड़ीभूत करती थी मुझको
वह सम्पूर्ण निराशा त्यागी।

त्रिलोचन अपने को धरती का अनुरागी मान रहे हैं और यह अनुराग जीवन के प्रति समर्पित होने के लिए प्रेरित करता है। अरुण कमल की कविता **'गुन गाऊँगा'** इसी भाव को तराश कर तथा लोक से विलयित करके प्रस्तुत कर रही है। इस कविता का लोक इतना विस्तृत है कि इसका कवितानुभव भी निरन्तर विकसित होता प्रतीत होता है।

हिन्दी के ही कवियों ने नहीं बल्कि सभी भाषाओं के कवियों ने प्रकृति विषयक कविताएँ लिखी हैं। कोई भी कवि प्रकृति से अपने को अलग नहीं कर पाता है। अतः प्रकृति पर कविता लिखना सहज बात ही है। लेकिन प्रकृति पर कविता रचना और प्रकृति को अन्तरंग में अनुभव करना दो भिन्न-भिन्न बातें हैं। अरुण कमल दूसरी श्रेणी के कवि हैं। वे प्रकृति का अनुभव करते हैं। क्योंकि प्रकृति माने उनके लिए लोक जीवन है। इसलिए उनकी पदावली में जीवन का धधकता हुआ

रूप मिलता है। 'गुन गाऊँगा' शीर्षक कविता लोक के प्रति उनकी आत्मीयता की अभिव्यक्ति है जो कि अदम्य है:

गुन गाऊँगा
फाग के फगुआ के चैत के पहले दिन के गुन गाऊँगा
गुड़ के लाल पुओं
और चाशनी में इतराते मालपुओं के गुन गाऊँगा
दही में तृप्त उड़दबड़ा
और भुने जीरों

रोमहास में पुलकित कटहल और गुदाज बैंगन के गुन गाऊँगा

नज़दीक से देखा जाये तो कविता में खाने की कुछ अच्छी चीज़ों के बारे में बताया गया है। यह सही है कि ये चीज़ें हर किसी को अच्छी लग सकती हैं। लेकिन अरुण कमल का कवितानुभव हमें दूर-दूर तक लिए ले चल रहा है। वह हमारे जीवन की स्मृतियों से जुड़ा क्षेत्र है। वह हमारी मामूली ही सही अनुभूतियों का क्षेत्र है। उसके क़िस्से-कहानियाँ हैं, छोटे-बड़े अनुभवों से दीप्त जीवन का पारदर्शी रूप, हर पल बढ़ते जीवन पथ का चन्दन वर्णी रूप है। इन कवितानुभूतियों की स्मृतियों का व्यावहारिक जीवन में कोई मूल्य नहीं हो सकता है। मगर उसकी अनन्यता को ख़ारिज करना भी मुश्किल है क्योंकि यह सदैव जीवन से जुड़ता है। जीवन से जुड़ती कोई स्मृति, क़िस्से— कहानियाँ, जीवन की अनुभूतियों का महत्त्व कभी मिटता नहीं है। यह जीवन के अन्तरंग के संश्लेष की अभिव्यक्ति है। अधिकतर ऐसी अभिव्यक्तियाँ मुखर हो सकती हैं। परन्तु उनका अन्तरंग संश्लिष्ट भी हुआ करता है। कविता की शर्त पर विन्यसित यह द्वन्द्व उसे सार्थकता प्रदान करता है।

कविता में आगे हम रुचिकर खाद्य वस्तुओं से भिन्न धूप, हवा, चाँद, पत्तियों और मगही पान के बारे में सुनते हैं और ये कवि की कल्पना की चीज़ें नहीं हैं। ये यथार्थ के ठोस उदाहरण हैं। जब हम हवा या धूप से आकृष्ट होते हैं तो प्रकृति-अवस्था से आकृष्ट होने तक यह भाव-भंगिमा सीमित नहीं है। यह ऋतु-भेद की संस्कृति से तथा उसके साथ जीवन के आत्मीय सम्बन्ध को सूचित करने वाले पक्ष हैं।

पल पल गोटाती धूप और झाल सी बजती हवा के गुन गाऊँगा
होली में घर लौटते
जन मजूर परिवारों के गुन

चैत के चपल चाँद और चने के होरहा के
भाँग की सन्द्र पत्तियों और मगही पान के नये पत्तों
सरौतों सुपारियों के गुन गाऊँगा
जन्म-जन्मान्तर मैं बसन्त की धरती के गुन गाऊँगा

अनेकविध सांस्कृतिक रूपकों के माध्यम से अपनी लोक संस्कृति के साथ के अपने जुड़ाव को व्यक्त करने के साथ अरुण कमल एक पंक्ति लिख रहे हैं— 'जन्म-जन्मान्तर मैं बसन्त की धरती के गुन गाऊँगा।' यहाँ बसन्त एक ऋतु मात्र नहीं बल्कि उनके सौन्दर्यानुभव का अभिन्न अंग है। उसकी गुण-महिमा का गान गाये बिना वे नहीं रह सकते। यह कविता अरुण कमल की सौन्दर्य दृष्टि को यथार्थ के स्तर पर व्यंजित करने वाली कविता है और लोक सौन्दर्य के साहचर्य की सूक्ष्माभिव्यक्ति भी है।

इस कविता में प्रकृति 'चित्रित' नहीं हुई है। प्रकृति के साथ के रागात्मक सम्बन्ध को सूक्ष्मानुभवों के माध्यम से पहचाना गया है। यद्यपि कविता में अरुण कमल के अनुभव व्यंजित हुए हैं फिर भी यह दरअसल लोक समाज के अनुभवों को व्यंजित करती है।

सबसे बड़े चोर और छोटे-मोटे चोर

बड़े-बड़े चारों के समय में हम जी रहे हैं। वे इतने ख़ुशहाल हैं और विदेश में आराम से मौज-मस्ती करके जी रहे हैं। कुछ और बड़े चोर हैं जिनको अभी भी सरकार ने चोर नहीं ठहराया है क्योंकि सत्ता उसके मामले में मौन है। उनको चोर कहने में समय लगेगा। तीसरे प्रकार के चोर भी हैं जो हम पर शासन कर रहे हैं। परन्तु उन पर चोरी का इल्ज़ाम नहीं लगाया जा सकता क्योंकि उन्होंने प्रकट रूप से कोई चोरी नहीं की। जनता की सम्पत्ति को ऐसे चोर धनी आदमियों के लिए वितरित करते हैं। पर यह काम भिन्न-भिन्न योजनाओं के तहत है। इसलिए संवैधानिक दृष्टि से वे चोर बिल्कुल नहीं हैं। कुछ और चोर हैं जो सगे-सम्बन्धियों को ऊँचे पदों पर बैठने की सुविधा देते हैं। ऐसे चोर हमारे समय में सर्वत्र दिखाई देते हैं। मोटे तौर पर उनके बारे में कहा जाता है कि वे चोर नहीं बल्कि चोरी के बारे में निजी तौर पर शोध कर रहे हैं। जब तक उनका शोध पूरा नहीं होगा तब तक उन्हें चोर ठहराना क़ानूनन ठीक नहीं है। पर यह सच है कि रातोंरात कई प्रकार की चोरियाँ हो रही हैं। लेकिन अकलमन्द लोगों का, पुलिस का, सरकार का और पूरी व्यवस्था का कहना है कि वे चोर नहीं हैं।

मलयालम की एक कहानी याद आ रही है। उसमें दो पुलिस वालों ने एक मामूली चोर को पकड़ा और वे चोर को लेकर थाने जा रहे थे। चोर चुप और पुलिस वाले भी चुप। उन्हें थाना जल्दी पहुँचना था। इसलिए एक पुलिसवाले ने तय किया रेल की पटरियाँ पार कर जायें तो थाना जल्दी पहुँच सकते हैं। रेल की पटरियों के बग़ल से होकर वे जा रहे थे और वे पटरियों को पार कर ही रहे थे। अचानक रेलगाड़ी आयी और पुलिसवाले पटरी पार कर गये और चोर इस पार रह गया। पुलिसवाले एक तरफ़ और चोर दूसरी तरफ़। उनके बीच से होकर लम्बी रेलगाड़ी जा रही थी। पुलिसवाले किंकर्तव्यविमूढ़ होकर खड़े थे। नीचे से देखा, लेकिन चोर दिखाई नहीं दे रहा था। पुलिसवालों को लगा कि चोर गाड़ी में चढ़

गया होगा। पुलिसवालों ने तय किया और तुरन्त गाड़ी में चढ़ गये। गाड़ी आगे जा चुकी थी। चोर अब पटरी के बग़ल में पुलिस वालों के इन्तज़ार में खड़ा था। एक अनाथ की तरह चोर पुलिसवालों की राह देख रहा था।

इस कहानी का चोर मामूली चोर था। इसलिए वह पुलिस वालों के इन्तज़ार में खड़ा था। ऐसे चोरों का कोई इतिहास नहीं होता है। इतिहासहीन चोर या तो अनपढ़ होते हैं या अक्ल के दुश्मन। उन चोरों ने हमारे समय के बड़े चोरों के क़िस्से सुने नहीं हैं। इसलिए ज़िन्दगी भर चोरी करते हैं और मूर्ख कहलाते हैं।

चोरों की कहानियाँ बहुत हैं। लेकिन वास्तविक चोरों की कहानियों का खुलासा नहीं होता है। वे अपने जीवन काल में ही मिथकीय पात्रों की तरह यशस्वी हो जाते हैं, पर उनकी वास्तविक कहानियाँ बाहर आती नहीं हैं। लेकिन हमारे बेवकूफ़ चोर, जिनका कोई इतिहास नहीं है, बहुत जल्दी पकड़े जाते हैं। कारण स्पष्ट है कि साधारण लोगों और साधारण चोरों में ज़्यादा फ़र्क़ नहीं है।

अरुण कमल की कविता **'उधर के चार'** मामूली चोरों की कहानी कहती है। इस तरह के चोरों की कहानी से परिचित होने के बाद हमारे मन में शंका पैदा होती है कि मामूली चोर अब भी इतनी गयी-गुज़री हालात में क्यों है? चोरों के बारे में अरुण कमल लिखते हैं:

उधर के चोर भी अजीब हैं
लूट और डकैती के अजीबोग़रीब क़िस्से—
कहते हैं ट्रेन डकैती सात बजते बजते सम्पन्न हो जाती है
क्योंकि डकैतों को जल्दी सोने की आदत है
और चूँकि सारे मुसाफ़िर बिना टिकट
ग़रीब-गुरबा मज़दूर जैसे लोग होते हैं
इसलिए डकैत किसी से झोला किसी से अँगोछा चुनौरी
खैनी की डिबिया छीनते-झपटते
चलती गाड़ी से कूदकर रहड़ के खेत में गुम हो जाते हैं

यह एक ट्रेन डकैती का खुलासा है जिसका विवरण सुनते समय मामूली चोरों के प्रति आर्द्रता का भाव ही उमड़ता है। किसी का झोला, किसी से अंगोछा-चुनौरी या खैनी की डिबिया चुराने वाले चोर भी क्या चोर हैं। गाड़ी में बैठे हुए मुसाफ़िर भी चोर हैं क्योंकि उन लोगों ने टिकट नहीं लिया है। वे ग़रीब मज़दूर हैं।

ये दोनों ग़रीब हैं। कविता इसी बात पर ज़ोर दे रही है। कविता बता रही है कि ये उधर के चोर हैं, तब इधर के चोर कैसे होंगे?

कविता में एक और चोरी का वर्णन अरुण कमल ने प्रस्तुत किया है जिसका प्रत्येक शब्द दीन-कथा से लिया गया है। चोरी के क़िस्से तहलका मचा तो रहे हैं और चोर इतना दीन है कि उसे कुछ नहीं मिला तो भात और साग खाकर भागता है। यह चोर भूखा है। वह चित्र इस प्रकार है-

और लूट की जो घटना अभी-अभी प्रकाश में आयी है
उसमें बलधामी लुटेरों के एक दल ने दिन-दहाड़े
एक कट्ठे खेत में लगा चने का समा खोंट डाला
और लौटती में चूड़ी हार की चूड़ियाँ लूट लीं
लेकिन इससे भी हैरतअंगेज़ है चोरी की एक घटना
जो सम्पूर्ण क्षेत्र में आज भी चर्चा का विषय है—
कहते हैं एक चोर सेंध पार घर में घुसा
इधर-उधर टो-टा किया और जब कुछ न मिला।
तब चुहानी में रखा बासी भात और साग खा
थाल वहीं छोड़ भाग गया—
वो तो पकड़ा ही जाता यदि दबा न ली होती डकार।

इस कवितांश में अरुण कमल ने ऐसे बहुत से शब्द प्रयुक्त किये हैं, जैसे, लुटेरे, खोंट डाला, लूट लीं (चूड़ियाँ) हैरतअंगेज़, चर्चा का विषय, सेंध मारकर आदि। ये शब्द उन बेचारे चोरों के लिए हैं जिन्हें कुछ न मिलने पर बासी भात और साग खाकर भाग जाते हैं और डकार को दबा लेते हैं जिससे वे बच जाते हैं। एक निरीह, ग़रीब, भूखे चोर का यह क़िस्सा है जिसे कवि ने उस ध्रुव पर खड़ा किया है। इस ध्रुव पर भी अनेक चोर हैं जो निरीह नहीं हैं, ग़रीब नहीं है और भूखे-प्यासे नहीं हैं। इधर के चोरों की होशियारी और डकैती का पूरा खुलासा इन ग़रीबों के माध्यम से होता है। लेकिन उधर के चोर, जो मामूली और ग़रीब हैं, उनकी चर्चा होती है। हमारे समय के इधर के चोर, जो विशिष्ट और प्रमुख हैं, उनकी कोई चर्चा होती नहीं है। जैसे मुक्तिबोध ने लिखा, सब चुप हैं।

जीवन-रस में डूब गयी है धरती

आधुनिकता के दौर में भी देसी आधुनिकता की धारा भारतीय कविता में प्रवाहमान थी। लेकिन वह यूरोपियन मॉडर्निज़्म का पुरज़ोर दौर था। इसलिए देसी परम्परा की चर्चा के केन्द्र में वह नहीं आयी। समकालीन कविता ने यूरोपियन मॉडर्निज़्म से अपने को मुक्त किया और देसी आधुनिकता को केन्द्र में लाने का कार्य किया। समकालीन कविता में जीवन यथार्थ को लोक से जोड़ने की जो प्रबल प्रवृत्ति दिखाई देती है वह इसी का परिणाम है। लोक की अन्तर्धारा समकालीन कविता की देसी आधुनिकता की जीवधारा है।

प्रायः सभी समकालीन कवि जो उन्नीस सौ पचहतर-अस्सी के आस-पास समकालीन कविता में सृजनरत हुए उनकी लोकचेतना बहुत गहरी है। अरुण कमल भी इसी समय कविता में आये और वे अपने लोक को साथ लेकर आये। अन्य कवियों की तुलना में अरुण कमल लोक-दृष्टि-समृद्ध कवि हैं। इसके दो-तीन कारण हैं। पहली बात, वे जीवन की सामान्यता के कवि हैं। दूसरी बात, लोक की बृहद् परम्परा के प्रति उनमें प्रबल मोह है। तीसरी बात, मिट्टी की उर्वरता के प्रति भी उनका आकर्षण सीमातीत है। इन प्रवृत्तियों को आविष्कृत करने के लिए उन्हें लोक में विचरण करना पड़ता है। इसलिए अरुण कमल की कविता की लोक-संवेदना आरोपित या कृत्रिम नहीं है। वे भाषा की स्थानिकता के भी कवि हैं। इस कारण से उनकी अनुभूतियाँ लोकानुभवों की सृजनात्मक परिणतियाँ हैं।

यहाँ पर अरुण कमल की **'जीवधारा'** शीर्षक कविता पर विचार प्रस्तुत करने से कदापि यह आशय नहीं निकलता है कि यही एकमात्र उनकी कविता है जिसमें लोकसंवेदना की सघनता का अनुभव होता हो। ऐसी बात नहीं है। उनकी प्रत्येक कविता का कोई न कोई अंश लोक से सहज रूप से जुड़ता है। अलावा इसके उनकी बहुसंख्यक कविताएँ ऐसी हैं जो 'जीवधारा' की तरह पूर्णरूपेण लोक केन्द्रित हैं। कहने का तात्पर्य यही है कि लोक के माध्यम से ही अरुण कमल का कवि अपनी रचनात्मकता को पूर्णता तक ले जाते हैं।

'जीवधारा' एक लोक दृश्य को अवतरित करती कविता है। यहाँ यह प्रश्न उठना स्वाभाविक है। उस दृश्यावतरण की क्या सार्थकता है? जिस कवि का गहरा सम्बन्ध लोक जीवन से है और वे यदि लोक भाषा की अन्तर्धारा से परिचित हैं तो ऐसे दृश्य आसानी से वे कविता में अवतरित कर सकते हैं। इस सवाल का सरल जवाब यह है कि वह दृश्यावतरण उसकी दृश्यता तक सीमित नहीं है। इस कविता में पानी बरसने के बाद की धरती के उल्लास की अभिव्यक्ति है। इसमें धरती का ही उल्लास नहीं है। धरती से जुड़े लोगों के उल्लास भी इस लोक दृश्य में भरपूर मात्रा में मिलता है। अर्थात् एक लोक दृश्य अपनी दृश्यता से परे जाकर जब बारीकियों से जुड़ता है तो यथार्थ का एक विराट रूप कविता में रूपायित होने लगता है जो कविता को स्थायित्व भी प्रदान करता है। 'जीवधारा' कविता के एकाध लोक दृश्य इस प्रकार हैं:

ख़ूब बरसा है पानी
जीवन-रस में डूब गयी है धरती
अभी भी बादल छोप रहे हैं
अमावस्या का हाथ बँटाते

पानी के बरसने से धरती का जो कायान्तरण होता है, उर्वरता के लिए जो अनुकूलता प्राप्त होती है वह धरती तक सीमित अनुभव नहीं है। वह प्रकृति-अनुभव के साथ-साथ मनुष्य का अनुभव भी है। इस कारण से अरुण कमल ने लिखा है, बारिश के बाद धरती जीवन-रस में डूब गयी है। धरती के इस सूक्ष्मानुभव को आत्मसात् करने के लिए कवि के पास लोक दृष्टि की आवश्यकता है। अन्यथा पानी का बरसना अपनी प्रकृति-अवस्था या ऋतु-अवस्था का मामूली-सा रूप बनकर सीमित हो सकता है। इसलिए जीवन-रस जो शब्द आया है और कविता का जो शीर्षक है, जीवधारा दोनों का सम्बन्ध सतही नहीं है। वह एक विरासत की अभिव्यक्ति है जो अरुण कमल में निहित लोक-मन ने आसानी से आत्मसात् किया है। यही नहीं जीवन-रस में डूबी हुई धरती की अन्तरंगता भी इस कविता में मिलती है जिसकी चारुता अनन्य प्रतीत होती है। कविता का एक और लोकदृश्य यों है—

बज रही है धरती
हज़ारों तारों वाले वाद्य-सी बज रही है धरती

चारों ओर पता नहीं कितने जीव-जन्तु
बोल रहे हैं हज़ारों आवाज़ों में
कभी मद्धिम कभी मन्द कभी शान्त

हज़ारों तारों वाले वाद्य-यन्त्र-सी बजती धरती की आन्तरिक चहल-पहल, उल्लास-आवेगमयता, उतार-चढ़ाव एक कॉस्मिक स्वर-संकुल की तरह है। इन पंक्तियों के बहुविध वाचन से ऐसा भी प्रतीत होता है कि हम बीथोवन का संगीत सुन रहे हैं। बीथोवन के संगीत में धरती की अनेकविध ध्वनियों की आवृत्तियाँ मिलती हैं। कभी वह मद्धिम पड़ती है, कभी मन्द्र और कभी शान्त। यह धरती की उर्वरता का संगीत भी है। उसमें अनेक प्रकार के उतार-चढ़ाव हैं।

अरुण कमल की कविता 'जीवधारा' लोक संवेदना की अप्रतिम अभिव्यक्ति है। कविता में धरती की सन्तुष्टि का अहसास उन्हें कराना था तो तुरन्त उन्होंने यह पंक्ति लिखी:

दूध भरे थन की तरह भारी और गरम

यह एक पंक्ति पर्याप्त है अरुण कमल की लोक-दृष्टि की गहराई को समझने के लिए। लोक का निरीक्षक ऐसी पंक्ति नहीं लिख सकता है। लोक का भोक्ता ही ऐसा लिख सकता है। अरुण कमल लोक के भोक्ता कवि हैं।

अदृश्यता में दृश्यता

ख़बरों के रूप में कई बातें हमारे पास आती हैं और आजकल दृश्यमाध्यम में घटनाओं के दृश्यों को प्रचुर मात्रा में हमें उपलब्ध कराने का कार्य किया जा रहा है। और भी कई माध्यम हैं जिनके द्वारा दृश्य हमें मिल रहे हैं। युद्ध के दृश्य, नरसंहार के दृश्य, बलात्कार के दृश्य, मृत्यु के दृश्य आदि सुलभ मात्रा में हमें प्राप्त हो रहे हैं। यही नहीं कि माध्यमों की विशेषता यही है कि एक घटना को अलग-अलग कोणों से दिखाते हुए प्रेक्षकों के लिए घटना की एकायामी दृश्यता नहीं बल्कि बहुआयामी दृश्यता वे दिखाते चलते हैं। इस तरह दृश्यता की बहुरूपी दृश्यता प्रत्यक्षीकृत होती है।

कुछ अन्य प्रकार की ख़बरें तथा दृश्यताएँ हैं जिनके बारे में हमारे पास ठोस सूचनाएँ नहीं हैं। कुछ ख़बरों की ख़बरें आ रही हैं। उसमें ऊहापोह की मात्रा अधिक है। कुछ दृश्यताएँ जिनके बारे में गढ़ित क़िस्से हमें मिलते हैं। जो क़िस्से गढ़ने में माहिर हैं वे अच्छी तरह से उस दृश्यता को हमारे लिए साकार कर देते हैं। जो समर्थ नहीं हैं तो दृश्यता के तुड़े-मुड़े अंश ही हमें दे देते हैं जो अक्सर बेकार होते हैं।

मौत की एक दृश्यता है। यह अपनी प्रत्यक्षता में भी तथा अप्रत्यक्षता में भी भयानक है। एक शरीर जिसमें अभी तक जीवन था कटते हुए, भिड़ते हुए या गिरते हुए जान गँवा दें तो वह मामूली दृश्य नहीं है। ऐसे दृश्यों के बारे में हम सुनते भी हैं। भले ही पूरा दृश्य हमारे लिए प्रत्यक्षीकृत होता न हो फिर भी उसकी भयानकता से मुक्त होना मुश्किल है। मौत की भयानकता को दर्शाने वाली अरुण कमल की कविता है **'एक रात जब मैं सफ़र में था'**। कविता का प्रस्तोता यात्री रेलगाड़ी में शयनयान के अभाव में खड़ा है। जो शयनित हैं वे बेसुध होकर सो रहे हैं। यह यात्री जागा है और टी.टी. के बग़ल में खड़ा है। रात का अँधेरा है बाहर। कुछ भी दिखाई नहीं दे रहा है। इस कविता में अलग-अलग ध्वनियों के माध्यम से— रेल गाड़ी से टकराकर—जानवरों एवं मनुष्यों के कट जाने के ध्वनि-दृश्य दिखाये गये हैं:

रेलगाड़ी की रफ़्तार के बीच 'खट' से एक आवाज़ आती है। उसके बारे में टी.टी. की प्रतिक्रिया है:

'देखा?
अभी खट से बजा
सियार होगा, कोई छोटा जानवर
कट गया'

जिस निर्लिप्तता से टी.टी. यह बात कहता है उसके शब्दों की ध्वनि हमारे पास आती नहीं है। उसकी दृश्यता से ही हम टकराते हैं। तेज़ चलती गाड़ी के चक्रों और पटरी के बीच में तुरत-फुरत कोई जानवर आकर टकराता है। उसके कटने की ध्वनि तो गाड़ी के अन्दर खड़े यात्री को तथा टी.टी. को मिली। टी.टी. ने अपनी प्रतिक्रिया भी व्यक्त की। कोई सियार होगा या छोटा कोई जानवर होगा। ध्वनि से ज़्यादा उसके कट जाने की दृश्यता भयावहता पैदा करती है। वह यात्री भयावहता को पूरी तरह से झेल रहा है। टी.टी. की आदत-सी हो गयी है। इसलिए वह भावहीन है।

वही दृश्यता फिर आती है। ध्वनियाँ भिन्न-भिन्न प्रकार की हैं। जानवर छोटे-बड़े हो सकते हैं। इस जंगली रास्ते से गुज़रती रेलगाड़ी से आदमी भी कटता है। पूरा विवरण टी.टी. इस प्रकार दे रहा है-

फिर बजा!
थोड़ा हलका इस बार
सियार का बच्चा होगा या कुत्ता
देखो, फिर बजा खटाक—
बेचारा बैल खूँटा तुड़ाकर भागा होगा—
सबसे ज़्यादा जाड़े और बरसात में कटते हैं जानवर
आदमी भी सबसे ज़्यादा कटता है भादों और पूस में

ये ध्वनियाँ विवरण के अनुरूप दृश्यता में परिणत होती हैं। उस दृश्यता में कटते जानवरों और आदमी का जीवन है। जीवन को इतनी तुच्छता के साथ प्रस्तुत करते टी.टी.. तथा उसे भीतर ही भीतर अनुभव करते हुए काँपते खड़े यात्री दोनों की अलग-अलग प्रतिक्रियाएँ कविता को शिखरता प्रदान करती हैं। एक जीवन को यान्त्रिक ढंग से देखता है, इसलिए उसके मन में भाव या विकार नहीं है। दूसरा

ध्वनि से प्रसरित दृश्यता की भयावहता से काँप उठता है। उसकी प्रतिक्रिया यान्त्रिक नहीं है; वह अधिक मानवीय है।

एक और आवाज़ आती है और टी.टी.. के मुँह से निर्विकार सी आवाज़ निकलती है—

'कट गया! आवाज़ वैसी ही थी
इतनी रात में निकला था लकड़ी चुनने!'

गाड़ी की पटरियाँ हैं और उसकी तेज़ रफ़्तार। टी.टी. के लिए रोज़ की ये घटनाएँ मात्र आवाज़ें हैं। उसके कानों तक ये आवाज़ें पहुँचती हैं। ध्वनियाँ आती हैं। उनकी दृश्यता से वह प्रभावित नहीं होता है। जो यात्री है वह उसकी दृश्यता से विह्वल हो आता है। अरुण कमल ने आदमी के कट जाने की दृश्यता ही प्रस्तुत नहीं की है, अपितु, जीवन-यापन के लिए रातोंरात निकले आदमी की मुश्किलों की दृश्यता भी वे उपलब्ध करा रहे हैं। सामान्य जीवन की ये दृश्यताएँ हैं। भले ही कविता में ये अदृश्य है फिर भी उन्हें दृश्यता में परिवर्तित करके कवि एक भीषण यथार्थ से हमारा सामना करा रहे हैं।

अदृश्य नेपथ्य की यह दृश्यता कविता में मुख्य है। कविता में अंकित ध्वनियों के माध्यम से जीवन यापन का कठिन यथार्थ हमारे लिए उपलब्ध कराया गया है। झाड़ियों के बीच से तेज़ रफ़्तार में जाती गाड़ी उस व्यक्ति के लिए मुख्य नहीं है जबकि मुख्य है सुबह होने के पहले लकड़ी इकट्ठी की जाये। उसकी प्राथमिकता ने उसे धोखा दे दिया और वह गाड़ी से कटता या कटती है। एक स्वप्नमय जीवन तत्क्षण समाप्त होता है। किसके स्वप्न, किस तरह के स्वप्न, किस तरह स्वप्नों को देखा गया आदि एक ही क्षण में ख़त्म होते हैं। जीवन का यह अप्रत्याशित समापन जीविका के लिए किया गया गम्भीर तर्पण है।

अरुण कमल की कविताओं में इस तरह के जीवन के अनेकविध दारुण चित्र उपलब्ध होते हैं। उनके चित्र अपनी दृश्यता में नहीं बल्कि अपनी प्रश्नवाची छवि में प्रासंगिक हो जाते हैं।

आदमी इस दुनिया में बेआवाज़ डूब जाता है

'कहाँ गये वे हज़ारों मज़दूर?', 'कहाँ गये वे मज़दूर?' ये अरुण कमल की प्रश्ननुमा पंक्तियाँ हैं जो उनकी **'महात्मा गाँधी सेतु और मज़दूर'** नामक कविता की हैं। कविता ही ऐसा प्रश्न पूछ सकती है या कविता के माध्यम से कवि ही पूछ सकता है।

एक महत्त्वपूर्ण सेतु का काम पूरा हो गया है और उसका उद्घाटन होने वाला है। पुल के इस लोकार्पण समारोह में उन्हीं बहादुर मज़दूरों को रहना चाहिए था और पहला क़दम तो उन्हीं को रखना था इस पुल पर। लेकिन वे दिखाई नहीं दे रहे हैं। उनकी अनुपस्थिति से सन्तप्त कवि-मन का प्रश्न है, 'कहाँ गये वे मज़दूर?' यह सहानुभूतिवश पूछा गया प्रश्न नहं है। उससे अधिक एक जटिल यथार्थ का सन्निवेश इस प्रश्न में अनुभव किया जा सकता है। देखना यह है कि वह जटिल यथार्थ क्या है? जटिल यथार्थ यही है कि मनुष्य को अपने स्पेस से तिरोभवित करना। इसका इतिहास पुराना है और वह समकालीन भी है। पुराने ज़माने में बड़े-बड़े काम गुलामों को काम में लगाकर पूरे किये जाते थे। गुलामों का न कोई घर होता है न कोई पता। वे एक मालिक के यहाँ से दूसरे मालिक के यहाँ पहुँच जाते थे। उनके द्वारा किये गये कठिन से कठिनतम काम का यश मालिक को ही मिलता है। आज गुलाम नहीं है। आज मज़दूर हैं। वे ही बड़े-बड़े काम करते हैं। बाँध, पुल, ऊँची इमारतें, हाइवेस आदि बहुत-से काम हैं ये मज़दूर पूरा करते हैं। काम के पश्चात बड़े ही भव्य रूप से इन निर्मितियों का समर्पण भी किया जाता है। उस समय कार्य निर्वाहक्रों को चाहिए कि उस काम के लिए लगाये गये मज़दूरों की उपस्थिति को सुनिश्चित करें। पर ऐसा होता नहीं है। एक बड़े काम के पूरा होने तक मज़दूरों की भूमिका नहीं है। कई स्तर के कई प्रकार के लोग हैं। फिर भी मज़दूरों की भूमिका अहम होती है। उनकी उपस्थिति को सुनिश्चित करके, उनके महत्त्व को स्वीकार करके उन्हें बताया जाना चाहिए कि उन्हीं की बदौलत यह काम पूरा हो गया है। इस स्वीकृति में मनुष्य के प्रति, चाहे वह मज़दूर हो या अन्य कोई भी, मानवीयता

का भाव सुरक्षित दीखता है। अपने सहजीवियों के प्रति यह सहानुभूति की बात नहीं और यह सहक़र्मी भाव है जिसके माध्यम से समाज के एक-एक नागरिक का महत्त्व घोषित होता है। धन के आधार पर, बल के आधार पर, प्रताप के आधार पर पदवियों के आधार पर मनुष्यों का महत्त्व निर्धारित नहीं है। वह निर्धारित होता है उसकी कर्मठता के आधार पर। एक समाज में, चाहे वह जितना छोटा या बड़ा हों, सभी नागरिकों को समान स्थान और समान अर्हता का हक़ है। यह विकसित समाज का दायित्व है। लेकिन पहले भी और आज भी समाज में यह देखने को नहीं मिलता है। मनुष्य को उसके श्रम के आधार पर श्रेणीबद्ध करके अलग-अलग खानों में रखा जाता है और मज़दूर सबसे निम्न वर्ग में ही परिगणित होता है जिसे ख़ारिज करना आसान है। इस तरह बहुसंख्यक लोगों का कर्मठ समाज मुख्य धारा से कटता है और वह तिरोभवित होता है।

अरुण कमल की कविता 'महात्मा गाँधी सेतु और मज़दूर' यथार्थ के ख़ारिज कर दिये जाने के संकट को प्रस्तुत करती है:

पृथ्वी के एक खण्ड को दूसरे खण्ड से जोड़ते विलीन हुए
कितने ही घरों के पुल टूटे
इस पुल को बनते हुए
पता नहीं कहाँ से आये थे वे
एक रोज़ लुप्त हो गये अचानक
उनके माँ-बाप पत्नी बच्चे किसी को शायद पता भी नहीं
पत्थर डूबे तो आवाज़ होती है
आदमी इस दुनिया में बेआवाज़ डूब जाता है
इस बार भी होली में घर पर उनका इन्तज़ार होगा।

सामान्य लोगों के जीवन का एक बेसहारापन है और अनाथ-सी स्थिति है। इन दोनों भावों को मज़दूरों के तिक्त जीवन के माध्यम से कवि अवतरित कर रहे हैं। पृथ्वी के एक खण्ड को दूसरे खण्ड से मिलाना सरल काम नहीं। इस दौरान कितनों का जीवन नष्ट हो गया होगा। यह नुक़सान और एक बड़ा यथार्थ है। उनके घर के लोग इन्तज़ार करते हैं कि होली में ये आ जायेंगे। इसमें जो अनिश्चय की स्थिति है वह एक और क्रूर यथार्थ है। पत्थर को पानी में डुबोए तो आवाज़ होती है। लेकिन आदमी इस दुनिया में बेआवाज़ डूब जाता है। अरुण कमल की यह एक गम्भीर पंक्ति है जो हमारे अन्तर्मन को झकझोरती है।

कविता के दूसरे खण्ड में दृश्य यही है कि काम के ख़त्म होने पर मज़दूरों के तम्बू उखाड दिये जाते हैं और उनके चूल्हों की ईंट रह जाती हैं। अब पुल का समर्पण हो चुका होता है। अरुण कमल लिखते हैं—

आज जब यह पुल समर्पित हो रहा है राष्ट्र को
उन्हें, उन बहादूर मज़दूरों को रहना था यहाँ
पहला क़दम तो उन्हीं को रखना था इस पुल पर
कहाँ गये वे मज़दूर?

इस पूरे कर्मकांड में उन मज़दूरों के पगचिह्न का चिह्नित होना अनिवार्य था। वह कर्मठता और सहजीवी भाव का प्रतीक है। ऐसे मानवीय भावों को हवा उड़ाते हुए उन्हें भटकने के लिए विवश करना हमारे लिए मामूली घटना है। यह वास्तव में हमारी सामाजिकी के गतिरोध को सूचित करता है। पर एक कवि के लिए (अरुण कमल के लिए) यह एक सूचना नहीं है। जीवन यथार्थ का यह एक विन्यास बहुआयामी यथार्थ बनकर उनकी कविता में विन्यस्त होता है। इसलिए उनके सवाल, ध्वनिक्षम होकर कविता में गूँजते रहते हैं। अरुण कमल की इस कविता में विरोध का स्वर गूँज रहा है या करुणा का। वह करुणा का स्वर है जिसने अनादि काल से कविता को सुरक्षित रखा है। करुणा का भाव कविता का स्व भाव है। अरुण कमल अपने इस स्व भाव से तनिक भी विचलित नहीं होते हैं।

वे मज़दूर किसी काम की तलाश और कहीं भटक रहे होंगे। यह एक और यथार्थ है। यह एक तरह का विस्थापन है। कहीं भी जड़ें न जमा पाने की त्रासदी का यथार्थ। बहुविध कठोर यथार्थों से जुड़ती यह कविता मनुष्यता के ख़ारिज होने से उत्पन्न दुख से शब्दबद्ध हुई है।

आस्था की रोशनी

समकालीन मलयालम कविता के चर्चित कवि आट्टूर रविवर्मा अपनी एक कविता में घर बेचने की बात करते हैं। घर और उसके आसपास जो कुछ हैं वे बेचने के लिए तैयार हैं। कविता इस प्रकार है—

बेच रहा हूँ मैं
पुराना-सा यह घर
पानी देकर बड़े किये गये
फलदार पेड़—
कटहल, आम के पेड़, इमली और नारियल के पेड़
फिर ऐसे ही उग आये हुए
बेकार के कुछ पेड़
घर, कार्यशाला, धान का भंडारघर
तालाब, कुआँ और मन्दिर
लेकिन आपको
मैं नहीं दूँगा
इस घर का अन्तर्मन।

रवि वर्मा वास्तव में घर के बाह्याकार की ही बिक्री में लगे हैं। इसमें बहुविध पेड़, भंडारघर, कुआँ आदि आ जायेंगे। ये प्रयोजनवादी रूप हैं। लेकिन प्रयोजन से परे घर का एक ओर रूप-विन्यास है जिसे हम उसकी आन्तरिकता कह सकते हैं। उसी से हमारी आत्मा जुड़ी रहती है। आन्तरिकता की बिक्री वे करना नहीं चाहते हैं। पूरा अहाता, उसके पेड़, भंडारघर, मन्दिर सब वे दे देते हैं, लेकिन स्पष्टता के साथ कहते हैं कि घर के अन्तर्मन को बेचने के लिए वे तैयार नहीं हैं। घर की आत्मा के साथ का यह जुड़ाव कवि के मानवीय होने का संकेत देता है। आत्मा के साथ के जिस ऐक्य के बारे में सूचित किया गया है वह एक साधारण-सी बात

नहीं है। यह कोई स्वार्थ प्रेरित भावना नहीं है। इसे मानवीय आस्था कहना उचित लगता है। घर के प्रति यह जो आस्था है वह हमारी मूल्य दृष्टि से भी सम्बन्धित है। उस मूल्य दृष्टि में अपनत्व का भाव, दूसरों के लिए समर्पित होने का भाव एवं दूसरों के दुख-दर्द में भागीदार होने का भाव सन्निहित है। ये भाव ही जीवन के अर्थ को संपुष्ट करते हैं। इसलिए यहाँ पर कवि का घर के प्रति आस्था, उसके अन्तस्थल को न बेचने की घोषणा को विशेष सन्दर्भ में देखा जाना चाहिए। घर को भी यहाँ बेचा जा चुका है। पर उसके अन्तरंग को न देने की बात उठायी गयी है वह कविता में महत्त्वपूर्ण है।

अरुण कमल की कविता **'फिर से'** बाढ़ग्रस्त इलाक़े से सम्बन्धित है। कुछ दिनों के पश्चात जब बाढ़ उतरती है तो धीरे-धीरे सब कुछ लीक पर आता दिखाई देता हैं। बाढ़ के उतरने का दृश्य कविता का प्रमेय है।

धीरे-धीरे उतरी है बाढ़
फिर उभरी आ रही हैं मेंड़ें
खुले आ रहे हैं खेत घर-द्वार
फिर से मसूड़ों में उग रही है दाँत की पाँत।
बह गये थे धान के खेत
घरों में भरा था बाढ़ का पानी
यहाँ से वहाँ तक बची थी बस पाँक
पता नहीं कौन-सी कोख में
बचा हुआ जीवन

बाढ़ग्रस्त इलाक़ों का यह दृश्य सबके लिए परिचित है। हर साल इस आपदा का सामना लोगों को करना पड़ता है। भोक्ता लोग और बाहर के तथा आसपास के लोग भी इससे परिचित हैं। ऐसा प्रतीत होता है कि प्राकृतिक प्रकोप को इन लोगों ने हृदय से स्वीकार किया है। इसलिए बाढ़ के उतरने के बाद सभी लौट आते हैं—

फिर से अपनी ज़मीन पर लौट आ रहे हैं लोग-बाग
लौट आ रहे हैं पशु-पक्षी
लौट रहा है सूर्य
लौट आ रहा है सारा संसार
इस प्रलय के बाद

कविता में आये विवरणों से हटकर उसमें निहित जीवन यथार्थ पर विचार करें तो हमें आस्था की नयी रोशनी मिल जाती है। सभी अपनी-अपनी ज़मीन की तरफ़, अपने बसेरे की तरफ़ लौट आ रहे हैं। कारण स्पष्ट है कि उनका जीवन ही नहीं बल्कि उनकी समस्त आस्थाएँ इन कुछ स्थावर वस्तुओं से जुड़ी हैं। यहाँ वस्तुएँ मुख्य नहीं हैं जबकि आस्थाएँ प्रमुख हैं। उन्हें ज़िन्दा रखने वाला तत्त्व भी यही है। इसमें सम्पत्ति-मोह से ज़्यादा जीवन-मोह मुखर है।

रवि वर्मा की कविता में घर की बिक्री तय होने के बाद भी कवि की घोषणा है कि मैं इस घर के अन्तरंग को बेच नहीं सकता। यही उनकी कविता का यधार्थ है। अरुण कमल की कविता भी आस्था की अनबुझ रोशनी से आलोकित है। इसमें मानवीय संघर्ष का एक प्रदीप्त पक्ष है, अर्थ संपुष्ट जीवन की परिकल्पना है, ध्वंस के प्रतिरोध में खड़े रहने का भाव और उम्मीद की किरणें भी हैं। आट्टूर रवि वर्मा घर और घर से जुड़ी चीज़ों को बेचने को तैयार हैं; बस उसके अन्तर्मन को सुरक्षित रखना चाहते हैं। अरुण कमल की कविता में बाढ़ के बाद लोग अपने-अपने स्थान पर लौट आते हैं। प्रकटतः बाढ़ से बची वस्तुएँ अवश्य दिखाई देती हैं। लेकिन अरुण कमल के लोग उन वस्तुओं से प्रेरित होकर नहीं आये हैं। वे अपने अन्तर्मन की आस्था के साथ आये हैं। लोगों की आस्था, कविता में गहन आस्था के रूप में विन्यसित है।

कविताएँ जीवन-सम्बद्धता से प्रेरित होकर लिखी जाती हैं। यान्त्रिकता से मुक्त भावोष्मल प्रसंगों से प्रोज्वलित यथार्थ कई रूपों में कविता में अवतरित होता है। ये बानगियाँ कविता के आन्तरिक विकास के अनिवार्य घटक हैं। जीवन-सम्बद्धता कविता का विषय न होकर कविता की उन्मुखता है जो कविता की ऊर्जा शक्ति को बढ़ाती है।

लिंग भेद में निहित नृशंसता

अब भी हमारे समाज में बेटी के जन्म को हर्ष का विषय माना नहीं जाता है। बेटे का जन्म उल्लास का विषय है तो बेटी का जन्म विषाद का विषय है। यह भेदभाव समाज के सभी तबकों में मिलता है। मध्यवर्ग में यह भाव कुछ ज़्यादा है।

हमारा समाज मूलतः पुरुष प्रधान है जिसमें स्त्री की भूमिका को कोई प्राथमिकता नहीं मिलती है। यद्यपि प्रकट शब्दों में कोई नहीं कहता है, फिर भी स्त्री को भोग्या के रूप में ही देखा जाता है। अतः बच्ची के जन्म होते ही उसे सबसे पहले पराये घर की बेटी के रूप में देखा जाता है। पराया घर भेजने के लिए धन-दौलत की ज़रूरत है जब कि बेटा बहु को तथा दौलत को लाने वाला है। इस कारण से बेटी के जन्म को कहीं-कहीं अभिशाप तक माना जाता है। तमिलनाडु के कुछ ग्राम प्रान्तरों में जब बेटी का जन्म होता है तो उसकी नाक में चावल का दाना डाल दिया जाता है जो उसके फेफड़े को गड़बड़ करता है और अन्ततः उसकी मृत्यु हो जाती है।

अरुण कमल की कविता **'एक नवजात बच्ची को प्यार'** में घर में बच्ची के जन्म से उत्पन्न प्रतिक्रियाएँ और उन प्रतिक्रियाओं में व्यंजित अमानवीयता का विस्तृत वर्णन मिलता है। यहाँ बच्ची के जन्म का स्वागत नहीं होता है।

ओ नन्ही सी बच्ची
क्या हुआ जो तुम्हें किसी ने चूमा तक नहीं
तुम्हारी माँ मुँह फेरकर रोती रही रात भर
और तुम्हारा पिता लौट गया बाहर ही बाहर
क्या हुआ तुम्हारी दादी ने बधावे नहीं दिये
और उनका यह आँगन पँवरियों की ढोलकों से आबाद नहीं हुआ
तुम रोती रहीं, रोती रहीं
और किसी ने चूमा तक नहीं

हमारे औसत घर-बार का यह एक स्वाभाविक चित्र है। बच्चियों को इस तरह से देखा जाता है। इसमें जो वितृष्णा है वही मुख्य है। यदि लड़का पैदा हुआ होता तो वहाँ उत्सव का वातावरण छा जाता है। उस माँ को बेटे के जनने से बधाइयाँ दी जाती हैं। पिता हर्ष से नाचते और दादी सबको मिठाइयाँ वितरित करती। अन्य सदस्य भी इस तरह ख़ुश नज़र आते। अब एक बच्ची ने जन्म लिया है। इसलिए मायूसी छायी हुई है। कोई उसे चूमता तक नहीं है। वह बच्ची रोती जा रही है; कोई उठा नहीं रहा है और माँ ने अपना मुँह फेर लिया है। यह दृश्य एक अवांछित सामाजिकी की नृशंसता से सम्बन्धित है। पुरुष का वर्चस्व और स्त्री का हाशियाकरण ही इस नृशंसता के पीछे विद्यमान है। पुरुष और स्त्री के रूप में समाज का जो विभाजन है वह अधिकारकेन्द्रिता से सम्बन्धित है। स्त्री के हक़ में कोई अधिकार नहीं है। इसलिए वह धन-दौलत की हक़दार भी नहीं है। वह समाज में एक तरह से दलित सदस्या है। स्वतन्त्रता उसे मिलती नहीं है जबकि पुरुष के पास अधिकार केन्द्रित है, सम्पत्ति का वह हक़दार है। इसलिए वह स्वतन्त्र है। जन्म के क्षण से लेकर वह स्वतन्त्र है और कई प्रकार की सुविधाओं से वह घिरा रहता है। वह अपना चुनाव कर सकता है, वह कहीं भी जा सकता है। जीवन के हर क्षेत्र में उसे प्राथमिकता मिलती है। लेकिन जन्म के क्षण से लेकर स्त्री अस्वतन्त्र है, अबला है। उसे सुविधाएँ नहीं मिलतीं। न वह चुन सकती और न बोल सकती है। उसे जीवन में कहीं भी किसी प्रकार की प्राथमिकता नहीं मिलती। वह दोयम दर्जे का नागरिक बनकर अपना जीवन व्यतीत करती है।

स्त्री-समाज के उत्थान के लिए दुनिया भर में कई प्रकार के आन्दोलन हुए जिनसे आज स्त्री स्वतन्त्र है। कई प्रकार के नियम पारित हुए जिनसे उसका सशक्तीकरण हो रहा है। कई प्रकार की स्वतन्त्रताएँ उसे मिल रही हैं। इन सबके बावजूद स्त्री के प्रति समाज का जो रुख है वह अब भी बदला नहीं है। हमारे सामूहिक़ अवचेतन में स्त्री दोयम दर्जे की सदस्य है। अरुण कमल की यह कविता उस मूल भाव को ही प्रक्षेपित कर रही है। कविता में कवि उस बच्ची को सद्‌भावना से देखते हैं। उसे वे प्यार देना चाहते हैं। उसके शिशु रूप से वे आकृष्ट है:

तुम जो अभी-अभी जन्मी हो
तुम्हारी यह देह बरगद के टूसे-सी टहक़ रही है
केशों से भरा यह माथा कस्तूरी-सा
फेंकता है सुगन्ध

उस नन्ही-सी बच्ची के प्रति कवि मन में आकर्षण ही नहीं बल्कि उसके सुन्दर भविष्य की कामना भी वे करते हैं। कवि की यह कामना वास्तव में समाज की धुरी से विकसित होनी चाहिए। ऐसे समाज को ही हम विकसित समाज कह सकते हैं। जबकि हमारा समाज जिस बच्ची को कूड़ा समझ रहा है वह उसके अविकास और आदिमता के लक्षण हैं।

स्वातन्त्र्येच्छा एवं समानता की भावना विकसित समाज के लक्षण हैं। उसमें स्त्री-पुरुष समान है। उनके बीच कोई विभाजक रेखा नहीं है। पितृसत्तात्मक समाज के तमाम मूल्यों का निषेध स्वतन्त्रचेता समाज करता है। कवि उस बच्ची को सबसे ऊपरी स्थान पर बैठी देखना चाहता है:

खोलो तुम आँख
देखो
भविष्य अपने दोनों हाथों से सँवारता है तुम्हारा चेहरा
तुम कल के हर बच्चे से सुन्दर और साफ़ हो
....
....
समय के प्रवाह में
तुम्हारे लिए घुल रही है दुनिया
जल्दी जल्दी बढ़ो मेरी बच्ची
जल्दी-जल्दी।

यह कवि की वास्तविक कामना है जो उनकी कविता को आदर्श का दर्जा नहीं बल्कि यथार्थ बोध का दर्जा प्रदान कर रही है। वे एक मनुष्य-सत्ता-प्रधान समाज के आकांक्षी नज़र आ रहे हैं।

परम अधिकार पूरी तरह से दूषित करता है

'अधिकार दूषित करता है, परम अधिकार पूरी तरह से दूषित करता है।' क्या यह अधिकार का स्वभाव है या मनुष्य का? एक तरह से ये दोनों अन्योन्याश्रित हैं। अधिकार के कुछ समीकरण होते हैं उनमें से सर्वप्रमुख है सर्वाधिपत्य। दूसरा है, संवादात्मकता का अन्त। इस कारण से उसमें मानवीयता ग़ायब रहती है। तीसरा है, सबको अधीन में करना और उन्हें ऊपर न आने देना। जब अधिकार का प्रसार बढ़ता जाता है तो ये प्रवृत्तियाँ अपना उग्र रूप धारण कर सामने आने लगती हैं। जहाँ तक मनुष्य की बात है कि अधिकार से अलग रहते समय वह इतना साधारण रहता है और जब अधिकार उसके हाथ में आता है उसका धीरे-धीरे कायान्तरण होने लगता है। उसे अपने अधिकार को चिह्नित करना पड़ता है। सबसे पहले वह भाषा में अधिकार का इस्तेमाल करता है। उसकी देह-भाषा समग्रतः परिवर्तित होने लगती है। अपनी वेशभूषा से लेकर उसके आसपास को वह सजावट से भर देता है। इस तरह एक तरफ़ अधिकार अपनी ताक़त का प्रसार करता है और अधिकार को इस्तेमाल करने वाला मनुष्य अधिकार का एक विराट इस्पाती कवच अपने लिए निर्मित करता है। परम अधिकार अपने भीतर और बाहर एक दूषित वृत्त तैयार करता है।

अरुण कमल की असंख्य कविताएँ अधिकार के दूषित वृत्त को लेकर लिखी गयी हैं। वे अपनी प्रतिपक्षधर्मी दृष्टि से इसे देखते हैं। उनकी यह पक्षधरता शुरुआती दौर से लेकर अब तक की कविताओं में स्पष्टतः व्यंजित होती रही है। वे शतशः कवि हैं। कवि होने के नाते वे अपने कवि-कर्म और दायित्व के प्रति प्रतिबद्ध हैं। हमारे रोज़मर्रा जीवन से लेकर गम्भीर कहे जाने वाले तमाम परिदृश्यों में वे अधिकार के पदचिह्नों को देखते आये हैं जिनका प्रतिरोध वे करते भी आये हैं। उनकी कविता-भाषा की यह विशेषता है कि उनके प्रत्येक शब्द में उनकी प्रतिपक्षधर्मिता झलकती है। कई प्रकार की कविता-रीतियों का सहारा लेकर वे इस कवि-दृष्टि को व्यक्त

करते हैं। एक उनकी कविता-रीति है सरल अभिधात्मकता का अनुसरण जहाँ वे इतने निर्मम और उनके शब्द सधे हुए एवं सन्तुलित नज़र आते हैं। आवेगमयता तिरोभवित ही रहती है। शान्त समुद्र-सा भरा-भरा और तरंग रहित विस्तार। विषय जब उनका इतना तरंगवाही है पर उसकी प्रस्तुति में यह अद्‌भुत तरंगहीनता अरुण कमल की सबसे बड़ी विशेषता है। उसमें उनकी तटस्थता भी देखने को मिलती है जिससे विषय की गहराई बढ़ती नज़र आती है।

'संविधान का अन्तिम संशोधन' शीर्षक से अरुण कमल की छोटी-सी कविता जो अपने भीतर अधिकार के दूषित वृत्त के बृहत्तर संसार को समेटती प्रतीत होती है। उक्त कविता की शब्द संरचना में, उसके बाहर-भीतर गुम्फित सन्तुलन में और निरीक्षकी-सी भूमिका में रहते हुए सबकुछ दूर से देखने की कवि की तटस्थ दृष्टि में अरुण कमल अपने इच्छित यथार्थ को विस्तृत परिप्रेक्ष्य प्रदान कर रहे हैं। इस कविता में अधिकार के सर्वाधिपत्य को उन्होंने केन्द्र में रखा है। यह कविता हमें एक अप्रत्याशित 'शॉक' दे रही है। सिक्के के दो पहलू होते हैं। कविता में इसी को विषय बनाया गया है। सिक्के के दो पहलू वास्तव में संवादात्मकता से सम्बन्धित हैं। इसे बहुमत भी कहा जा सकता है। बहुमत पर बहस भी सम्भव है। परन्तु अधिकार का दूषित वृत्त यह कतई नहीं चाहता कि बहस हों, संवाद हो और मतभेद हो। सर्वाधिपति की दृष्टि में यह अन्याय है। जब उसने अधिकार को चलाने का बीड़ा उठाया है तो उसके मत ही सर्वप्रमुख हैं। संवादात्मकता के माध्यम से उस एकाधिपत्य को वह असन्तुलित नहीं करना चाहता है। सब के केन्द्र में सिर्फ़ एक, सभी आदेश उस एक का अन्तिम आह्वान, एक ही आवाज़ हमेशा बुलन्द, बाक़ी आवाज़ें फ़िज़ूल सब कहीं चुप्पी का माहौल, चाटुकारिता की नपुंसकता की गन्दी मुद्राएँ, सिर्फ़ एक की जयजयकार ध्वनियाँ। मात्र एक में केन्द्रित होते-होते अधिकार दूषित होता जाता है। केन्द्रीयता परिधियों का तिरस्कार ही नहीं बल्कि वह परिधियों का ख़ात्मा भी है। अरुण कमल लिखते हैं:

संसद के संयुक्त अधिवेशन ने ध्वनिमत से
संविधान का अन्तिम संशोधन पारित कर दिया
जिसके अनुसार अब से किसी भी सिक्के में
एक ही पहलू होगा
इस प्रकार सहस्रों वर्षों से चला आ रहा
अन्याय समाप्त हुआ।

कविता में प्रयुक्त विशेष शब्द प्रयोग प्रमेय की भीषणता को दर्शाने में सहायक हैं— 'संविधान का अन्तिम संशोधन', 'किसी भी सिक्के में एक ही पहलू होगा', 'सहस्रों वर्षों से चला आ रहा अन्याय समाप्त हुआ' आदि बलाघात सहित प्रस्तुत है। संविधान के संशोधन बीच-बीच में होते रहते हैं। यहाँ उसे 'अन्तिम संशोधन' कहा गया है, सिक्के के दो पहलू होते हैं जो सर्वसुलभ है। उसके स्थान पर उसके एक पहलू होने का संशोधन पारित करवाना, इस कार्रवाई को अन्याय घोषित करना तथा उसके अन्त की घोषणा आदि में अधिकार की भाषा का प्रयोग ही हम अनुभव कर पाते हैं। हमारे थल, काल और भाषा में अधिकार जब घुस जाता है तो वह हमारी वृत्ति हो जाती है, वह हमारी संस्कृति बन जाती है। सच को झूठ में परिवर्तित करने की अपार शक्ति अधिकार की होती है। अरुण कमल ने सिक्के का उदाहरण लेकर, इसे विद्रूपतापूर्वक ही सही, ध्वन्यार्थों सहित प्रस्तुत किया है। सबसे बड़ी अपसंस्कृति इसमें यही है कि वह घोषणा कि सहस्रों वर्षों से चले आ रहे अन्याय का अन्त। यही अधिकार का एकतरफ़ा आह्वान है। यह कविता अपनी नटकीयता के साथ प्रस्तुत हुई है। लेकिन हमारी अनेकानेक वृत्तियों में इसी एकाधिकार की झलक ही अधिक मिलती है।

सरफिरों की ज़रूरत

सरफिरे सिर्फ़ साहसी नहीं होते हैं। असल में वे सच को घोषित करने वाले पैगम्बर होते हैं। औसत दुनिया जिस तरह से सोचती है उससे भिन्न ढंग से सरफिरे सोचते हैं। उनके विचार में सच की चमक रहती है जिससे तादात्म्य प्राप्त करना साधारण लोगों के लिए कठिन है। सरफिरे अल्पसंख्यक होते हैं, लेकिन उनके द्वारा प्रशस्त किये गये मार्ग अब भी दूसरों के लिए उपयोगी हैं। सरफिरों की सबसे बड़ी विशेषता है कि वे अपने स्वार्थ से मुक्त हैं। उनका हर कोई कर्म अन्य को लक्ष्य करके किया जाता है। आत्म का तिरस्कार ही वे करते हैं। कई प्रकार के ख़तरों को मोल लेने पर भी वे अपने सच की घोषणा करते हैं, चाहे वह सुकरात हो या प्रोमिथ्यु।

एक नया सच सदैव एक नया आविष्कार होता है। उस सच का नया सौन्दर्य भी होता है। हर नये आविष्कार को सौन्दर्य का आविष्कार भी कहा जा सकता है। नये सौन्दर्य से युक्त होने से ही, तमाम प्रारम्भिक तिरस्कारों के बावजूद, उसे स्वीकृति मिल जाती है। तब तक की सौन्दर्य दृष्टि को ख़ारिज करके नये सौन्दर्य बोध को वह स्थापित करता है। अतः सरफिरे कहे जाने वाले लोग वास्तव में सरफिरे नहीं होते हैं। वे अपनी अक्ल के धनी होते हैं और नयी बौद्धिकता के प्रवक्ता भी।

'सूर्यग्रहण-1, 2, 3' शीर्षक से अरुण कमल की जो कविता-श्रृंखला है उसमें वास्तव में सूर्यग्रहण की चर्चा से ज़्यादा एक नयी सौन्दर्य दृष्टि का प्रतिपादन ही मिलता है। एक सूर्यग्रहण के अवसर पर जिसमें सूर्य, पृथ्वी और चन्द्रमा आमने-सामने आ गये थे और वैज्ञानिकों ने कहा था कि इस दृश्य को नग्न आँखों से देखना ठीक नहीं है क्योंकि आँखें ख़राब हो सकती हैं। इस एक घटना को अरुण कमल ने नाटकीय ढंग से कविता में अवतरित किया है:

हँगामा मच गया
अख़बारों ने रोज़ मुखपृष्ठ पर मोटे अक्षरों में
छापा :

आँखें न खोइए
सूर्य ग्रहण न देखिए

सभी संचार माध्यमों ने जनता की सुरक्षा का बीड़ा उठाया और लोग सतर्क हो गये। वे अपनी आँखें खोना नहीं चाहते थे। दरवाज़े, खिड़कियाँ और गवाक्ष सभी बन्द रखे गये। किन्हीं भी छेदों से सूर्य की किरणें घर के अन्दर न आयें। यह सतर्कता जीवन के औसतपन और अपने को कवचित रखने की आत्ममुग्धता को सूचित करती है। उसी की लीक पर जीवन चलता रहता है। कविता में पुनः नाट-कीयता बरतते हुए अरुण कमल ने लिखाः

लेकिन सरफिरे तो हर जगह होते हैं
ऐसे समय में जब ब्रह्मांड का विराट रंगमंच
डूबा हो फ्लड लाइट में
और एक साथ
सूर्य, पृथ्वी और चन्द्रमा खड़े हों आमने-सामने
कुछ सरफिरे तो होंगे ही जो आँखें बेचकर भी तमाशा देखें
ढेर सारे छोटे दृश्यों को देखने से अच्छा है
बस एक बार देखना सौन्दर्य का विपुल पुंज

अन्तरिक्ष का यह एक निराला दृश्य है जिसके दर्शन से वंचित होना ठीक नहीं है। औसत अक्ल अपनी आँख की सुरक्षा में लीन है तो सरफिरे अपनी आँखों को ख़तरे में डालकर उस सौन्दर्य के साक्षी बनना चाहते हैं। यह रोज़ का दृश्य नहीं है। कई-कई वर्षों के बाद यह दृश्य सुलभ हो रहा है। सौन्दर्य का आस्वादन एक महत्त्वपूर्ण बौद्धिक कार्य है। इस प्रसंग को भी अरुण कमल ने उस दृष्टि से देखा है।

'सूर्यग्रहण : 2' में ग्रहण के पश्चात भी सूर्य की अपराजित दीप्ति का उल्लेख मिलता है। सौन्दर्य से मंडित उस सूर्य बिम्ब के बारे में कवि का कहना हैः

ग्रहण के बावजूद सूर्य ही रहा सूर्य
ग्रहण के बावजूद सूर्य ही होता है सूर्य

'सूर्य ग्रहण : 3' में ग्रहण की चपेट में आये सूर्य की सुन्दरता का वर्णन किया गया हैः

कभी बस हीरे के नग-सा दमकता सूर्य
कभी मोतियों की माला-सा झिलमिल
....

....

बहुत सुन्दर बहुत भव्य ब्रह्मांड का यह दृश्य
जो लूट सके हो लूट

अरुण कमल के अनुसार सौन्दर्य का आस्वादन ज़रूरी है क्योंकि वह एक सही मानवीय उन्मुखता है। सूर्यग्रहण के दृश्य में निहित ख़तरे से भयभीत होकर उसे न देखना अपने को सौन्दर्य से वंचित रखना है; अर्थात मानवीय उन्मुखता से हाथ धो बैठना है। सौन्दर्य सच है तो वह मानवीय भी है। मानवीयता से युक्त सौन्दर्य का साक्षी बनना सच का साक्षी बनना है।

मौत से साक्षात्कार

निस्सहाय लोगों की मौत अरुण कमल की कविता का एक मुख्य विषय है। उस तरह की मौत के असहनीय दृश्यों को वे कविता में विस्तार से प्रस्तुत करते हैं। अरुण कमल के लिए यह एक दृश्य मात्र नहीं है, एक घटना मात्र नहीं है। वे इसे हमारी सामाजिकी की त्रासदी के रूप में देखते हैं। लोकतन्त्र और समाजवाद मात्र शब्द नहीं हैं; वे हमारी जीवनोन्मुखता की आधारशिलाएँ हैं। हम अपने समाज को और उसके समग्र जीवन को सुरक्षित और सुसम्पन्न देखना चाहते हैं। पर वास्तविकता कुछ और है। न वह सुरक्षित है और न वह सुसम्पन्न है। दरिद्रता सब कहीं व्याप्त है। स्वतन्त्रता-प्राप्ति के पचहत्तर वर्ष बाद भी हम दरिद्रता से मुक्त नहीं हैं। जिस तरह से हमने रूढ़ियों को पाल रखा है उसी तरह दरिद्रता को भी पाल रखा है। समाधान ढूँढ़ने के बजाय हम उस पर अनावश्यक बहस करते रहते हैं। समाज के लिए व्यय करने योग्य धन राशि को दरिद्र लोगों तक पहुँचने के पहले ही ग़ायब किया जाता है। इसे ही हम लोकतन्त्र कहते हैं; यही हमारा समाजवाद है।

अरुण कमल अपनी कविता **'असंवैधानिक मौत'** में एक आदमी की मौत का दृश्य ही अवतरित नहीं करते हैं बल्कि उस मौत को संविधान के तहत लोगों को दी गयी सुरक्षा के सन्दर्भ में वे देखते हैं। यदि लोगों की मौत कुत्ते की मौत की तरह लापरवाही का निदर्श बनकर हमारे सामने प्रस्तुत हो तो उसे असंवैधानिक ही कहा जा सकता है। संविधान की सुरक्षाओं के अन्दर एक देश पूरी तरह से असंवैधानिक होता जा रहा है। कविता में मौत का दृश्य एक उदाहरण मात्र है, जो इस प्रकार है:

मैंने इसके पहले कभी नहीं देखा था
किसी को भूख से मरते
मैंने सोचा भी नहीं था
कि आदमी का पेट चिपककर
सिर्फ़ सूखा पत्ता भी बन सकता है

और मृत्यु यों बीच सड़क पर
सौ आदमियों के बीच हो सकती है
यह कितनी अजीब बात है
कि आदमी पीपल के सूखे पत्ते की तरह
लोकतन्त्र और समाजवाद
दो पत्तों के बीच सुरक्षित है।

मौत की 'आयरनी' को लोकतन्त्र की 'आयरनी' के साथ मिलाकर देखने का कार्य ही दरअसल अरुण कमल कर रहे हैं। वास्तविकता यह है कि हम कई प्रकार की 'आयरनियों' के बीच जी रहे हैं। इस दौर में हम कितना सुरक्षित हैं और कितना नहीं हैं, यह एक बहुत बड़ा सवाल है। उस मौत का वर्णन कवि इस प्रकार कर रहे हैं:

मैंने उसकी आँखों को देखा
उसके चेहरे को
वृक्ष की टहनियों की तरह स्पष्ट
जिनके लिए सिर्फ़ यही एक विशेषण
मिला था मुझे ज़मीन से उखड़ी हुई रेशेदार जड़ें।

अरुण कमल एक मौत की घटना को और उसके विभिन्न पक्षों को इस तरह अलग-अलग कोणों से प्रस्तुत क्यों कर रहे हैं? कारण स्पष्ट है। एक मौत, चाहे वह जिस किसी की हों, साधारण घटना नहीं है। उसे सरलीकृत करके देखने का अधिकार किसी को नहीं है। प्रस्तुत कविता में उस एक आदमी की मौत को देखकर कुछ लोग कहते हैं कि उसने शराब पी रखी है। गम्भीर दृश्यों को सरसरी दृष्टि से देखने तथा उस पर मनमाने ढंग से अपनी प्रतिक्रिया व्यक्त करने की आदत हमारे औसत समाज की है। उसके विरुद्ध अरुण कमल लिखते हैं कि उसके मुँह से शराब की गन्ध नहीं आ रही थी। उससे भूख की गन्ध आ रही थी जिसे सूँघने की क्षमता अगम्भीर समाज के पास नहीं है—

लेकिन गन्ध नहीं आ रही थी शराब की
गन्ध भी बीज की तरह फटी आँखों, फटे होठों, फटी नसों
और चार रोज़ से ख़ाली अन्तड़ियों में
हुक़्क़े की तरह गुड़गुड़ाती
फेफड़ों से आयी एक फेफड़ा हवा की

यह उस आदमी की मौत के पहले की गन्ध है। इसे मनुष्य की गन्ध भी कही जा सकती है। इसे सूँघने के लिए सिर्फ़ नासारन्ध्रों के होने से फ़ायदा नहीं है। इसे सूँघने के लिए हृदय के रन्ध्रों को खोलकर रखना है। अरुण कमल अपने भीतरी शब्दों के माध्यम से यही कर रहे हैं।

एक मौत को कवि ने असंवैधानिक क्यों कहा है? संविधान की ऊँची-ऊँची बातों के मुद्रित होने के बावजूद आदमी का इस कदर बेसहारा होकर, अनाथ होकर, तीव्र भूख से मर रहा हो तो वह साधारण मौत नहीं है। वह एक असंवैधानिक मौत है। उसके लिए ज़िम्मेदार कौन है? कविता दरअसल यही सवाल उठा रही है। अरुण कमल ने भिन्न-भिन्न कविताओं में संविधान, प्रशासन, सरकार, पुलिस, प्रधानमन्त्री, वित्त मन्त्री आदि से इस तरह के प्रश्न किये हैं। उनके प्रश्नों का अनुत्तरित रह जाना ही कविता के सन्दर्भ में कविता की प्रासंगिकता है। तुलसीदास ने दारिद्र्य को सबसे बड़ा दुख कहा था। कबीर ने कहा था। 'भिक्षुक' में निराला ने, 'कफ़न' में प्रेमचन्द ने यह बात अपने ढंग से दुहराई। अरुण कमल उनकी बातों को यान्त्रिक ढंग से दुहरा नहीं रहे हैं बल्कि संविधान के बड़बोलेपन के सन्दर्भ में भूख और ग़रीबी पर कवि के नाते वे विचार कर रहे हैं।

एक जर्जर शरीर का अन्त

मौत अन्ततः मौत होती है। जीवित शरीर का मृत हो जाना। बीमारियों के कारण, दुर्घटनाओं के कारण, मारपीट में, युद्ध क्षेत्र में, हद्‌गति के रुकने के कारण, क़त्ल किये जाने से, आत्महत्या से लोगों की मृत्यु होती है। एक व्यक्ति का या कई व्यक्तियों का इस संसार से विदा हो जाना दुखद ही है। मरे हुए व्यक्ति के नज़दीकी लोगों के लिए मृत्यु हृदयविदारक है। लम्बे समय तक उनका वह जख्म भरता नहीं है। लम्बी आयु पाकर मर जाने वालों के प्रति हम तीव्र दुख प्रकट नहीं करते। उसे अनिवार्य स्थिति के रूप में ही देखते हैं।

समाज में कुछ लोगों की मृत्यु को उत्सव के रूप में लिया जाता है जो अधिकार से जुड़े या सरकार से जुड़े हैं। उन्हें सम्मानपूर्वक दफ़नाया जाता है। वह दाह-संस्कार एक उत्सव का रूप धारण करता है। उसका प्रचार सभी प्रकार के माध्यमों के द्वारा भी होता है। जो धनी हैं वे अपने लोगों की मौत के समाचार को अख़बारों में विज्ञापित करते हैं। जितना वे धनी हैं उतना उनका विज्ञापन और मृत व्यक्ति का चित्र उतना बड़ा होगा। यह भी मृत्यु की उत्सवधर्मिता है।

पर यह भी हमारे समाज का एक सच है कि असंख्य लोग ऐसे ही मर जाते हैं जिनको कोई नहीं जानता। वे मर गये, बस मर गये। ऐसे कितने लोग? मौत यहाँ पर अतिसाधारण और मामूली हो जाती है। एक क्षण भी हम उस मौत के लिए, उस मृत व्यक्ति के लिए व्यय नहीं करते हैं। हम अपनी-अपनी हड़बड़ियों में व्यस्त रहते हैं। इधर महामारी के फैलने से मौत को यान्त्रिक समझने का एक अमानवीय दृष्टिकोण समाज में फैल गया है। इसे मजबूरी की श्रेणी में लोग रखते हैं। एक मामूली व्यक्ति की मृत्यु हमारे लिए मृत्यु नहीं है, वह एक व्यक्ति का अन्त है। वह गाँधीजी के अन्त्यज की श्रेणी में आने वाले का अन्त है। कोई ध्यान नहीं देता है। सिर्फ़ एक समस्या उठ खड़ी होती है। उस मृत शरीर का क्या किया जाये? यदि उसके अपने लोग नहीं हैं तो लम्बे समय तक मृत शरीर कहीं न कहीं

पड़ा रहता है और मजबूरी में स्थानीय प्रशासन किसी न किसी तरह उसे दफ़ना देता है। यही उसका अन्त है।

'ओह बेचारी कुबड़ी बुढ़िया' अरुण कमल की ऐसी कविता है जिसमें एक बेचारी कुबड़ी बुढ़िया की मौत का विवरण मिलता है। कविता के विवरण में से हमें मालूम होता ही है वह मृत्युपर्यन्त काम करती रही। कुबड़ी होने के बावजूद वह घर का काम करती थी और दूसरे घरों में जाकर काम करती है। किसी न किसी तरह से वह अपने पैरों पर खड़े होने के लिए संघर्ष कर रही है। एक मामूली-सी वृद्ध महिला, ऊपर के कुबड़ी, वह काम करती रहती है। लोगों का ध्यान उस पर कम जाता है क्योंकि उसकी ऐसी कोई विशेषता नहीं है। जीवन में निपट मामूली होना, ग़रीब होना, दरिद्र होना, अपंग होना, हाशियाकृत होना अत्यन्त दुखद है। किसके लिए? बस, उसके लिए और किसी के लिए नहीं है।

घर-बार के लोगों के होते हुए भी अकेला या अकेली हो जाना भी दुखद है। सुबह से शाम तक बेहसारा होकर जीना दारुणता का उदाहरण है। पेट भरने के लिए काम करते रहना और जीवन में सहानुभूति या स्नेह का अभाव सदैव बने रहना वास्तव में हमारी सामाजिक संरचना के लिए कोई समस्या नहीं है। इन सबको सहज और स्वाभाविक मानने की नियतिवादी दृष्टि भी हमने पाल रखी है। कभी-कभी इस स्थिति को हम पूर्वजन्म के परिणाम के रूप में भी देखते हैं। इस कारण से ऐसी दर्दनाक स्थितियों का समाधान होता नहीं है। उनकी रोगग्रस्तता, मानसिक तनाव, एकान्त, शारीरिक दुर्बलता, उन पर होने वाले अत्याचार आदि कहीं बहस के विषय भी नहीं बनते हैं। गम्भीर रूप से हम विचार करते हैं कोरपोरेट क्षेत्र के लोगों के तनाव पर और वह उसके लिए एक नये विषय का आविष्कार भी है जो 'स्ट्रेस मैनेजमेंट' के नाम पर जाना जाता है। 'डिप्रेशन' आज की एक नयी बीमारी है। 'सूइसाइडल मानिया' भी एक बीमारी है। इन सब पर बहसें होती **रहती हैं**। विरोधाभास इसी में है कि बहुत ही दीन अवस्था में जीने वाले ग़रीब वृद्ध लोगों की समस्या पर कोई बहस नहीं है।

अरुण कमल की कविता 'ओह बेचारी कुबड़ी बुढ़िया' में जो वृद्ध महिला है वह एक दिन अचानक मर जाती है। कविता एक व्यक्ति द्वारा दिये गये विवरण के रूप में है; कहीं भी ज़्यादा फोकस नहीं है। लेकिन अरुण कमल की इस कविता की सपाटता अपने आप में बहुत कुछ फोकस करके रेखांकित करके आगे बढ़ती है:

अचानक ही चल बसी
हमारी गली की कुबड़ी बुढ़िया,
अभी तो कल ही बात हुई थी
जब वह कोयला तोड़ रही थी
आज सुबह भी मैंने उसको
नल पर पानी भरते देखा
दिन भर कपड़ा फींचा, घर को धोया
मालिक के घर गयी और बर्तन भी माँजा
मलकीनी को तेल लगाया
मालिक ने डाँटा भी शायद
और पतोहू से भी झगड़ी
बेटे से कहा-सुनी की
और अचानक बैठे-बैठे साँस रुक गयी।

इसमें दो बातें मुख्य हैं। अपने कुबड़ेपन के बावजूद वह कड़ी मेहनत करती है। घर के अपने लोग (पतोहू और बेटा) उस पर उतना ध्यान नहीं देते हैं जब कि झगड़ते हैं। किसी ने यह नहीं सोचा कि इस माँ का हृदय कितना दुखी है और उसका वृद्ध शरीर कितना जर्जर है। इसलिए वह बैठे-बैठे चल बसी। एक अन्त जिसको कोई महत्त्व प्राप्त नहीं है। हज़ारों-लाखों लोग इस तरह से मर जाते हैं और यह बुढ़िया भी ऐसे ही मर गयी।

क्या उसे निरर्थक जीवन कहा जायेगा? फिर कौन-सा जीवन सार्थक है? अरुण कमल की कविता की बुढ़िया अपने ढंग से सार्थक जीवन ही जी रही थी। वह कर्मठ थी। इसलिए उसका जीवन निरर्थक नहीं है। पर ऐसे लोगों की मौत को हाशियाकृत करके देखना ही निरर्थक दृष्टि है क्योंकि वह व्यक्तिबद्ध नहीं है, बल्कि समाजबद्ध है।

मामूली-सी लगने वाली इस कविता की वस्तुयोजना हमारी सामाजिकी की निस्संगता को सूचित करती है। उस वृद्ध महिला का अन्त इतना दुखद है कि कोई दुख नहीं जता रहा है। इसमें भी फिर वही निस्संगता है। कीड़े-मकोड़े-सा जीवन, किसी भी समय रौंद दिये जाने के लिए विवश, ऐसे लोगों की मौत कहीं दर्ज नहीं होती। अरुण कमल इस कविता में मौत की त्रासद अवस्था को ही दिखा रहे हैं। इस अवस्था में हमारी एक ग़लत सामाजिकी भी शामिल है।

लोक-कथा बनाम यथार्थ-कथा

लोककथाएँ लोक मानस में बहुत जल्दी प्रचारित होती हैं। वे पुरातन होती हैं। पीढ़ियों से होकर ऐसी कहानियाँ अपनी निरन्तरता बनाये रखती हैं। यथार्थ-कथा हमारे आस-पड़ोस की कहानियाँ होती हैं जिनसे हमारा सामना सम्भव है। अरुण कमल की कविता **'लोककथा'** में यथार्थ-कथा के लिए लोककथा का बाना पहनाया गया है। वर्तमान और प्राचीन को संपृक्त करके यह कविता प्रस्तुत हुई है।

कविता का प्रमेय बहुत ही सीधा-सादा है। एक डकैत घर को लूटने रात के तीसरे पहर आता है। उसे रोकने के प्रयास में लगे घर के जवान बेटे को डाकू मार देता है। उस जवान बेटे की हाल ही शादी हुई थी। दूसरे दिन अर्थी उठाने का समय आया तो आस-पड़ोस के लोग आते नहीं हैं। उनका मानना यह था कि डकैत बुरा मान जायेगा। तीन लोगों ने अर्थी उठायी और बाप ने अग्नि दी।

कविता में यह कथा यथार्थ-कथा के रूप में संयोजित है। समाज में व्याप्त जड़ मानसिकता की तरफ़ यह कविता संकेत कर रही है। यह दुख-कथा साधारण समाज में क़िस्सा तो नहीं बन पायी। जिस वन प्रदेश में दाह-संस्कार हुआ वहाँ यह क़िस्सा बन गया। इस प्रकरण में अरुण कमल कविता को लोककथा का बाना पहनाते हैं। किसी के हृदय में हत्या की यह घटना प्रतिक्रिया जगा न सकी। पर वन में यह कथा क़िस्सा बन गयी। पेड़-पौधों ने, पक्षियों ने, जन्तु-जानवरों ने, झरनों ने, सूखे-हरे पत्तों ने, आकाश ने, बादलों ने, हवा ने इस दृश्य को देखा कि एक बाप स्वयं बेटे के लिए आग दे रहा है। पूरी वनस्पति ने इस दारुण दृश्य को देखा। पूरे जंगल ने अपनी प्रतिक्रिया भी व्यक्त की होगी। उसने लोगों के नपुंसक भय की हँसी उड़ाई होगी। चिड़ियों ने उस मृत आदमी के लिए शोक गीत गाये। जानवरों ने भी शोक मनाया होगा। ये जो पत्ते हिलते नज़र आ रहे हैं वे इस दारुण दृश्य से हिल गये हैं। उनका दुख प्रकट है। हवा तेज़ चली होगी इस अमानवीय दृश्य को देखकर। बादलों का द्रुत गति से उमड़ना भी एक प्रतिक्रिया है। सफ़ेद बादल विलीन

हो गये होंगे। काले-काले बादल छा गये होंगे। आकाश का रंग नील न रहक़र स्याह पड़ गया होगा। बस्ती में घटित जघन्य हत्या और मृतात्मा के प्रति बस्ती वालों की जड़ता भरी दृष्टि से पूरा जंगल उद्वेलित है। वन में यह कथा फैलती रही और वह एक लोक कथा के रूप में वन के कण-कण में, उसके रोए-रेशे में फैलती गयी। अरुण कमल ने सिर्फ़ एक पंक्ति लिखी है— "क़िस्सा गया बन में" उनके अनुसार वह एक लोक कथा है। अर्थात् जहाँ यह कथा किसी के हृदय का स्पर्श तक न कर सकी वहाँ यह कथा वन-वनान्तर में लोककथा के रूप में फैलती जाती है। लोग निस्पृह रहे जबकि वन का अन्तरंग उद्वेलित हो गया। उसके लिए यह एक दुख कथा है। उसका गायन वन में शुरू होता है समवेत स्वर में। पूरे वन में इसकी स्वर-वीचियाँ फैल जाती हैं क्योंकि यह वन द्वारा रचित लोककथा है।

यथार्थ-कथा का रूप कविता में सीधी-सी भाषा में हमें मिलता है। बिना किसी नाटकीयता के साथ अरुण कमल ने उसको प्रस्तुत किया है:

एक समय की बात है
किसी गाँव में एक किसान के घर
डाका पड़ा रात के तीसरे पहर
और उसका बड़ा बेटा जिसका
दो मास पहले गौना हुआ था
कोठरी की चौखट पर ढेर हुआ
गहना बचाते

दूसरे दिन अर्थी उठाने का समय आया। पर कन्धा देने गाँव के लोग तैयार नहीं हुए— "सबने सोचा डकैत बुरा मान जायेगा"। इसलिए यथार्थ-कथा का रूप इस तरह समाप्त होता है:

तब तीन जन ने अर्थी उठायी
और बेटे को बाप ने आग दी

यह क़िस्सा गाँव वालों को भी मालूम है। पर वे उद्वेलित नहीं हुए। वे डकैत से डरे हुए थे इसलिए यह क़िस्सा ज़्यादा बहस का विषय न बनकर फुसफुसाहट का विषय बनकर रह गया। एक तरह से वह क़िस्सा एक परिवार के भीतर गुम हो गया और बाहर के लोग डकैत से डरे हुए होने के कारण भूल भी गये। यथार्थ-कथा की यह दारुण अवस्था गाँव वालों तक सीमित नहीं है। हर कहीं हम यह प्रतिक्रियाविहीनता को देख सकते हैं। हमारी यथार्थ कथाओं में यह अवस्था

महामारी की तरह फैल रही है। अरुण कमल ने एक गाँव की कथा के रूप में इस यथार्थ-कथा को सामने रखा है। विकसित समाज में इसका विकराल रूप हम देख सकते हैं। जितेन्द्र भाटिया की कहानी 'सिर्फ़ एक मौत' या स्वयंप्रकाश की कहानी 'गुमशुदा' विकसित समाज की प्रतिक्रियाविहीनता को भली-भाँति प्रकट करती है। जीवन के प्रति यह निस्संगता आत्ममुग्ध संस्कृति की उपज है।

अरुण कमल को अपनी कविता में यथार्थ-कथा की दारुणता को प्रतिरोधित करना था और इसके लिए उन्होंने अपनी कविता के इस क़िस्से को लोककथा के रूप में परिवर्तित कर दिया। लोककथा किसी एक कोने में दुबकती नहीं है। वह निरन्तर फैलती रहती है। अरुण कमल ने उसके लिए सबसे बढ़िया 'स्पेस' ढूँढ़ा है, वह है वन। यह कथा वन प्रान्तर में फैलती है। वहाँ से यह कथा ग्राम-ग्रामान्तरों तक फैलती जाती। कविता में यह बात असल में प्रतिरोध के रूप में आयी है। प्रतिरोधित होने योग्य घटना का प्रतिरोध होना चाहिए। अरुण कमल की यह कविता—लोककथा—दो तरह से पाठकीय मानस को प्रभावित करती है। प्रतिक्रियाविहीनता पर आघात करते हुए तथा प्रतिरोधी दृष्टि को सचेत करते हुए।

स्वप्न से नहीं गन्दगी से बनाया गया घर

सबके लिए घर एक स्वप्न होता है। उच्च वर्ग, उच्च-मध्य वर्ग तथा मध्य वर्ग के लोग घर के स्वप्न को यथार्थ में परिणत कर पाते हैं। निम्न वर्ग के लोगों के लिए घर सपना ही रह जाता है। हमारे देश के सभी शहरों के आस पड़ोस में झोंपड़पट्टियाँ हैं। रेलवे स्टेशन को पटरियों के दोनों तरफ़ झोंपड़ियाँ देखने को मिलती हैं। जिनमें कई लोगों का जीवन तंग कमरों में, गन्दगी के बीच बीतता है। इस कारण से वहाँ का जीवन इतना अलक्षित होता है और उनके पास कोई स्वप्न नहीं है। यह जीवन हमारा सबसे बड़ा यथार्थ है। हो सकता है कि हमारी मध्यवर्गीय चेतना या उच्चवर्गीय मानस इसे यथार्थ मानने को तैयार न हो। इस कारण से उसको नज़रन्दाज़ करने की प्रवृत्ति बढ़ती रहती है। पर हमें यह स्वीकार करना होगा कि हमारी बहुसंख्यक आबादी इन्हीं घरनुमा घरों में रह रही है। अरुण कमल की कविता **'हम यहीं रहते हैं'** इसी यथार्थ को प्रस्तुत कर रही है। तंग गलियों के इन गन्दे घरों के जीवन का ख़ाका वे हमें दे रहे हैं जो इस प्रकार हैं:

हम यहीं रहते हैं
कई गलियों और नालियों के बीच
हम रहते हैं इसी घर में

यह वास स्थान क्या मनुष्यों के योग्य है? किसी के मन में यह प्रश्न उठता नहीं है। झोंपड़पट्टी को उसके स्थान पर ऐसे छोड़ देने की प्रवृत्ति ही ज़्यादा दिखाई देती है। इस कारण से बिना किसी परिवर्तन के ये झोंपडपट्टियाँ गन्दी गलियों का अड्डा बन कर रह जाती हैं:

गली चलकर घुस आती है इसमें
और लम्बा गलियारा
पतली तनी हुई गर्दन में अँधेरा ठूँसे
ढकेल देता है

हमारे पैरों को
भुसकी से कमरे में

यह रेखाचित्र जीवन की निर्दयता को सूचित कर रहा है। लोग ऐसे घरों में प्रवेश नहीं कर रहे हैं बल्कि उसमें ठूँस दिये जाते हैं। ऐसे एक घर में रहक़र क्या कोई स्वप्न देख सकता है? महत्त्वाकांक्षाएँ पाल सकता है? क्या सुखद बातचीत सम्भव है? क्या जीवन में मूल्यों के सम्बन्ध को लेकर संवाद सम्भव है? सामाजिक एवं राजनीतिक परिस्थिति के बारे में क्या यहाँ बहसें मुमकिन हैं? वोट माँगने वहाँ कोई नहीं आता होगा जबकि उनके वोट को ख़रीदने के लिए लोग वहाँ आते होंगे। ऐसे में इन घरों में जीवन गुज़ारने वाले क्या-क्या कर पायेंगे?

कई लोग रहते हैं अगल-बग़ल
एक-एक कोठरी में एक-एक परिवार
और यह है मेरी छोटी-सी कोठरी
जिसकी दीवारों ने
शीत चूस लिया है ज़मीन से
इन पर कई बरसों से टँगे हैं कैलेंडर
छठ पूजा के लाल आरते
दरवाज़े के मुँह सटे हैं
और अँधेरा धीरे-धीरे
चढ़ रहा है दीवारों पर

इन घरों में न समय परिवर्तित होता है न मौसम। बाहर की रोशनी ने शायद इन से मुँह मोड़ लिया है। इसलिए इन घरों में अँधेरा ही अँधेरा है। इन घरों के सन्दर्भ में और यहाँ जीने वा.लों के सन्दर्भ में अँधेरे की अर्थबहुलता ध्यानार्ह है। यह सिर्फ़ उनकी कोठरी का अँधेरा नहीं है। यह उनके जीवन का अँधेरा है जो कई प्रकार के बाहरी परिवर्तनों और उतार-चढ़ाव ने बदला नहीं है। अँधेरे की निरन्तरता ही उनका यथार्थ है। इस गहन अँधेरे में से दीनता का स्वर फूट पड़ता है:

हमारा यही घर है किराये का
हमें दूसरा कोई मकान नहीं

यह स्वर एक व्यक्ति का नहीं है, यह बहुसंख्यकों का स्वर है जो अनसुना ही रह गया है। मज़बूरियों की चरम अवस्था में गन्दी नालियों और तंग गलियों

के बीच का यह बसेरा जीवन के अर्थ को नष्ट कर देता है। अर्थहीन जीवन-यात्रा करने वाले ये लोग बस यही कह पाते हैं:

हमें कोई ज़मीन नहीं
हमारा यही घर है
हम सब यहीं रहते हैं
एक दूसरे में गुँथे हुए
हम यहीं रहते हैं

इसे रहना कहें या वास करना कहें, स्वप्न बुनना कहें या मर जाना कहें इन प्रश्नों के बीच इन बेघर वालों का जीवन बीतता रहता है। जीवन की यह अपरिवर्तनीयता इनकी सबसे बड़ी त्रासदी है। इस त्रासदी का एक इतिहास है जिसे हमारे स्वीकृत इतिहास ने नज़रअन्दाज किया है। यही हमारी सामाजिक एवं सांस्कृतिक दृष्टि की संस्कृतिविहीनता है। अफसोस यही है कि हमारे सामान्य नागरिकबोध में यह संस्कृतिविहीन दृष्टि कहीं भी दर्ज नहीं है।

निजता की सीमा

निजता की अपनी सीमा है। यह सही है कि निजी दृष्टि, निजी जीवन, निजी जन आदि-आदि का महत्त्व है। परन्तु उसकी सीमा भी है। निजी स्वतन्त्रता का तात्पर्य यह नहीं है कि दूसरों की स्वतन्त्रता पर हस्तक्षेप करे। निजता का महत्त्व तब है जब निजता के तमाम घटक सुरक्षित हों। निजी जीवन का मूल्य तब बढ़ता है जब वह निजता को पार कर जाता है। निजता में निहित आत्ममुग्धता तिरस्कृत होकर निजता जब आत्मविस्तार की विस्तृति का स्पर्श करती है तब उसका मूल्य शतशः बढ़ता है। 'मेरी स्वतन्त्रता'—यह मोहक़ शब्द है। पर वह दूसरों के लिए अस्वतन्त्रता का अनुभव प्रदान न करे। इसलिए निजता को मूल्यदृष्टि के साथ जोड़कर देखें तो निजता हर किसी के व्यक्तित्व का मोहक़ और आकर्षक तत्त्व बन सकता है।

'मौन भी अभिव्यंजना है'—यह उक्ति हिन्दी कविता में बहुचर्चित है। यह अज्ञेय की उक्ति है जो उन्होंने कविता के सन्दर्भ में प्रयुक्त की थी। कविता में इसका विराट्अर्थ है। साधारण जीवन में भी मौन का महत्त्व है। लेकिन विषम परिस्थितियों में हमें मौन को तोड़ना पड़ता है। इसे ही विवेक कहा जाता है। केदारनाथ सिंह ने अपनी एक कविता 'चुप्पियाँ' में इस बात का उल्लेख किया है:

चुप्पियाँ बढ़ती जा रही हैं
उन सारी जगहों पर
जहाँ बोलना ज़रूरी था

मौन की तरह मुखरता की भी अनिवार्यता है जिसके बारे में केदारनाथ सिंह संकेत कर रहे हैं। मौन के ख़तरों पर भी वे विचार करते हैं:

मैंने एक बुजुर्ग से सुना था
कि चुप्पियाँ जब भी बढ़ती हैं
अँधेरे में नदी की तरह
चुप हो जाता है पूरा समाज
एक जीता-जागता राष्ट्र

जहाँ हमें अपने को, अपने समय को व्यक्त करना है वहाँ मौन का कोई मतलब नहीं है। वहाँ हमारा मौन (चुप्पियाँ) एक समाज के गूँगा होने की तरह है या एक जीते-जागते राष्ट्र के मुर्दा होने की तरह है।

मौन के ख़तरों पर अरुण कमल द्वारा लिखी गयी कविता है, **'तुम चुप क्यों हो'**। निजता की सीमाओं को चिह्नित करते हुए उन्होंने सूचित किया हैं कि यदि निजता स्वैराचार के पर्याय में बदल जाये तो चुप्पी साधने से कोई फ़ायदा नहीं है। वहाँ हमें चुप को मुखरता में बदलना चाहिएः

कोई अपनी पत्नी के पीट रहा है बेतहाशा
कहता है—मेरी औरत है
कोई अपने नौकर की नन्ही पीठ जूते से
हुपच रहा है,
कहता है मेरा नौकर है
और कोई तानाशाह हज़ारों लोगों को
गोलियों से भून रहा है,
मुस्कुराता हुआ कहता है—मेरी जनता है

इन पंक्तियों के माध्यम से निजता के ख़तरों पर अरुण कमल प्रकाश डाल रहे हैं। निजता का वास्तविक अर्थ क्या है? निज में बद्ध होकर कोई कब तक जी सकता है? निजता को मूल्य में बदल दिया जाये तो उसकी अर्थवत्ता बढ़ती है, अन्यथा वह ख़तरे के निशान छोड़ती है। कविता में उस ओर ही संकेत हैं— 'मेरी औरत है' इस कथन का तात्पर्य क्या है? 'मेरी' में अपनत्व की सुगन्ध होनी चाहिए न कि उसको बेतहाशा पीटने का अधिकार। 'अपनी जनता' कहकर किसी को गोली से उड़ाने का हक़ किसी तानाशाह की अधिकार-परिधि में आता नहीं है। अतः अरुण कमल की यह कविता कह रही है चुप्पियों को तोड़ने का वक़्त आ गया है। विषमता की दृश्यता के सम्मुख चुप्पियाँ सौन्दर्य प्रदान नहीं करती हैं। वह असौन्दर्य की जड़ता का पर्याय है। अतः वे कहते हैं—

कैसा समय कि छुट्टा साँड़
गौओं की नाँद में सींग मार रहा है
और कोई बोल नहीं सकता
कैसा समय कि ख़ून के छींटों से भरा सफ़ेद घोड़ा
गाँवों को रौंदता जा रहा है

और कोई रोक नहीं सकता
चुप क्यों है सारा मुहल्ला
चुप क्यों है सारी दुनिया
तुम चुप क्यों हो?

स्पष्ट है कि कवि का संकेत है—स्वैराचार की अनैतिकता को सहने के लिए यों ही छोड़ नहीं दिया जाना चाहिए। उसका विरोध करना ही अनिवार्य है। तभी हमारी निजता की रौनक बढ़ती है, मूल्य बढ़ता है।

इस कविता में प्रथम वाचन के अवसर पर ऐसा प्रतीत हो सकता है कि अरुण कमल ने एक सीमित परिदृश्य को चुना है। लेकिन उसका अन्तरंग स्तर उतना सामान्य नहीं है। जीवन की जटिल स्थितियों के साथ इसको जोड़ा जा सकता है और जहाँ-जहाँ नपुंसक स्थितियाँ व्याप्त है उनसे भी यह कविता अपना प्रतिरोध व्यक्त करती है। समाज की, देश की, दुनिया की नपुंसकता से जो अराजक स्थिति उत्पन्न होती है उसके दर्शक बनने से कोई फ़ायदा नहीं है? उसके साथ हमें प्रतिकृत होना पड़ता है। अरुण कमल की यह कविता प्रतिकृत होते आदमी के प्रति अपनी पक्षधरता व्यक्त करती है:

जहाँ कहीं दुख में है आदमी
जहाँ कहीं मुक्ति के लिए लड़ता है आदमी
वहाँ कुछ भी नहीं है निजी
फिर भी तुम चुप क्यों हो?

दुख में तड़पता आदमी उससे उबरने के लिए संघर्ष करता है। अपनी स्वतन्त्रता के लिए आदमी लड़ता है। ये दोनों संघर्ष विपुल मानवीय संघर्ष के खाते में आते हैं। इनका गवाह बनना पर्याप्त नहीं है। यह उनकी अपनी निजी बातें नहीं हैं। इनका साथ देना माने प्रतिकृत होना आवश्यक है। इस समय मौन का कोई मूल्य नहीं है। मौन को तोड़कर निजता को विस्तृति प्रदान करते हुए हमें मनुष्यता के नये बिम्ब को खड़ा करना है। वही असली निजता है। वही आत्मविस्तार की निजता है। कविता का शीर्षक है, 'तुम चुप क्यों हो?' यह एक सवाल है। यह सवाल आज के जटिल समय के कई परिदृश्यों से पूछा गया है। मुक्ति के लिए लड़ते आदमी के पक्ष में लड़ते समय 'वहाँ कुछ भी नहीं है निजी' कहकर निजता का विस्तार ही यह कविता चिह्नित करती है।

हारता ही तो रहा शुरू से

अरुण कमल की कविता **'हार की जीत'** सुदर्शन की कहानी 'हार की जीत' की तर्ज़ पर लिखी गयी है। प्रेमचन्द युगीन कहानीकार सुदर्शन की कहानी 'हार की जीत' अपने समय की चर्चित कहानी रही है। उनकी इस कहानी में एक बाबा भारती है जिसके पास एक शानदार घोड़ा है। बाबा ने उसके लिए नाम रखा 'सुलतान'। मन्दिर में प्रार्थना करते समय भी बाबा रटता है कि 'मैं सुलतान के बिना नहीं रह सकूँगा'। खड्गसिंह उस प्रदेश का डाकू था जो सुलतान से आकर्षित होता है। एक दिन वह बाबा से मिलने आया और जाते-जाते उसने अपनी बात कह दी— 'बाबा जी, मैं यह घोड़ा आपके पास न रहने दूँगा।' बाबा भारती डर गये। उनको नींद नहीं आती थी। सारी रात अस्तबल में काटने लगे। चालाकी से खड्गसिंह ने सुलतान को अपना बना लिया। बाबा ने खड्गसिंह से बस एक बिनती की 'इस घटना को किसी के सामने प्रकट न करना'। बाबा भारती का यह स्पष्टीकरण था—'लोगों को यदि इस घटना का पता चला तो वे दीन-दुखियों पर विश्वास न करेंगे' खड्गसिंह बाबा की बात से प्रभावित हो गया। इसलिए डाकू घोड़े को बाबा के अस्तबल में छोड़ देता है। बाबा गद्‌गद् हो गये और उनके मुँह से यह बात निकली—अब कोई दीन-दुखियों से मुँह न मोड़ेगा।' सुदर्शन की यह कहानी शत प्रतिशत आदर्शवादी रचना है। बाबा को मालूम है कि उसकी हालत एक घोड़े को पालने के लिए अनुकूल नहीं है। फिर भी प्रेम वश घोड़े को पाल रहे हैं। लोगों को पता चल गया कि डाकू घोड़े को ले गया तो कहेंगे यही कि इसको घोड़ा पालने की क्या ज़रूरत थी। वे दीन और ग़रीब हैं। उनकी आस्था का एक मूल्य था। चोरी की ख़बर से यह आस्था टूट सकती है; इसलिए वे डाकू से विनती करते हैं कि इस घटना के बारे में किसी को बताना नहीं। घोड़े से अधिक वे अपने मूल्य एवं आस्था पर अडिग हैं। घोड़ा भी उनके लिए प्यारा ही है। फिर भी उससे ज़्यादा एक ग़रीब व्यक्ति के मन में घोड़े को पालने से उत्पन्न आस्था है कि ग़रीब व्यक्ति भी यह काम कर सकता है, जिसे वे खो देना नहीं चाहते।

खड्गसिंह पर इस बात का असर पड़ता है और वह घोड़े को वापस करता है। घोड़ा वापस मिलने का आनन्द ज़रूर बाबा अनुभव करते हैं; उससे ज़्यादा अपनी आस्था के सुरक्षित होने की बात उन्हें आनन्द विभोर कर देती है।

अरुण कमल की कविता 'हार की जीत' आस्था के मूल्य के स्थान पर हारने वाले व्यक्ति की अपराजेयता पर केन्द्रित होती है। उसे मालूम है कि वह 'हारता ही तो रहा शुरू से'। यही उसकी नियति है। अरुण कमल की कविता में ऐसे लोगों की कथाएँ मिलती हैं। हार कर भी न हारने का उनके मनोभाव को उन्होंने समाज की गतिशीलता के सन्दर्भ में पुनर्रचित किया है। यह एक मानवीय भाव है जिसे कविता में केन्द्रीय प्रमेय के रूप में प्रस्तुत करने के पीछे अरुण कमल की प्रखर मानवीयता ही व्यक्त होती है। अतः वे लिखते हैं:

नहीं, मुझे अपनी परवाह नहीं
परवाह नहीं हारूँ या जीतूँ
हारता ही तो रहा शुरू से
लेकिन हारकर भी माथा उठा रहा
जयी रही आत्मा यवांकुर सी बार-बार

इसे जिजीविषा कहा जा सकती है, जीवनीशक्ति भी कहा जा सकती है और सही मानवीयता भी। मनुष्य में यदि यह इच्छाशक्ति नहीं होती तो वह सभ्यता के इतने सारे पायदानों को पार करके नहीं आ सकता था।

सुदर्शन की कहानी में बाबा भारती को अपनी आस्था के बिखरने का दुख है जबकि अरुण कमल की कविता में अपराजेयता के यथार्थ के छिन्न-भिन्न होने की आशंका है। अपने अपराजेय दृढ़ भाव को सुरक्षित रखने के बावजूद मनुष्य की जय यात्रा कभी-कभी भटक सकती है। एक सशक्त यथार्थ दृष्टि कहीं विलीन हो सकती है। यह आज के सार्थक मनुष्य की उत्कंठा है। यथार्थ दृष्टि, जो मनुष्य के विकास के लिए अनिवार्य है, का धूमिल पड़ जाना अप्रत्याशित तो नहीं है। आज का माहौल उसके लिए अनुकूल ही है। इसलिए अपराजेय मनुष्य अपने को पराजित अनुभव कर सकता है। उसकी यथार्थ-दृष्टि की कीर्ति पताका टूट सकती है जिसे समय रौंद भी सकता है। ऐसी आशंका को अरुण कमल ने अपनी कविता में इस प्रकार व्यक्त किया है:

लेकिन आज ऐसा क्यों लग रहा है जैसे मैं खड़ा हूँ और
मेरा माथा झुक रहा है

लगता है आत्मा रिस रही है तन से
रक्त फट रहा है
और कन्धे लाश के बोझ से दब रहे हैं।

सूक्ष्मतम प्रतीकों के माध्यम से पराजय के सान्निध्य को कवि ने प्रकट किया है। 'आत्मा का रिस जाना तन से', 'रक्त का फट जाना' तथा 'कन्धे लाश के बोझ से दबते दीखना' आदि मनुष्य की अपराजेयता के लिए प्रश्नवाची है। अपराजेयता के बोध से युक्त होने के बावजूद पराजय का भय और उसका निरन्तर सान्निध्य सामान्य जीवन में रहता है। उससे ग़रीब तबके को सतर्क रहना ही पड़ता है। यही सतर्कता उसे पुनः अपराजेय भी बनाती है।

अपनी कविता में अरुण कमल ने सुदर्शन की कहानी के पात्र का नाम लिया है— खड्‌गसिंह। एक आदर्शवादी कहानी के आदर्श को अपनी रचना के यथार्थ में परिणत करके ग़रीबों की इच्छाशक्ति को जीवन्त रखने का अरुण कमल ने प्रयास किया है— 'नहीं तो लोग ग़रीबों पर विश्वास करना छोड़ देंगे।' ग़रीबों की आखरी ताक़त है उसकी अपराजेयता की आस्था। यह एक बड़ा यथार्थ है जिसे अरुण कमल ने कविता के यथार्थ के रूप में स्वीकार किया है।

महाजनी सभ्यता की प्रतिध्वनियाँ

प्रेमचन्द का लम्बा लेख 'महाजनी सभ्यता' एक सामाजिक विसंगति का विस्तार से विश्लेषण है। ग़रीब तबके के लोगों को शोषण के अधीन रौंदने के लिए कटिबद्ध एक वर्ग हमारे यहाँ सदैव सक्रिय है। 'सवा सेर गेहूँ' शीर्षक कहानी में प्रेमचन्द ने इसका सटीक वर्णन प्रस्तुत किया है। गोदान भी इसी तथ्य का कथात्मक महाख्यान है। यह बात मुख्य नहीं कि हमारे कथा साहित्य ने इसको मुख्य विषय बनाया। मुख्य यही है कि एक पतनशील सभ्यता लम्बे समय तक समाज में क़ायम रही और आज भी उसके नये-नये रूप सामने आ रहे हैं।

'अभी तैयार नहीं' अरुण कमल की ऐसी कविता है जिसमें उस पतनशील महाजनी सभ्यता की अनुगूँजें मिल रही हैं। यह एक छोटी कविता है, लेकिन इसमें किसानों की कठिनाइयाँ बख़ूबी अंकित हैं। खेतों में होने वाले एक-एक काम को क्रमबद्ध ढंग से अरुण कमल ने प्रस्तुत किया है जिसमें कृषकों की कड़ी मेहनत का पता चल जाता है। धान के तैयार होने तक, उसे घर तक लिवा लाने तक का काम बारी-बारी से कवि ने हमारे सामने रखा है। यह आसान काम नहीं है। उनका विवरण इस प्रकार है:

अभी ठीक से खेत फोड़ा भी नहीं
अभी ठीक से मिट्टी बराबर भी नहीं की
अभी ठीक से रोपानी भी नहीं हुई,
अभी ठीक से पटाया भी नहीं
अभी ठीक से पौधा उठा भी नहीं
अभी ठीक से बालियाँ भी नहीं फूटीं
अभी ठीक से दाने पके भी नहीं
अभी ठीक से कटनी भी नहीं हुई
अभी ठीक से दौनी भी नहीं हुई

अभी ठीक से ओसाई भी नहीं
अभी ठीक से दान चाले भी नहीं गये
अभी दाने बटोरे भी नहीं कि
द्वारा पर आकर खड़े हैं
वसूली वाले
नहीं महाराज नहीं अभी तैयार नहीं।

वसूली वाले का एक ही काम है कि वसूल करना। लेकिन दूसरी तरफ़ किसान है जिसका काम मिट्टी से, मौसम से संघर्ष करना होता है और उसे समय की भी ज़रूरत है कि वह धान को तैयार कर सके। उसके संघर्ष का मार्ग उतना सुगम नहीं है जितना समझा जाता है। मिट्टी को ठीक करने के लिए उसे मौसम से संघर्ष करना पड़ता है। पौधे उगाने के लिए जैविक खाद और अन्य प्रकार की खाद की ज़रूरत है। उसके लिए किसान को महाजन के सामने नाक रगड़ना पड़ता है। इस तरह अन्ततः वह क़र्ज़दार बनता है। भारतीय कृषि व्यवस्था के इतिहास को नज़दीक से देखा जाये तो हमें संघर्ष पूरित जीवन-इतिहास के नये-नये अध्याय मिल सकते हैं। किसानों के संघर्ष को नज़रन्दाज़ करते हुए शोषण की एक बृहद् संस्कृति हमारे बीच में रही है जिसको लेकर यह कविता लिखी गयी है।

किसान का जीवन-चित्र प्रस्तुत करना, उसकी कड़ी मेहनत की बारीकियों तक जाना, उसके एक-एक काम में निहित संघर्ष से परिचित कराना कवि का उद्देश्य है। पहली पंक्ति है—"अभी ठीक से बालियाँ भी नहीं फूटीं"—इसमें किसान की एक उम्मीद है; आशंका भी है कि बालियाँ कई कारणों से ख़राब भी हो सकती हैं। तीसरा उदाहरण है—'अभी ठीक से दाने चाले भी नहीं गये" —इसमें दाने को ठीक जगह पहुँचाने का संघर्ष है। इन सबसे अपरिचित, या अपरिचय का बहाना करने वाला महाजन वसूली के लिए तैयार खड़ा रहता है। स्वार्थ की यह चरम सीमा है जो धन केन्द्रित दृष्टि से सम्बन्धित है। उपनिवेशवाद का यह एक रूप है। शोषण का भी यह एक रूप है। इन सबके रहते हमने अपने अतीत को स्वर्णिम घोषित किया था। यह किस तरह का स्वर्णिम अध्याय है? मनुष्य का इतिहास दरअसल हमेशा संघर्ष और शोषण के बीच में डाँवाडोल रहता है। संघर्ष का महत्त्व कहीं दर्ज नहीं होता। लेकिन शोषण का नया रूप विकास के रूप में परिकल्पित होकर दर्ज होता रहता है। यही हमारे समय का अन्तर्विरोध है। अरुण कमल की कविता इसी अन्तर्विरोध को शब्दबद्ध कर रही है।

जिस तरह से प्रेमचन्द ने महाजनी सभ्यता का खुलासा किया था उसी तरह अरुण कमल ने किसानों के जीवन की बारीकियों को कविता में उतारने का कार्य किया है। खेत की मिट्टी से संघर्ष करने वाले किसान को उसके यथार्थ सहित प्रस्तुत करना ही कवि का उद्देश्य है। धान के पहुँचने के पहले ही महाजन आकर खड़ा होता है वसूली के लिए। अरुण कमल का किसान इतना कह पाता है कि "नहीं महाराज नहीं अभी तैयार नहीं" प्रेमचन्द के किसान की तरह गुलाम नहीं बनता है। खुलेआम वह बता पाता है कि "नहीं, महाराज नहीं अभी तैयार नहीं है।'

संघर्ष के सौन्दर्य के साथ इस कविता में लोक के सौन्दर्य को भी संपृक्त करने का कार्य अरुण कमल ने किया है।

सुहृद सखा अग्रज कवि को समर्पित

समकालीन कवियों में अधिकतर कवियों ने अपने समय के तथा पूर्व के कवियों पर कविता लिखी हैं। 'कवि केवल हम नहीं हैं' वाली बात इन कवियों के सन्दर्भ में सही निकलती है। ये कविताएँ अपने मित्र कवियों की साधारण-सी प्रशंसा में लिखित नहीं हैं। जिस कवि पर कविता लिखी जाती है उस कवि की दृष्टि-सम्पन्नता पर, संवेदनात्मक सघनता पर अक्सर कविता रची जाती है। एक तरह से समकालीन कवियों की यह समांतर यात्रा है। इस मैत्री भाव में वैचारिक एकता तो मिलती है और साथ ही विवेच्य कवि की अनन्य विशेषताओं पर भी उनका ध्यान जाता है।

'अभिनन्दन पत्र' अरुण कमल की लीलाधर जगूड़ी पर लिखी गयी कविता है। लीलाधर जगूड़ी की कविता यथार्थ की असंख्य अन्तर्ध्वनियों से युक्त है। यहाँ अरुण कमल ने जगूड़ी की कविता एवं उनके सृजनात्मक कवि-व्यक्तित्व की समस्त मुद्राओं को अपनी कविता 'अभिनन्दन पत्र' में प्रस्तुत किया है। कविता के शीर्षक से ऐसा प्रतीत हो सकता है कि यह जगूड़ी की प्रशंसा में लिखी हुई है। लेकिन ऐसी बात नहीं है। उनकी यह कविता जगूड़ी की कविता से होकर की गयी दीर्घ यात्रा है। लीलाधर जगूड़ी की एक कविता है 'तो' उसकी पंक्तियाँ इस प्रकार हैः

जब उसने कहा
कि अब सोना नहीं मिलेगा
तो मुझे कोई फ़र्क़ नहीं पड़ा
पर अगर वह कहता
कि अब नमक नहीं मिलेगा
तो शायद मैं रो पड़ता

एक और कविता है 'मोड़' जिसमें जगूड़ी के व्यक्तित्व की पारदर्शिता नज़र आती हैः

मुझे सुन्दर लगते हैं मोड़ चाहे सड़क पर हों, चाहे वृक्ष में
चाहे ज़िन्दगी में

इन्हीं में से होते हैं कुछ अच्छे कुछ ख़राब
कुछ विचित्र मोड़
जिनके बिना कुछ दूर तक ही अच्छी लगती है सपाट सड़क

इसलिए जगूड़ी की कविता सपाटता की तुलना में मोड़ की प्रतीक्षा में रहती है। 'आता ही होगा कोई नया मोड़'—यही जगूड़ी की कविता की वास्तविकता है।

अरुण कमल की कविता जगूड़ी की कविता के साथ-साथ चलती नज़र आती है। लेकिन हर मोड़ पर कुछ देर तक रुकती है और नीचे की ओर धँसती है। उस समय कई सच्चाइयों को लेकर वह प्रस्तुत होती है। कविता की शुरुआत में अरुण कमल ने जगूड़ी की सौन्दर्य-दृष्टि को शब्द दिये हैं जो इस प्रकार हैं:

मैं उस कवि की वन्दना करता हूँ
जिसने दिखलाये तलहटीवासियों को शंखमुखी शिखर
जिसने छुआ प्रथम बार चीड़ में छुपा चन्द्रशश
और देवदारु की अँधेरी तह में निद्रालु हवा
और धूप में पर्वत की ढाल पर चमकते
जल स्रोतों के पथ-चिह्न भुजंगी—
मैं उस द्रष्टा की वन्दना करता हूँ।

लीलाधर जगूड़ी सौन्दर्य द्रष्टा कवि हैं। हिमाचल की तराइयों, शिखरों, वहाँ की वानस्पतिक वास्तविकताओं और हरियाली की जीवन्तता को मानवीयता के संस्पर्श के साथ उन्होंने प्रस्तुत किया है। उनकी सौन्दर्य-दृष्टि एकांगी नहीं है। वह पुनर्नवा की तरह उर्वर ही रहती है।

जगूड़ी की सौन्दर्य-दृष्टि को प्रस्तुत करने के उपरान्त अरुण कमल ने उसमें निहित जीवन के चितेरे को अवतरित किया है। उनके लिए प्रयुक्त विशेषण शब्द इतने सूक्ष्म और जीवन यथार्थ की गहराइयों से युक्त हैं—

जिसकी कविता में भाषा की भवों, उँगलियों, अंगों की सहस्र मुद्राएँ हैं
और जीवन के कोहबर में बोली की अनुपम लीलाएँ
जिसकी कविता के सात रंगों की धन्वा है नभ में प्रशस्त
....
जिसका काव्य जीवन की कठोर शिलाओं से फूटता रहा है

शिलाजीत जीवन का—

मैं उस नियंता की वन्दना करता हूँ

'नियंता' शब्द यहाँ पर विशेष रूप से बल देने योग्य है। कवि को प्रजापति जो कहा गया है वह लीलाधर जगूड़ी के लिए सार्थक सिद्ध होता है। उनका काव्य जीवन की कठोर शिलाओं से फूटता रहा है। जीवन की कठोर शिला जैसा प्रयोग उनकी कविता के प्रसंग में ध्यानार्ह है, अनुभवों की विस्तृति और गहराई से भरपूर।

'वाणी के अद्‍भुत लुहार' कहकर अरुण कमल ने जगूड़ी का सम्बोधन किया है। वे 'जीवनवाही जन का सच्चा हितू' है। उसकी स्तुति वे करना चाहते हैं।

गिरिवर-गिरा के स्थपति-कवि की भी वन्दना वे करते हैं जिनके पास संस्कृत काव्य-परम्परा का भव्य स्रोत है। अरुण कमल की यह कविता अभिनन्दनपरक है, परन्तु यह कविता की अन्तर्यात्रा भी है। इसमें अरुण कमल कविता को कई तरह से परिभाषित करते हैं जिसके लिए उन्होंने जगूड़ी की कविता को माध्यम बनाया है। अरुण कमल की कविता-दृष्टि का खुलासा भी इस कविता में हुआ है। समकालीन कविता की समकालीनता को भी उन्होंने परोक्ष रूप से प्रस्तुत किया है।

अन्न की झनकार

आटा बनाने वाली एक बड़ी कम्पनी अपनी बिक्री बढ़ाने हेतु गेहूँ का एक महिमामंडित विज्ञापन-चित्र दिखा सकती है जो स्वाभाविक है। उसमें यह दिखाया गया है कि कई राज्यों के खेतों से चुने गये गेहूँ को, बिना कर-स्पर्श से, आटा बनाया जाता है। पैकिंग तक उनके गेहूँ को किसी ने छुआ नहीं है। यह उस दाने का एक यान्त्रिक स्वरूप है जिसे विज्ञापन-चित्र में दिखाया गया है। पर यहाँ दाना कइयों के हाथों से होकर ही आटे में परिवर्तित होता है। यही गेहूँ का असली रूप है। कइयों की मेहनत जब उसमें शामिल होती है तो उसका एक अलग सौन्दर्य बनता है। यहाँ पर उसका विज्ञापन से कोई ताल्लुकात नहीं है। वह दिखाने के लिए नहीं, लोगों को प्रलोभित करने के लिए नहीं। वह गेहूँ जैसे दाने का असली यथार्थ है।

'दाना' शीर्षक अरुण कमल की कविता गेहूँ से जुड़े श्रम के महत्त्व को रेखांकित करती है। जहाँ-जहाँ श्रम है वहाँ जीवन का तथा उससे जुड़े प्रसंगों का महत्त्व बढ़ता है। इस कविता में गेहूँ फटकने वाली औरत के श्रम का चित्र है और गेहूँ भी है। इन दोनों का जो यथार्थ है वह कविता में प्रमेय के रूप में विन्यसित है। उस औरत के श्रम को अरुण कमल ने कविता के केन्द्र में रखा है। उस श्रम के सौन्दर्य का वर्णन भी कवि ने किया है:

वह स्त्री फटक रही है गेहूँ
दोनों हाथ सूप को उठाते-गिराते
हथेलियों की थाप थप्प
और अन्न की झनकार
स्तनों का उठना गिरना लगातार—
घुटनों तक साड़ी समेटे वह स्त्री
जो ख़ुद एक दाना है गेहूँ का—
धुर उड़ रही है केश उड़ रहे हैं

यह धूप यह हवा यह ठहरा आसमान
बस एक सुख है बस एक शान्ति
बस एक थाप एक झनकार

कविता के 'फोकस' में गेहूँ फटकती स्त्री है जिसे कवि ने 'क्लॉस-अप' में दिखाया है। वह अपने काम में पूरी तरह से मग्न है। फटकते समय 'हथेलियों की थाप-थाप' की आवाज़ आ रही है। उस ध्वनि को चलचित्रीय भाषा के अनुसरण में अरुण कमल ने प्रस्तुत किया है। चलचित्र में ध्वनियों का अत्यधिक महत्त्व है। सत्यजीत राय तथा ऋत्विक घटक ने अपनी फ़िल्मों में ध्वनियों का बारीक प्रयोग किया है। जी. अरविंदन, मलयालम के नामी फ़िल्मी निर्देशक रहे हैं, उनकी एक फ़िल्म है 'कांचन सीता' जो सीता-परित्याग से सम्बन्धित है उस फ़िल्म में संवाद नाम मात्र के लिए है। प्रकृति की दृश्यात्मकता का भरपूर प्रयोग अरविंदन ने किया है जिसके साथ ध्वनियों के आरोह-अवरोह का भी। अरुण कमल की कविता 'दाना' चलचित्र की तरह अपनी दृश्यात्मकता की पूर्णता और अपने ध्वनि-विन्यास की बारीकियों के साथ प्रस्तुत है। हथेलियों की चलायमानता के नैरन्तर्य को कवि ने अन्न की झनकार के साथ जोड़ा है। एक आवयविक प्रक्रिया श्रमरत स्त्री की आकांक्षा के साथ जुड़ी है यहाँ पर। पुनः कवि स्त्री के स्तनों के उठने-गिरने की ओर भी संकेत किया है। वह भी एक आवयविक प्रक्रिया ही है, पर वह उसकी यौवनयुक्तता की ओर भी इशारा है। उसका पूरा शरीर उस काम में लगा है। इसलिए अरुण कमल लिखते हैं:

घुटनों तक साड़ी समेटे वह स्त्री
जो ख़ुद एक दाना है गेहूँ का—

गेहूँ के पकने तक का उसका श्रम जितना महत्त्वपूर्ण है उसी तरह गेहूँ को ठीक करने का श्रम जिसमें अपने तन-मन को भूलकर एक स्त्री लगी है। वह यह ध्यान नहीं दे रही है गेहूँ फटकते समय उसके कौन-कौन-से अंग कितना ऊपर कितना नीचे आते हैं। उसका पहनावा किस तरफ़ है। क्योंकि यह श्रमरत स्त्री रैंप में थोड़ी ही चल रही है। इसलिए घुर भी उड़ रही है उसके केश भी। यह खुरदरा रूप ही उसे सौन्दर्य प्रदान कर रहा है। जिस लगन के साथ वह काम कर रही है उसी अनुपात में उसका मन भी शान्त है क्योंकि वह अपने घर के लिए धान ठीक कर रही है। इसलिए उसकी हथेलियों की थाप एक झनकार है उसके लिए और कवि के लिए भी। श्रम की संगीतमयता और उसके ध्वनि-विन्यास का इतना अनुपम चित्र बहुत

कम कविताओं में मिलता है। इसमें एक चित्र, जो जीवन यथार्थ का है, वह एक गतिमान चित्र बनता है। उस चित्र में एक स्त्री है जिसके अंग-प्रत्यंग चलायमान हैं। वह अपनी मेहनत में मग्न है और अन्दर ही अन्दर अपनी कामनाओं के साथ आगे बढ़ रही है। यह कामना जीवन की है जो उसे ज़िन्दा रखती है और काम करने की प्रेरणा भी देती है।

आरम्भ में जिस विज्ञापन-चित्र का ज़िक्र किया गया है, उसमें मनुष्य को अलग रखा गया है। श्रम के महत्त्व को नकारा गया है। वैज्ञानिकता की आड़ में मनुष्य को तिरोहित करने की प्रवृत्ति उसमें प्रबल है। उसके विपरीत अरुण कमल ने अपनी कविता 'दाना' में उस श्रमस्त स्त्री को गेहूँ के दाने के रूप में प्रस्तुत करके श्रम के संघर्ष को महत्त्वपूर्ण ठहराया है। इस कविता में श्रम के संघर्ष को व्यापकता प्रदान की गयी है। वह स्त्री गेहूँ को ठीक करने के काम में लगी है। परन्तु यह काम सिर्फ़ उसके लिए नहीं है। कविता में वह अन्नपूर्णा की तरह उपस्थित है। अन्नदायिनी के महत्त्व को परिभाषित करके अरुण कमल ने संघर्ष को व्यापकता प्रदान की है। उनकी इस कविता में लोक का रूपक बार-बार उभरता भी है। लोक का विन्यास 'दाना' कविता के सौन्दर्य का अहम पक्ष भी है।

जीवन-संघर्ष की निरन्तरता

कम-से-कम पचहत्तर प्रतिशत लोगों का जीवन संघर्षपूरित है। उन्हें अपने को ज़िन्दा रखने के लिए, अपनी छोटी-बड़ी समस्याओं से निपटने के लिए संघर्ष करना पड़ता है। यह मनुष्य का अपनी विपरीत परिस्थितियों से संघर्ष है। कड़ी मेहनत करते रहने के बावजूद एक किसान को मौसम से लड़ना पड़ता है। कई प्रकार की मारक बीमारियों से लोगों को संघर्ष करना पड़ता है। मानवीय मूल्यों को सुरक्षित रखने के लिए संघर्ष करने वाले बहुसंख्यक लोग हमारे आसपास हैं। अपनी अस्मिता को बनाये रखने के लिए संघर्षरत समाज आज कम नहीं हैं। विस्थापितों का संघर्ष मानवीय संघर्ष ही है। आदिवासियों की समस्याएँ भी संघर्ष की श्रेणी में ही गिनी जायेंगी। स्त्री की पुरुष केन्द्रित समाज में जो पराधीनता है वह भी संघर्ष है। मज़दूरों की कई समस्याएँ हैं जिनसे वे लड़ते रहते हैं, चाहे खदानों में काम करने वाले मज़दूर हो, गगनचुम्बी इमारतों के निर्माण में लगे मज़दूर हों या अपने परिवार को सुविधा जुटाने के लिए दूसरे देशों में जाकर कठिन मेहनत करने वाले मज़दूर हो। मनुष्य के संघर्ष के कई रूप हैं। आशा और निराशा के बीच जीने वाला संघर्षरत एक बहुत बड़ा तबका है। स्वप्न देखने वाला एक समाज। अपने स्वप्नों को बिखरते देख हताश होते लोगों की भारी भीड़। ये सभी जी रहे हैं और इनमें से कुछ अपना बेड़ा पार कर जाते हैं। कुछ बीच में डूब जाते हैं। हालात जो भी हो संघर्ष बना रहता है। इसका कारण यही है कि मनुष्य का जीवन संघर्ष का इतिहास है। आदिम समाज से लेकर समकालीन समाज तक में हम इस संघर्ष का अनुभव कर पाते हैं।

जीवन संघर्ष की निरन्तरता को कविता के प्रमेय के रूप में स्वीकार करते हुए अरुण कमल ने **'डोर'** शीर्षक कविता लिखी है। इस कविता में डोर आकांक्षा का रूपक है। उस अस्पष्ट-सी डोर तक पहुँचने के संघर्ष को कविता में प्रस्तुत किया गया है। इसलिए पानी की डोर को खींच लाने का संघर्ष कविता में सूचित है। मनुष्य को इस पानी की डोर को किसी न किसी रूप में लाना ही है।

कविता का मनुष्य पौराणिक पात्र भगीरथ तो नहीं है। उसके पास ऐसी कोई शक्ति नहीं है कि वह आसानी से अपना काम पूरा कर सके। वह एक आम आदमी है जिसे अपने लक्ष्य की पूर्ति के लिए कठिन से कठिन काम करना पड़ता है। यही वास्तविक संघर्ष है जिसे अरुण कमल ने इस तरह से प्रस्तुत किया है:

मेरे पास कुछ भी तो जमा नहीं
कि ब्याज के भरोसे बैठा रहूँ
हाथ पर हाथ धर
मुझे तो हर दिन नाख़ून से
खोदनी है नहर
और खींच कर लानी है पानी की डोर
धुर ओठ तक

जितना पानी नहीं है कंठ में
उससे अधिक तो पसीना बहा
दसों नाख़ूनों में धँसी है मिट्टी
ख़ून से छलछल उँगलियाँ
दूर चमकती है नदी
एक नदी बहुत दूर जैसे
थर्मामीटर में पारे की डोर।

कविता की शुरू की पंक्तियों से सूचित होता है कि संघर्ष करने वाला व्यक्ति सुविधाओं में जीने वाला नहीं है, कुछ भी तो उसके पास जमा नहीं है जिसका ब्याज लेकर आराम से हाथ पर हाथ धर गुज़ारा कर सके। स्पष्ट रूप से सूचित है— "मुझे तो हर दिन नाख़ून से खोदनी है नहर" ये असाधारण प्रयत्न को सूचित करने वाली पंक्तियाँ हैं। संघर्ष का विराट् रूप इसमें अंकित है कि उसे अपने नाख़ूनों से नहर खोदनी पड़ रही है क्योंकि उसे खींचकर लानी है पानी की डोर। मनुष्य के संघर्ष को उसके मामूली परिवेश में ही अरुण कमल ने प्रस्तुत किया है। लेकिन उसके प्रयत्न को कहीं-कहीं भगीरथ-प्रयत्न के साथ भी देखा जा सकता है। भगीरथ इक्ष्वाकु वंश के राजा थे जिसने गंगा को धरती पर लाने का प्रयत्न किया। कविता का मनुष्य, जो प्रयत्नशील है, राजा नहीं है और अभौम शक्ति से युक्त व्यक्ति भी नहीं है। कवि ने जानबूझकर शब्दों की साधारणता का उपयोग करके

मनुष्य के प्रयत्न को भगीरथ प्रयत्न से भी महत्त्वपूर्ण दिखाया है क्योंकि वह अपने नाख़ूनों से खोद-खोद कर नहर को लाने में लीन है। अपने संघर्ष के दौरान उसका कंठ सूखता है। जितना जलस्पर्श उसके कंठ में बचा है उससे अधिक उसका पसीना बह चुका है। उसके नाख़ूनों में मिट्टी धँसी है और ख़ून भी बह रहा है। पूरी तरह से उसका प्रयत्न मनुष्य का प्रयत्न है। उसमें कोई मिथकीयता नहीं है। भाषा और परिवेश-सृजन में अरुण कमल ने संघर्ष को शत-प्रतिशत मानवीय बनाने का कार्य किया है। इस संघर्ष का सम्बन्ध मनुष्य के किसी भी संघर्ष से, जो सामान्य नहीं है, हम जोड़ सकते हैं। कविता में मनुष्य का संघर्ष वास्तव में संघर्ष के इतिहास की निरन्तरता को ही व्यंजित कर रहा है। इसलिए उसे दूर एक नदी चमकती दिखाई देती है। पानी की डोर की तरह। उसे लाना ही है। कई प्रकार की विपरीत परिस्थितियों के बावजूद मनुष्य उस पानी की डोर लाने में समर्थ निकलता है जो मिथकीय कथा के (भगीरथ प्रयत्न) प्रयत्न से कई गुना महत्त्वपूर्ण है।

अरुण कमल का कवि मनुष्य के निकट खड़े रहने के इच्छुक हैं। इसलिए वे मनुष्य के संघर्ष को देख पाते हैं और अनुभव भी कर पाते हैं। वे भावुकता से वशीभूत नहीं हैं। अति भावुकता यथार्थ की कठोरता को ख़ारिज कर सकती है। इस कारण से अरुण कमल ज़मीन पर ही खड़े रहते हैं। उनकी यह कविता ज़मीन की कविता है। शत प्रतिशत ज़मीनी कविता।

छेदों से भरी नाव में यात्रा

निराला की कविता में व्यंजित दुख पर विचार करते हुए अरुण कमल ने एक अच्छी बात कही है। अन्य छायावादी कवियों की तुलना में निराला की दुखाभिव्यक्ति और कवि के बीच के स्पेस में जीवन यथार्थ का जो थल है वहाँ जीने वालों की पीड़ा को ही वे शब्द दे रहे हैं। उसमें कवि के निजी दुख की अभिव्यक्ति हो सकती है। मगर वह निजी दुख की परिधि में सिकुड़कर सीमित नहीं होती है। निराला की कविता में प्रकट दुख जीवन में हारे हुए लोगों का दुख है। हारे हुए लोग ही अक्सर कविताओं में परिगणित होते हैं। नागार्जुन ने अपनी कविता 'उनको प्रणाम' में ऐसे लोगों को प्रणमित किया है। कविता में दुख को जानना-पहचानना जो है वह मनुष्यता को जानना-पहचानना है। अरुण कमल की कविता **'आत्मकथ्य'** दुख केन्द्री कविता है जिसे आत्मकथ्य के रूप में प्रस्तुत किया गया है।

कइयों के दुख और दर्द के साथ साझा करने वाले व्यक्ति का चित्र कविता में हमें मिलता है— 'कोई नहीं जानता मैं ख़ुद कितना कमज़ोर हूँ'। वह यह तय कर लेता है कि उसे डाक्टर से मिलना है। बेहद कमज़ोर अवस्था में भी वह दूसरों का ख़याल रखता है:

तभी याद आता है आज तो उसका ऑपरेशन है
जिसके एक बूढ़ी माँ के सिवा और कोई नहीं है
कोई कहता है काम छूट गया कोई कहता है पत्नी बीमार है
किसी की बेटी का ब्याह किसी को कुछ
और सुबह सुबह कोई दरवाज़ा खटखटाता है
मकान मालिक ने कमरे में ताला मार दिया है

जीवन की ये अन्तहीन समस्याएँ सचेत व्यक्ति को क्रियाशील बनाती हैं। वह स्वयं समस्याओं से घिरा है। यही नहीं कि उसकी तबियत ख़राब है। स्वयं की बदहालत को कवि ने इस तरह प्रस्तुत किया है:

यह जर्जर चौकी ठहरी है बस एक कील पर
छेदों से भरी एक नाव
किसकी लालटेन हिल रही है उस पार
गुज़रता है मेरा रास्ता उजड़े घरों बर्बाद खेतों से
बस यही एक दहलता पुल क्यों इस नद पर?

ऊपर की पंक्तियों में अरुण कमल ने जो बिम्ब प्रस्तुत किये हैं वे जीवन के उजाड़ को भली-भाँति सूचित करते ही हैं। छेदों से भरी नाव से उसकी यात्रा आगे बढ़ रही है। आसानी से अनुमान लगाया जा सकता है ऐसी एक यात्रा का अंजाम क्या होगा। किसी भी क्षण वह नाव डूब सकती है। उजड़े घरों और बर्बाद खेतों का बिम्ब भी दुख की व्यथा-कथा ही बताता है।

अनन्त दुखों की अपार निरन्तरता और अपने दुख के बीच लक्ष्यहीन यात्रा के लिए उद्यत व्यक्ति की गहन पीड़ा वस्तुतः दुख के इतिहास को प्रस्तुत कर रही है। इस गहन पीड़ा का अनुभव तब हो सकता है जब हम अपने को खोल देते हैं। यह खुलापन जीवन के प्रति है। तभी हम दूसरों के दुख को पहचान सकते हैं।

आगे अरुण कमल दुख की विस्तृति का परिचय दे रहे हैं। त्रासदी इस बात की है कि समाज का एक तबका दुख से अनजान है। अभावों से अपरिचित है। जीवन संघर्ष से दूर रहते हैं। एक तबका ऐसा है जिसका जीवन छेदों से भरी नाव की यात्रा की तरह है। जीवन के अन्त तक दुख का सामना करना ही उनकी नियति में लिखा है:

दुनिया में इतना दुख है इतना ज्वर
सुख के लिए चाहिए बस दो रोटी और एक घर
और वही दिन-ब-दिन मुश्किल पड़ रहा है
दिन इतना छोटा रातें इतनी लम्बी हिंस्र पशुओं भरी
मेरी साँस टूटने के इन्तज़ार में वे आँखें चमक रहीं।
आदमी के मांस में इतना नमक क्यों है
इतनी कम जगह इतना भार सिर पर कि
कोई चल कैसे रहा है ढँकी है आँख तक
दिन-ब-दिन सड़क पर चलना इतना मुश्किल क्यों है

दुख के इस विस्तृति-वर्णन में दुख का व्यक्ति-सन्दर्भ पूरी तरह से मिट जाता है और दुख का एक व्यापक परिदृश्य स्पष्ट होने लगता है। वास्तव में इस कविता

का इच्छित यथार्थ भी उसी से सम्बन्धित है। जब अरुण कमल लिखते हैं कि रातें इतनी लम्बी और हिंस्र पशुओं से भरी भी हैं और वे मनुष्य की साँस के इन्तज़ार में हैं तो उसका आशय मूल्यों के व्यापक विघटन से है तो कवि का सन्देह जायज़ दीखता है कि इतनी कम जगह पर इतना भार वहन करते हुए आदमी कैसे चल पा रहा है। यह पंक्ति अपार अर्थ ध्वनियों से युक्त है कि 'दिन-ब-दिन सड़क पर चलना इतना मुश्किल क्यों है?' रोज़मर्रा जीवन की अनन्त पीड़ाएँ यहाँ पर व्यंजित ही हैं।

'आत्मकथ्य' कविता अपनी संरचनात्मकता में आत्मकथ्य सरीखा प्रतीत होती है जबकि यह बृहत्तर परिदृश्य का आत्मकथ्य है जहाँ स्वार्थ का अँधेरा व्याप चुका है और दुख के खदान काफ़ी गह्वर हैं। इन्हीं में से होकर साधारण जीवन छेदों भरी नाव में बैठकर आगे बढ़ रहा है। 'आत्म' से 'परत्व' की तरफ़ की यह यात्रा है। वास्तव में यही कविता की यात्रा है और जीवन की भी यात्रा है।

स्वतन्त्रता स्वप्नों का साक्षात्कार है न कि अधिकार का हस्तान्तरण

स्वतन्त्रता-प्राप्ति किसी भी देश के सन्दर्भ में महज़ एक घटना नहीं है। वह उस देश की जनता के स्वप्नों का साक्षात्कार है। क़रीब दो सौ या उससे अधिक वर्षों की गुलामी से भारत मुक्त हुआ। भारत स्वतन्त्र देश बन गया। स्वतन्त्र भारत में कई प्रकार के परिवर्तन होने लगे; कई नयी परियोजनाओं का कार्यान्वयन भी होने लगा। लेकिन दुखद स्थिति यह है कि बुनियादी परिवर्तन नहीं हो पाये। इससे स्वतन्त्रता-प्राप्ति के बाद के डेढ़ दशक के बाद भारत के बौद्धिक जगत में, यहाँ तक कि साधारण जीवन में भी मोहभंग का दौर लक्षित होता है। बहिरंगतः यह कोई बड़ी समस्या नहीं थी; लेकिन अन्तरंगतः यह एक विकराल समस्या थी। लोकतन्त्र को लेकर नयी चर्चा-परिचर्चाएँ शुरू होने लगीं। एक तरह से वह नेहरू-युग के अन्त का दौर था। उसके बाद के लम्बे दौर तक मोहभंग के कई नये रूप सामने आये हैं। इसका मूल कारण हमारी स्वतन्त्रता सांस्कृतिक क्रान्ति के बाद प्राप्त स्थिति नहीं रही। वह एक तरह से सत्ता का हस्तान्तरण था, अधिकार का हस्तान्तरण था। ब्रिटिश लोग चले गये और भारत के लोग सत्ता में आ गये। यह एक परिवर्तन मात्र था। इस कारण से भारत को जिस गति से विकास प्राप्त करना था वह कर नहीं पाया। विकास का एक सतही रूप सर्वत्र दिखाई देता है और अविकास के कई बुनियादी रूप काई की तरह हमारी सामाजिकता में अब भी लक्षित होते हैं। अधिकार को ब्रिटिश सत्ता ने सर्वस्व माना था। वही मनोभाव स्वतन्त्र भारत में भी देखने को मिलता है। अधिकार को दूषित करने वाले तत्वों को ब्रिटिश सत्ता ने समय-समय पर प्रशासन से जोड़ा जैसे धर्म, जाति और प्रादेशिकता तथा भाषा। ये तत्त्व अब भी हमारे देश में विभाजक तत्वों के रूप में स्वीकृत हैं और उसका नकारात्मक बल राजनीति में अनुभव किया जा सकता है। वस्तुतः यही आज की भारतीय अवस्था है।

'बिछावन' भारतीय अवस्था को बारीक से व्यंजित करने वाली कविता है। ब्रिटिश सत्ता की कई वस्तुएँ अब भी हमारी मानसिकता को जकड़ी हुई हैं हालांकि ये वस्तुएँ अजायबघर की वस्तुएँ बन चुकी हैं। अरुण कमल ने उन वस्तुओं के प्रति, जिनमें उनका बिछावन भी है, भारतीय मानसिकता के प्रलोभनकारी आकर्षण को व्यक्त किया है। यह प्रलोभन अधिकार के प्रति हमारे आकर्षण को दिखाने वाला है। हम उस आकर्षण से मुक्त नहीं हैं। अधिकार का यह प्रलोभन हमें विकास के पथ पर अग्रसर होने से रोकता है। उसे स्वार्थग्रस्त बनाता है।

'बिछावन' कविता के आरम्भ में सत्ता के इस मोह को नाटकीय ढंग से कवि ने प्रस्तुत किया है। एक नेटिव (यह शब्द भी ब्रिटिश सत्ता द्वारा भारतीयों के लिए प्रयुक्त था) वाइसराय के सोने के कमरे तक जाता है। वह गुलाम (यह शब्द भी ब्रिटिश सत्ता ने ही प्रयुक्त किया था) है। वह अपने लिए इन दोनों शब्दों को स्वीकार करता है। इसमें भारतीय व्यक्ति की मानसिकता की अस्वतन्त्र दृष्टि ही व्यंजित होती है जो पूरी तरह से दूषित है :

तुम्हें कभी मालूम भी न होगा
कि एक दिन में, एक नेटिव, तुम्हारा गुलाम
आ गया था अन्दर तुम्हारे सोने के कमरे तक
और बैठा था और थोड़ा उठँगा था तुम्हारे पलंग पर
बस यह देखने कि कैसा लगता है वाइसराय का बिछावन

बीते हुए एक युग की स्मृतियों से वशीभूत होने से भारतीय व्यक्ति के मन में यह कुतूहलता जगी नहीं है और न कि इतिहास में गोता लगाने की इच्छा से। वाइसराय के बिछावन को देखने (अनुभव करने की भी) की इच्छा प्रतीकात्मक ढंग से कविता में व्यक्त हुई है। स्वयं को नेटिव और गुलाम समझना भी कम प्रतीकात्मक नहीं है। यह एक उपनिवेशवादी मानसिकता का अवशेष है जिसके कारण ऐसी इच्छाएँ जगती हैं। ये प्रलोभनकारी आकर्षण हैं। सत्ता का मोह उपनिवेशवादी संस्कृति में कभी मरता नहीं है। वह ग़ायब दीख सकता है; परन्तु वह उपस्थित रहता है।

इस सच से भी वह वाक़िफ़ है कि ब्रिटिश सत्ता के जो भी अवशेष हैं वे अजायबघर की चीज़ें हैं। इतने पर भी एक-एक चीज़ के प्रति, उन्हें देखने-निहारने के ढंग में, उसकी प्रतीतियों की विशेषता में सत्ता के प्रति जो अनियन्त्रित आकर्षण है वह व्यक्त होता ही है। उनमें मेज़-कुरसियाँ ही नहीं हैं बल्कि काल कोठरियाँ और मौत का कुआँ तक है:

अब अजायब की चीज़ है तुम्हारा पलंग
तुम्हारी कुर्सियाँ, दीवान और स्थान पर
और कपड़ों की अलमारियाँ और भोजन की मेज़
अजायब की चीज़ है टॉर्चर चैम्बर,
काल कोठरियाँ और मौत का कुआँ—
कल का साम्राज्य आज का अजायबघर

एक पूरे समय को उसने देख लिया कि उस पहचान के बावजूद ये अजायबघर की चीज़ें हैं। वह बार-बार दुहराता है कि मैं तो बस यूँ ही देख रहा था कि कैसे रहते थे साहेब, कैसा था साहेब का बिछावन— उसकी मोहासक्ति में अधिकार का मोह लबालब भरा हुआ है।

कविता की अन्तिम पंक्तियों में एक तुलना के माध्यम से ब्रिटिश सत्ता से कहीं ज़्यादा सुविधाजनक ढंग से जीने वाले अपने मन्त्री के बिछावन का वह ज़िक्र करता है—

तुमसे कहीं ज़्यादा कीमती, कहीं ज़्यादा गुदगुद है
अपने मन्त्री जी का बेड—
अब हम गुलाम नहीं।

सुविधाभोगी ब्रिटिश सत्ता से अधिक सुविधाओं में रहने वाले हमारे शासकों का ज़िक्र करके अरुण कमल ने स्वतन्त्र देश के बाहरी सौन्दर्य को दिखाने की चेष्टा की है जबकि मौन के माध्यम से वे यह भी बता रहे हैं कि उसका अन्तरंग सौन्दर्य युक्त नहीं है। अब हम गुलाम नहीं पंक्ति में गम्भीर अर्थ-ध्वनियाँ प्रतिध्वनित हैं। एक स्वतन्त्र देश के शासक के पास औपनिवेशवादी सत्ता से अधिक सुविधाएँ हैं। 'अब हम गुलाम नहीं'— पर गुलामी बरकरार है। यहाँ पर इने-गिने सुविधाभोगी हैं। बहुसंख्यक सुविधाओं से वंचित हैं। कविता के आरम्भ में वाइसराय के बिछावन के प्रति मोह—जिसमें गुलामी मानसिकता झलकती है। वह व्यक्तिबद्ध मानसिकता है। कविता के अन्त की तुलना में स्वतन्त्रता में निहित अविवेक को दर्शाया गया है।

भारतीय अवस्था की बारीकी को अरुण कमल ने अपनी इस कविता में दिखाया है।

जीवित बचे बदलने का यत्न

ताक़तवर समाज ने अपनी सामाजिकी ख़ुद रची है। अतः ऐसी सामाजिकी में कम-से-कम दो वर्ग रहते आये हैं—एक है शासक वर्ग और दो शासित वर्ग। शासित वर्ग में स्त्री-समाज भी आता है। स्त्री वर्ग को ताक़तवर समाज ने अपने ढंग से देखा है। उसका इतिहास अति दीर्घ है। वह हमारी दूषित संस्कृति का इतिहास भी है।

अपनी **'स्वप्न'** शीर्षक कविता में अरुण कमल ने एक बेसहारा औरत की कथा प्रस्तुत की है। भारतीय समाज में स्त्री का जीवन हमेशा पराधीन रहा और उस पराधीनता को हमारे यहाँ स्वीकृति भी मिली थी। वैसे स्त्री के सन्दर्भ में पराधीनता सम्भ्रान्त शब्द है जबकि वास्तविकता यही है कि उसके जर्जरित जीवन के सन्दर्भ में गुलाम शब्द ही सही लगता है। गुलामों को मालिक अपनी इच्छा के अनुसार उपयोग और उपभोग कर सकता है। अधिकार की ताक़त ने उसे भी स्वीकृति दी थी। स्त्री का इतिहास हमें यही बता रहा है कि स्त्री का उपभोग ही हमारे पुरुष केन्द्रित समाज ने सदैव किया है। अतः हमारे सामने स्त्री की असंख्य दुख-गाथाएँ बिखरी पड़ी हैं। अरुण कमल ने एक दुख-गाथा को इस कविता के माध्यम से प्रस्तुत किया है।

कहीं भी आश्रय न मिलने के कारण बार-बार भगती रहती स्त्री को कविता में हम देख पाते हैं। 'कभी किसी मन्दिर की सीढ़ी पर' वह घंटों बैठती। रात होते ही वह लौट आती है और किसी दूर के रिश्तेदार के यहाँ दो-चार रोज़ काट लेती है। सिद्ध तो होता ही है कि न वह अपने यहाँ जा पाती है न ससुराल में। अपने हक़ से पूरी तरह से वंचित स्त्री, दर-दर भटकने के अलावा और क्या कर सकती है:

कभी नैहर चली गयी
हफ़्ते माह पर थक कर लौटी
हर बार मार खा भागी
हर बार लौट कर मार खायी

जानती थी वो कहीं कोई रास्ता नहीं है
कहीं कोई अन्तिम आसरा नहीं है

भारतीय स्त्री के सन्दर्भ में यह अतिशयोक्तिपूर्ण विवरण नहीं है। इससे भी बदतर हालत में हमारे समाज में स्त्रियाँ जीवन बिता रही हैं। मूल कारण यही है कि वह सम्पत्ति की हक़दार नहीं हैं। सम्पत्ति से वंचित होने से हमारी सामाजिकी में वह भोग्या में परिणत होती है। भोग के बाद उसका कोई उपयोग नहीं है। इसलिए वह भटकने के लिए मजबूर होती है। शिक्षा से भी उसे वंचित किया जाता है। अशिक्षा स्त्री के लिए हानिकारक है कि वह न पैरों पर खड़ी हो सकती है न कोई काम शुरू कर सकती है।

बचपन से ही उसे दोयम दर्जे के नागरिक के रूप में देखा गया है। इस कारण से उसके व्यक्तित्व का विकास भी नहीं होता है। वय के बढ़ते-बढ़ते वह सचमुच अबला हो जाती है। अबला के सामने जीवन का धूल-धूसरित चित्र ही आता है। इसलिए अरुण कमल की कविता में जो स्त्री है जो अपनी भटकन के बीच आत्महत्या के बारे में भी सोचती है:

जानती थी वो लौटना ही होगा इस बार भी
गंगा भी अधिक दूर नहीं थी
पास ही थीं रेल की पटरियाँ

निराश्रय होने से वह आत्महत्या के बारे में सोचती है। पर जानती है कि आत्महत्या कोई स्पृहणीय रास्ता नहीं है। वह जीवन से मृत्यु की तरफ़ बढ़ना नहीं चाहती है। मृत्यु से वलयित अपने जीवन को मृत्यु से अलग करके वह मृत्यु से जीवन की तरफ़ यात्रा करना चाह रही है:

लेकिन वह जीवन से मृत्यु नहीं
मृत्यु से जीवन के लिए भाग रही थी

निराशा और हताशा की पराकाष्ठा में भी कविता की स्त्री अपनी मुक्ति की कामना को छोड़ना नहीं चाहती। बार-बार हर रात एक ही सपना देखती है वह। वह सपना है मुक्ति की इच्छा का। अनेक प्रकार की विपरीत परिस्थितियों के बीचोंबीच रहक़र भी अपने वास्तविक स्वप्न को छोड़ना नहीं चाहती:

मुक्ति न भी मिले तो बना रहे मुक्ति का स्वप्न
बदले न भी जीवन तो जीवित बचे बदलने का यत्न।

कविता के अन्त तक आते-आते स्त्री हताशा का प्रतीक न होकर मुक्ति का प्रतीक बन जाती है। उसे मुक्ति मिले या न मिले— क्योंकि उसका यथार्थ ही ऐसा है— परन्तु मुक्ति के स्वप्न को वह सँभालकर रखना चाहती है— क्योंकि वह कामना है; स्त्री की कामना है। उसका जीवन बदले या न बदले— क्योंकि हालात ऐसी है; परन्तु बदलने के यत्न को वह जीवित रखना चाहती है।

इस कविता की स्त्री की कथा पर्याप्त दीर्घ है। उसके भटकते जीवन का सम्बन्ध परिवर्तनहीन समाज से सम्बन्धित है। रूढ़ियों में डूबा पुरुष-समाज स्त्री को जन्तु-जानवरों से गया-गुज़रा समझता है। इन दीन-हीन अवस्थाओं को पार करके स्त्री आज के समय के विशाल मंच तक पहुँच गयी है जहाँ वह हताश नहीं है। स्त्री ने अपनी शक्ति को पहचान लिया है। कम-से-कम स्वप्न देखने की इच्छा उसके अन्दर बलवती ही रहती है चाहे उसे मुक्ति मिले या न मिले। मुक्ति सुदूरवर्ती स्वप्न ही सही वह अपने स्वप्न का साक्षात्कार करना चाहती है। यह इच्छा अतीत की स्त्री की नहीं वर्तमानकालीन स्त्री की है। वह जानती है कि आज की परिस्थितियों को वह पूरी तरह से बदल तो नहीं सकती। पर उस प्रयत्न को वह ज़ारी रख सकती है। यह कविता नकारात्मक परिस्थितियों से सकारात्मकता की ओर की सफल यात्रा का आभास ही हमें दे रही है। यह कविता अपनी ताक़त को पहचानने वाली स्त्री की सार्थक यात्रा की अभिव्यक्ति भी है।

आज़ादी की सत्तरवीं वर्षगाँठ पर

'सत्तरवीं वर्षगाँठ पर' शीर्षक कविता अरुण कमल ने 15, अगस्त 2016 में लिखी है। स्वतन्त्रता-प्राप्ति के सत्तर वर्ष पूरा होने के अवसर पर लिखी गयी इस कविता में स्वतन्त्रता-प्राप्ति की कोई सूचना नहीं है। कविता में एक वृद्ध आदमी की परेशानियों का वर्णन है। उसके सत्तर बरस के बाहरी एवं आन्तरिक जीवन के कई हादसों के माध्यम से स्वतन्त्र भारत की अवस्था का बारीक वर्णन कविता में दिया गया है। साथ ही साथ एक भारतीय नागरिक की दर्दनाक अवस्था का वर्णन भी मिलता है। कविता आत्मकथात्मक शैली में रची गयी है जो इस प्रकार है:

जब मैं पैदा हुआ तो भयंकर मारकाट थी
बच गया क्योंकि मेरा टोला शहर से दूर था

देश विभाजन के भीषण हादसे की तरफ़ अरुण कमल उस आदमी के बहाने इशारा कर रहे हैं। भयंकर मारकाट विभाजन के दौरान की घटना है। विस्तार में न जाते हुए भी अरुण कमल यह कह सके कि वह हादसा कितना भयंकर है। वह आदमी इसलिए बच गया क्योंकि उसका टोला शहर से बाहर था। स्पष्ट है कि शहर की क्या हालत रही होगी। किसी न किसी तरह वह आदमी उस मारकाट से बच गया था। लेकिन मारकाट तो मारकाट ही होती है। उस क़त्लेआम की तरफ़ अरुण कमल प्रकाश डाल सके हैं।

उसके बाद का उनका जीवन भी उतना सुखद नहीं था। सूखा पड़ने से अन्न मिलना मुश्किल हो गया। कविता दरअसल उस एक आदमी की आत्मकथा की सूचना भर नहीं है। सूखा व्यापक पैमाने पर पड़ता है। यह एक देशी अवस्था है। स्वतन्त्रता प्राप्ति के बाद की एक भयंकर अवस्था। इस सूखे में अन्न न मिलने से मुश्किल में पड़ने वाली आम जनता होती है। हवेलियों के लोगों को, सत्ता में आसीन लोगों को, वणिकों को, अन्य धनी लोगों को इस अकाल की ख़बर तक

नहीं मिलती। यदि मिलती भी तो ख़बर की तरह। इसलिए कविता के उस आदमी की स्मृति में वह अकाल इस तरह से दर्ज है—

थोड़ा बड़ा हुआ तो सूखा पड़ा अन्ने के लाले
बच गया, घर के आगे कदम्ब या फल भरा

उस बदहाली में वह तपेदिक की बीमारी के अधीन में आता है। स्वातन्त्र्योत्तर भारत की आम जनता की बदहाली की तरफ़ ही कवि संकेत कर रहे हैं। एक ओर भुखमरी दूसरी तरफ़ बिगड़ा हुआ स्वास्थ्य क्षेत्र। इस हालत के असली भोक्ता मामूली लोग ही हैं।

वह शहर पढ़ने जाता है और उसकी पढ़ाई हुई क्योंकि पढ़ाई मुफ़्त थी। लेकिन पढ़े-लिखे की हालत अच्छी न थी। बेरोज़गारी चरम स्थिति पर थी-

काम खोजता चप्पलों से ज़्यादा शहर बदलता
आख़िर एक काम मिला, सीखा माथा झुकाना

कम शब्दों से या शब्दों के बीच के मौन से अरुण कमल ने एक व्यक्ति की आत्मकथा के माध्यम से भारतीय अवस्था की एक-एक बात को प्रस्तुत किया है। लगातार भटकने के बाद उसे नौकरी मिलती है - 'आख़िर एक काम मिला, सीखा माथा झुकाना' यह पंक्ति ऐसा एक संकेत दे रही है कि वह मामूली नहीं है। दूसरों के सामने सर झुकाने से ही कोई भी गुज़ारा कर पाता है। विलायती शासन के दौरान यह बात स्वाभाविक थी। वे भारतीयों को 'नेटिव' कहकर पुकारते थे। 'नेटिव' उनके लिए गुलाम थे। उन्होंने भारतीयों को गुलामी का पाठ पढ़ाया। यह एक नयी संस्कृति थी। आज़ादी के बाद भी यह संस्कृति मिटी नहीं। वह बरकरार रही। नौकरी पर टिके रहने के लिए इस तरह गुलामी करनी पड़ती है। इस तरह काम करते-करते वह सेवानिवृत्त हो जाता है। अब वह आर्थिक दृष्टि से पूरी तरह से बेसहारा हो गया—

न पेंशन न घर न कोई आलम्ब, अथाह जल
एक दिन बेटों ने फेंक दिया, घूर पर, कहा
अपना ही नहीं पूरता

यह कविता एक निम्न वर्गीय व्यक्ति की गाथा है। आमदनी न होने से उसे घर से बाहर कर दिया जाता है। यह अमानवीय हरकत उसके बेटों के द्वारा हुई। अब तो वह घर के बाहर है। वह अनुभव करता है— 'कोई बाज़ार ऐसा नहीं जहाँ बिकता बूढ़ा शरीर' अपनी नालायकी पर वह कुढ़ता रहा। लोगों ने उससे कहा

कि घिघियाने से कोई फ़ायदा नहीं। गा-गाकर भीख माँगे। इस सन्दर्भ में अरुण कमल एक महत्त्वपूर्ण संकेत दे रहे हैं— उस आदमी को एक ही गीत आता था वह हमारे देश का राष्ट्रगीत था। यह एक प्रतीकात्मक संकेत है। देश के लिए जीवन न्योच्छावर करने वालों को मिलता है भिखमंगों जैसा जीवन। यद्यपि ऐसे लोगों के ख़ून में देश, देश की स्वतन्त्रता और देश की ख़ुशहाली का सपना ही है। फिर भी वे हमेशा बदहाली में जीने को मजबूर हो जाते हैं। देश विकास के पथ पर बढ़ रहा था। कवि यह नहीं पूछ रहे हैं कि यह कैसा विकास है? बिना पूछे वे विकास में निहित अविकास को दिखा रहे हैं।

भीख माँगकर दान लेकर वह आदमी जी रहा है और रात को वह सोता है गाँधी मूर्ति के नीचे के चबूतरे पर। उसी महात्मा ने कहा था कि हमें अपने समाज के अन्तिम आदमी पर सबसे पहले विचार करना है। यह उनका क्रान्तिकारी विचार था। इसके ज़रिये वे समाज का समग्र परिवर्तन चाहते थे। इस कथन में निहित सांस्कृतिक क्रान्ति के महोच्चार को किसी ने नहीं सुना। इसलिए वह अन्तिम आदमी अन्तिम पंक्ति में ही खड़ा रहा। किसी ने उसे आगे नहीं किया। वह मजबूर है, सो वह उसी महात्मा की मूर्ति के नीचे के चबूतरे पर रात बिता रहा है। इस कविता की सबसे बड़ी आयरनी यही है कि कोई कैसे इस तरह जी पा रहा है। यहाँ एक बार फिर आइनस्टीन की बात याद आ रही है जो उन्होंने गाँधीजी के बारे में कही थी। आगे की पीढ़ी आश्चर्यचकित हो जायेंगी कि दुनिया में इस तरह का भी एक आदमी ज़िन्दा थे। अरुण कमल सूचित करते हैं कि इस तरह के अन्त्यज अब भी गाँधीजी की मूर्ति के तले या दुकानों के बराम्दे में या फिर सड़कों पर, रेलवे प्लेटफॉर्म पर गुज़ारा कर रहे हैं। यह कविता एक गम्भीर प्रश्न कर रही है— क्या यही स्वतन्त्रता का अर्थ है?

सौन्दर्य की खोज

कविता की सौन्दर्य-प्रतीति को लेकर लम्बी बहसें चली हैं। यह आवश्यक है। कविता की विषयवस्तु चाहे जो हों, अन्ततः सौन्दर्य का एक पक्ष उसमें से प्राप्त होता है। सामाजिक विडम्बनाओं पर केन्द्रित कविताएँ, राजनीतिक विसंगतियों पर केन्द्रित कविताएँ या सांस्कृतिक विघटन पर केन्द्रित कविताएँ विषयवस्तु के विस्तार तक तथा उसकी गहराइयों की ओर अवश्य जाती हैं और पाठकीय मानस को आकृष्ट करने का प्रयास करती हैं। इतने पर भी उन कविताओं की सत्तात्मक स्थिति में सौन्दर्य का एक उभरता पक्ष दिखाई देता है। कहने का तात्पर्य इतना ही है कि सौन्दर्य प्रतीति को उद्‌भासित करने के लिए कविता की विषयवस्तु बाधक तत्त्व नहीं है। सौन्दर्य-प्रतीति के लिए विषयवस्तु को भी सौन्दर्य सम्बन्धी होना आवश्यक नहीं है।

सौन्दर्य-प्रतीति जीवन यथार्थ का ही एक पक्ष है और जहाँ यथार्थ की अनुपस्थिति है वहाँ सौन्दर्य का बोध भी नहीं होता है। दूसरी बात सौन्दय-प्रतीति कविता की मानवीय दृष्टि से सम्बन्धित है। जो कविताएँ मानवीयता से भरी-पूरी हैं उनमें सौन्दर्य का कोई न कोई सूक्ष्मतम पक्ष उभरता दिखाई देता है। कविता की सौन्दर्य-प्रतीति की कोई ठोस परिभाषा बनाई नहीं जा सकती। सौन्दर्य कविता में एक गहन अवबोध की तरह आता है। यह एक सूक्ष्मातिसूक्ष्म अनुभव है जो कविता को भी सघन बनाता है।

पुरस्कार प्राप्त एक लघु फ़िल्म, जो सिर्फ़ दस मिनट की है, जो मुख्य फ़िल्म के शुरू होने के पहले दिखाई जाती है। यह लघु फ़िल्म एक ऐसे शॉट से शुरू होती है जो कि एक बड़े-से कक्ष की छत (सीलिंग) है। दर्शक पहले मिनट और दूसरे मिनट में आतुरता के साथ उस परिवर्तनहीन फ्रेम को देखते रहते हैं। चौथे मिनट तक आते-आते वे ऊबने लगते हैं। पाँचवें तथा छठे मिनट में दर्शकों ने अपना क्रोध दिखाना शुरू किया। फुसफुसाहट एवं बीच-बीच में थोड़ी ऊँची आवाज़ आदि उनकी प्रतिक्रियाएँ थीं। नवें मिनट में शॉट उस छत से हटकर उस कक्ष में पड़े एक बीमार व्यक्ति पर केन्द्रित होता है। वह न हिल सकता है न

डुल सकता है। वह ऊपर की ओर देखकर इसी छत पर अपना ध्यान केन्द्रित कर रहा है। वह और कुछ नहीं कर सकता। उस समय फ़िल्म के स्क्रीन में कुछ सब टाइटिल्स आते हैं। यह बीमार व्यक्ति इसी सीलिंग की तरफ़ चौबीसों घंटे ताक़ते हुए पड़ा रहता है। आपने सिर्फ़ नौ मिनट उस शॉट को लगातार देखा है। फ़िल्म बस यही है।

मनुष्य की नियति का यह एक पक्ष, जिसमें निहित दीनता का दूसरा पक्ष, उसकी निरन्तरता का तीसरा पक्ष और शॉट की विशेषता आदि मिलकर जो भाव-समग्रता तैयार करती है वही उसके सौन्दर्य को सम्प्रेषणीय बनाते हैं। भाव समग्रता बीच-बीच में भाव-केन्द्रिता में परिवर्तित होती है तो उस क्षण उसका सौन्दर्य सघन भी होता है।

भावानुभव की तीव्रता हमें सौन्दर्य-प्रतीति प्रदान करती है। अरुण कमल की एक छोटी-सी कविता है **'हक़'**। इस कविता में अपने घर के आसपास फैले सरसों के खेत से आती सुगन्ध का अनुभव सूचित है। यह खेत किसी और का है। लेकिन कविता का भावक यह अनुभव करता है कि जिस तरह खेत का हक़ मालिक को है उसी तरह उस सुगन्ध का हक़ उसका भी है। कविता इस प्रकार है-

मेरे घर से सटा सरसों का खेत यह मेरा नहीं
लेकिन रोज़ रात मेरी कोठरी में
आती है सरसों के फूलों की कौंधती गन्ध
एक ही बार में काटती है मुझे
और रात भर में जगा रह जाता हूँ
छोटी-सी कोठरी गन्ध भीड़-भरी
क्या थोड़ा भी हक़ नहीं मेरा इस खेत पर?
मुझको मिल गयी है सारी सुगन्ध
दाना ले जाये भले खेत का मालिक...
थोड़ा भी हक़ नहीं?

सरसों का दाना मालिक के हक़ में है। उसमें भावक अपना हक़ जताना नहीं चाहता। वह सरसों के फूल की गन्ध का हक़दार ही बनना चाहता है। उसकी कोठरी इन फूलों की गन्ध से भरी है—गन्ध-भीड़-भरी—कि वही उसका एकमात्र हक़दार है। गन्ध का आस्वादन अपने आप में इतना अमूर्त अनुभव है और उस अनुभव में अपने को पूरी तरह से डुबोना कविता का सूक्ष्मतम भाव लोक है। सरसों के दाने की प्रयोजनीयता से एकदम अलग उसकी सुगन्ध की भावतीव्रता के हक़ को

जब भावक स्थापित करता है तो वह सौन्दर्य द्रष्टा बन जाता है। वह अपने रग-रग में, अपने रोए-रेशे में, अपने नस-नस में, सुगन्ध का तीव्रानुभव कर रहा है। उस पर उसका ही अधिकार (हक़) है। यह निजी है शत-प्रतिशत। पर वह स्वार्थ पर आधारित नहीं है। कोई भी उस सुगन्ध का आस्वादन कर सकता है। इसलिए कविता की सौन्दर्य-दृष्टि अतीव पारदर्शी भी है। कवि का दावा भी इस कारण से मनुष्यधर्मी एवं पारदर्शी है। कोई भी सूक्ष्मतम मानवीय भाव सौन्दर्य-प्रतीति को उजागर करता ही है।

'हक़' शीर्षक अरुण कमल की यह कविता गन्धवाही सौन्दर्य को उजागर कर रही है। यह सौन्दर्य दृष्टि प्रेमानुभव की तरह तीव्र है। अरुण कमल की सौन्दर्यदृष्टि की आध्यात्मिकता भी इस कविता में से उभरकर आ रही है। इसलिए कविता का भावक हक़ तो जताता है तो वह हक़ पारदर्शी है। उसका कोई भी आस्वादन कर सकता है। जीवन के प्रति समर्पण भाव ने ही उन्हें ऐसी सौन्दर्य-दृष्टि प्रदान की है। अतः 'हक़' शब्द में निहित संकीर्ण अर्थ से ऊपर उठकर कवि सौन्दर्य के व्यापक अर्थ को स्वीकार कर रहे हैं।

❑❑